无锡文博　壬寅撷英

WUXI ARCHEOLOGY AND MUSEOLOGY REVIEW

无锡博物院　编

古吴轩出版社

图书在版编目（CIP）数据

无锡文博 壬寅撷英 / 无锡博物院编. -- 苏州 :
古吴轩出版社, 2022.12
ISBN 978-7-5546-2088-5

Ⅰ. ①无… Ⅱ. ①无… Ⅲ. ①文物工作－无锡－文集
②博物馆事业－无锡－文集 Ⅳ. ①K872.533-53
②G269.275.33-53

中国国家版本馆CIP数据核字(2023)第012380号

责任编辑：李爱华
见习编辑：李 楠
装帧设计：刘亚丽
责任校对：周 娇
责任照排：刘亚丽

书 名：无锡文博 壬寅撷英
编 者：无锡博物院
出版发行：古吴轩出版社
地址：苏州市八达街118号苏州新闻大厦30F
电话：0512-65233679 邮编：215123
印 刷：无锡市证券印刷有限公司
开 本：889×1194 1/16
印 张：18.875
字 数：470千字
版 次：2022年12月第1版
印 次：2022年12月第1次印刷
书 号：ISBN 978-7-5546-2088-5
定 价：180.00元

目录

CONTENTS

艺术

第二届“锡博英才行动”创作成果

附录

• *Archaeology* | 考 古 |

无锡西沈巷遗址发掘报告

李光日　刘嫣歆*

【摘要】为配合无锡地铁3号线一期工程新梅路车辆段项目，我们对西沈巷遗址进行抢救性发掘。本次共清理各时期遗迹48个，按照其开口层位和出土器物等可初步确定该区域包含宋、明时期的遗址及清代的墓葬，这为揭示无锡东部宋至清代的考古学遗存，了解该地区古代遗存的文化性质、特点及当时社会发展状况提供了宝贵的实物资料。

【关键词】西沈巷遗址　无锡东部　宋、明、清时期　考古学遗存

西沈巷遗址位于无锡市新吴区硕放街道，在锡兴路与机场路交叉口西北部，东邻西沈巷村（遗址与村庄间隔一条小河），北邻普利司通轮胎公司。原始地貌地势平坦，地表长满杂草。现因施工建设铺有扰乱垫土层，严重破坏了大量的遗迹和文化层堆积，目前总体保存现状不甚理想。为配合无锡地铁3号线一期工程新梅路车辆段项目的开展，2015年8月26日至2016年1月20日，经国家文物局、江苏省文物局批准，无锡市文物考古研究所（原无锡市文物保护中心）对该项目用地范围内发现的古遗址和古墓葬进行抢救性发掘。通过发掘初步确定该区域包含宋、明时期的遗址及清代的墓葬，现将发掘简况汇报如下。

一、发掘情况

在前期考古勘探的基础上，根据遗址的实际情况，使用坐标法进行布方，共布5米×5米探方79个，正南北方向，编号采用横纵坐标法（最小编号为T0101，最大编号为T1112）。发掘总面积为1975平方米，共清理各类遗迹48个，其中灰坑25座、沟渠4条、房址3座、灶1个、井3口、墓葬6座、坑5个、沟1条，出土完整和可修复器物80余件。（图一、彩版一）

二、地层堆积及出土遗物

遗址层位堆积较为简单，由于现代基建破

* 李光日：无锡市文物考古研究所副所长，研究员

刘嫣歆：无锡市吴文化遗址和文物保护中心（无锡市鸿山遗址博物馆）馆员

坏严重，除地表铺有施工扰乱垫土层外，文化堆积层位也有部分破坏，导致不同层位局部缺失。现可分为三层，以T0803—T0810南壁为例说明（图二）。

第①层：耕土层，土色灰褐，土质疏松，厚0.08—0.37米。包含大量植物根茎和少量陶瓷碎片，多为青花瓷。遍布整个发掘区。本层下开口的有墓葬、灶、坑、沟等遗迹。

第②层：土色黄褐，土质较硬，厚0.22—0.59米，遍布整个发掘区。包含大量陶片、瓷片等，多为渲黑青青花瓷。大多灰坑开口于此层下，另有井、沟渠等遗迹。

彩版一　西沈巷遗址发掘现场

第③层：土色深灰，土质松软，厚0.15—0.26米，遍布大半发掘区。夹杂较多红褐色斑点，包含少量瓷片、陶片，零星可见碎小青白瓷片。本层下开口的有房址、灰坑、沟渠等遗迹。

③层下为生土。

出土遗物以陶、瓷残片为主，可复原器较少，大多为青花瓷器底残片，可辨器形有碗、碟、盘、杯等。器底标本17件，有款的11件，6件为花草纹底。（图三、彩版二）分为外底边框的方、圆形款和内底文字纹饰款，如：T0705②:1外底“大明年制”（图三-4）；T0406①:1内底“两香竺”（图三-1）；T0405①:1内底墨书一“入”字（图三-3）；T0101①:1双鱼纹底（图三-2），

可复原器6件，多为青花瓷碗、盘、杯等器物。（图四、彩版三）

青花瓷碗1件（T0106①:1），残。敞口，斜弧腹，内圈足，外底下凸，轮制。施淡青

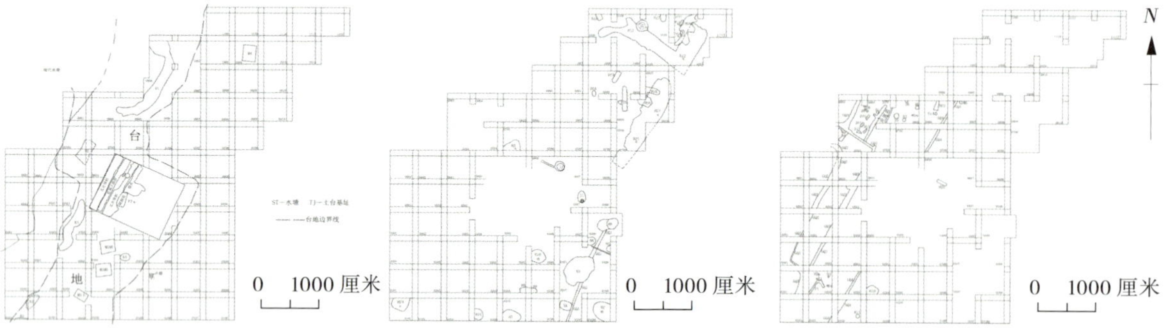

图一　西沈巷遗址①②③层下分层平面图

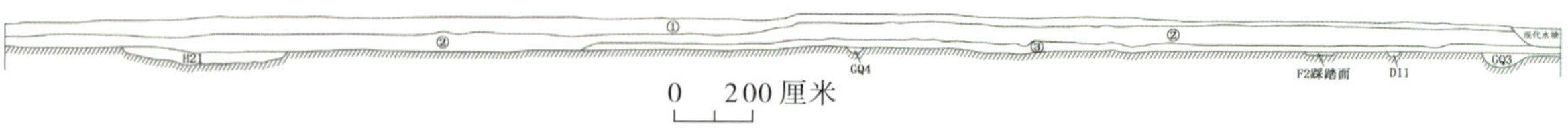

图二　T0803—T0810 南壁剖面图

釉，口饰圈带纹，内底花草纹。通高5.2厘米，口径10.5厘米，底径5.5厘米。（图四-1）

青花瓷盘1件（T0303①:1），残。敞口，圆唇，浅腹斜弧，内底平，圈足，白胎泛灰，主色青花，口沿釉色黄褐，内壁口底各饰一组双圈纹，内底饰卷草纹。通高2.7厘米，口径16厘米，底径6厘米。（图四-2）

青花瓷杯1件（T0101②:3），残。敞口，圆唇，斜直腹，平底，足跟釉色焦黄，外壁青白釉点缀青花，内壁满饰青花花草纹。通高1.6厘米，口径5厘米，底径2厘米。（图四-3）

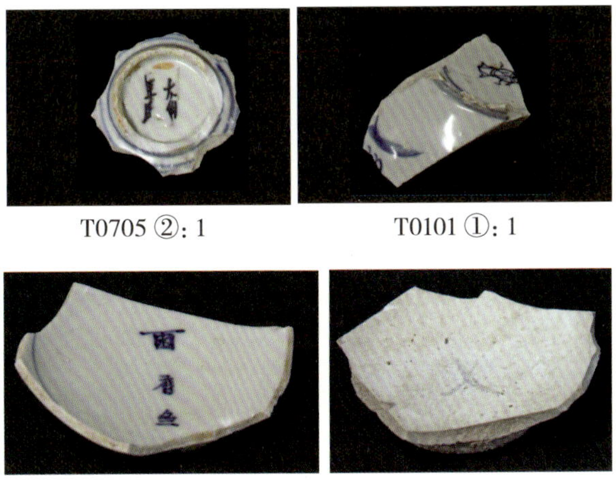

T0705 ②: 1　T0101 ①: 1

T0406 ①: 1　T0405 ①: 1

彩版二　地层出土器物标本

三、遗迹与遗物

本次发掘发现有宋、明、清三个时期的文化遗存，包括房址、井、灰坑、沟、墓葬等遗迹，以及陶、瓷及金属器等遗物。受篇幅所限，现仅选取各时期遗存形制保存较好，出土器物较为完整，并具代表性的遗迹为例按时代分述如下。

T0106 ①: 1　T0303 ①: 1

T0408 ①: 1　T0804 ①: 1

彩版三　地层出土器物

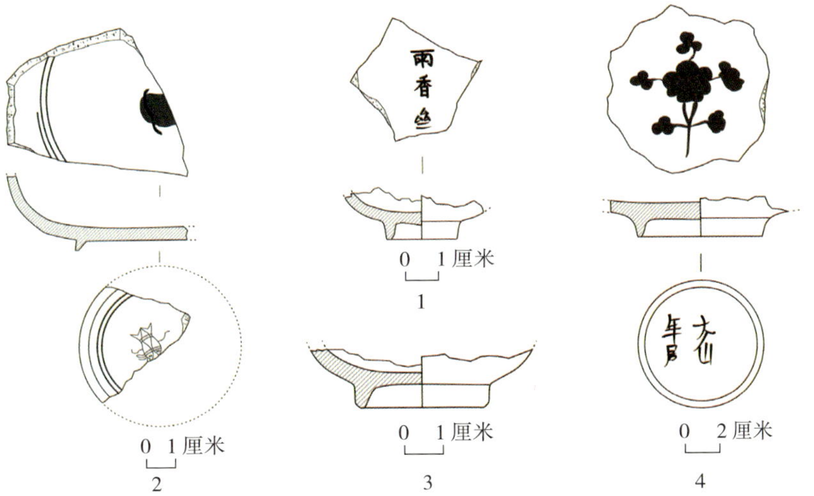

图三　西沈巷遗址地层出土器物标本

1. 器底（T0406 ①: 1）　2. 器底（T0101 ①: 1）　3. 器底（T0405 ①: 1）　4. 器底（T0705 ②: 1）

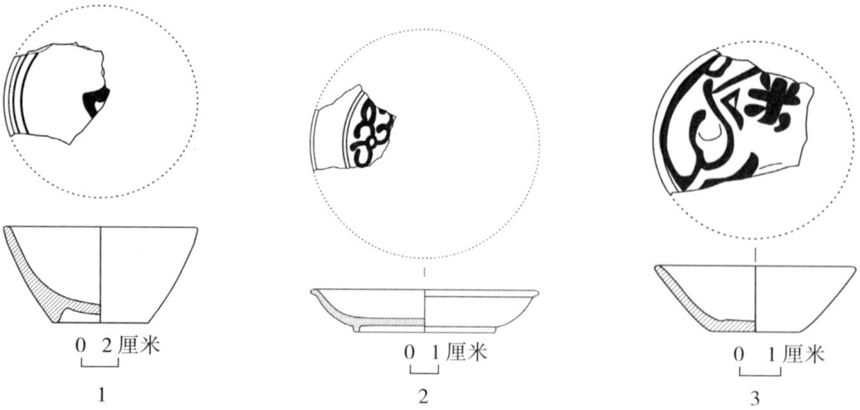

图四　西沈巷遗址地层出土器物

1. 青花瓷碗（T0106 ①：1）　2. 青花瓷盘（T0303 ①：1）　3. 青花瓷杯（T0101 ②：3）

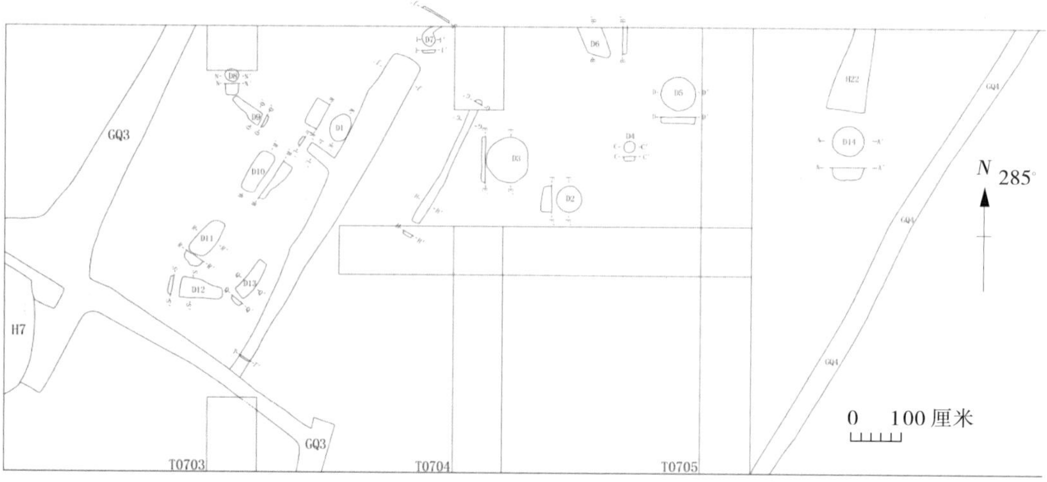

图五　F2 平剖面图

（一）宋代

发现有房址、灰坑、井、沟等共27个遗迹。

1. 房址2座（F1、F2），破坏严重，以F2为例。

F2：位于发掘区北部的T0803、T0804、T0805、T0806、T0703内，发现于③层下，打破生土。方向285°，房址平面呈长方形，长14.3米，宽8米，踩踏厚度0.05米，门道位于房址西部，宽0.24—0.6米，房址东、西、南部被沟渠所围，北部情况不明。柱洞14个，填土均为灰白土夹杂大量黄土颗粒，内含少量陶片、瓷片。14个柱洞中呈圆形且规整的7个，其中直径较大的4个，直径为0.5—0.7米，保存深度为0.12—0.32米；其余形状不规整的7个，大小及深度均不同，且分布无规律。（图五）

2. 灰坑20座（H1、H3—H12、H15、H17—H20、H22—H25），形状各异，以H4为例。

H4：位于发掘区东南部，跨T0207、T0208、T0307、T0308，开口于②层下，方向

75°，平面呈不规则圆形，斜弧壁，凹底。长径6.3米，短径4.34米，开口距地表深0.69米，坑深0.14—0.6米。坑内堆积两层：第①层厚0.12—0.44米，灰褐色土，土质松软，内含夹少量的砖瓦片及残瓷片等。第②层厚0.14—0.38米，含大量残砖瓦片、器物口沿及底、瓷片等。（图六）

H4共出土可修复器物18件。其中，瓷器17件，包括瓷碟9件、瓷碗5件、瓷盏1件、瓷盘1件、瓷盒1件；陶器1件，为陶豆盘。（图七）

瓷碟（H4:3），敞口，尖圆唇，斜弧腹近直，圈足外撇，施青灰釉。（图七-1）

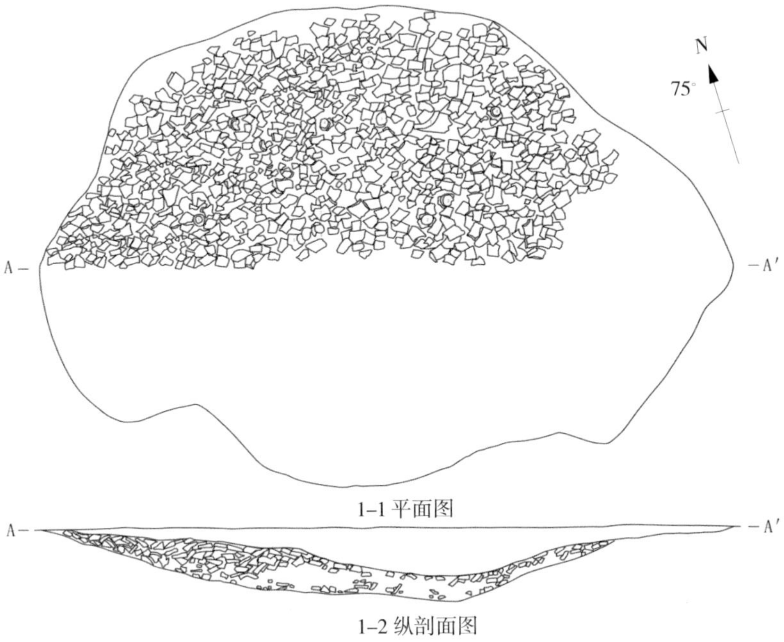

图六 H4平剖面图

注：1. 瓷缸残片 2. 瓷碗残片 3. 粗瓷罐残片 4. 瓷碗

瓷碟（H4:4），侈口，尖圆唇，斜弧腹，圈足，灰胎，施青釉，口径10.8厘米，底径4.8厘米，高4厘米。（图七-2）

瓷碗（H4:9），侈口，圆唇，斜弧腹，圈足，内底凹，施青釉，釉未及底，口径13.6厘米，底径4.6厘米，高3.6厘米。（图七-3）

瓷碗（H4:12），敞口，尖唇厚重，斜腹近直，圈足外撇，器内施青釉，釉未及底，口径17.4厘米，底径6.8厘米，高5.8厘米。（图七-4）

瓷盏（H4:16），敞口，圆唇，弧腹，平底内凹，内壁有一环状器耳，釉面脱落，

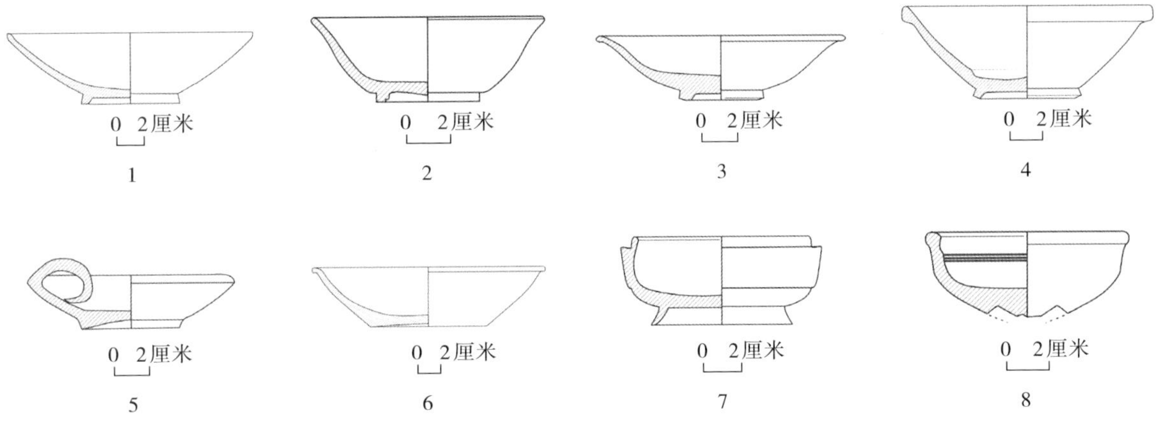

图七 H4出土器物

1. 瓷碟（H4:3） 2. 瓷碟（H4:4） 3. 瓷碗（H4:9） 4. 瓷碗（H4:12）
5. 瓷盏（H4:16） 6. 瓷盘（H4:18） 7. 瓷盒（H4:2） 8. 陶豆盘（H4:15）

口径15.4厘米，底径5.4厘米，高3厘米。（图七-5）

瓷盘（H4:18），侈口，卷沿，圆唇，斜弧腹，平底略内凹，红胎，施青釉，釉未及底，内底有支钉垫烧痕，口径20厘米，底径10厘米，高5.2厘米。（图七-6）

瓷盒（H4:2），子母口，圆唇，斜直腹，下腹斜弧收，圈足外撇，施青釉，内底可见支钉垫烧痕，口径9.2厘米，腹径10.4厘米，底径7.2厘米，高4.6厘米。（图七-7）

陶豆盘（H4:15），下腹残，侈口，圆唇厚重，斜弧浅腹，内底较平、略凹，内壁施三周凹弦纹，口径9.6厘米，残高4厘米。（图七-8）

3. 井1口。

J3：位于发掘区中东部，T0607内，开口于②层下，井口平面呈圆形，井身直筒型，踩踏面位于井口西北侧，井壁垮塌严重，从井内堆积的砖块及位置推断井壁曾用砖砌。井内填土两层，井口处为黄褐土，厚25厘米；下为灰褐土，土质松软，包含大量的砖瓦片及陶片、瓷片。井口距地表深0.88米，口径1.5米，井圹直径1.2米，井深1.9米。（图八、彩版四）

J3共出土可修复器物7件。其中，瓷器5件，包括瓷碗4件及瓷罐1件；陶盆1件；铁器1件，为铁块。（图九、彩版五）

瓷碗（J3:1），侈口，圆唇，斜弧腹，圈足，施青釉，口径13.8厘米，底径5.2厘米，高4.2厘米。（图九-1）

瓷碗（J3:2），白胎，侈口，圆唇，斜弧腹，内壁刻画叶状纹饰，底残，口径12.4厘米，残高3.8厘米。（图九-4）

瓷碗（J3:3），敞口，圆唇，斜弧腹，圈足外撇，施青釉，底足无釉，口径11厘米，底径4厘米，高4.2厘米。（图九-2）

瓷碗（J3:4），敞口，圆唇，沿下施一周凹槽，斜弧腹，矮圈足外撇，施青釉，底足无

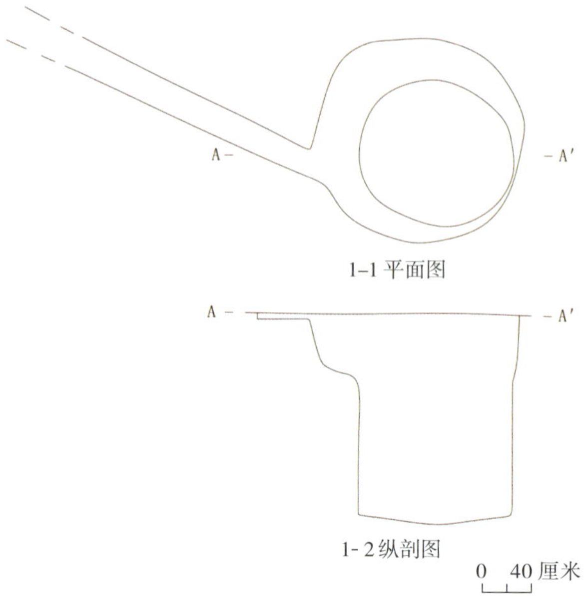

图八　J3平剖面图

彩版四　J3

彩版五　J3出土器物

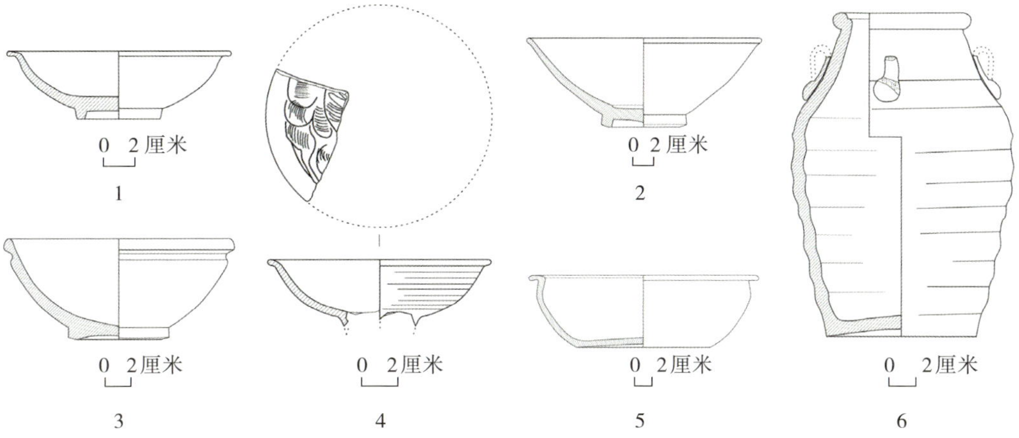

图九 J3出土器物

1. 瓷碗（J3:1） 2. 瓷碗（J3:3） 3. 瓷碗（J3:4） 4. 瓷碗（J3:2） 5. 陶盆（J3:5） 6. 瓷罐（J3:7）

釉，口径17厘米，底径7.4厘米，高7.6厘米。（图九-3）

陶盆（J3:5），敛口，圆唇，平折沿，弧腹，平底略内凹，口径25.8厘米，底径15.2厘米，高8.2厘米。（图九-5）

瓷罐（J3:7），子母口，圆唇，斜直颈，弧鼓腹，最大腹径居上，平底内凹，上腹对称饰四系，均残，外壁凸凹，釉面脱落，口径9.4厘米，腹径15.4厘米，底径10.4厘米，高22.6厘米。（图九-6）

4. 沟渠4条（GQ1—GQ4），均为不规则长条形，以GQ3为例（彩版六）。

GQ3：位于发掘区西部，T0803东北部，T0201南端与GQ2交汇，被H23打破，开口于③层下。平面呈曲尺形，东北至西南，大致斜弧壁，圜底。沟内为一次性堆积灰褐土，土质较硬，包含少量的砖瓦片、瓷片等。残长37米，宽 0.4—1米，开口距地表深0.8米，灰坑深0.1—0.4米。（图一〇）

GQ3共出土可修复器物5件，均为瓷器，包括瓷碗3件、瓷盏1件及瓷轮1件。（图一一）

瓷盏（GQ3:1），敞口，圆唇，折沿，斜直腹，平底略内凹，施青釉，釉未及底，口径11.4厘米，底径6厘米，高3.2厘米。（图一一-1）

彩版六 沟渠 GQ3

瓷轮（GQ3:2），研磨器，圆饼状，中间厚，四周薄，中有一孔，外沿有研磨痕，外径12.6厘米，内径2.8厘米，厚2厘米。（图一一-2）

瓷碗（GQ3:3），侈口，圆唇，斜直腹略弧，圈足外撇，内壁刻画卷草纹，外壁刻画凹弦纹，口径12.8厘米，底径4厘米，高5.6厘米。（图一一-3）

瓷碗（GQ3:4），侈口，圆唇，斜弧腹，圈足，施黑釉，釉不及底，口径11.8厘米，底

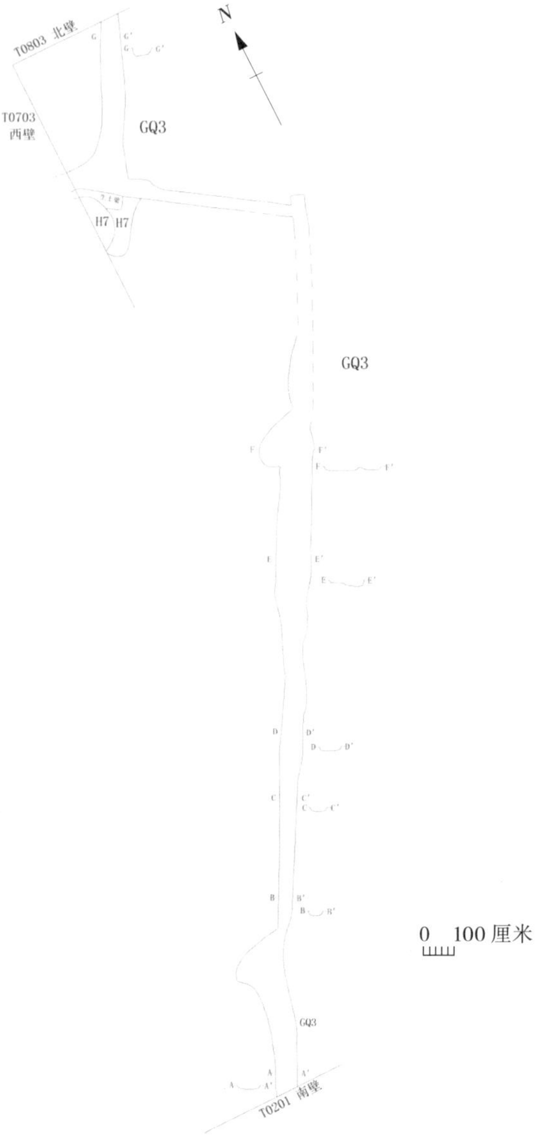

图一〇　GQ3 平剖面图
（虚线部分为未发掘或破坏部分）

径3.8厘米，高4.8厘米。（图一一-4）

瓷碗（GQ3:5）侈口，圆唇，斜弧腹，圈足，施青釉，底足无釉，口径15.8厘米，底径6.2厘米，高6厘米。（图一一-5）

（二）明代

发现有房址、灰坑、井、墓葬、灶、沟、坑等共15个遗迹。因墓葬、灶、沟、坑等遗迹破坏严重，本文不做表述。

1. 房址1座。

F3：位于发掘区中部，房址破坏严重，布局形制不清，坐西北朝东南，发现于①层下，方向295°，平面呈长方形，残长14米，宽11米（彩版七）。屋前北侧做有散水，白色碎石片铺成，边缘处用石块围边，东西宽5.2米，南北水平宽3.1米，散水面西高东低呈缓坡状，西厚14厘米，东厚4厘米。前后两排瓦片堆积的中间为一道宽0.8—1.2米的红褐色硬土面，东高西低呈斜坡状，包含物极少，厚0.04—0.16米。后排瓦片堆积外有一道夯土墙基，打破生土，夯土内包含大量陶片和少量瓷片，长11.7米，宽0.52米，高0.3米。前排瓦片堆积的北端内侧有一大缸，上腹残。

屋内堆积分三层。第一层土色灰褐，包含

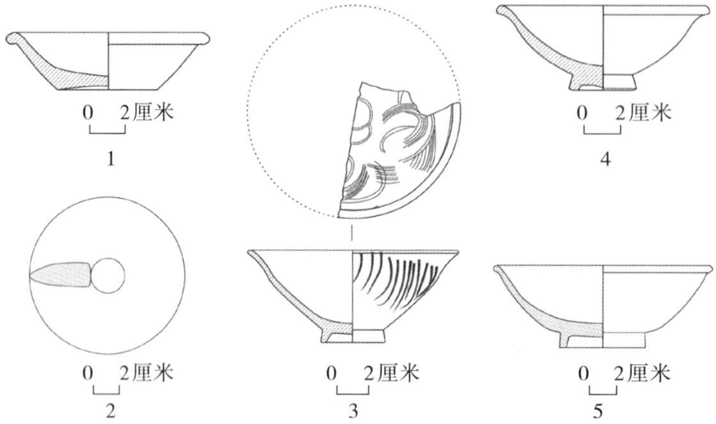

图一一　GQ3 出土器物
1. 瓷盏（GQ3:1）　2. 瓷轮（GQ3:2）　3. 瓷碗（GQ3:3）　4. 瓷碗（GQ3:4）　5. 瓷碗（GQ3:5）

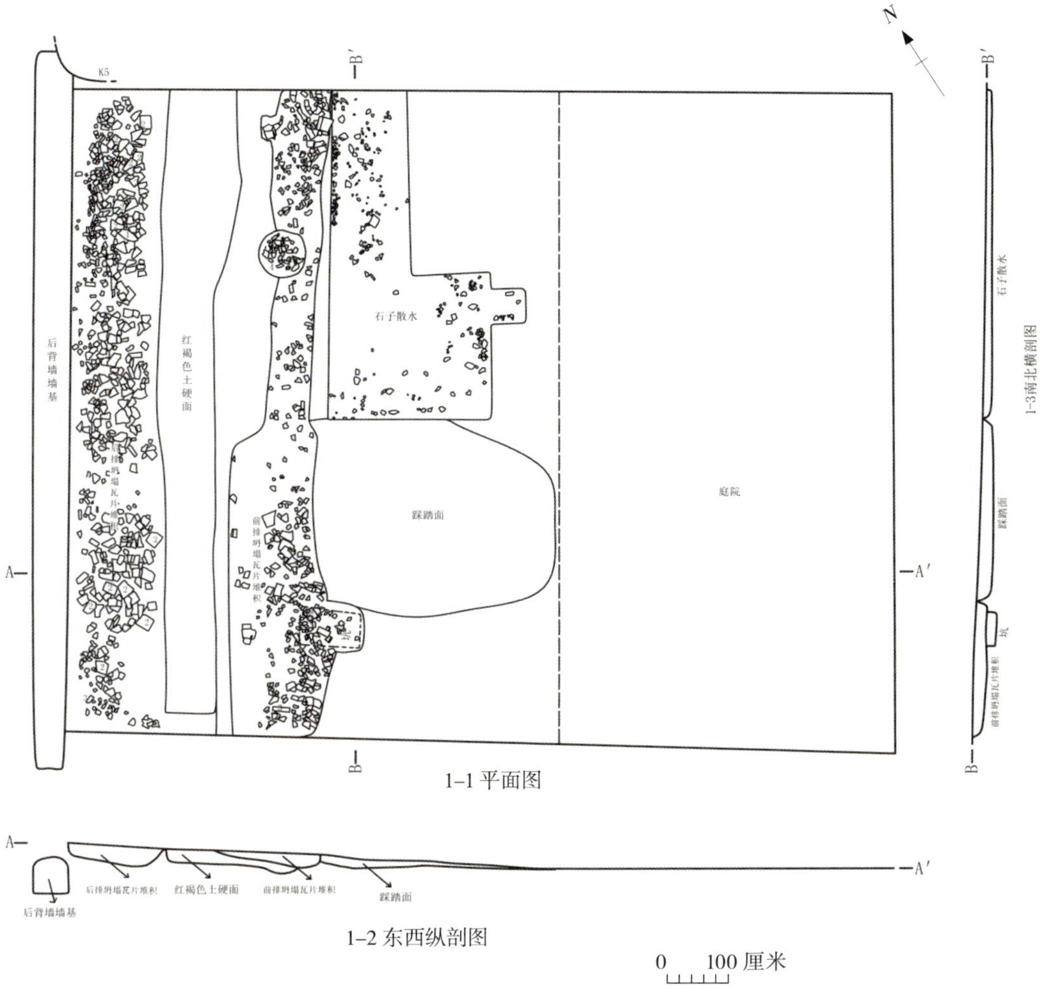

图一二　F3 平剖面图

1. 筒瓦　2. 板瓦　3. 条砖　4. 陶缸

彩版七　F3

物较少，有残碎瓦片和青花瓷片，厚0.15—0.3米；第二层土色黄褐，包含大量残碎瓦片、瓷片等，有较多青花瓷片，厚0.24—0.45米；第三层几乎全是瓦片，砖块极少，包含零星碎小瓷片，厚0.04—0.2米。（图一二）

2. 灰坑5座（H2、H13、H14、H16、H21），形状各异，以H2为例。

H2：位于发掘区东南部，T0108内，开口于②层下，向西南延伸至隔梁下，平面呈椭圆形，斜弧壁，圜底。坑内填土为一次性堆积，土色灰褐，土质较硬，含大量的砖瓦块及瓷片等。长径3.4米，短径2.1米，开口距地表深0.7米，坑深0.14—0.52米。（图一三）

H2共出土可修复器物3件，均为瓷器，包

括青花瓷碗 2件及青花瓷杯1件。（图一四）

青花瓷碗（H2:1），侈口，圆唇，斜弧腹，圈足，内壁沿上与近底处各绘有一周弦纹，外壁绘有卷云纹及两周弦纹，口径14.2厘米，底径4.6厘米，高5.4厘米。（图一四-1）

青花瓷碗（H2:2），侈口，圆唇，斜弧腹，圈足，器表两周弦纹间绘有花卉纹，口径8.8厘米，底径3.2厘米，高3.4厘米。（图一四-2）

青花瓷杯（H2:3），侈口，卷沿，圆唇，斜直腹略弧，下腹近底处折收，圈足，器表绘有弦纹及花卉纹，口径6.2厘米，底径2.2厘米，高3.6厘米。（图一四-3）

3. 井2口（J1、J2），均为砖砌，1口保存较好，其余井壁垮塌严重，以J1为例（彩版八）。

J1：位于发掘区中东部，T0507东部，开口于②层下，平面呈圆形，井口踩踏面位于井北侧，砖砌井壁竖直，上部井壁砖残失，下部现存19层砖，内填灰褐土，土质松软，包含少量的砖瓦片及陶片、瓷片，可辨瓷器为青花瓷器底1件、青花瓷碗1件及青花瓷口沿1件。踩踏面直径2.04米，井直径0.86米，开口距地表深0.8米，井自深1.6米，未至底。井壁用砖均为半截砖，砖宽15厘米，厚有4.5厘米、5厘米

彩版八　J1

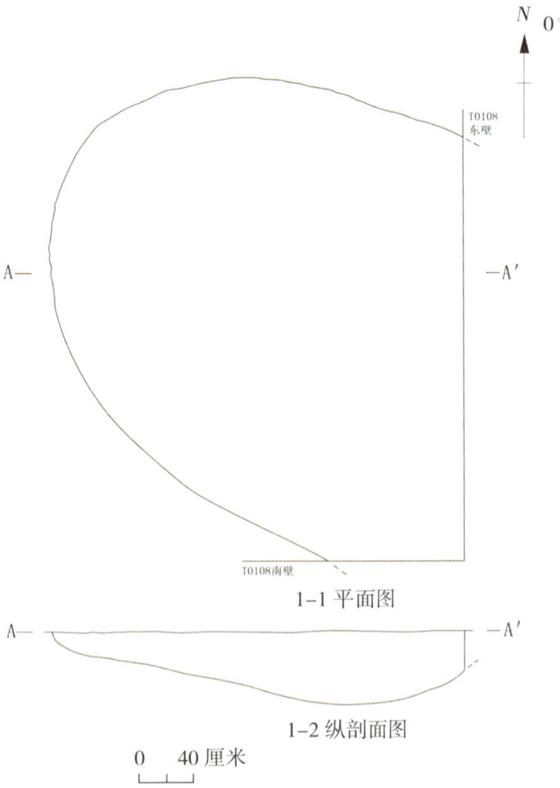

图一三　H2 平剖面图

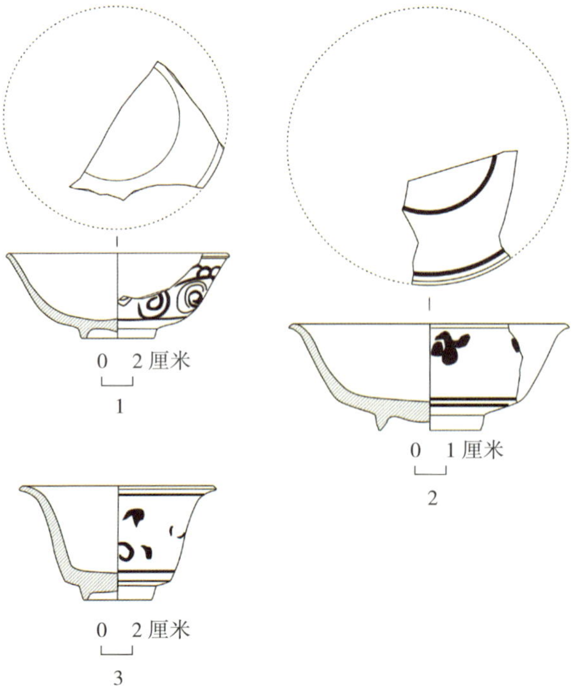

图一四　H2 出土器物

1. 青花瓷碗（H2:1）2. 青花瓷碗（H2:2）3. 青花瓷杯（H2:3）

和5.5厘米三种规格。（图一五）

（三）清代

共清理墓葬5座，其中，砖室墓2座（M2、M3），土坑墓3座（M1、M4、M5），以M5为例（彩版九）。

M5：位于发掘区南部，T0103内，开口于①层下。为竖穴土坑墓，平面呈长方形，直壁

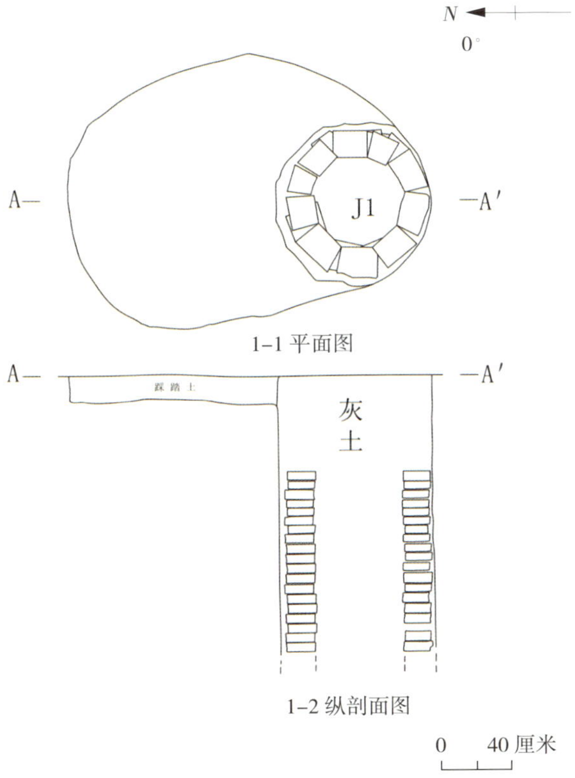

图一五　J1 平剖面图

彩版九　M5 棺上部

平底，方向120°。墓口距地表0.2米，墓底距地表0.76米，长2.34米，宽1.42—1.48米。墓内填土为五花土。南北并置二棺，棺外髹黑漆，内髹红漆，脱落严重。棺内人骨散落，保存极差。

北棺盖长2.08米，宽0.4—0.42米，板厚0.04—0.06米；棺板长1.84米，内宽0.38米，底宽0.44米，高0.4米，板厚0.04米。南棺盖长2.1米，板厚0.04—0.06米；棺板长1.98米，内宽0.44米，底宽0.5米，高0.4米，板厚0.04米。棺

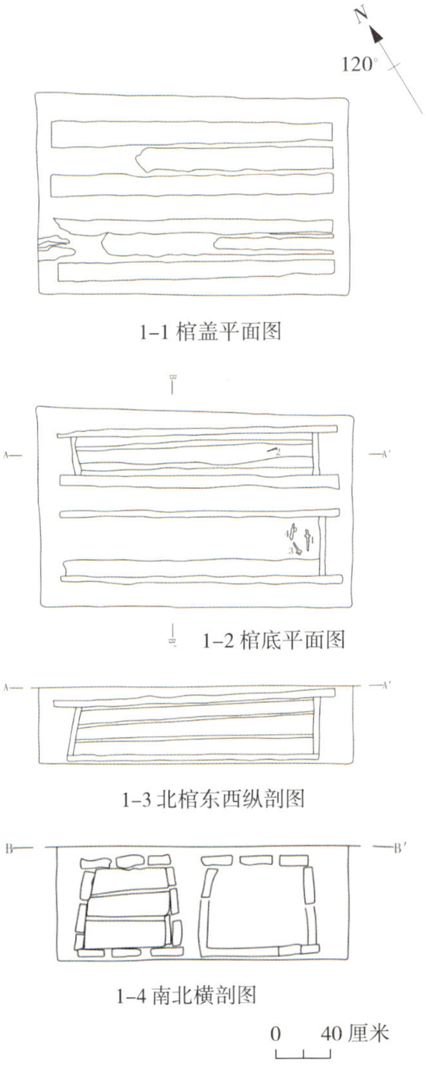

图一六　M5 平剖面图

随葬品：1. 银簪　2. 银牙签　3. 银簪　4. 银簪

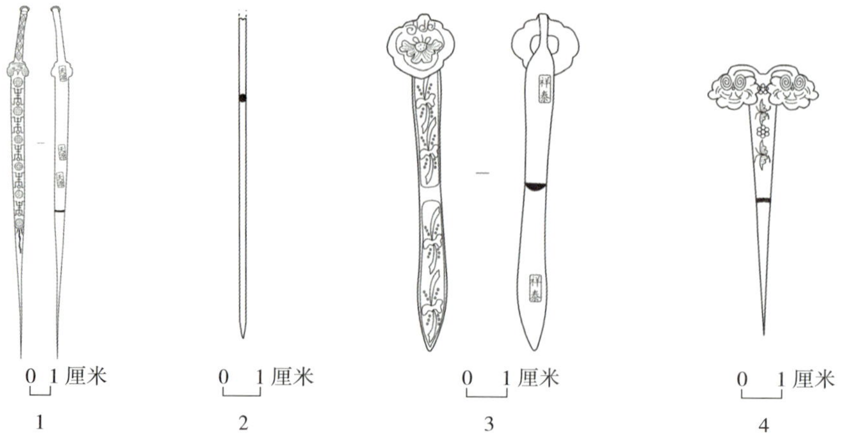

图一七　M5 出土器物

1. 银簪（M5:1）　2. 银牙签（M5:2）　3. 银簪（M5:3）　4. 银簪（M5:4）

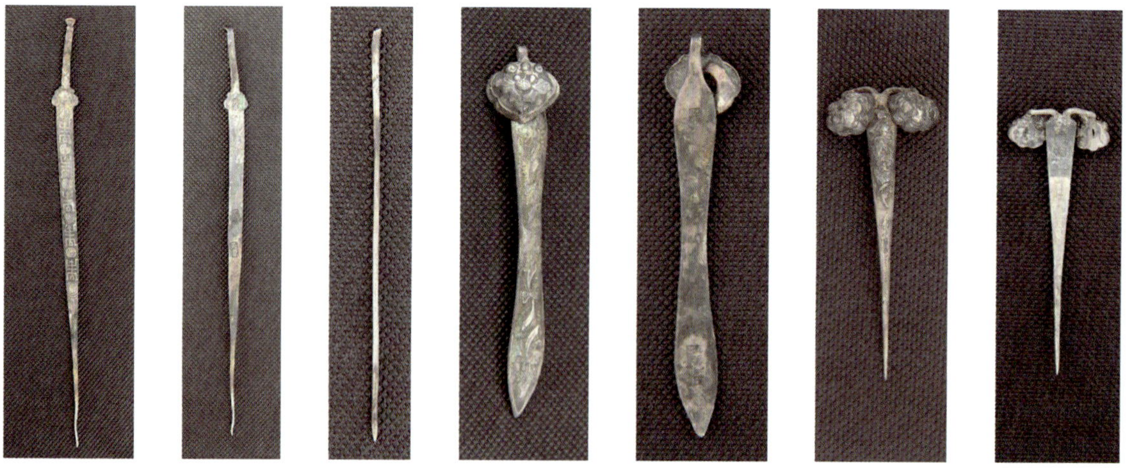

M5:1（1）　M5:1（2）　M5:2　M5:3（1）　M5:3（2）　M5:4（1）　M5:4（2）

彩版一〇　M5 出土器物

木加工粗糙，为铁钉相连拼接，棺下铺白灰及草木灰。（图一六）

M5北棺出土银牙签1件，南棺出土银簪3件。（图一七、彩版一〇）

银簪（M5:1），整体细长，平面呈“剑”状，条状簪首，其上錾一耳勺，模印菱格纹，纹内套有铜钱纹。簪首与簪身连接处较宽，模印花卉纹。簪身模印圆圈纹与万字纹相间，簪背面刻款“天源”二字。簪首宽0.4厘米，簪身宽0.6厘米，通长16.8厘米。（图一七-1）

银牙签（M5:2），细长圆柱锥状，顶残。截面直径0.2厘米，残长8厘米。（图一七-2）

银簪（M5:3），柳叶状，簪首上弯为一花朵，器身纹饰分为两区，每区分别有两朵花卉纹。簪背上、下各刻有一款，款内均为“祥泰”二字。簪首宽1.7厘米，簪身宽0.8厘米，通长8.4厘米。（图一七-3）

银簪（M5:4），整体扁锥状，簪首对称刻有两花朵，簪身锥状，模印梅花纹，背面刻款“□祥”二字。簪首宽2.6厘米，簪身宽0.8厘

米，长6.8厘米。（图一七-4）

四、结语

通过发掘可初步确定该区域是宋、明时期的遗址和清代的墓葬区。本次发掘的48个遗迹按照其开口层位和出土器物等判断，文化堆积以宋代遗存为主；6座墓葬中清代5座（M1—M5，3座有钱币出土）、明代1座（M6）；25座灰坑中明代5座、宋代20座；3口井中明代2口（J1、J2）、宋代1口（J3）；4条沟渠均为宋代的；3座房址中明代1座（F3）、宋代2座（F1、F2）；其余的灶、坑、沟均属明代遗迹。

此次对西沈巷遗址的发掘，揭示了这一区域宋至清代的考古学遗存，使人了解了该地区古代遗存的文化性质、特点及当时社会发展状况。以往对无锡东部宋、明遗存及清代墓葬了解不多，特别是宋代遗址类考古学资料较为匮乏，此次发掘提供了本区域宋、明时期居住类遗址及清代墓葬材料，也为今后在无锡东部开展宋、明、清时期遗址调查与发掘提供了宝贵的实物资料。

无锡地区台形遗址的成因及性质初探

邵　栋　熊翠燕*

【摘要】台形遗址是长江下游地区重要的遗址形态之一。从新石器时代开始，无锡地区就广泛分布有该类遗址，涵盖了生活聚落、墓葬区、生产作物区等多种形态。本文主要结合考古发掘、调查成果，探讨无锡地区台形遗址的成因和性质，对无锡地区聚落形成、古环境影响等因素进行分析，并探讨今后台形遗址考古工作的重点。

【关键词】台形遗址　新石器文化　聚落考古　古环境

一、台形遗址及主要分布区域

长江下游地区特别是太湖流域平原地带，因水网纵横、地势低下，人们常常选择较高的土台作为生活、生产用地。由于长期使用（新石器时期就出现了），形成了较厚的文化堆积。一般将这种外形表现为高出地表的土台状遗址称为台形遗址。

其实土墩墓也可看作是一种特殊形式的台形遗址，但是因关于土墩墓的论述较多，且目前考古学界已公认其为墓葬，故本文主要论述的是生产、生活类的遗址，土墩墓不在本文探讨范围内。

台形遗址的发现和研究主要从20世纪50年代开始。1957年，南京博物院为配合江苏省的文物古迹普查工作，在宁镇地区和秦淮河流域进行调查，发现了152处台形遗址。[1]此后台形遗址的发现主要集中在镇江等地区，截至2015年，镇江地区发现台形遗址近200处。[2]当时一般认为这些台形遗址属于湖熟文化，并初步探讨了台形遗址的形成原因、保存状况、生业模式等，当时由于尚未对新石器时期江苏的文化面貌有全面的了解，认为湖熟文化的遗址均是台形遗址。[3]

此外在长期的考古工作过程中，苏南地区的台形遗址在表述中还有土墩型或台墩型遗址等称呼。目前认为整个江南包括环太湖地区和上海等地，都分布有这种台形遗址，且以太湖地区较为普遍，发现时代则从马家浜时期到马桥时期都有。[4]台形遗址主要是新石器时期的一种遗址形式，但是历史上其他时期除土墩墓外也存在着一定数量的台形遗址。经过调查勘探、发掘，发现部分为宋代以后堆筑形成的遗存或是与近现代墓葬类似的坟包。由于

* 邵　栋：无锡市文物考古研究所馆员
熊翠燕：中国乡镇企业博物馆馆员

该类遗存时代较晚，且大部分出土器物较少，公开可见的资料较少，如无锡惠山区洛社镇的三婆婆坟[5]和无锡锡山区华巷、周巷上土墩[6]等。

二、无锡地区主要台形遗址及其形制特征

（一）主要的台形遗址

无锡地区的台形遗址分布较广，各个区、县级市均有分布。

新石器时期的有：邱承墩遗址、彭祖墩遗址、洪口墩遗址、象塔头墩遗址、仙蠡墩遗址、锡山施墩遗址、庵基墩遗址、赤墩遗址、庙墩遗址、许巷村遗址、赤马嘴遗址、官墩遗址；江阴祁头山遗址、周庄龙爪墩遗址、南楼遗址、高城墩遗址、花山遗址、陶城遗址、璜塘埄遗址；宜兴西溪遗址、骆驼墩遗址、大坟墩遗址、螺丝墩遗址（螺蛳墩遗址）等。[7]

历史上其他时期的有：钱家老坟、三婆婆坟和无锡锡山区华巷、周巷上土墩等。前房桥明代钱氏家族墓葬是在鸿山街道一处名叫大坟山的地方发现的，该处是一个数千平方米的高台。[8]无锡鸿山遗址及周边的很多形似土墩墓的台形遗址，经过勘探也有确认是历史遗址或墓葬的，其中西坟墩、尤家弄—顾更上土墩D7等明确为明清时期墓地。[9]这种墓地上的土台其实可以看作家族墓地的坟茔。

由此可见台形遗址的定名多为××墩、××坟等。许巷村遗址是一处高出地面1.5—2.5米的椭圆形土堆，赤马嘴原名“歇马墩”，南楼原名“乌龟墩”或“无主墩”，璜塘埄中的“埄”是土堆的意思。

无锡地区的新石器时期的遗址绝大多数都是台形遗址。从某种意义上说，台形遗址是无锡先民最早、最主要的居住模式，也是最早的无锡“社区”。

（二）形制特征

这些台形遗址的共同特征是土台顶部均是大平台，台墩本体大部分不同时期的地层均较平，很多土台的底部与周边的生土为同一层面。土台顶部的平台可能是历史时期人类生产耕作导致，但是从表土层往下的地层也几乎是平整的，由此可以推断该土台在各个不同的时期均经过平整，土台顶部需要充当活动面。底

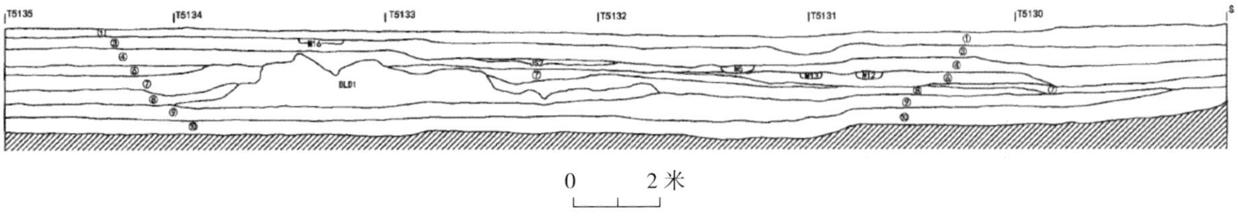

图一 骆驼墩遗址北区 T5130—5135 东壁剖面图

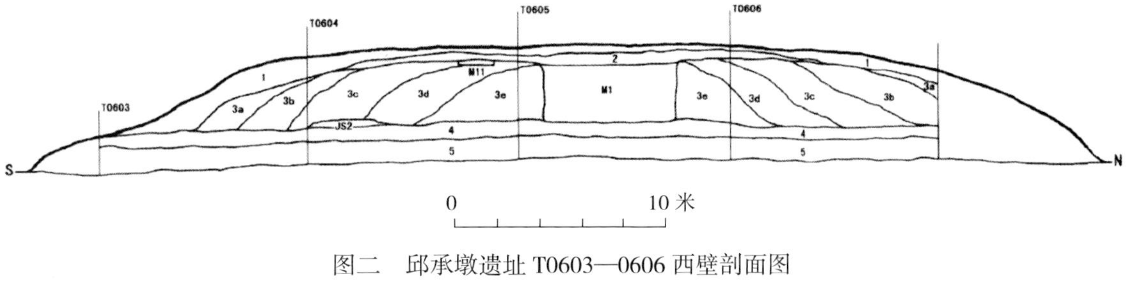

图二 邱承墩遗址 T0603—0606 西壁剖面图

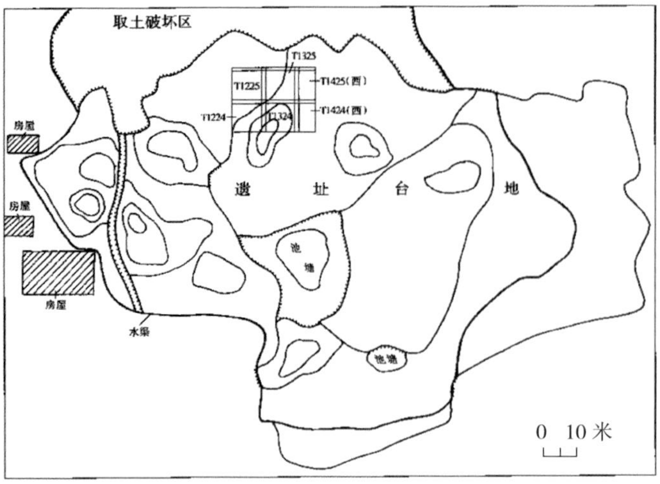

图三　祁头山遗址探方分布图（可见台地顶部为平地）

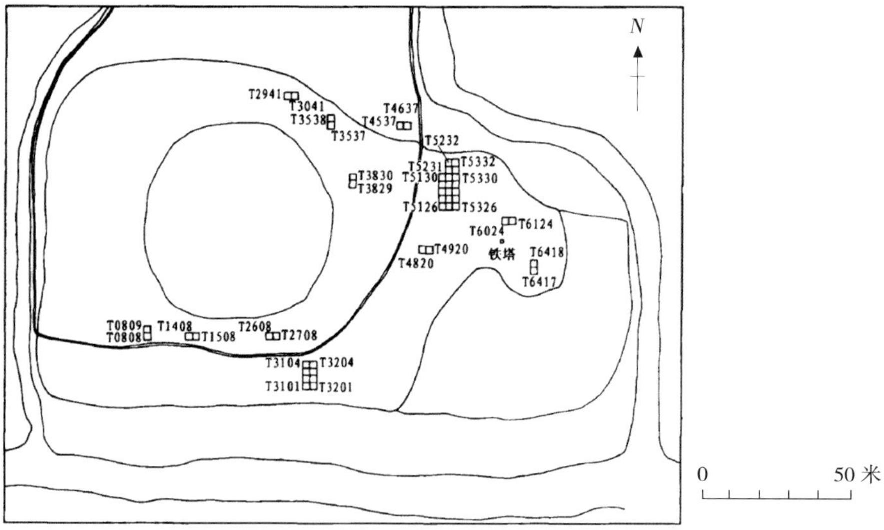

图四　彭祖墩遗址探方分布图（该遗址发掘时为多层阶梯状土台）

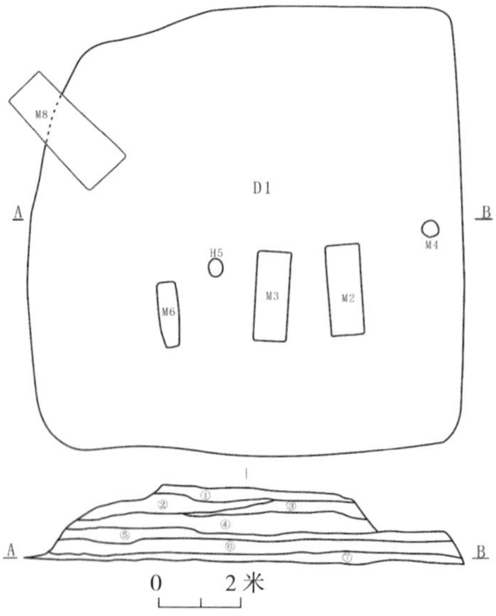

图五　三婆婆坟台形遗址平剖面图（最下两层为宋代地层）

部的生土与周边齐平，则表明人类选择在该处生活之初是在平地上垒筑土台，最终形成了这样的高台（图一至图四，各图均采用正式出版报告或简报中线图）。此外，台形遗址的土台范围大多就是遗址分布范围，该特点也常见于宁镇地区台形遗址，如镇江马迹山遗址等。[10]历史时期的土台形制也几乎一致，如三婆婆坟的土台（图五）。

从近年调查情况看，台形遗址的台地范围都面临着不同程度的萎缩。台形遗址在20世纪50—70年代整平田地和取土烧砖时遭到破坏。如祁头山遗址因取土有约10000平方米的台地遭到破坏，骆驼墩遗址的土台也被破坏了大半，洪口墩遗址等各遗址的土台均有不同程度的破坏。

三、无锡地区台形遗址时代特征和地理环境分析

（一）台形遗址的时代特征

新石器时期的各台形遗址涵盖了从环太湖流域最早的马家浜文化到相当于中原夏商时期的马桥文化。早期材料较少，多为宋至清代的材料（表一）。

从上表可见，新石器时期各个时代的遗址

表一 部分台形遗址及其文化内涵

遗址名称	遗址时代	性质	附近水系
邱承墩遗址	马家浜、崧泽、良渚	马家浜：房址、墓葬 崧泽晚期—良渚初期：祭祀遗址 良渚：高台、墓葬	周围环境为湖沼相湿地
彭祖墩遗址	马家浜、崧泽（未确定）、商周	马家浜：房址、墓葬、灰坑 崧泽：灰坑（无地层，仅一个灰坑） 商周：灰坑	南临张塘河、伯渎河
洪口墩遗址	马家浜、马桥	马家浜：灰坑、房址 马桥：灰坑（尚未正式发掘）	四面环水
仙蠡墩遗址	马桥	红烧土、灰坑等	墩西有小河，南为梁溪河
锡山施墩遗址	马家浜、崧泽	马家浜：遗址（房址） 崧泽：墓葬	不明
赤墩遗址	马家浜、崧泽、良渚	马家浜晚期：墓葬 崧泽：墓葬、祭坛 良渚：遗址	勘探发现环壕
祁头山遗址	马家浜	墓葬、灰坑，墓葬为主	东侧有白屈港
南楼遗址	崧泽、商周	崧泽：墓葬为主，另有房址、灰坑等 商周：灰坑	东、西南为低洼河地，西为革新河，北为张塘浜
龙爪墩遗址	崧泽	灰坑、墓葬	不明
璜塘垰遗址	良渚	古井	周围河道较多
高城墩遗址	良渚	祭台、墓葬	周围有水田和沟渠
花山遗址	商周	灰坑、沟、井	东南小河环绕
陶城遗址	吴文化	水井	四周环水
西溪遗址	马家浜	灰坑、祭祀遗址、房址，墓葬较少	西北、西南为两条小河
骆驼墩遗址	马家浜、崧泽、良渚、广富林	墓葬、灰坑、房址、贝类堆积、祭祀遗址	北半部被河道半环绕
三婆婆坟	宋—明清	墓葬	东侧为直湖港
锡山区华巷、周巷上土墩	宋元—明清	遗址	不明

多为台形遗址，台形遗址并不是某个考古学时代特有的遗存形式。如在宁镇地区，早期认为湖熟文化就是台形遗址，后来也认为各时段均有台形遗址的出现。环太湖流域的马家浜、崧泽、良渚、广富林、马桥等绝大部分的遗址也都是台形遗址。历史时期的台形遗址在考古工作中是常见的，但是因为地层中遗物较少或基本没有遗迹现场，所做的考古工作和存在的考古资料也较少。目前来看，无锡地区秦汉以后的台形遗址多集中在宋代以后，这与本地缺少汉唐遗存是一致的。

（二）地理环境

从表一可见，台形遗址在地理位置上最大的共性就是周边均有水，或是处于类似环壕状的四周环水状态，或是周围环境多低洼淤积地层，或是周边有较大的河流经过。这是江南新石器时期生业模式在环境上的体现，也与新石器时期长江下游居民居址多选临近河湖的高亢地带是一致的。[11]

台形遗址的另一地理位置特征是大都远离山脉，除赤墩、官墩等少数外，其余周边均是平原低地。祁头山虽名曰“山”，但实质上是人工堆积的土台。这种情况也说明，台形遗址是早期平原地区人类在无自然高地的情况下，对抗、改造自然环境的一个重要方法。

四、形成原因和用途分析

（一）环境、气候、地质原因

从地理环境来看，江苏省江、河、湖、水库等水域面积所占全省比例居全国之冠，有“水乡江苏”之称，也是全国平面面积比例最高的省份之一。[12]低地加多水的环境是促使古代人类向高处或自己创造高台生产生活的重要因素。

从气候条件来看，高台首要避免的就是地下水位过高导致的生产生活不便。江苏不仅水多，洪涝灾害更是频发。从全新世大暖期开始，中国的降水量较现代普遍偏多，旱作区和稻作区的交界线位置较现在偏北2—3个纬度。据估计，当时长江中下游地区的年降水量比现在多200—400毫米。[13]环太湖流域新石器文化蓬勃发展的距今7000—5000年之间，平均气温较今高2—3℃，降水量更是较现在高500—600毫米。[14]距今7000年来，地下水位高，湖泊较多，而且湖泊增多、水域扩大与水面缩小、沼泽发育多次更替。[15]一般认为大洪水就是良渚文化走向没落的重要因素之一[16]。良渚时期江南先民与洪水搏斗的同时，山东龙山先民在应对大洪水上开始使用高台土丘，发展出了堌堆这一遗址形态。堌堆遗址一般高2—5米，有的高8米，面积大的2万—5万平方米，与江南的台形遗址外形几乎一致。截至20世纪90年代初，这种堌堆遗址仅在山东菏泽就发现有100余处。[17]

进入文字时代以后，气象灾害开始有各种记载。最早的依然是水灾。如《史记·夏本纪》：“当帝尧之时，鸿水滔天，浩浩怀山襄陵，下民其忧。”[18]《国语·周语下》：“昔共工弃此道也……欲壅防百川，堕高堙庳，以害天下。”[19]甚至商人的祖先冥担任夏朝的水官，于任上殉职，“冥勤其官而水死”（《国语·鲁语上》）。[20]

江苏历史上的气象灾害也是以水灾居多。《中国气象灾害大典·江苏卷》：“江苏省……地势低洼，素有洪水走廊之称。”其目录中与水灾有关的有暴雨和洪涝、梅雨、连阴雨、热带气旋、强对流天气、寒潮和暴雪等，与旱灾有关的则只有一章——干旱与高温。洪灾最早记载为曹魏景初元年（237），至1949年有确切记载的共有469年，其中有不少是当年内有数次洪水。干旱最早记载是东吴嘉禾五年（236），至1949年共计172次。其中有记载的由连阴雨引起的气象灾害平均每年2.8次，而干旱则为冬旱5年2次，夏旱平均4年1次，春秋旱平均10年1—2次。[21]

还有一种灾害是平时较少遇到的，但危害极大，即由地震或海底火山爆发等引起的海啸。据统计，自西汉初元二年（前47年）至清同治元年（1862），1909年间我国东部沿海经历的海啸多达142次，苏浙沪等地是重灾区。[22]

多水地区的先民为了生存，利用高台居住几乎是唯一选择。如果没有高台，也只能退而求其次，选择山麓或坡地。所以环太湖流域大部分新石器遗址都是台形遗址，只有少量的坡地或岗地及极少的湖泊沼泽型遗址。[23]

环太湖流域还有一个地质特点，即长江三角洲的地质沉降运动。长江三角洲以微山湖、洪泽湖、高宝湖、太湖一线的北西向顺湖断裂带为界，为断块型三角洲，第四纪以来大部分地区表现为以沉降为主的运动，特别是太湖以东的广大地区。[24]长时间的沉降导致该地区大部分地势低下，高台地或人为垫的高台就成了生存的必须。

（二）生业模式的选择

近些年动植物考古工作的广泛开展，取得大量长江下游环太湖区域的各个遗址的动植物遗存。从目前发现的情况看，环水台形遗址构成的生态模式正是一个完整的淡水湿地群落构造。[25]

其生业模式的典型组合就是水稻种植栽培和淡水渔猎。比如2013—2015年杨家遗址的发掘中，出土的植物中水稻占据绝对地位，芡实和菱角次之。[26]出土的动物相关遗存马家浜时期有鹿角，马桥时期有较多的网坠。[27]在其他遗址中，人骨稳定同位素的研究说明长江下游先民的食物以水稻等湿地环境植物和陆生动物为主，淡水鱼类为补充。[28]新石器时期的先民高度依赖淡水资源和陆地临水环境，他们在索取的同时也开始进行改造。不管是原始的台地还是人为堆高的台地，都是兼顾居住和生产作业的优良选择，既临水取用便利，又有高亢、干爽台地可供居住。

历史时期的台形遗址其实也是这种模式的变形。唐宋以后，江南地区在种植口粮外，还增加了种植桑树等经济作物，如明初："洪武元年，杨思义为户部尚书，以农桑积储为急。请令民间皆植桑麻，四年始征其税……诏可。"[29]桑树生长的水分要求较高，水分过多，易导致缺氧，叶质差，过长时间的水淹也会使桑树死亡，水分过多的桑叶养蚕不好。选择桑园时地下水位宜低于地面1米以下。[30]早在汉代就有桑树与黍等旱地作物间作的农业经验推广。[31]对经济作物的需求，促使江南地区先民在水患较多的情况下用堆高土台的方法来种植。这种堆台必然是在较短时间内形成的，从而导致了像桑墩这种略高于地表而地层中又不见历史时期陶片的低土台的出现。

（三）台形遗址的用途总述

综合考古资料看，台形遗址的用途主要体现为新石器时期的生活聚落、墓葬区、祭祀区和历史时期的墓葬区、经济作物种植区。

前文已述，台形遗址是当时人类为了生存所选择或创造的。尹焕章先生将其总结为：滨水近山，高地方居住，以避水患，便于采取食物，也便于用水。并将台形遗址中的文化单独列为台形遗址文化系，虽然由于其年代较早，论述的对象多集中于新石器晚期，但从后来江苏南部的考古资料看，这是符合大多数台形遗址特征的。[32]历史时期形成的经济作物台地，是满足当时人们生产生活需要的产物。墓葬和祭祀等用途也是在多水环境下的无奈选择。

五、结论

（一）台形遗址是环境和人类的双向选择后的最优结果

史前的台形遗址体现了环境对人类文化的巨大影响。

从大的方面讲，环境对人类文明的影响力是巨大的。如气候变迁、洪水来临，使大量的良渚遗址遭到灭顶之灾，导致文明的衰落；气候环境变化造成饥荒，也可能引起民族大迁移。[33]从小的方面说，环境对文化的具体形态也有选择性影响，不仅形成台形遗址，还有类似洪口墩遗址房址下垫草木灰、短时间人为垫高台地等行为；邱承墩、彭祖墩等遗址，墓葬与生活区接近，形成就地掩埋等特色，都是因当时环境所迫。环太湖平原与宁绍平原的史前建筑多采用杆栏式，地面多有夯实、火烧痕迹，多铺草木灰；墓葬多堆土掩埋等文化特征，也是古地理环境影响的结果。[34]

在探讨此类遗址环境时也要重视其周边的原生环境。在环太湖平原，大部分都是平地，少见宁镇地区那种以略高的山岗余脉坡地形成的台形遗址。那么平原地区为何会形成台形遗址？这就需要探寻当时周边的水域是原生水域还是人为加工形成的环壕等；如果周边没有明显的水域分布，还要探寻周边平地遗址存在的可能性。这些探讨也是辨别当时人类生存环境和生业模式的重要方式。

（二）台形遗址地貌变化复杂，需要审慎考虑其形成原因和堆积过程

台形遗址从外观上看是高出地面的，这是经过历史积累形成的结果，是经年累月演化后形成的最终形态地貌，并不能说明该遗址或聚落的原生状态，该遗址最初的状态值得深入研究。遗址在每一个时间段的状态和变化更值得细致记录下来。高蒙河先生曾就此进行了论述，他认为即便通过考古工作，也只是发现遗址兴废的一些片段，需要将构建台地前的堆积、建造时的堆积、使用时的堆积、废弃时的堆积、废弃后的堆积等五个流程有机结合成有区别又有联系的整体。[35]也就是要将从人类到来，直到最后废弃的整个过程都动态复原出来。这就要求严格按照考古层位学的原理，在准确判断每一层分布和遗迹的基础上，掌握每一层形成的过程，从而探讨背后的人类行为及其心理。类似考古学上要求的“透物见人”，这里是“透过遗址见人”。

由此还要注意在研究台形遗址的时候，要研究台地在人为选择之初已形成，还是定居以后人为形成。宋建先生研究夏商时期太湖流域的台形遗址（文中称台墩型遗址）时将其归纳为有的是人类选择高地居住，有的是人类主动堆积高台居住。[36]这也是要求从最初的层位上去复原土台的原貌。无锡地区的台形遗址的发掘资料中关注这些的较少，尚欠缺这方面的一手材料。

此外，目前在历史时期经济作物高台方面的工作做得还比较少，一般都是用推断结合调查来论证，缺少实质上的证据，这与考古工作对宋元以后的关注较少是有一定关联的。笔者认为对历史时期的台形遗址也要从土壤成分、包含植物等多方面进行分析，从而对历史时期台形遗址的准确用途进行综合判断，由此也能为历史时期经济作物和经济形态的研究提供第一手的考古资料。

注 释

[1] 尹焕章：《苏南新石器时代台形遗址的新发现》，南京博物院编：《尹焕章文集·考古日记卷》，文物出版社，2009年版，第342页。

[2] 镇江博物馆编著：《镇江台形遗址》，江苏大学出版社，2015年版，第277页。

[3] 曾昭燏：《江苏省十年来考古工作中的重要发现》，龚良编：《曾昭燏文集·考古卷》，文物出版社，2009年版，第209页。

[4] 高蒙河：《长江下游考古地理》，复旦大学出版社，2005年版，第134—136页。

[5] 邵栋：《无锡惠山区三婆婆坟墓群发掘简报》，无锡博物院编：《无锡文博　己亥撷英》，古吴轩出版社，2019年版，第10—20页。

[6] 南京博物院、无锡市考古研究所、锡山区文管会：《无锡锡山区华巷、周巷上土墩遗存发掘简报》，南京博物院编著：《穿越长三角：京沪、沪宁高铁江苏段考古发掘报告》，科学出版社，2013年版，第140—146页。

[7] 南京博物院、江苏省考古研究所、无锡市锡山区文物管理委员会编著：《邱承墩：太湖西北部新石器时代遗址发掘报告》，科学出版社，2010年版；南京博物院、无锡市博物馆、锡山区文物管理委员会：《江苏无锡锡山彭祖墩遗址发掘报告》，《考古学报》2006年第4期；邵栋：《洪口墩遗址新石器时期文化面貌及其文化断层的环境因素初探》，无锡博物院编：《无锡文博　庚子撷英》，古吴轩出版社，2020年版；江苏省文物管理委员会：《江苏无锡仙蠡墩新石器时代遗址清理简报》，《文物参考资料》1955年第8期；江苏省文物管理委员会：《江苏无锡锡山公园古遗址清理简报》，《文物参考资料》1956年第1期；无锡市惠山区钱桥街道志编纂委员会编：《钱桥街道志》，方志出版社，2020年版；惠山区政协学习文史和文教卫体委员会编：《惠山遗存》，凤凰出版社，2017年版；江苏省文物工作队：《江苏无锡许巷村新石器时代遗址》，《考古》1961年第8期；无锡市滨湖区政协学习文史和社会法制委员会编：《滨湖考古》，南京出版社，2021年版；南京博物院、无锡市博物馆、江阴博物馆编著：《祁头山》，文物出版社，2007年版；南京博物院、上海大学文物与考古研究中心、江阴博物馆编著：《南楼：2006年度发掘报告》，中国社会科学出版社，2018年版；南京博物院、江阴博物馆编：《高城墩》，文物出版社，2009年版；江苏花山遗址联合考古队：《江阴花山夏商文化遗址》，《东南文化》2001年第9期；刁文伟：《江阴周庄龙爪墩遗址发掘简报》，唐汉章主编：《暨阳之光——江阴博物馆文集》，中国社会出版社，2004年版；高振威、周利宁：《江阴市周庄镇陶城遗址勘探试掘简报》，《无锡文博》2012年第4期；江阴县文化馆：《江苏江阴璜塘垿发现四口良渚文化古井》，文物编辑委员会编：《文物资料丛刊（5）》，文物出版社，1981年版；南京博物院、宜兴市文物管理委员会：《宜兴西溪遗址试掘简报》，《东南文化》2002年第11期；南京博物院、宜兴市文物管理委员会：《江苏宜兴骆驼墩遗址发掘报告》，《东南文化》2009年第5期。螺丝墩遗址，2011年公布为第七批江苏省文保单位；大坟墩遗址位于宜兴宜城街道，是一处环水的新石器时期遗址；象塔头墩遗址由江苏省考古研究所、锡山区文管会联合发掘，笔者参与资料整理，现已不存，也是一处环水的新石器时期马家浜文化、马桥文化的环水台形遗址。

[8] 无锡市锡山区文管办：《鸿声前房桥钱氏家族墓清理简报》，《东南文化》2007年第1期，第30页。

[9] 无锡市文物保护中心、无锡市锡山区文化体育和旅游局编著：《无锡前房桥明代钱氏家族墓地》，科学出版社，2021年版；李永军、张雷：《无锡西坟墩明清墓地发掘简报》，无锡博物院编：《无锡文博　庚子撷英》，古吴轩出版社，2020年版；李永军：《无锡市尤家弄—顾更上土墩墓群D7发掘简报》，无锡博物院编：《无锡文博　己亥撷英》，古吴轩出版社，2019年版。钱家老坟为2012年无锡市文化遗产保护和考古研究所于锡山区东港镇调查时发现，应为宋代遗存，上有宋到明清的砖室墓。

[10] 李西东、许鹏飞：《镇江马迹山遗址发掘报告》，镇江博物馆编著：《镇江台形遗址》，江苏大学出版社，2015年版，第191页。

[11] 中国社会科学院考古研究所编著：《中国考

古学·新石器时代卷》，中国社会科学出版社，2010年版，第470页。

［12］江苏省地方志编纂委员会编著：《江苏省志·地理志》，江苏古籍出版社，1999年版，第1—2页。

［13］丁一汇主编：《中国气候》，科学出版社，2013年版，第445—446页。

［14］黄尚明：《先秦环境变迁史》，中州古籍出版社，2021年版，第45—48页。

［15］吴维棠：《从新石器时代文化遗址看杭州湾两岸的全新世古地理》，《地理学报》1983年第2期，第120页。

［16］王青：《距今4000年前后的环境变迁与社会发展》，徐湖平主编：《东方文明之光——良渚文化发现60周年纪念文集》，海南国际新闻出版中心，1996年版，第298页。

［17］董琦：《自然环境的变迁在社会形态发展中的作用——环境考古学研究之一》，《东南文化》1996年第1期，第88页。

［18］〔汉〕司马迁：《史记·夏本纪》，中华书局点校本，1982年版，第50页。

［19］《周语下·太子晋谏灵王壅谷水》，〔春秋〕左丘明撰，陈桐生译注：《国语》，中华书局，2013年版，第112页。

［20］《鲁语上·展禽论祭爰居非政之宜》，〔春秋〕左丘明撰，陈桐生译注：《国语》，中华书局，2013年版，第173页。

［21］卞光辉主编：《中国气象灾害大典·江苏卷》，气象出版社，2008年版，第5—206页。

［22］朱诚、郑朝贵、马春梅、韩明芳：《华东沿海地区全新世初灾变事件对人类文明演进影响的探讨》，莫多闻等主编：《环境考古研究（第四辑）》，北京大学出版社，2007年版，第168页。

［23］黄莉：《环太湖流域新石器时期遗址数量变化与环境的关系》，《史前研究》2009年，第103—118页。

［24］张兰生主编：《中国古地理——中国自然环境的形成》，科学出版社，2012年版，第359页。

［25］袁靖主编：《中国新石器时代至青铜时代生业研究》，复旦大学出版社，2021年版，第239—241页。

［26］郑晓蕖、邵栋、刘宝山、芮国耀、赵志军：《马家浜文化生业模式初探——来自杨家遗址和马家浜遗址的植物考古学证据》，《江汉考古》2021年第5期，第119—127页。

［27］邵栋：《江苏无锡杨家遗址》，陈杰主编：《马桥文化探微——发现与研究文集》，上海书店出版社，2018年版，第113—114页。

［28］董惟妙、胡耀武：《人骨稳定同位素视角下长江下游地区史前先民的生存方式及演变》，《南方文物》2020年第6期，第253—260页。

［29］〔清〕龙文彬：《明会要》卷五十三《食货一》，中华书局点校本，1956年版，第1003页。

［30］袁开华：《种桑养蚕技术要点的探讨》，《建材与装饰》2016年第16期，第149—150页。

［31］刘兴林：《关于〈氾胜之书〉“种桑法”的释读》，《中国农史》2007年第4期，第8—11页。

［32］尹焕章：《华东新石器时代遗址》，南京博物院编：《尹焕章文集·考古日记卷》，文物出版社，2009年版，第337—338页。

［33］申洪源、朱诚、贾玉连：《太湖流域地貌与环境变迁对新石器文化传承的影响》，《地理科学》2004年第5期，第583页。

［34］林承坤：《长江三角洲古地理与新石器时代文化的关系》，文物编辑委员会编：《文物集刊（1）》，文物出版社，1980年版，第150页。

［35］高蒙河：《长江下游考古地理》，复旦大学出版社，2005年版，第138页。

［36］宋建：《环太湖地区夏商遗址环境研究》，周昆叔、宋豫秦主编：《环境考古研究（第二辑）》，科学出版社，2000年版，第123页。

苏州市吴中区南环桥遗址发掘简报

何文竞　王　霞*

【摘要】2021 年 12 月至 2022 年 5 月，苏州市考古研究所对苏州市吴中区南环桥遗址进行了考古发掘工作，共发现沟、坑等遗迹单位 10 个，出土各类文物共计 31 件。

【关键词】苏州　郭巷　东周　遗址

南环桥遗址位于苏州市吴中区郭巷街道东方大道西南、汤堡动迁安置小区东南、斜港河以北，大体呈三角形，为原南环桥批发市场所在地。为配合相关地块出让、开发建设和抢救保护地下文物，苏州市考古研究所于2021年8月中旬至11月初组织考古勘探工作队伍，对该地块进行了全面考古调查勘探。在该地块范围内发现了2处古代遗存区域，平均文化层厚0.8米左右，并发现了一定数量的东周至明清时期遗物。

本次考古发掘工作对遗址北部区域采用探方发掘方法，发掘面积2800平方米。根据调查和勘探情况，本次发掘共计布探方29个（图一），分为东、西两个区：东区发掘10米×10米探方18个，隔梁保留1米（由于雨后塌方严重，后期发掘的探方隔梁留2米，东区T0902全方都是现代垃圾，已扰到生土层，后放弃发掘）；西区发掘10米×10米探方11个。

图一　南环桥遗址航拍照片

*　何文竞：苏州市考古研究所馆员

王　霞：苏州市考古研究所副研究馆员

一、发掘概况

经发掘，西区发现沟1条，东区共发现沟1条、坑7个、土埂1道（图二），文化层及遗迹单位出土铜钱、青瓷碗、原始瓷碗、网坠、铜凿、砺石、石锛等各类文物共计31件。

根据土质、土色、包含物对比可知南环桥遗址整个发掘区范围文化层堆积比较统一，大多只有5个文化层，局部在⑤下还有1个⑥，但⑥比较纯净，包含物很少（图三）。文化层情况如下：

①灰色花土，黏性，较疏松，包含现代建筑垃圾、塑料垃圾以及少量陶瓷片，厚20—30厘米（墙基、排水沟等区域厚可达2米以上），为现代层。

②浅黄色黏土，较致密，包含青花瓷片、青瓷片、印纹陶片等，厚20—30厘米，时代约为明清时期。

③黄色黏土，致密，包含少量的青花瓷片、青瓷片等，厚30—40厘米，东区南部该层较厚，可达50厘米以上，时代不早于宋代。

④灰黄色黏土，较致密，包含青瓷片、印纹陶片、灰陶片等，厚20—30厘米，时代不早于宋代。

⑤黑色黏土，黏性强，包含原始瓷片、灰陶片等，厚薄不均，多在10—30厘米，时代应为东周时期。

⑥浅灰色黏土，黏性较强，包含零星的原始瓷片，文化层仅分布在东区的东北部分区域，厚0—50厘米，时代应为东周时期。

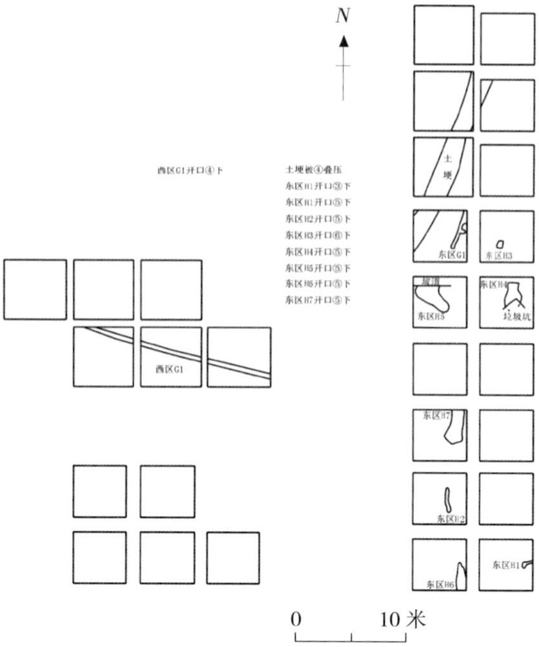

图二　南环桥遗址总平面图

二、遗迹单位

西区G1，开口于④下，打破⑤，横跨西区

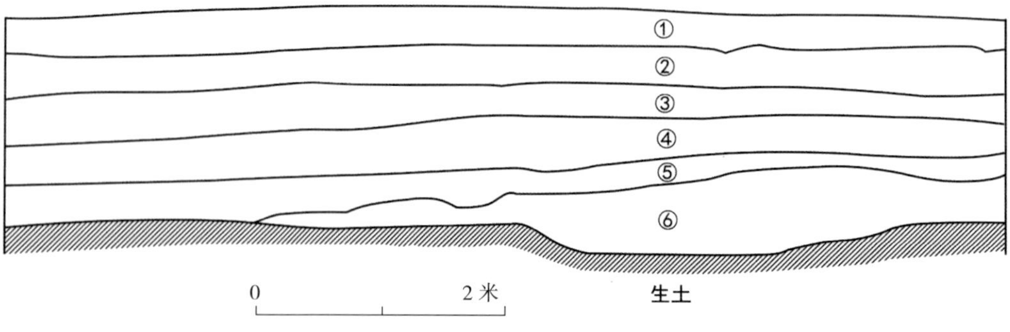

图三　东区 T0602 西壁剖面图

的T0403、T0404、T0405三个探方，长条形，总长28米、宽0.7—1.3米、深0.22—0.4米，底部弧形。西区G1内填土为灰色，致密，包含少量碎砖块、陶片、釉陶罐片、青瓷碗片（玉璧底）等，时代应为唐宋时期（图四、图五）。

东区G1，开口于③下，打破④，位于东区T0601东部，呈不规则条带形。发掘长7米、宽0.5—1.1米、深0.2米，底部较平。东区G1内填土为灰色，致密，包含少量陶片、青瓷碗片等，时代应为宋代（图六）。

东区H1，开口于⑤下，打破生土层，位于东区T0102东壁，平面似蝌蚪形，长1.6米、宽0.3—0.8米、深0.04—0.15米。填土为灰色，致密，包含少量陶片，时代为东周时期（图七、图八）。

东区H2，开口于⑤层下，打破⑥层，开口距地表1.4米，长椭圆形坑。长3.7米、宽0.4—0.54米、深0.06—0.18米，底部弧形（图九、图一〇）。填土为黑紫色，致密，未发现文化遗存，仅坑南部采集到一个炭样。

东区H3，开口于⑥层下，打破生土层，开口距地表1.65米，平面近等腰梯形。长0.8—1.05米、宽0.7—0.9米、深0.15—0.35米，底部弧形。填土为黑紫色，较致密，包含少量陶片，时代为东周时期（图一一、图一二）。

东区H4，开口于⑤层下，打破生土层，平面近葫芦形，南侧被现代坑破坏。残长约4米、宽2.58米、深0.2米，底部弧形。填土为黑紫色，较致密，包含少量陶片、原始瓷片，时代为东周时期（图一三、图一四）。

东区H5，开口于⑤层下，打破生土层，平面为不规则葫芦形。长约2.4米、宽1.24米、深0.2米，壁较平缓，底部较平。填土为黑色，较致密，包含少量陶片、原始瓷片，时代为东周

图四　南环桥遗址西区 G1T0405 部分照片

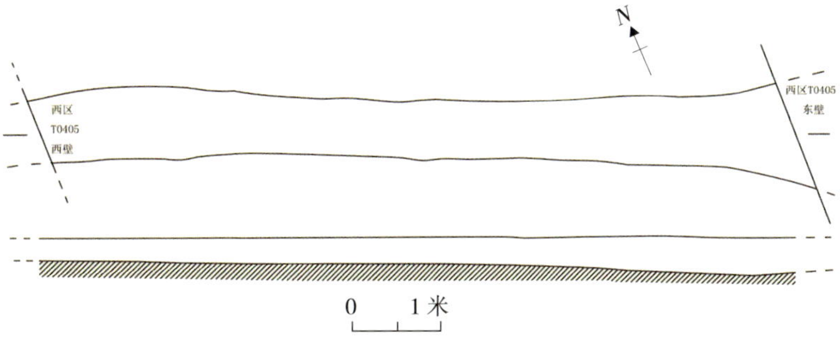

图五　南环桥遗址西区 G1T0405 部分平剖面图

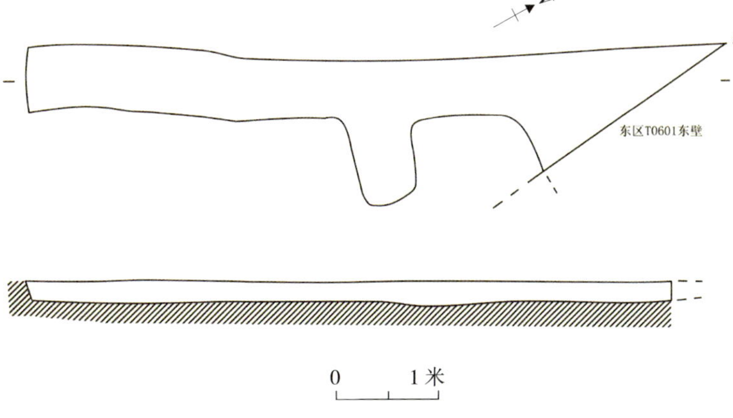

图六　南环桥遗址东区 G1 平剖面图

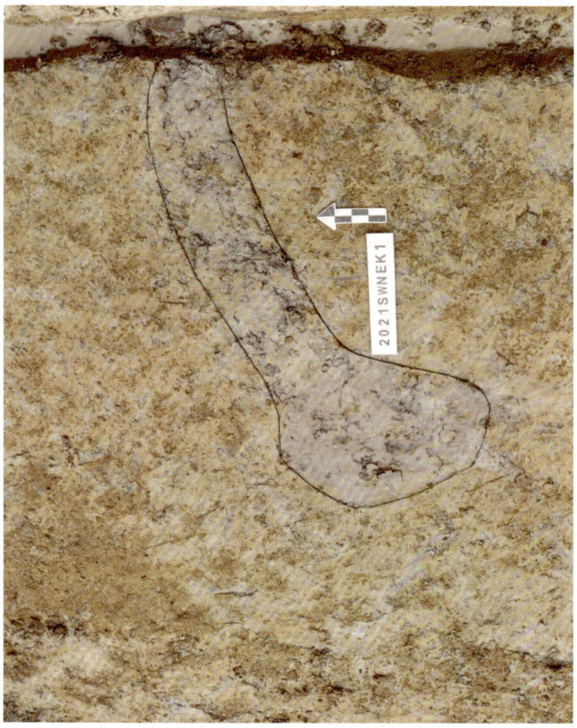

图七　南环桥遗址东区 H1 照片

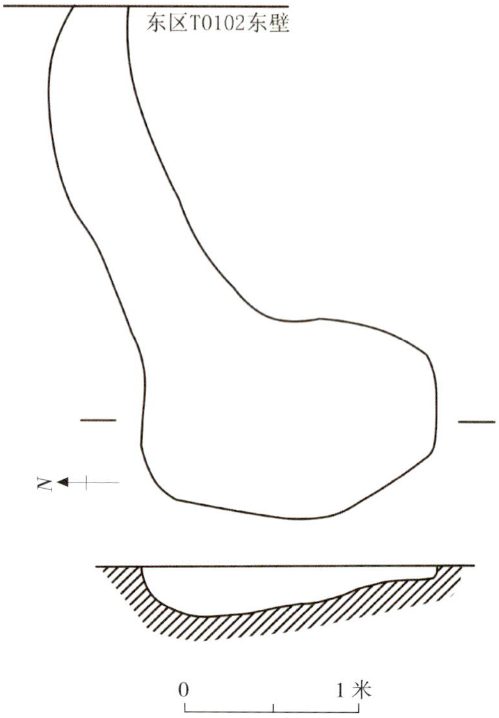

图八　南环桥遗址东区 H1 平剖面图

时期（图一五、图一六）。

东区H6，开口于⑤层下，开口距地表1米，打破生土层，平面形状不规则。发掘长5.5米、宽1.8—2.8米、深0—0.28米，壁较平缓，底部较平。填土为黑紫色，较致密，无包含物，根据地层关系其时代应为东周时期（图一七、图一八）。

东区H7，开口于⑤层下，打破生土层，平面形状不规则。发掘长4.25米、宽0.46—1.5米、深0—0.33米，壁较平缓，底部弧形。填土为黑灰色，较致密，包含少量陶片，时代应为东周时期（图一九）。

土埂1，被④叠压，叠压⑤，平面呈长条形，长约30米、宽约3.5米、厚约0.4米，主体部分为黄色黏土，较纯净，包含少量陶片和原始瓷片，表面出土陶碗1件，时代可能为东周时期（图二〇）。

图九　南环桥遗址东区 H2 照片

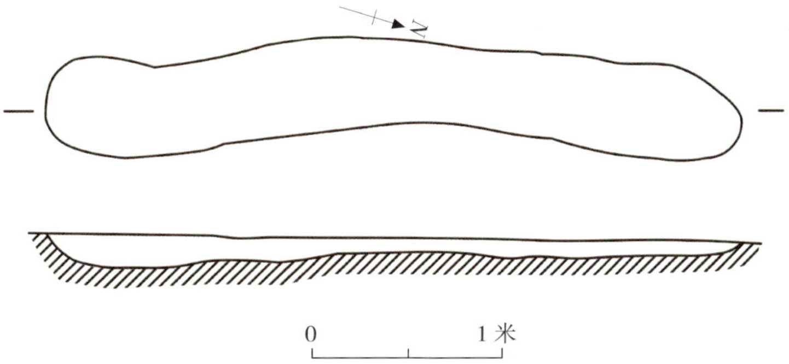

图一〇　南环桥遗址东区 H2 平剖面图

图一一　南环桥遗址东区 H3 照片

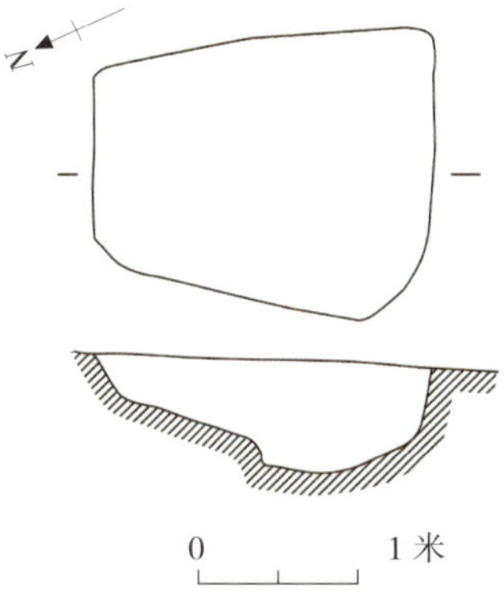

图一二　南环桥遗址东区 H3 平剖面图

图一三　南环桥遗址东区 H4 照片

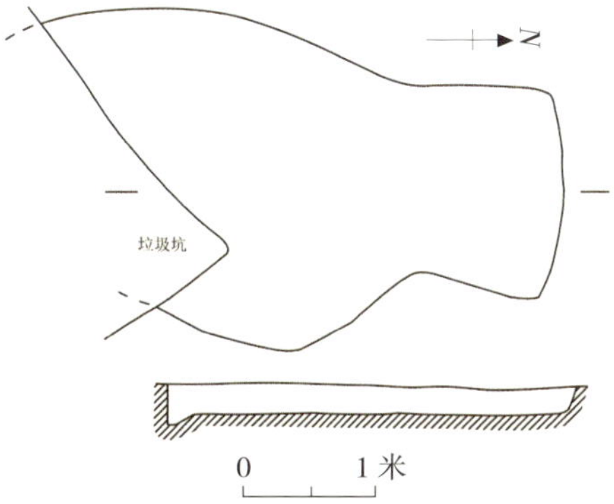

图一四　南环桥遗址东区 H4 平剖面图

图一五　南环桥遗址东区 H5 照片

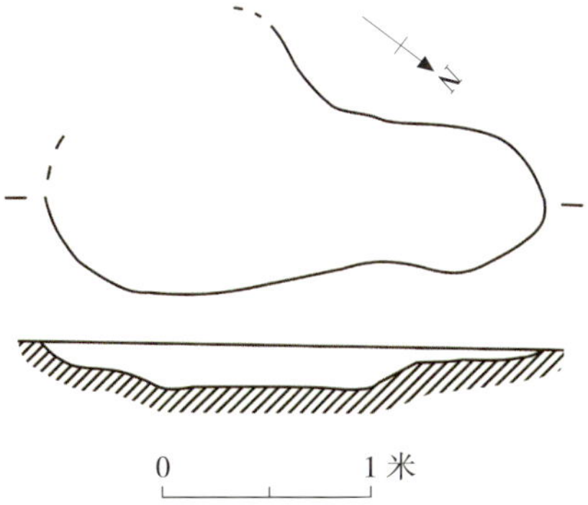

图一六　南环桥遗址东区 H5 平剖面图

图一七　南环桥遗址东区 H6 照片

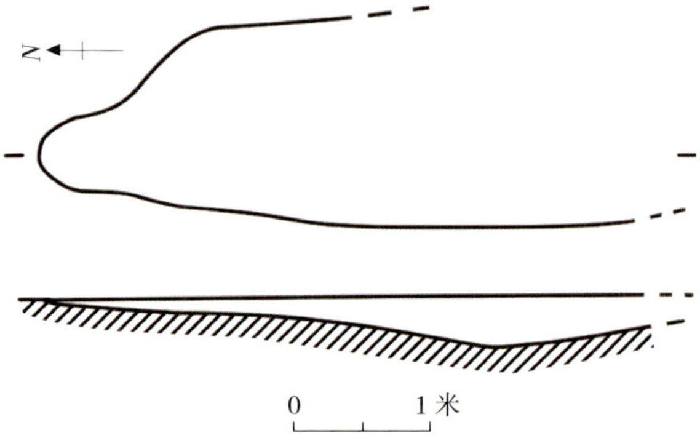

图一八　南环桥遗址东区 H6 平剖面图

三、出土器物

共出土瓷器8件，其中，碗5件（图二一），盘1件、杯1件、盏1件（图二二）。

青瓷碗，西区T0105④:1，残，敞口，厚圆唇，弧腹，圈足，外施青釉至圈足上缘，内施青釉至下腹，胎体棕色，现存五分之三左右，残口径13.5厘米、足径5.4厘米、高8厘米、厚0.4—0.8厘米。西区T0105④:2，残，直口，斜

图一九　南环桥遗址东区 H7 照片

图二〇　土埂 1 位于东区 T0601 部分照片

方唇，斜弧腹，平底略内凹，内外施青釉至腹部，内底可见支钉痕，胎体灰白色，仅存八分之一左右，残长6.5厘米、高4.5厘米、厚0.4—1厘米。东区T0501④:2，残，敞口，颈部略内凹，斜弧腹，平底略内凹，口沿处施青釉，有流釉现象，外底可见支钉痕，胎体灰白色，现存六分之一左右，残长10.6厘米、高5.4厘米、厚0.5—0.8厘米。东区T0601④:2，残，敞口，圆唇，弧腹，圈足，内施满釉，有刻画草叶纹，外施青釉至圈足处，胎体灰白色，外底有墨书“十二”字样，现存二分之一左右，口径16.5厘米、足径6厘米、高7.2厘米、厚0.3—0.8厘米。东区T0602④:1，残，撇口，圆唇，折腹，平底，内外施青釉至上腹部，胎体灰白，仅存六分之一左右，残长13厘米、高6厘米、厚0.6—1厘米。

青瓷盘（西区T0404④:1），残，直口，圆唇，斜弧腹，平底，外施青釉至上腹部，内施青釉至腹部，内外均可见支钉痕，仅存四分之一左右，残长8.3厘米、高3.5厘米、厚0.5—1厘米。

青瓷杯（西区T0503②:1），残，敞口，圆唇，弧腹，圈足，内外施青釉，足无釉，素面，仅存五分之二左右，残口径6厘米、高3.5厘米、厚0.4—1厘米。

黑釉盏（东区T0501④:1），残，敞口，圆唇，颈部略内凹，斜弧腹，圈足，内施满釉，外施釉至圈足附近，口沿釉薄，呈酱色，胎体夹细沙，灰白色，现存四分之一左右，残长8厘米、高5.5厘米、厚0.4—0.6厘米。

共出土原始瓷8件，其中，碗5件（图二三），盘1件、器盖1件、盂1件（图二四）。

原始瓷碗，东区T0301⑤:1，残，敞口，尖唇，小斜沿，弧折腹，平底，内外施青釉，多有剥落，内饰涡纹，仅存五分之一左右，残长7厘米、高4.3厘米、壁厚0.3—0.8厘米。东区T0501⑤:1，部分口沿及腹部残，敞口，尖唇，翻沿，弧腹，平底略内凹，内外施青釉，剥落严重，内饰涡纹，口径12.4厘米、底径6.4厘米、高3.8厘米、厚约0.4厘米。东区T0502④:1，残，直口，尖唇，小斜沿，弧折腹，平底内凹，满施青釉，釉面有剥落，内饰涡纹，胎体灰白色，现存二分之一左右，残长11.5厘米、底径8.2厘米、高3.8厘米、壁厚0.5—1厘米。东区T0602⑥:1，残，似子母口，斜弧腹，平底略内凹，内外施青釉，剥落严重，内饰涡纹，残长9厘米、底径7.5厘米、高4.5厘米、壁厚0.2—0.5厘米。H4:1，残，直口，尖唇，小斜沿，弧腹，平底内凹，内外施青釉，内底饰涡纹，胎体灰白色，现存三分之一左右，残长12.2厘米、高3.9厘米、壁厚0.5—0.8厘米。

原始瓷盘1件（东区T0602⑤:1），残，敞口，尖唇，折腹，平底内凹，内饰同心圆纹，内满施青釉，有窑粘，外施青釉至近底处，剥釉较严重，口径12.9厘米、底径7.8厘米、高4厘米。

原始瓷盖1件（东区T0602⑤:3），残，圆形，圆唇，内壁有同心圆形纹饰，外顶部有一钮，已残，内外施青釉，釉面剥落严重，胎体灰白色，现存二分之一左右，直径11厘米、高2.5厘米、厚0.3—0.5厘米。

原始瓷盂1件（东区T0702⑤:1），残，敛口，尖唇，小斜沿，束颈，鼓腹，平底略内凹，

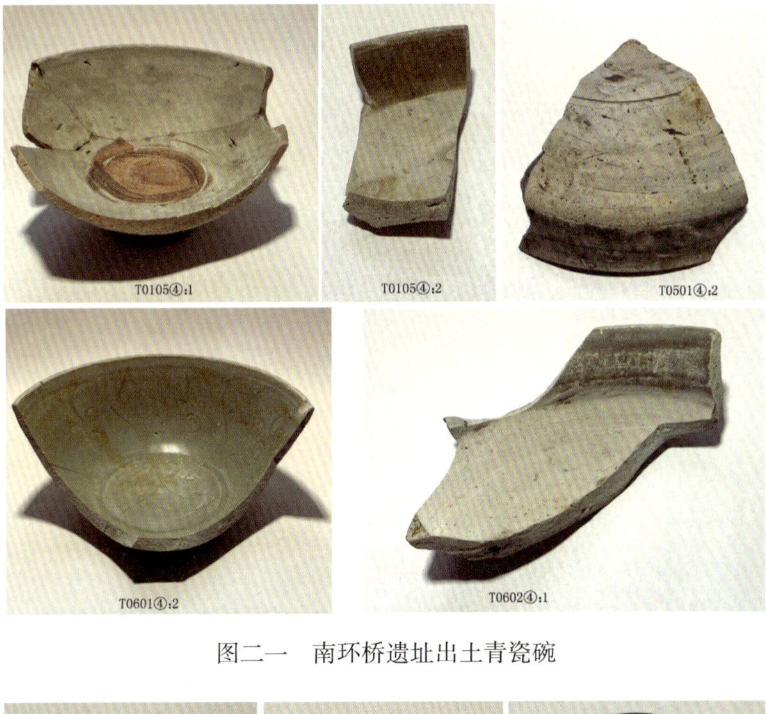

图二一　南环桥遗址出土青瓷碗

图二二　南环桥遗址出土青瓷盘、杯、黑釉盏

图二三　南环桥遗址出土原始瓷瓷碗

图二四　南环桥遗址出土原始瓷盘、盖、盂

图二五　南环桥遗址出土陶器

内外施青釉，剥落严重，内饰涡纹，现存二分之一左右，口径8厘米、底径5.5厘米、高3厘米、厚0.3—0.5厘米。

共出土陶器6件（图二五），其中网坠1件、盏1件、陶球1件、纺轮1件、盘1件、碗1件。

网坠1件（西区T0504④:1），泥质灰陶，“亚”字形，有两道大凹槽贯穿坠体，长侧面各有两道凹槽，两端呈半球形，长8.3厘米、宽4.5厘米、厚3厘米。

盏1件（东区T0601④:1），夹细沙硬陶，残，敞口，圆唇，斜弧腹，圈足，底部内凹，素面，无釉，表面呈棕色，断面呈暗红色，仅存五分之二左右，残长10厘米、底径4厘米、高3厘米、厚0.4—0.5厘米。

陶球1件（东区T0602⑤:2），残，棕色，整体呈扁球形，两面粘有灰白色物质，似是烧制时留下，直径2.5厘米、厚1.6厘米。

纺轮1件（东区T0701④:1），夹细沙红陶，折腹鼓形，中有一孔，腹径4厘米、厚1.6厘米，孔径0.5厘米。

红陶盘1件（东区T0702⑤:2），残，泥质红陶，敞口，尖唇，小平沿，弧腹，平底略内凹，内饰涡纹，底部与器身已断成4块，底径8厘米、壁厚0.5—1厘米。

陶碗1件［TG（土埂）1:1］，泥质红陶，口沿残，斜腹，平底略内凹，内饰涡纹，残长12厘米、残高2.8厘米、底径8厘米。

共出土铜钱6枚（图二六）。其中宋钱5枚、清钱1枚。

咸平元宝1枚（西区T0504④:2），旋读，楷书，有一定程度锈蚀，直径2.5厘米、厚0.15厘米。

元丰通宝1枚（东区T0101④:1），旋读，行书，有一定程度锈蚀，直径2.5厘米、厚0.1厘米。

皇宋通宝1枚（东区T0402④:1），顺读，楷书，锈蚀较严重，直径2.4厘米、厚0.1厘米。

宣和通宝1枚（东区T0801①:1），顺读，篆书，一定程度锈蚀，字迹清晰，直径2.5

图二六　南环桥遗址出土铜钱

图二七　南环桥遗址出土石器

厘米、厚0.15厘米。

元祐通宝（东区T0801①:2），旋读，篆书，锈蚀严重，轻薄，直径2.1厘米、厚0.1厘米。

道光通宝1枚（东区T0701①:1），顺读，楷书，一定程度锈蚀，直径2.1厘米、厚0.15厘米。

共出土石器2件（图二七），分别为砺石1件、石锛1件。

石锛1件（东区T0601⑤:1），一端有刃，表面有一定程度风化，石色淡绿，可见层状纹理，长6.2厘米、宽3.4厘米、厚2.8厘米。

砺石1件（东区T0701⑤:1），青色砂岩，近长方形，一面略内凹，一面边缘附近可见两道凹槽，长17厘米、宽9.8厘米、厚2.9厘米。

共出土青铜器1件，为凿（东区T0301⑤:2，图二八），锈蚀，片面呈压腰长方形，一端为刃，一端为銎，边缘可见范线，长7.1厘米、宽3厘米，銎长2.5厘米、銎宽1.2厘米。

四、结语

本次发掘的南环桥遗址原为南环桥批发市场所在地，遗址被批发市场的房基、下水管道等破坏面积较大，部分区域已破坏至生土层。从发掘情况来看遗址内普遍分布东周至明清时期的文化层，地层中出土一定数量的陶片、瓷片等文化遗存，共计6筐。其中小件主要有青铜凿、陶网坠、陶纺轮、原始瓷碗、青瓷碗、铜钱、石锛、砺石等，共计31件。另外，还发现少量东周至唐宋时期的坑、土埂、沟等遗迹单位。

东区出土的原始瓷碗绝大多数为平底（或略内凹）、弧折腹、内饰涡纹，这些特点与苏州木渎古城山渚头M1[1]、苏州阳山俞墩M1和M3[2]出土的同类器物十分相似，发掘者认为山渚头M1以及俞墩M1、M3的时代为春秋中期；东区T0602⑤出土的陶片有方格纹、曲折纹、菱形填线纹等（图二九），与苏州

图二八　南环桥遗址出土青铜凿

图二九　南环桥遗址东区 T0602 ⑤出土的部分陶片

真山土墩墓D33K1出土的陶器纹饰相近，东区T0602⑤:3原始瓷盖的纹饰与D33T4⑤:2陶罐的纹饰近似，其时代大约为春秋中晚期[3]；西区T0504④:1陶网坠与苏州吴中区马庄遗址出土的T3959③:16相似，马庄遗址发掘者认为③为战国时期文化层[4]；与东区T0301⑤:2铜凿类似的青铜工具在苏州地区出土的春秋战国时期遗迹中也比较常见，如1973年在昆山县兵希公社盛庄发现的铜凿[5]、1975年在苏州葑门河道内发现的铜斧等[6]。因此可以大体判断南环桥遗址最早的文化层约为春秋中晚期。

虽然南环桥遗址发现的遗迹单位不多，出土文物数量较少，但也在一定程度上丰富了我们对当地古代文化面貌的认识，根据⑤的土色、底部形态以及土埂和沟的分布情况，可以初步判断以⑤为代表的东周时期文化层可能是农田遗址。本次考古发掘工作为以后的考古工作和研究积累了重要资料。

注　释

[1] 中国社会科学院考古研究所、苏州市考古研究所苏州古城联合考古队：《苏州木渎古城2011—2014年考古报告》，《考古学报》2016年第2期，第280—281页。

[2] 苏州市考古研究所：《苏州阳山俞墩土墩墓发掘简报》，《东南文化》2012年第4期，第28—37页。

[3] 苏州市考古研究所：《江苏苏州真山土墩墓（D33）发掘简报》，《文物》2016年第5期，第4—13页。

[4] 苏州市考古研究所：《江苏省苏州市吴中区马庄遗址发掘报告》，《苏州文博论丛》2019年第1期，第37—60页。

[5] 昆山县图书馆：《昆山盛庄青铜器熔铸遗址考察》，《苏州文物资料选编》1980年，第60—65页。

[6] 廖志豪、罗宝芸：《谈苏州葑门河道内发现的耕战青铜器》，《苏州文物资料选编》1980年，第66—67页。

History | 历史

《读史方舆纪要》所记淮河及顾祖禹的淮防军事思想研究*

张文华*

【摘要】淮河具有重要的军事价值和战略意义，《读史方舆纪要》作为古代兵要地理的集大成之作，自然对淮河格外关注。顾祖禹从经世致用的史学思想出发，重点记述了淮河走势及其交通地理形势、沿淮两岸的军事要隘和重镇，同时兼及黄、淮、运关系及其治理。在这些记述中，渗透着顾祖禹的军事地理思想，体现出对国计民生的关切。顾祖禹的淮防军事思想和主张，体现在四个方面，即：从天下大势的角度审视，淮河具有屏蔽江南、关系国家盛衰的重大价值；从军事战略战术的角度审视，淮防需加强沿淮重镇要隘之间的战略联系；从地缘政治的角度审视，淮防需拓展防御空间，注重淮北门户的防守；淮防成功的关键不仅在于天险，更在于人谋。

【关键词】顾祖禹　《读史方舆纪要》　淮河淮防　军事思想

淮河是古代的“四渎”之一，其介于南北之间，地理区位特殊，具有重要的军事价值和战略意义。《读史方舆纪要》（以下简称《纪要》）作为古代军事地理的集大成之作，自然对淮河格外关注。《纪要》对淮河流路及其变迁的记载，主要集中在《川渎异同》篇中，对沿淮两岸的军事重镇及其攻守形势的记述，则主要集中在《南直》和《河南》两部分中。顾祖禹对淮河的记述，是以其经世致用的史学思想为指导的，旨在揭示淮河重要的军事价值和战略意义。兹综合诸篇，略述淮河流迁及沿淮重镇要隘，并进而探求顾祖禹的淮防军事思想。

一、《读史方舆纪要》所记淮河概述

古代“四渎”的变化各不相同，黄河下游决溢泛滥迁徙不定，长江相对稳定，济水在宋代已湮没，而淮河一则长期被黄河所夺，二则从明代开始有归江入海的趋势。顾祖禹有感于淮河的这种变化，在《川渎异同》中进行专门记述，指出：“今日之淮又合于河者也。陵谷

* 本文为2020年江苏高校哲学社会科学研究重大项目“《读史方舆纪要》与顾祖禹军事思想研究”成果（项目批准号：2020SJZDA038）

* 张文华：淮阴师范学院历史文化旅游学院教授，历史学博士

渐移，平成难冀，吾又安知河之不独为一川，而淮且南注于江乎？为纪淮水。”[1]顾祖禹记述淮河，主要侧重淮河流路、交通、军事，兼及黄、淮、运关系及其治理。

首先，对淮河河道状况，顾祖禹做了简要的记述。东汉班固《汉书·地理志》记载淮水流经四郡，长为三千二百四十里，顾祖禹对淮河的长度重新做了估算，指出“自桐柏发源以达于海，经流曲折，几二千余里”[2]。与长江、黄河相比，淮河的流程并不长，水利部淮河水利委员会编撰的《淮河综述志》称，今淮河上游长364公里，中游长490公里，从洪泽湖中渡到扬州三江营的入江水道是淮河下游的主要通道，长约150公里，合计1004公里。因淮河下游有多条入海通道，如以苏北灌溉总渠（168公里）计算，淮河全长合计1022公里；如以入海水道（163.5公里）计算，全长1017.5公里。可见，据今人实测，淮河干流全长约1000公里，与顾祖禹所说大体相符。在顾祖禹生活的时代，虽然黄河长期夺淮，淮河有归江入海的趋势，但总体而言淮河的源流与《禹贡》所记相比变化不大。对此，顾祖禹曾反复致意，他说：“夫淮之源流于《禹贡》时未有改也。”[3]“《禹贡》曰：‘导淮自桐柏。’淮之源与古不异也。”[4]“淮水自清口而东五十余里而经淮安府北，去城五里而近。又东九十里经安东县城南，又东北五十余里即海口也。……此即《禹贡》以来淮水入海之道也。”[5]

此外，《川渎异同》中还记载了淮河的13次决溢泛滥灾害。从时间分布看，唐代2次，宋代4次，元代1次，明代6次；从空间分布看，濠州1次，泗州8次，高家堰决口4次。顾祖禹提及的这些决口泛溢远非全部，但也可大体看出淮患的一些特点，即主要发生于宋元明时期，这与宋代以来黄河夺淮有关；灾区主要在泗州及高家堰以东以南的里下河地区，这与这些地区地势洼下的地理特点有关，“泗州之地比高堰为下，与高、宝诸州县皆若釜底然，安能免淮之浸哉？”[6]

其次，注重对淮河走势及交通地理形势的描述。顾祖禹在记述淮河流路时，细致地记载了淮河与流经城市的方位里距，比较具体地刻画出了淮河的微观走势与交通地理形势。如凤阳至五河段淮河走势，顾祖禹记述云：“淮水自凤阳府而东，又折而北，又二十余里而经临淮县城北。稍东曰新河口，濠水自南流入焉，谓之濠口。又东北八十里而经五河县城东南一里，有浍河、沱河、潼河、漴河自县西北次第流入焉。”[7]这里依次使用了“而东”“折而北”“二十余里”“城北”“稍东”“东北”“八十里”“东南”“一里”等方位词和里程数，就把淮河由东西走向折为东北走向较为清晰地描述出来了。对于泗州、盱眙段淮河，顾祖禹记述云：“淮水在泗州城南一里，淮之南岸去盱眙县城北二里，两城相距凡七里……由泗城而东三十里，龟山峙焉。淮流至此，乃盘折而北。又二十余里而洪泽、阜陵、泥墩、万家诸湖环汇于淮之东岸，淮水涨溢，恒在于此。”[8]这里不仅将淮河的走势描述清楚了，而且交代出了淮河流经的地理环境及淮患发生的地域特征。

对淮河的交通地理形势，顾祖禹多有关注。如淮河上游流经光山县北，距县城仅八十里，是中原通往江汉地区的重要枢纽之一，顾祖禹指出：“自汝、颍而问途于江、汉者，光山其利涉之所矣。”[9]固始县不仅为淮西衿要，同时也是交通要道，“自固始而东，可以疾走寿春。淮之北岸为南直颍州之界”[10]。再如清口，其为淮东要害所在，顾祖禹语重心长地说：“今大河南徙，夺泗流而合于淮，清口当河、淮交会之冲，形势至重，且国家岁漕东南数百万，悉由清口而北，此诚南北咽喉所系，不可一日忘备矣。”[11]这些描述，用词虽简，但都较好地揭示出了各地的交通形势，为进一步探讨其战略价值与军事攻守奠定了基础。

最后，较为客观地分析了黄、淮、运关系及其治理方略。淮河原本独流入海，但自从南宋黄河长期夺泗入淮以来，黄、淮、运交汇于淮安清口一隅，淮河下游形势发生巨大变化，淮患也由此而大规模发生。顾祖禹分析指出，黄河自北而来，黄河河身比淮河高，黄河水量又比淮河大，故而黄河容易遏制淮水，使其难以顺利东下入海；运河从淮河南岸流入，淮河自西而来，淮河河身又比运河高，流势陡激，故而容易吞啮运河。黄、淮、运交汇后，“淮河既受黄流之委输，又为运渠之灌注，势不能安流以达海矣”[12]。淮河为黄河侵夺，再加之黄河泥沙含量太大，清口淤积在所难免，淮河入海受阻，原本较为安流的淮河也变得水患频仍，“淮之患自河合淮始也”[13]。应该说，顾祖禹将淮患的根源归结于黄河夺淮入海，是符合历史事实的正确结论。

然则何以治淮、治黄、治运？顾祖禹指出，淮河、黄河与漕运之间相互影响、相互制约，“淮病而黄病，黄病而漕亦病，相因之势也”[14]。虽然病淮、病运的根源在于黄河，但黄病的解决有赖于淮河。如果淮河并流而北，没有旁泄，则水势盛大，淮水足以冲刷黄水；如果淮河分流南下，则水势减弱，无力冲刷黄水，黄河会乘势冲溃运河。因此淮河成为黄河、运河治理的关键所在，“黄、运两河之枢机，实自淮握之”[15]，治淮是治黄、治运的首要任务。对于淮河的治理，顾祖禹提出“以淮治淮”的方略。所谓“以淮治淮”，就是“高厚其堤防使淮无所旁出，修明平水之制使淮不至于涨溢”[16]。这里所说的“高厚其堤防”，指的是修筑高家堰。要想导黄河浑浊之水入海，势必依靠淮河清澈之水来刷沙，而黄高淮低、黄强淮弱，这就需要拦蓄淮水、提高水位、增长水势，通过修筑高家堰，遏制淮流，堵塞分水口，使其单股而行，“全淮毕趋清口，会于大河以入海，而河与漕俱治”[17]，用清淮冲刷浊黄，从而达到治河、治运与保漕的目的。

治淮是治黄、治运之先务，而治淮的关键在于修守高家堰，“高堰淮扬之门户，而黄、淮之关键也”[18]。顾祖禹指出，淮水东流不畅甚至发生水患固然是由于黄河的壅阻，但黄河的壅阻也与淮水刷沙无力及高家堰的修守不严有密切关系，“高堰一带，修守不严，奸商盐贩之徒，无日不为盗决计。泗州之人，未究利害之源，但见高堰增筑，势必且遏淮以入泗，惟恐堰之不速溃也。淮之旁流日多，则淮之正流日弱，于是刷沙无力，而黄流益横，清口就淤，势不得不倒灌淮南，决堤堰而败城郭，委运道于茫无畔岸中矣。”[19]他对明代张企程和杨一魁的治淮主张持有异议，认为张企程浚支河、开引河入江注海的主张仅仅是“急救祖陵之议”[20]，并非治本之策；杨一魁的分黄导淮之说，大抵祖述张企程，虽然取得了实效，淮患逐渐平稳，但此后淮河时有决溢，仅是“培固高堰，增置坝闸”[21]，并非治淮长策。顾祖禹以为，导淮无可非议，关键是看何时导、如何导。在黄流横泛倒灌、清口淤积之时而议导淮，“导淮亦治标之一策耳”[22]；孰不知导淮使淮河旁流增多，“其为弱淮之先征也，淮之患安有穷已耶？”[23]在高、宝一带地势低洼、黄强淮弱的形势下，筑堤堰淮也是“导淮”，所谓“昔人筑堰使淮不南下而北趋者，亦因势而导之”[24]。可见要保证淮河畅流东下，黄河不淤积，运道不阻滞，关键在于修筑高家堰。正是基于此种认识，顾祖禹非常赞赏潘季驯“束水攻沙、蓄清刷黄”的治河理论。黄河治理的关键在于解决泥沙问题，而泥沙问题的解决需要以淮敌黄，以清刷浊；黄、淮汇流，水势迅猛，容易冲刷清口以下的泥沙；黄、淮畅流，运河自然也畅通无阻。可见，黄、淮合流后，黄、淮、运的关系及其治理也发生新的变化，治淮即为治黄、治运，顾祖禹引潘季驯语云：“淮、黄相合，淮得黄而力专，黄得淮而流迅，两河相合，同趋中流，此治淮即以治河，并即以利漕之大机也。”[25]黄、淮、运之错综关系，以此大体可见矣。顾祖禹对黄、淮、运关系及其治理方略的论述，是其关注国计民生的重要体现。

二、《读史方舆纪要》所记沿淮两岸的重镇要隘

作为兵要历史军事地理著作，《纪要》较为详细地记载了沿淮两岸的军事重镇要隘及其攻守形势。淮河虽然流程不长，但其处于中国东部腹地，地理位置独特，是东部地区北上南下的必经之地，也是南北对峙时期南北双方军事攻守的必争之地，因此散布于淮河两岸的军事屯戍、重镇险隘不仅数量众多，而且争战频仍。关于《纪要》所记淮河两岸的军事屯戍及其攻守形势，笔者曾有专门论述，不再赘述，兹仅就沿淮两岸的军事要隘、重镇及其攻守形势略做阐述。

沿淮两岸的军事要隘、重镇主要包括河流入淮口、关隘和城镇三类。

（一）淮口

淮河水系发达，据北魏郦道元《水经注》记载，淮河北岸的一级支流有19条，南岸的一级支流有18条，这些河流的入淮口，大多为交通冲要和军事重地，顾祖禹择其尤为重要者予以载述。

汝水入淮口为汝口，也称淮口。汝水发源于河南鲁山县，北抵颍水，南达淮水，有悬瓠之险，顾祖禹指出汝口为“南北相争时要口也”[26]。

颍水入淮口为颍口，下通寿春，上达义阳，北抵许、洛，战略地位十分重要，顾祖禹称其“自古用兵之地也”[27]，“盖自北而南者，颍口其必争之地矣”[28]，“从来南北巨防也”[29]。

淝水入淮口为肥口，顾祖禹称其为“淮南之喉吭，战守之枢机也”[30]。淝水在寿阳城北二里，引淝水交络城中，实为天然津要，因此“昔人每恃淝水为攻守之资”[31]。

涡河入淮口为涡口，“亦淮南津要也”[32]。

汴河入淮口为汴口，北通中原，南达江南，为南北冲要之地，“自秦、汉之季迄于南北争雄，江、淮有事，未尝不先争泗上也”[33]。

泗水入淮口为泗口，亦称清口、清泗口、淮口，适当河、淮冲要，“自古为南北必争之地”[34]，因此“欲固下流，必守淮、泗”[35]。

这些入淮口自西而东沿淮排列，成为沟通淮河南北地区与淮河干流的水上交通枢纽，具有重要的军事价值和战略意义。古代淮河通往中原的水上通道主要有五条，宋人陈敏云：“长淮二千余里，河道通北方者五，清、汴、涡、颍、蔡是也。”[36]而通往南方的水上通道有两条，一是江淮西部的水路，《史记·河渠书》云：“于楚……东方则通沟江淮之间”[37]，它是以合肥为中心，由一湖三水（巢湖和濡须水、施水、肥水）沟通起来的运道，这条通道在先秦时期广泛地被利用，一直到南北朝以后才逐渐不再使用，因而往往为人们所忽视；二是江淮东部的水路，这就是人们所熟知的邗沟，陈敏所说的“通南方以入江者”[38]，是大运河的重要组成部分。江淮东、西部的这两条通道与淮北的五条通道共同构成了淮河流域最重要的交通网络体系，历史上南北双方的军事争夺和战争主要就是集中在这些交通沿线地区。

（二）险隘

淮河上游的汝宁府，“北望汴、洛，南通淮、沔，倚荆楚之雄，走陈、许之道，山川险塞，田野平舒，战守有资，耕屯足恃，介荆、豫之间，自昔襟要处也”[39]，府南即为大别山山脉，为通往荆楚的要道所在，因此这里不仅位置重要，而且关隘众多。位于今信阳南部的平靖关、武阳关、黄岘关合称“义阳三关”，三关地势险阨，自古为军事要隘，顾祖禹指出：“自魏、晋以后，鄳阨之地常为南北重镇，所谓义阳有三关之塞也。”[40]“义阳三关”是淮河上游最重要的险隘，其得失直接关乎淮西的攻守形势，乃至影响到南北方政权国势之盛衰。三关与其之北的义阳城势如首尾，故“欲保淮西必守义阳，守义阳则三关之备不容不重”[41]。义阳群山环绕，除三关外，还有黄土关、平昌关（亦作平常关）、恨这关、长乐关等，都是行军险要之地。如黄土关“东接三关，为首尾相顾之地”，恨这关是通向应山县的“往来要地”。[42]

罗山县南部有大胜关、破关；光州西南有阴山关，亦称南关，与白藁戍相近；光山县南部的木陵关（亦即穆陵关）南北朝时为戍守要地；此外还有白沙关、土门关、斗木岭关、黄土岭关、修善冲关、界河关、牛山镇关等。固始县东北有朱皋镇关，商城县有长岭关、松子关、栗子关、同罗关等险隘。

此外，淮河中的沙洲也往往成为重要的战略据点和交通津要，如凤阳段淮河中的邵阳洲、乘龙洲、道人洲都发生过较大的攻守战争；盱眙段淮河中的凤凰洲，长约十里，为“北兵渡淮之津要”[43]。

淮河流经东部地区，除上游有山地外，其余皆为平原，因此重要的关塞险隘集中分布在上游地区，沙洲则分布在中下游地区。这些险隘、沙洲是天然的军事屏障，战略意义显著，往往成为军事争夺的重要目标。

（三）重镇

淮河流域号为“战神祭坛之地”。冀朝鼎在《中国历史上的基本经济区与水利事业的发展》之“作为古战场的淮河流域”一节中所说：“淮河流域的地理位置，就命定它成了南北之间的要道和军屯与内战的中心”，“在自秦以后的整个中国历史上，淮河流域就成了南北之间的战场了，即使在各次战争的间隙之间，也是由屯田兵保卫着的。”[44]沿淮两岸的城镇因其极端重要的军事价值和战略地位而备受交战双方瞩目，往往成为争夺的焦点所在。对于沿淮一带的军事重镇，顾祖禹大多从区位优势、地理形势、交通条件和经济条件等方面分析其战略地位，并结合具体战例展开叙述，既有宏观的概括，也有微观的分析，较好地将其军事价值和攻守形势呈现了出来。兹自西而东，择要略述，以窥一斑。

信阳古称义阳，北距淮河四十五里，南控扼“义阳三关”，“自古南北争衡，义阳常为重镇”[45]。

光州“襟带长淮，控扼颍、蔡，自古戍守重地也”[46]，因其位置独特，系交通冲要，既为淮西之藩蔽，又扼全楚之襟喉。

固始县北距淮河七十里，交通便捷，“淮西有事，此为衿要之地”[47]。固始县东部的建安城为淮南重镇，与寿春“彼此要冲，得之则义阳可图，不得则寿春难保”[48]。

固始县与颍州交界处的朱皋镇，下临长淮，有朱皋渡和朱皋关，“为两境要冲”[49]。

颍上县南部的郑城，地处颍水与淮河附近，为南北关防重镇，顾祖禹引宋白语云：“南北朝画淮为守，关防莫谨于此。”[50]

颍水入淮处的东、西正阳镇，“夹淮据险，为古来之津要，今商旅往来者皆辏集焉”[51]。

寿县，“立国于东南，寿州常为重镇，岂

非以肥、颍二口滨淮环带也哉”[52]。

寿县以北三十里的下蔡城，南北朝时“为战争要地”[53]。

位于怀远县西南二十里淮河之滨的马头郡城，置有马头戍，是重要的津渡所在，为南北朝兵争之际“往来渡淮者必经之地”[54]。

凤阳，“濠州向为淮南重镇，盖以长淮为屏障也”[55]。

泗州、盱眙隔淮相望，“两城相距凡七里，自昔为淮流衿束之处，战守所必资也”[56]。

淮阴，“北对清、泗，则转输易通，南出江津，则风帆易达，繇淮入江，此其必争之道矣”[57]。

山阳，楚州为南北襟喉和必争之地，“我得之可以进取山东，敌若得之淮南不能以朝夕固矣”[58]。

这些沿淮重镇，不仅自身具有独特的军事价值和地位，而且相互联系、互为呼应，共同构成一条极为重要的军事防守线。

三、顾祖禹的淮防军事思想

千里淮河是一条发源于中州之地、横亘东西、水系发达的大川，此种独特的自然条件和地理位置，使得它既阻隔着南北，又联系着南北。在中国古代南北分治时代，淮河首先是作为南北军事上的前沿阵地和政治上的分野而倍受人们重视的。南北争雄，不论南方抑或北方政权，无不视淮河为重要的天然屏障。而较之北方政权来说，淮河的军事意义在立国江南的政权身上，则表现得尤为鲜明而突出。六朝及南宋之守国，在东部地区是以淮河与长江两条防线为关键的，而淮河又为关键之关键。顾祖禹站在历史的制高点上，汲取先哲思想精华，以具体战例为根据，以地缘政治为纽带，从全局出发，熔冶升华，提出自己对淮河军事防守的思想认识和主张。

（一）从天下大势的角度审视，淮河具有屏蔽江南、关系国家盛衰的重大军事价值和战略意义

顾祖禹对大江大河的军事意义有特别的关注和深刻的认识，他在《纪要》“凡例”中说：“天地位而山川奠，山川奠而州域分，形势出于其间矣。”又说：“天下之形势，视乎山川；山川之絇络，关乎都邑。”[59]这是说山川、州域与天下形势有密切关系，此就山川的军事价值泛而言之，具体到淮河，顾祖禹指出，其一则为长江之屏障，二则关乎国家之盛衰安危。

淮河介于长江、黄河之间，虽然流程不长，但在南北分裂对峙时代，淮河的军事地位格外突出，是南方政权长江以北最重要的一条军事防线。顾祖禹云：“自南北分疆，往往以长淮为大江之蔽。”[60]三国鼎立、南北瓜分之际，两淮地域成为天下战场，发生于其间的战争难以胜计，这些战争，大多是以夺取对淮河的控制权为主要目的，进而为北上或南下抢占战略根据地。从历史上看，就南方政权的防守而言，秦岭以东有黄河、淮河、长江三条东西走向平行的防线，这三条防线中，守河、守江均为时不长，唯独守淮持续最久。[61]宋人杨万里亦云：“固国者以江而不以淮，固江者以淮而不以江也。”[62]从军事地理角度看，江、淮毗邻，淮在北、江在南，淮甸为国之唇，江南为国之齿，淮河与长江的防守关系犹如唇与齿的关系，顾祖禹引宋人王德语云：“淮者江之蔽也，弃淮不守，是为唇亡齿寒。”[63]具体而言，淮东的楚州、泗州、广陵为江之表，则京口、秣陵得以遮蔽，淮西的寿阳、历阳为江之表，则建康、姑熟得以遮蔽，淮东、淮西间的这些重镇成为屏蔽和捍卫大江的关键所在，故而“长江以限南北，而长淮又所以蔽长江也”[64]。就南直地区而论，

淮河、长江既是其大川，也是其天险，淮防至关重要，顾祖禹曰："南直以江、淮为险，而守江莫如守淮。"[65]

对立国江南的政权而言，荆楚、巴蜀之地因位居长江上游，就长江上下游的关系看，其战略地位要高于两淮，所谓"敌在淮南，而长江之险吾与敌共；敌在上游，而长江之险乃制之于敌矣"[66]。但两淮的地位也绝不可轻视，它关系到江南政权的盛衰安危。一般而言，南方占据两淮则足以抗拒北方，北方占据两淮则南方不复保全。顾祖禹指出："欲固东南者必争江、汉，欲规中原者必得淮、泗；有江、汉而无淮、泗国必弱，有淮、泗而无江、汉之上游国必危。"[67]南方政权要想恢复中原，必须夺得淮、泗作为根基，有无淮、泗影响着国家的盛衰强弱。从历史发展的经验来看，孙吴时期疆域不广，东不得广陵，西不得合肥，因而"终吴之世不能与魏人相遇于中原"[68]，只能固守江南；东晋虽然偏居江左，但其以彭城、寿阳为重镇，故而"桓温、刘裕得以再问中原"[69]，仍具有恢复故土、重振山河的气概。继东晋而后的南朝宋、齐、梁、陈乃至于南宋，"其时之盛衰，大约以淮南北之存亡为断"[70]。顾祖禹强调两淮的军事价值，以两淮为江南之根本，指出两淮的得失，甚至关乎政权之存亡。陈朝失去淮南，其"亡也忽焉"[71]；"杨行密起于淮南，兼有江南北数十州，于群雄中最为强盛。李氏失淮南而国以弱，未几而国以亡矣。"[72]两淮之于江南政权的意义，大体于此可见矣。

总而言之，淮河虽然流程不长，但其介于中原的黄河和南方的长江之间，地理位置独特显赫，淮河所在的流域为北上南下的中间地带，淮河的防守和淮域的形势关乎南北政权力量的盛衰消长。在中国古代历史的进程中，淮河在屏蔽江南、均衡南北势力等方面发挥了重要的军事功能。

（二）从军事战略战术的角度审视，淮防需加强沿淮重镇要隘之间的战略联系

保江必先固淮，既然淮河的军事地位如此重要，那么如何守淮呢？顾祖禹在总结前人相关论述的基础上指出，一方面要区分轻重缓急，抓住最关键的重镇要隘，充分发挥其独特优势进行防范固守，另一方面尤其需要加强沿淮重镇要隘之间的战略联系。

如前所述，沿淮两岸的重镇要隘数量众多，但其军事作用、攻守形势、轻重缓急是有所差异的，因此淮河的防守，在战略上需要有所抉择与偏重，在战术上自然需要机动灵活。淮河水系发达，南北两岸大大小小的河流无不附淮而达海，但淮北最为关键紧要的河流有四条，顾祖禹云："涡、颍、汴、泗诸水则尤要害所关也。"[73]北方军队的南下，大多取道这些河口要害之地，如南宋绍兴三十一年（1161）金完颜亮南侵，朝廷诏令刘锜等守备清河、颍河、涡河口，开禧二年（1206）金人遣仆散揆等分三路入寇，一路出颍、寿，一路出涡口，一路出清河口，由此可见在具体的军事防守中，首先需加强对这些河流入淮口的防守。南宋真德秀说，淮东要害在清河口，淮西要害在涡、颍口，因此"欲固两淮，先防三口"[74]。真氏所说的"三口"，是就南宋时淮防形势而言的，其实就历史时期的淮防而言，则如顾祖禹所言，还须包含汴口。泗、汴、颍、涡入淮口既是北方南下最重要的津渡所在，也是南方守淮的关键要口，南方只要控扼这些渡口，北方要想越淮南下几乎是不可能的。淮河南岸的要口主要是淝水入淮的淝口与邗沟入淮的末口。从历史经验来看，南方守淮的基本战略就是牢牢把控入淮口，"扼淮以拒敌，而不延敌以入淮也"[75]。顾祖禹举例说，自古守淮莫难于东晋时的谢玄和五代时的杨行密。淝水之战谢玄以八万人抵挡苻坚

九十万大兵，清口之役杨行密以三万人抵挡朱全忠八州之师，这两次战役双方兵力众寡悬殊，但均取得了以少胜多的重大胜利，关键就在于充分利用了地形条件，控制住了战略要口，使对方难以攻破逾越。

南北对峙时期，淮南的得失对政权的兴衰存亡意义重大，而淮南的防守离不开沿淮重镇的屏藩呵护。淮东的根本在广陵，而淮滨下游的淮阴、盱眙为其北方门户，淮西的重镇在合肥，而淮滨中游的钟离、寿春为其屏藩门户，因此寿春、钟离、盱眙、淮阴就成为扞蔽淮南的关键。而淮西地区，义阳则为其重要屏蔽，所谓“六朝保淮南，常争义阳者，义阳淮西屏蔽也”[76]。义阳、寿春、钟离、盱眙、淮阴五镇东西绵延，首尾相接，是沿淮一线最重要的军事壁垒。沿淮五镇不仅各自地位十分显赫，而且还呵成一气，彼此间有着密切的战略联系。顾祖禹认为，五镇军事作用的发挥，还需加强其间的相互配合与相互支援。顾祖禹引胡氏语曰：“义阳不守，则寿春、合肥不得安枕。魏高闾言‘寿春、盱眙、淮阴，淮南本原’者，就淮南言也。由上流言，则重在义阳。陈人复淮南不争义阳而屡争彭城，淮南其能保乎？”[77]这段话一定程度上揭示了五镇的相互关系及其战略意义。总体而言，寿春、钟离、盱眙、淮阴无疑为淮南之原本；义阳位于寿春之西，一则居高临下，捍卫淮西，二则以上流之势，屏蔽其余四镇及淮南之地。从历史发展的实际情况来看，在南北对立的东晋南北朝时期，作为淮防之军事重镇，五镇迭为主次，捍卫着淮河及其以南地区的安全。

长淮千里，道里悠远，沿淮五镇虽堪称一体，但毕竟分布比较分散，因此各镇的战略地位及其相互之间的战略组合关系也不尽相同。五镇之中，钟离居于淮水中流，控扼淮滨，顾祖禹指出：“南北朝时，钟离常为重镇，岂非以据淮之中，形势便利，阻水带山，战守有资乎？……长淮南北，土广田良，从来有事江、淮者，耕屯其并兼之本欤！”[78]钟离上可连寿春、义阳，下可通盱眙、淮阴，又有耕屯之资，因而它具有桥梁和纽带的战略意义，在某种程度上对淮水上、下流军事形势有制衡作用。

寿春在淮水上流，“为江、淮形势之地”[79]，“盖淮水分南北之险，州实当其冲也”[80]，“东连三吴之富，南引荆、汝之利。北接梁、宋，平途不过七百；西援陈、许，水陆不出千里”[81]。淮阴在淮水下流，地形都要，水陆交通，江海通津，“去丹阳四百里而近，北对清、泗，则转输易通，南出江津，则风帆易达，繇淮入江，此其必争之道矣”[82]。寿春、淮阴二者均绾毂江淮运道之喉吭，因此战略意义颇为相似。在古代，沟通江淮的水路交通有东、西两路，西路或称为“巢肥运河”，由长江入濡须水，经由巢湖、施水、肥水，在寿春附近入于淮水，此道在先秦及魏晋时期较为重要，后来湮废无闻；东路为邗沟，又有山阳渎、楚州运河、里运河等称，此为自春秋以来沟通江淮间最重要的通道，弥历两千余年。作为东、西运道与淮水交汇之处的淮阴和寿春，实为江淮间的两大门户，因而在五镇之中地位最高，最为关键，同时军事行动也最为频仍。由于寿春位居上游，有高屋建瓴之势，这比卑居下游的淮阴在战略形势上自然要优越，因而其地位往往又较淮阴更为重要。顾祖禹指出，南北争雄之时，“未尝不先事寿春”[83]。盖寿春未陷，敌东不能犯钟离、盱眙、淮阴，南不能出合肥，危江表；寿春失守，则可顺流而下，沿途各镇往往随之披靡。

义阳毗邻淮源，利涉津要，“南可以制全楚，北可以争许、洛，西可以出宛、邓，东可以障淮西”[84]，因而“自古南北争衡，义阳常为重镇”[85]。陆游《渭南文集》卷二〇云，盱眙“实梁、宋、吴、楚之冲，为天下重地”。在淮水上游，义阳与寿春的关系密切；而在下游，则盱眙与淮阴的关系密切。义阳位于大别山北麓，淮西之本悬瓠（今河南汝南县）一旦失守，则义阳代为重镇；其地东障淮西，南制全楚，故义阳失则寿春不得高枕无忧，两淮亦朝不保夕，义阳存则寿阳可复，寿阳复则两淮可守。盱眙与淮阴近在咫尺，二者在战略上首尾接应、互为犄角；同时盱眙扼江淮间陆路之喉要，淮阴则绾江淮东部水道之噤嗌，因此其战略地位是可以等量齐观的。尤其是对于不习水战而以骑兵称雄的北方军队来说，争夺盱眙然后继续南下，往往是最为重要的行军方案。顾祖禹引南山真氏曰：“天长西趋盱眙，南趋六合，东趋扬州。自扬州至盱眙凡数百里，平畴沃壤，极目无际，重湖陂泽，眇莽相连，田野之民，皆坚忍强悍，此强兵足食进取之资也。”[86]可见争夺盱眙不仅是因其为交通冲要，还有强兵足食的战略意义。

（三）从地缘政治的角度审视，淮防需拓展防御空间，注重淮北门户的防守

一般而言，军事战略的防守不是仅仅局限于某一条单一的防守线，而是需要在防线之外开拓更为宽泛的防御空间，如此一则可对防守线起到屏蔽保护作用，二则有较为自由的回旋余地，为争取战略主动创造条件。顾祖禹云：“南北分疆，两淮皆战场也。往来角逐，见利则进，择险而守，胜负之数，略相当矣。”[87]在中国古代南北分峙时期，淮河始终是一条重要的军事、政治分界线，淮河流域也成为天然的战神祭坛之地。淮河的防守，不仅要固守沿淮五镇及重要的军事要口，还需拓展战略纵深，加强淮河以北重镇的防御。顾祖禹以明初规画畿辅为例论证说，畿辅地区之所以跨江逾淮、地域最广，其重要的意义即在于拓展战略防御，“夫亦保江者不在江南，保淮者不在淮南之意乎？盖彭城、邳、泗，北连青、齐，西道梁、宋，与中原形援相及，呼吸相闻，自古及今要会之处也。圣人举动，一日而周百世之防，一方而通天下之势，其以此矣[88]。”彭城横跨淮北，势相首尾，皆为交通枢要，其上接山东，西连中原，素为战略要害、兵家必争之地。所谓“保江者不在江南，保淮者不在淮南”则是指江防、淮防的防守范围而言的，同时也道出了江防、淮防的秘密所在。

“保淮者不在淮南”，则务必加强对淮北的防守。淮北地区属于平原，地势平坦，水陆交通均较为方便，因而从军事地理的角度看，它确实是四战之地，防守起来倍感艰难。这种形势，就决定了在防守中必须有选择、有针对、有重点地抓住利害攸关之地。淮北地区军事作用突出的城市有今徐州、商丘、亳州、淮阳、汝南等市县，顾祖禹在全面梳理历代战例的基础上，较为客观地总结论述了其重要的军事防守价值和战略地位。

商丘的交通形势与战略地位，顾祖禹云：“据江、淮之上游，为汴、洛之后劲。……襟带河、济，屏蔽淮、徐，舟车之所会，自古争在中原，未有不以睢阳为腰膂之地者。”[89]商丘与徐州接壤，在战略上互为表里。亳州地处涡水之滨，而涡水上通渠水，下达淮水，是重要的水路运道之一，不论是南方政权的北伐，还是北方政权的南下经略，无不视亳州为必争的前哨阵地，所谓“（亳州）走汴、宋之郊，拊颍、寿之背，南北分疆，此亦争衡之所也”[90]。淮阳位于狼汤渠与颍水交汇处不远，地当冲要，所谓“控蔡、颍之郊，绾汴、宋之道，淮、泗有事，顺流东指，此其经营之所也”[91]。邳州地处沂水和泗水之交，“北控齐、鲁，南蔽江、淮，水陆交通，实为冲要。……盖争淮北必争下邳也。历梁、陈之季，下邳尝为战场。后周取邳、徐以临淮南，

朱温争邳、徐以阻行密，亦其证也。盖南北争雄，得失之机，常视淮、泗，下邳岂非必争之地与？”[92]

在淮北的这些城市中，徐州和汝南的战略地位尤为突出，前者号称淮北之门户，后者号为淮西之门户，成为淮北防线上一东一西两个最关键的军事堡垒。徐州地处淮北东部，控扼今苏、鲁、豫、皖四省，汴水与泗水在城东北汇合，水陆交通特别发达，战略地位格外突出，北方视其为“南国重镇”，南方视其为“北门锁钥”。顾祖禹云：“州冈峦环合，汴、泗交流，北走齐、鲁，西通梁、宋，自昔要害地也。……经营天下，岂可以彭城为后图哉？”[93]防守住徐州，就扼制了北方南下的通道，淮河防线也大体得以保全。汝南古称悬瓠，介于荆、豫二州之间，北距颍水，南临长淮，西有巍峨的桐柏山脉，汝水呈西北—东南走向流贯其间，地理位置和交通条件均十分关键，所谓“北望汴、洛，南通淮、沔，倚荆楚之雄，走陈、许之道”[94]，堪称四通八达之郊。对于北方政权来说，攻占了悬瓠城，一则可以顺流而下直逼淮河，二则可以经略淮西，进而经由义阳三关南下抵达汉水流域。对于南方政权而言，防守住悬瓠城，进可图汴、洛，退可保淮、泗，所谓“南北瓜分，悬瓠之地，恃以屏蔽淮、泗，控带颍、洛”[95]。南北争衡之时，悬瓠城的得失不只是关乎一城一地的得失，它更是关系到双方势力的消长与控制范围的盈缩，所以顾祖禹不无感慨地说：“宋大明中悬瓠丧败，而淮北之地遂成荒外，中原声闻日以隔远。历齐、梁、陈之际，南国之势往往折而入于北者，悬瓠不复之故也。”[96]汝南对淮防的重要价值和意义，于此亦大体可见矣！

总之，淮北的汝南、淮阳、亳州、商丘、徐州由西向东构成了一条隐形的军事防守线，成为加强淮河以北战略防御的重要据点，大大拓展了淮防防线的战略纵深。这些重镇的防守中，因徐州和汝南分别控扼了东、西两条南下通道，战略地位显得尤为重要，可谓淮防的关键和咽喉所在。

（四）淮防成功的关键不仅在于天险，更在于人谋

顾祖禹非常注重山川地理形势及重镇要隘的军事作用，但他并非单一地强调和依恃天险，而是主张天险与人谋有机结合。在他看来，单纯地凭借天险地利，“此守国末务，非智者所先”[97]。天险既不可完全依恃，也不可弃而不用，“设险以得人为本，保险以智计为先，人胜险为上，险胜人为下，人与险均，才得中策”[98]。这是说天险只是提供了基本的地理条件，不可或缺，但“设险”的根本在于“得人”，即天险是由人来控制的，“保险”的前提是“智计”，即运用智谋来守险，是人主动地利用智谋来发挥天险的作用，而不是被动地为天险所支配。顾祖禹云：“夫地利亦何常之有哉？……金城汤池，不得其人以守之，曾不及培塿之丘、泛滥之水，得其人即枯木朽株，皆可以为敌难。……及肩之墙，有时百仞之城不能过也；渐车之浍，有时天堑之险不能及也。知求地利于崇山深谷，名城大都，而不知地利即在指掌之际，乌足与言地利哉？”[99]可见所谓的天险地利是相对而言的，得其人、用其智才是发挥天险地利的关键所在。除淝水之战、清口之役外，“魏武困于居巢，曹丕困于濡须，拓跋困于瓜步，苻坚困于肥水，皆不得渡”[100]，都是得其人而用地利的结果。

作为自然地理条件的天险是相对不变的，而根据时势发展运用天险的谋略是千变万化的，只有如此才能发挥天险之利。“城郭山川，千秋不易也……不变之体，而为至变之用；一定之形，而为无定之准。阴阳无常位，

寒暑无常时，险易无常处，知此义者而后可与论方舆。”[101]顾祖禹对那些仅依凭天险而不积极主动人谋而导致亡国之灾深表慨叹。南宋于奔亡之余立国江沱，仍取得了江中之战、大仪之战、顺昌之战、拓皋之战的军事胜利，“金人且惴惴焉”[102]，但遗憾的是，南宋政府“主昏于上，大奸在旁，视君父如仇（雠），弃中原如脱屣耳”[103]。顾祖禹认为，如果南宋能够“内任李纲，外任岳飞，而谓不能直抵燕、云，吾不信也”[104]。应该说，顾祖禹既重视天险又强调积极有为的人谋的思想是值得充分肯定的。

此外，经济因素也是淮防的重要凭障。顾祖禹非常重视经济对军事、政治的巨大作用，自称《纪要》具有世乱可折冲除暴、时平则经国理民的资政功用，其书“必不可废也”[105]的六大理由之一便是“百司庶府，为天子综理民物，则财赋之所出，军国之所资，皆不可以不知也”[106]。“财赋之所出，军国之所资”是顾祖禹对经济与军事关系的深刻揭示，而国计民生亦直接关乎立国基础，“自古未有不事民生而可以立国者”[107]。顾祖禹指出，淮河的防守有着得天独厚的经济基础，“江、淮之间，五方之所聚也，百货之所集也，田畴沃衍之利，山川薮泽之富，远近不能及也”[108]，凭借这种地利优势，“用以聚糗粮，厚资储，则奔走天下，不患无具矣”[109]。从历史的经验看，不论是西汉时吴王刘濞铸山煮海，发动七国之乱，还是魏晋南朝时期的筑陂耕屯，驻防把守，都是以发展经济作为其坚强后盾的。

“财赋”事关“军国之所资”，而事实上，解决财赋的关键也是在于人谋。可见，顾祖禹所强调的人谋，不仅包含着军事谋略、政治智慧，也包含着经济策略，具有较为丰富的内涵。

注　释

[1]　〔清〕顾祖禹：《读史方舆纪要》卷一百二十七《川渎异同四》，中华书局，2005年版，第5432页。

[2]　〔清〕顾祖禹：《读史方舆纪要》卷一百二十七《川渎异同四》，中华书局，2005年版，第5439页。

[3]　〔清〕顾祖禹：《读史方舆纪要》卷一百二十七《川渎异同四》，中华书局，2005年版，第5435页。

[4]　〔清〕顾祖禹：《读史方舆纪要》卷一百二十七《川渎异同四》，中华书局，2005年版，第5432页。

[5]　〔清〕顾祖禹：《读史方舆纪要》卷一百二十七《川渎异同四》，中华书局，2005年版，第5439页。

[6]　〔清〕顾祖禹：《读史方舆纪要》卷一百二十七《川渎异同四》，中华书局，2005年版，第5438页。

[7]　〔清〕顾祖禹：《读史方舆纪要》卷一百二十七《川渎异同四》，中华书局，2005年版，第5434页。

[8]　〔清〕顾祖禹：《读史方舆纪要》卷一百二十七《川渎异同四》，中华书局，2005年版，第5434—5435页。

[9]　〔清〕顾祖禹：《读史方舆纪要》卷一百二十七《川渎异同四》，中华书局，2005年版，第5432页。

[10]　〔清〕顾祖禹：《读史方舆纪要》卷一百二十七《川渎异同四》，中华书局，2005年版，第5433页。

[11]　〔清〕顾祖禹：《读史方舆纪要》卷十九《南直一》，中华书局，2005年版，第890—891页。

[12]　〔清〕顾祖禹：《读史方舆纪要》卷一百二十七《川渎异同四》，中华书局，2005年版，第5435页。

[13]　〔清〕顾祖禹：《读史方舆纪要》卷一百二十七《川渎异同四》，中华书局，2005年版，第5435页。

[14]　〔清〕顾祖禹：《读史方舆纪要》卷一百二十七

《川渎异同四》，中华书局，2005年版，第5436页。
［15］〔清〕顾祖禹：《读史方舆纪要》卷一百二十七《川渎异同四》，中华书局，2005年版，第5435页。
［16］〔清〕顾祖禹：《读史方舆纪要》卷一百二十七《川渎异同四》，中华书局，2005年版，第5436页。
［17］〔清〕顾祖禹：《读史方舆纪要》卷一百二十七《川渎异同四》，中华书局，2005年版，第5437页。
［18］〔清〕顾祖禹：《读史方舆纪要》卷一百二十七《川渎异同四》，中华书局，2005年版，第5436页。
［19］〔清〕顾祖禹：《读史方舆纪要》卷一百二十七《川渎异同四》，中华书局，2005年版，第5438页。
［20］〔清〕顾祖禹：《读史方舆纪要》卷一百二十七《川渎异同四》，中华书局，2005年版，第5437页。
［21］〔清〕顾祖禹：《读史方舆纪要》卷一百二十七《川渎异同四》，中华书局，2005年版，第5438页。
［22］〔清〕顾祖禹：《读史方舆纪要》卷一百二十七《川渎异同四》，中华书局，2005年版，第5438页。
［23］〔清〕顾祖禹：《读史方舆纪要》卷一百二十七《川渎异同四》，中华书局，2005年版，第5439页。
［24］〔清〕顾祖禹：《读史方舆纪要》卷一百二十七《川渎异同四》，中华书局，2005年版，第5438页。
［25］〔清〕顾祖禹：《读史方舆纪要》卷一百二十七《川渎异同四》，中华书局，2005年版，第5439页。
［26］〔清〕顾祖禹：《读史方舆纪要》卷一百二十七《川渎异同四》，中华书局，2005年版，第5433页。
［27］〔清〕顾祖禹：《读史方舆纪要》卷四十六《河南一》，中华书局，2005年版，第2113页。
［28］〔清〕顾祖禹：《读史方舆纪要》卷一百二十七《川渎异同四》，中华书局，2005年版，第5433页。
［29］〔清〕顾祖禹：《读史方舆纪要》卷二十一《南直三》，中华书局，2005年版，第1062页。
［30］〔清〕顾祖禹：《读史方舆纪要》卷一百二十七《川渎异同四》，中华书局，2005年版，第5433页。
［31］〔清〕顾祖禹：《读史方舆纪要》卷二十一《南直三》，中华书局，2005年版，第1023页。
［32］〔清〕顾祖禹：《读史方舆纪要》卷一百二十七《川渎异同四》，中华书局，2005年版，第5434页。
［33］〔清〕顾祖禹：《读史方舆纪要》卷二十一《南直三》，中华书局，2005年版，第1035—1036页。
［34］〔清〕顾祖禹：《读史方舆纪要》卷一百二十七《川渎异同四》，中华书局，2005年版，第5435页。
［35］〔清〕顾祖禹：《读史方舆纪要》卷一十九《南直一》，中华书局，2005年版，第890页。
［36］〔元〕脱脱：《宋史》卷四百二《陈敏传》，中华书局，1985年版，第12183页。
［37］〔汉〕司马迁：《史记》卷二十九《河渠书》，中华书局，1982年版，第1407页。
［38］〔元〕脱脱：《宋史》卷四百二《陈敏传》，中华书局，1985年版，第12183页。
［39］〔清〕顾祖禹：《读史方舆纪要》卷五十《河南五》，中华书局，2005年版，第2357页。
［40］〔清〕顾祖禹：《读史方舆纪要》卷四十六《河南一》，中华书局，2005年版，第2125页。
［41］〔清〕顾祖禹：《读史方舆纪要》卷四十六《河南一》，中华书局，2005年版，第2126页。
［42］〔清〕顾祖禹：《读史方舆纪要》卷五十《河南五》，中华书局，2005年版，第2379页。
［43］〔清〕顾祖禹：《读史方舆纪要》卷二十一《南直三》，中华书局，2005年版，第1046页。
［44］冀朝鼎：《中国历史上的基本经济区与水利事业的发展》，中国社会科学出版社，1981年版，第85、87页。
［45］〔清〕顾祖禹：《读史方舆纪要》卷五十《河南五》，中华书局，2005年版，第2374页。
［46］〔清〕顾祖禹：《读史方舆纪要》卷五十《河南五》，中华书局，2005年版，第2382页。
［47］〔清〕顾祖禹：《读史方舆纪要》卷一百二十七《川渎异同四》，中华书局，2005年版，第

5433页。
[48] 〔清〕顾祖禹：《读史方舆纪要》卷五十《河南五》，中华书局，2005年版，第2382页。
[49] 〔清〕顾祖禹：《读史方舆纪要》卷二十一《南直三》，中华书局，2005年版，第1060页。
[50] 〔清〕顾祖禹：《读史方舆纪要》卷二十一《南直三》，中华书局，2005年版，第1062页。
[51] 〔清〕顾祖禹：《读史方舆纪要》卷一百二十七《川渎异同四》，中华书局，2005年版，第5433页。
[52] 〔清〕顾祖禹：《读史方舆纪要》卷一百二十七《川渎异同四》，中华书局，2005年版，第5433页。
[53] 〔清〕顾祖禹：《读史方舆纪要》卷二十一《南直三》，中华书局，2005年版，第1018页。
[54] 〔清〕顾祖禹：《读史方舆纪要》卷二十一《南直三》，中华书局，2005年版，第1004页。
[55] 〔清〕顾祖禹：《读史方舆纪要》卷一百二十七《川渎异同四》，中华书局，2005年版，第5434页。
[56] 〔清〕顾祖禹：《读史方舆纪要》卷一百二十七《川渎异同四》，中华书局，2005年版，第5434页。
[57] 〔清〕顾祖禹：《读史方舆纪要》卷二十二《南直四》，中华书局，2005年版，第1072页。
[58] 〔清〕顾祖禹：《读史方舆纪要》卷二十二《南直四》，中华书局，2005年版，第1072页。
[59] 〔清〕顾祖禹：《读史方舆纪要》凡例，中华书局，2005年版，第1页。
[60] 〔清〕顾祖禹：《读史方舆纪要》卷十九《南直一》，中华书局，2005年版，第887页。
[61] 胡阿祥：《东晋南朝的守国形势——兼说中国历史上的南北对立》，《江海学刊》1998年第4期。
[62] 〔清〕顾祖禹：《读史方舆纪要》卷十九《南直一》，中华书局，2005年版，第887页。
[63] 〔清〕顾祖禹：《读史方舆纪要》卷十九《南直一》，中华书局，2005年版，第887页。
[64] 〔清〕顾祖禹：《读史方舆纪要》卷十九《南直一》，中华书局，2005年版，第917页。
[65] 〔清〕顾祖禹：《读史方舆纪要》卷十九《南直一》，中华书局，2005年版，第916页。
[66] 〔清〕顾祖禹：《读史方舆纪要》《南直方舆纪要序》，中华书局，2005年版，第869页。
[67] 〔清〕顾祖禹：《读史方舆纪要》《南直方舆纪要序》，中华书局，2005年版，第869页。
[68] 〔清〕顾祖禹：《读史方舆纪要》《南直方舆纪要序》，中华书局，2005年版，第869页。
[69] 〔清〕顾祖禹：《读史方舆纪要》《南直方舆纪要序》，中华书局，2005年版，第869页。
[70] 〔清〕顾祖禹：《读史方舆纪要》《南直方舆纪要序》，中华书局，2005年版，第869页。
[71] 〔清〕顾祖禹：《读史方舆纪要》卷四《历代州域形势四》，中华书局，2005年版，第169页。
[72] 〔清〕顾祖禹：《读史方舆纪要》《南直方舆纪要序》，中华书局，2005年版，第869页。
[73] 〔清〕顾祖禹：《读史方舆纪要》卷十九《南直一》，中华书局，2005年版，第886页。
[74] 〔清〕顾祖禹：《读史方舆纪要》卷十九《南直一》，中华书局，2005年版，第887页。
[75] 〔清〕顾祖禹：《读史方舆纪要》卷十九《南直一》，中华书局，2005年版，第917页。
[76] 〔清〕顾祖禹：《读史方舆纪要》卷四《历代州域形势四》，中华书局，2005年版，第169页。
[77] 〔清〕顾祖禹：《读史方舆纪要》卷四《历代州域形势四》，中华书局，2005年版，第169页。
[78] 〔清〕顾祖禹：《读史方舆纪要》卷二十一《南直三》，中华书局，2005年版，第996页。
[79] 〔清〕顾祖禹：《读史方舆纪要》卷十九《南直一》，中华书局，2005年版，第892页。
[80] 〔清〕顾祖禹：《读史方舆纪要》卷二十一《南直三》，中华书局，2005年版，第1023页。
[81] 〔清〕顾祖禹：《读史方舆纪要》卷二十一《南直三》，中华书局，2005年版，第1015页。
[82] 〔清〕顾祖禹：《读史方舆纪要》卷二十二《南直四》，中华书局，2005年版，第1072页。
[83] 〔清〕顾祖禹：《读史方舆纪要》卷二十一《南直三》，中华书局，2005年版，第1015页。
[84] 〔清〕顾祖禹：《读史方舆纪要》卷五十《河南五》，中华书局，2005年版，第2375页。
[85] 〔清〕顾祖禹：《读史方舆纪要》卷五十《河南五》，中华书局，2005年版，第2374页。

[86]　〔清〕顾祖禹:《读史方舆纪要》卷二十一《南直三》,中华书局,2005年版,第1036页。

[87]　〔清〕顾祖禹:《读史方舆纪要》《南直方舆纪要序》,中华书局,2005年版,第868页。

[88]　〔清〕顾祖禹:《读史方舆纪要》《南直方舆纪要序》,中华书局,2005年版,第869—870页。

[89]　〔清〕顾祖禹:《读史方舆纪要》卷五十《河南五》,中华书局,2005年版,第2339—2340页。

[90]　〔清〕顾祖禹:《读史方舆纪要》卷二十一《南直三》,中华书局,2005年版,第1064页。

[91]　〔清〕顾祖禹:《读史方舆纪要》卷四十七《河南二》,中华书局,2005年版,第2174页。

[92]　〔清〕顾祖禹:《读史方舆纪要》卷二十二《南直四》,中华书局,2005年版,第1101页。

[93]　〔清〕顾祖禹:《读史方舆纪要》卷二十九《南直十一》,中华书局,2005年版,第1388—1389页。

[94]　〔清〕顾祖禹:《读史方舆纪要》卷五十《河南五》,中华书局,2005年版,第2357页。

[95]　〔清〕顾祖禹:《读史方舆纪要》卷五十《河南五》,中华书局,2005年版,第2357页。

[96]　〔清〕顾祖禹:《读史方舆纪要》卷五十《河南五》,中华书局,2005年版,第2357页。

[97]　〔清〕顾祖禹:《读史方舆纪要》卷一十九《南直一》引,中华书局,2005年版,第917页。

[98]　〔清〕顾祖禹:《读史方舆纪要》卷一十九《南直一》,中华书局,2005年版,第918页。

[99]　〔清〕顾祖禹:《读史方舆纪要》总叙二,中华书局,2005年版,第14—15页。

[100]　〔清〕顾祖禹:《读史方舆纪要》卷十九《南直一》,中华书局,2005年版,第918页。

[101]　〔清〕顾祖禹:《读史方舆纪要》总叙二,中华书局,2005年版,第15页。

[102]　〔清〕顾祖禹:《读史方舆纪要》《南直方舆纪要序》,中华书局,2005年版,第868页。

[103]　〔清〕顾祖禹:《读史方舆纪要》《南直方舆纪要序》,中华书局,2005年版,第868页。

[104]　〔清〕顾祖禹:《读史方舆纪要》《南直方舆纪要序》,中华书局,2005年版,第868页。

[105]　〔清〕顾祖禹:《读史方舆纪要》总叙三,中华书局,2005年版,第18页。

[106]　〔清〕顾祖禹:《读史方舆纪要》总叙三,中华书局,2005年版,第18页。

[107]　〔清〕顾祖禹:《读史方舆纪要》《南直方舆纪要序》,中华书局,2005年版,第870页。

[108]　〔清〕顾祖禹:《读史方舆纪要》《南直方舆纪要序》,中华书局,2005年版,第870页。

[109]　〔清〕顾祖禹:《读史方舆纪要》《南直方舆纪要序》,中华书局,2005年版,第870页。

南宋江阴军市舶务考

周利宁 *

【摘要】江阴军市舶务是南宋两浙路五大市舶务之一，由于史料缺乏历来研究论述较少。本文通过《永乐大典·常州府》辑存的江阴宋代方志，结合其他史料，梳理江阴军市舶务机构设置及几度废罢的时间线，考证江阴军市舶务最终废罢在景定辛酉（1261）之后，绍熙年间弊端显现，嘉定年间不断衰败并最终被上海所取代的过程。

【关键词】市舶务　江阴　南宋　《永乐大典·常州府》

江阴市北眺江淮，南挹姑苏，东窥海虞，西眄京口，为一方之大观，列郡之雄胜。唐代曾隶属常州，因地据长江冲要，南唐时始建为军，宋代几次单独设为军，领县一，下辖十七个乡，界域狭小，面积不及苏州、常州的一个大县。境内水系四通八达，水产资源亦十分丰富，有鱼盐之利，“江环海绕，巨艘、长械之毕输”[1]，“人近珠犀之市，颇亦富饶；郡居鱼蟹之乡，未为岑寂”。

江阴对外贸易在宋代达到了空前繁荣，北宋王安石就有诗：“黄田港北水如天，万里风樯看贾船。海外珠犀常入市，人间鱼蟹不论钱。”[2]南宋江阴人杨端叔在《君山塔院记》中也说江阴“海潮以时，琛贡来航。市有鱼盐，舶有珠犀。是天下之富也”[3]。因此，江阴成为南宋两浙路市舶司的五大市舶务之一。

一

宋代是我国市舶制度发展的重要时期。市舶司是在沿海地带设置的“掌蕃货海舶征榷贸易之事，以来远人，通远物”[4]的外事和外贸管理机构，市舶务是市舶司的下属机构。自宋太祖开宝四年（971）六月广南东路市舶司设置以来，至祥兴元年（1278）闰十一月广州被元军占领，宋代市舶机构共存在约307年，具体情况如下（由北向南）：

（1）京东东路：在密州设有市舶司。

（2）两浙路：不同时段在杭州（临安）、明州（庆元府）、秀州华亭县设有市舶司，下属有杭州务、明州务、温州务、江阴务、华亭务，澉浦场和通惠临时场。

（3）福建路：在泉州设有市舶司。

（4）广南东路：在广州设有市舶司。

---

* 周利宁：江阴市博物馆副研究馆员

绍兴二年（1132）三月三日，两浙路市舶司转移到秀州华亭县（在今上海市松江区）后，江阴军因地处“西浙之门户”[5]，居民富裕，井邑繁盛，在两浙路提举市舶司奏请下，南宋朝廷于“（绍兴）十五年（1145）十二月十八日，诏江阴军依温州例置市舶务，以一见任官一员监管”[6]，宋《江阴志》[7]中记载设置时间为“绍兴十六年（1146）二月”[8]，应该是诏书到达江阴后机构正式运行的时间。

南宋建立初期，国家还未安定，朝廷政策变动极大，两浙路市舶司机构变革频繁。乾道二年（1166）六月，朝廷下令“罢两浙提举市舶司，所有逐处抽解职事，委知通、知县、监官同行检视而总其数，令转运司提督”，随后转运司提出“今来市舶司废罢，形移文字欲就用转运司印记，元印合行缴纳”[9]，市舶司的官员、机构及印章全被撤废，这是江阴军市舶务第一次被撤废，但很快就恢复设置。乾道三年（1167）四月二十二日，朝廷下诏，要求广南、两浙市舶司不得抽解福建路市舶司所发船舶[10]，说明两浙市舶司乾道三年四月二十二日前已经恢复编制，江阴军市舶务自然也随之恢复。宋《江阴志》记载“嘉泰四年（1204），郡侯戴溪重建（市舶务）”[11]，说明至嘉泰四年，江阴军市舶务还存在。

据《宝庆四明志》记载“宁宗皇帝更化之后，禁贾舶泊江阴及温、秀州，则三郡之务又废”[12]，一些学者推断江阴军市舶务最终废罢即在此时。此观点最早见于日本学者藤田丰八的《宋代之市舶司与市舶条例》[13]，被一些中国学者的研究所沿用，认为废置时间为庆元元年（1195）[14]或开禧元年（1205）[15]。宁宗皇帝即宋宁宗赵扩，韩侂胄死后，宋宁宗改元嘉定，声称要为赵宋基业“革侂胄弊政作家活”[16]，史家把嘉定初年的政治举措称为“嘉定更化”。因此，江阴军市舶务在不早于嘉定元年（1208）又被废罢，宋《江阴志》说“自嘉定二年（1209）高丽、日本船不到，市井萧踈，非复曩日矣”[17]，推断此次废罢的具体时间可能是嘉定二年。但这不是江阴军市舶务的终点，宋《江阴志》记载：“绍定二年（1229），郡侯颜奏院耆仲修葺殆遍（包括市舶务在内的各仓、场、库、务），轮奂一新”[18]。由此可见，江阴军市舶务不晚于绍定二年已经恢复。至景定庚申（1260），江阴军市舶务“准省劄：复增五万缗”，景定辛酉龚濼搬迁务所[19]，这是最后的记录，此后消失于史籍，

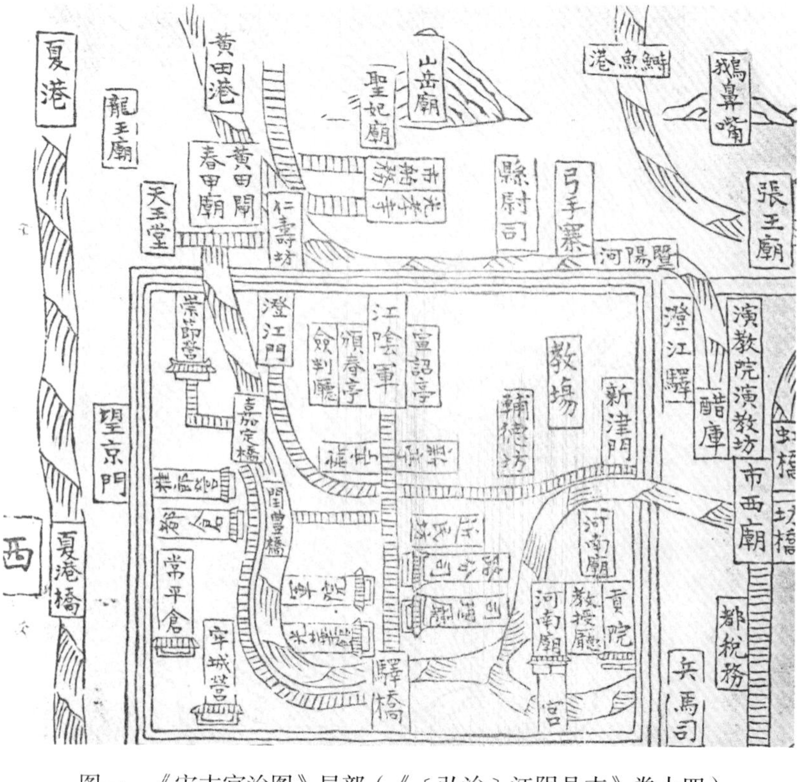

图一　《宋志官治图》局部（《〔弘治〕江阴县志》卷十四）

废罢时间不明。

江阴军市舶务治所选址，最早是将江阴城北君山山脚的洗心堂改为市舶务治所，改名澄江堂[20]，在光孝寺的西面[21]。嘉泰四年（1204）江阴军知军戴溪重建。绍定二年（1229）知军颜耆仲修葺仓场库务，在务中建宽民堂。到景定辛酉，知军龚濮"撤而新之"，把市舶务从"面江"移至"东与君山对"[22]。从现存明代《〔弘治〕江阴县志》中的《宋志官治图》（图一）看，市舶务与光孝寺南北相连，北面面对君山而不是长江，与移建后的位置相符。选址于此是精心设计的，市舶务西邻黄田闸，货物可以从长江通过黄田港水路直接运到务内仓场、澄江门北面的江下市。市舶务南面与城内江阴军衙门距离较近，便于签判、知县来回办公。东面为县尉司和弓手寨，便于处理贸易纠纷、维护治安。北面的君山上有圣妃庙，嘉定十七年（1224）舶商陈子文等请于知军胡纲，创立殿宇，绍定三年（1230）建成，据说每遇风涛险恶，乞灵于圣妃，灵应如答，是航海者祈求航海顺利的圣地[23]。

二

江阴军市舶务绍兴十六年奉旨设置的目的非常明确，"（宋高宗）圣训有曰：市舶之利最厚，若措置合宜，所得动以百万计，岂不胜取之于民！朕所以留意于此，庶几可以少宽民力尔"[24]。市舶司官员设置一般为：市舶使（或称市舶提举）、市舶判官（或称监舶务）、干办公事各一名，吏员分主管文字、孔目、手分、贴司、都濮吏、专库、专秤、客司、前行、后行等，有时多至十一名。[25]江阴军市舶务属于下级机构，配员较少，绍兴十六年建立初期，只有配官两名，吏三名：以签判为主管官，知县为监官，下设专库、写手三名。监官主管舶货，收支钱物。专库即监门官，主管市舶库，负责保管和发纳市舶库内的舶货。写手又称手分，负责钱物的收支工作。

宋代的旧制，在主管官和监官之上，"有市舶处，知州带兼提举市舶务"[26]，南宋初期，市舶制度延续宋徽宗改行的"专置提举"制[27]，即由朝廷派人担任专职的提举市舶，进一步将市舶司置于朝廷的直接控制之下。绍兴十八年（1148），从两浙路提举市舶司周奕所请，"从市舶司每务移差管一员，前去温州、江阴军市舶务，专充监官"[28]。到乾道二年（1166），两浙市舶司本身经费开支"乃过于所收"，加上之前"提举官带一司公吏留明州数月，名为抽解，其实骚扰"[29]，两浙市舶司被罢，"仍委逐处知州、通判、知县、监官同检视，而转运司总之"[30]。两浙转运司的一个重要职能就是主管一路财政，如"节斋赵公，提领财赋"[31]即赵与篡任职两浙转运司时，置专官拘确，把江阴军排斥在专卖政策之外，收夺利权。

市舶司设置机构变化频繁，权限时缩时盈，但承担的职能基本不变。从经济职能上说主要有阅货、抽解、禁榷（又称拘榷或拘确）、博买（又称和买）、向朝廷交纳钱物、治理港口和修筑城池，从行政职能上说主要有监察和荐举地方官员、发放进出贸易的公据、执行国家的禁令、接待管理外商、处理贸易纠纷、参与组织祈风典礼等等[32]。江阴处于各个市舶务最北的位置，接待的蕃船主要来自临近的高丽和日本。从高丽进口的货物主要有人参、银、铜、水银和绫布等[33]，从日本进口的货物主要有砂金、珠子等细色物品，硫黄、螺头等粗色物品，还有刀剑、扇子等工艺品[34]。而从江阴本地出口的货物史籍中仅载有一条，还不属于正常的贸易："沿海州县如华亭、海盐、青龙、顾径与江阴、镇江、通、泰等处，奸民豪户广收米斛贩入诸蕃，每一海舟，所容不下

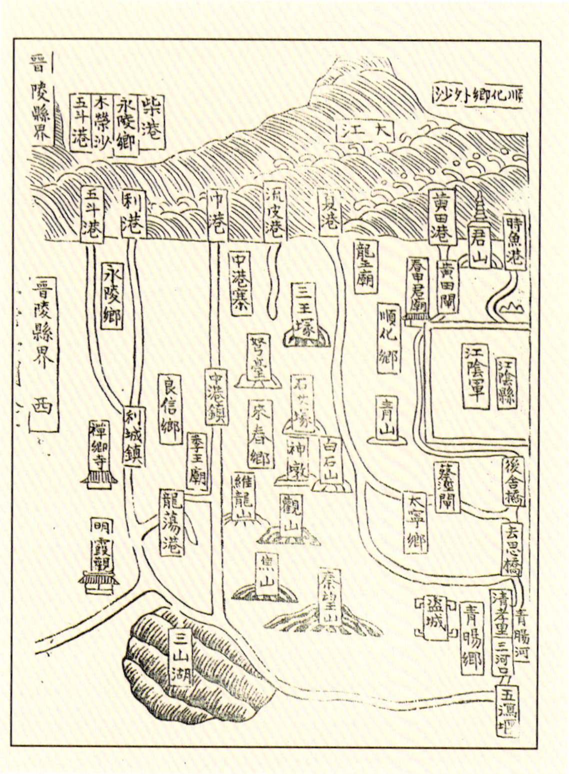

图二　《宋志全境图》局部
（《〔弘治〕江阴县志》卷十四）

一二千斛，或南或北，利获数倍。”[35]

江阴军市舶务阅货后抽解、博买所得市舶物按成色分成粗、细二色，差专人分别起运到临安，剩下的粗重难起发的物品，可以在江阴当地买卖，节省运费。纲运的线路是通过运河向南运输至临安，路线是：由黄田港过黄田闸横贯入城，南出至九里河，截蔡泾过畲镇至五泄堰达于无锡运河，共七十五里（图二）。这条路线是江阴至无锡最重要的水路枢纽，流经江阴城区且路线短，上闸黄田闸防止江水倒灌，下闸蔡泾闸调节支流水量。自北宋大观、政和年间疏浚后，乾道丙戌（1166）、绍熙癸丑（1193）、嘉定庚辰（1220）、景定壬戌（1262）[36]，均有疏浚运河。运河有时甚至用作其他州县纲运的紧急通道。嘉定六年（1213），镇江闸口河道浅塞，无法通舟，纲运悉自江阴由五泄堰进入运河[37]。嘉定以后，江阴军财力匮乏，大量圩田又使得三山湖等湖泊面积变小失去蓄水吐纳功能，朝宗门以南河道淤塞，舟楫不通，每年十月以后均为淤塞状态[38]。

三

江阴军市舶务自绍兴年间设立，几经废立，海外贸易也是繁荣与凋敝交替。北宋晚期方腊作乱、靖康之变后金兵长驱直入江浙和建炎元年（1127）贼赵万攻陷常州，江阴都幸免于难[39]。朝廷重建了杭州、明州、秀州华亭县的市舶机构，增置温州、江阴市舶务，是为了急速扩展财源、缓解财政危机，并不表示两浙地区海外贸易繁荣昌盛。而江阴军市舶务的海外贸易对象之一高丽，毗邻金朝，朝廷怕其成为金朝细作而疏远，加剧了海外贸易的萎靡。两浙市舶司经济效益差，官吏腐败，江阴军也不例外。乾道二年（1166）二月十二日，原江阴军佥判龚涛[40]“擅支经总制及下纲縻费钱充修造等用，及贷支官钱买和籴银，及勾牙人擅增和籴米价”[41]，被江阴军知军宋藻揭发。这些因素加起来导致了乾道二年两浙市舶司的撤销。

其后不久，宋金的和平得以维持，两浙市舶司恢复，朝廷开始鼓励对高丽和日本的贸易往来，两浙对外贸易重新趋于活跃。乾道五年（1169），申港、利港修浚完毕，漕运恢复。知县兼市舶务赵善待为官清廉，“不宝远物”“不私买一物，人亦不敢干其私”，高丽到江阴的商船数量，仅一年就由一艘增到了六七艘[42]。

但海外贸易的频繁并不代表江阴军本地经济的兴盛。江阴军杨舍、蔡港、黄田港原本“边临大江，应漳、泉、福、建、温、台、明、越等州远商海舶，物货辐凑”，乾道六年

（1170）大军移屯许浦，商旅稀少，三港税场关闭，加上常州开浚烈塘大港与江阴争利，至绍熙四年（1193）"民间凋瘵，井邑萧条"[43]，知军施迈不得不上札子求减岁额科名钱。而绍熙五年（1194），江阴澄江门外通往黄田港的江下市却因为"商船、倭舶，每岁辐凑。巨驵比居，人烟翕集"[44]。这种看似矛盾的记载把朝廷侵夺地方利益导致地方经济萧条的情形体现得淋漓尽致。再如宋宁宗开禧元年（1205）八月九日，泉州、广州市舶司官吏腐败，敲诈勒索，拖欠商款。一些商人诈称遇到大风，改为停靠江阴、温州及秀州，将乳香等细色物品冒充普通货物售卖牟利，其后朝廷下令江阴、温州及秀州在乳香到岸后"尽数博买，不得容令私卖"[45]，保证朝廷的利益，也是一例。

此时，南宋市舶制度开始进入衰落阶段。自嘉定二年高丽、日本船不到江阴，江阴市井萧踈，非复曩日，导致了嘉定十年（1217）走私米斛事件。江阴军市舶务再次恢复后，绍定二年郡侯颜耆仲修葺市舶务，建宽民堂，但并没有挽回颓势。端平二年（1235），江阴军"舶舟绝少，官吏忧惧，束手无措"[46]。雪上加霜的是，淳祐五年（1245）二月十九日，赵与𥲅暂兼两浙转运司职事[47]，在江阴置专官拘确，即把专卖权收归转运司，《宋史》评价他"所至急于财利，几于聚敛之臣"[48]。直到宝祐乙卯（1255），才废除专官，由江阴军行拘确之权，但也无法摆脱颓势了。

南宋江阴军市舶务的建立，是南宋朝廷保证财政收入的重要措施，"东南之利，舶商居其一"[49]。对于江阴军来说，借海舶凑集，市井热闹，本军也有利润，江阴军市舶务的建立在一定程度上起到了招揽蕃商，促进经济交流的作用，同时也为文化交流创造了条件。另外，江阴军市舶务的建立在一定时期内也抑制了江阴本地商品流通的活力，尤其是抽解的繁重使得海舶畏惧不敢前来，专卖权的剥夺又让江阴军的利益受到损害，加上境内水道淤塞，漕运不通，有时只能从陆路押送，百姓困苦不堪。江阴军建制几度废立，只辖一县，岁额却始终居高不下，是常熟、昆山的三倍左右，还要奉养官吏、宗子和驻军，本地经济始终无法走出困境，时人言江阴现状曰："征商、税亩，特如剧邑之封；送使、留州，仅足公家之用"[50]。咸淳二年（1266）左右，知军赵孟奎发放低息和无息贷款，市井稍有人气，百般招诱，商人还是畏惧收税之重，不敢来江阴。市舶司又下令不许江阴军自行招揽商人，"自此失利，商贾绝迹不来"[51]，市舶务名存实亡。朝廷于咸淳之前一二十年创抽解场于上海后[52]，上海崛起，逐渐取代了江阴的地位，江阴到元代以后不再设市舶机构。

注　释

［1］〔明〕《永乐大典·常州府》卷十五《文章》征引《江阴续志》，中华书局，2016年版，第964页。

［2］〔北宋〕王安石：《予求守江阴未得酬昌叔忆江阴见及之作》，北京大学古文献研究所编：《全宋诗》卷五六零《王安石·二三》，北京大学出版社，1991年版，第6651—6652页。

［3］〔明〕《永乐大典·常州府》卷十八《文章》征引《江阴续志》，中华书局，2016年版，第1189页。

［4］〔元〕脱脱等：《宋史》卷一百六十七《志第一百二十·职官七·提举常平茶马市舶等职》，中华书局，1985年版，第3971页。

［5］〔明〕赵锦修，〔明〕张衮纂，刘徐昌点校：《嘉靖江阴县志》卷二《提封记第二上·形胜》，上海古籍出版社，2011年版，第29页。

［6］刘琳、刁忠民、舒大刚、尹波等校点：《宋会要辑稿》第七册《职官四四·市舶司》，上海古籍出版社，2014年版，第4216页。

［7］完整的宋《江阴志》现已不存，《永乐大

典·常州府》清抄本是宋、元、明初常州及下属武进、无锡、江阴、宜兴地方志的汇编，其中保存了宋代江阴绍熙五年（1194）创志、绍定三年（1230）续添、绍定五年（1232）再添、庆元修文、景定三添、咸淳续志的绝大部分内容，是宋代江阴史志研究的第一手资料。下述宋《江阴志》资料都来源于此。

[8] 〔明〕《永乐大典·常州府》卷八《官寺·仓》征引《江阴志》，中华书局，2016年版，第487页。

[9] 刘琳、刁忠民、舒大刚、尹波等校点：《宋会要辑稿》第七册《职官四四·市舶司》，上海古籍出版社，2014年版，第4218页。

[10] 刘琳、刁忠民、舒大刚、尹波等校点：《宋会要辑稿》第七册《职官四四·市舶司》，上海古籍出版社，2014年版，第4218页。

[11] 〔明〕《永乐大典·常州府》卷八《官寺·仓》征引《江阴志》，中华书局，2016年版，第487页。

[12] 罗濬等：《宝庆四明志》卷六《郡志六·叙赋下·市舶》，《宋元四明六志》，宁波出版社，2011年版，第264页。

[13] 〔日〕藤田丰八著，魏重庆译：《宋代之市舶司与市舶条例》，商务印书馆，1936年版，第46页。

[14] 杨文新：《宋代市舶司研究》，厦门大学出版社，2013年版，第19页。

[15] 许兵：《宋代市舶制度述论》（硕士学位论文），河北师范大学，2002年，第18页；章深：《南宋市舶司初探》，《学术研究》1992年第5期，第97页。

[16] 〔元〕脱脱等：《宋史》卷三百九十三《列传第一百五十二·林大中》，中华书局，1985年版，第12016页。

[17] 〔明〕《永乐大典·常州府》卷三《坊乡》征引《江阴志》，中华书局，2016年版，第111页。

[18] 〔明〕《永乐大典·常州府》卷八《官寺·仓》征引《江阴志》，中华书局，2016年版，第487页。

[19] 〔明〕《永乐大典·常州府》卷十《宦迹·历代县令》征引《江阴续志》，中华书局，2016年版，第603页。

[20] 〔明〕《永乐大典·常州府》卷五《山川·山》征引《江阴志》，中华书局，2016年版，第246页。

[21] 〔明〕《永乐大典·常州府》卷八《官寺·仓》征引《江阴志》，中华书局，2016年版，第487页。

[22] 〔明〕《永乐大典·常州府》卷十《宦迹·历代县令》征引《江阴续志》，中华书局，2016年版，第603页。

[23] 〔明〕《永乐大典·常州府》卷六《庙》征引《江阴志》，中华书局，2016年版，第342页。

[24] 刘琳、刁忠民、舒大刚、尹波等校点：《宋会要辑稿》第七册《职官四四·市舶司》，上海古籍出版社，2014年版，第4213—4214页。

[25] 杨文新：《宋代市舶司研究》，厦门大学出版社，2013年版，第76页。

[26] 刘琳、刁忠民、舒大刚、尹波等校点：《宋会要辑稿》第七册《职官四四·市舶司》，上海古籍出版社，2014年版，第4218页。

[27] 廖大珂：《试论宋代市舶司官制的演变》，《历史研究》1998年第3期，第45页。

[28] 刘琳、刁忠民、舒大刚、尹波等校点：《宋会要辑稿》第七册《职官四四·市舶司》，上海古籍出版社，2014年版，第4216页。

[29] 刘琳、刁忠民、舒大刚、尹波等校点：《宋会要辑稿》第七册《职官四四·市舶司》，上海古籍出版社，2014年版，第4218页。

[30] 〔元〕脱脱等：《宋史》卷一百六十七《志第一百二十·职官七·提举常平茶马市舶等职》，中华书局，1985年版，第3971页。

[31] 〔明〕《永乐大典·常州府》卷十《宦迹·历代县令》征引《江阴续志》，中华书局，2016年版，第603页。“节斋赵公”即赵与箎，《宋史》《吴兴备志》有传，字德渊，谥忠惠，学者称之为节斋先生。

[32] 杨文新：《宋代市舶司研究》，厦门大学出版社，2013年版，第35—71页。

[33] 〔宋〕赵彦卫：《云麓漫钞》卷五，中华书局，1996年版，第89页。

[34] 〔日〕木宫泰彦著，胡锡年译：《日中文化交流史》，商务印书馆，1980年版，第302—

303页。

［35］ 刘琳、刁忠民、舒大刚、尹波等校点：《宋会要辑稿》第十一册《食货三八·互市》，上海古籍出版社，2014年版，第6850页。

［36］〔明〕《永乐大典·常州府》卷十八《文章》征引《江阴续志》，中华书局，2016年版，第1194页。〔宋〕赵孟奎：《便民浚河库记》，原文“开禧之癸丑”有误，开禧无癸丑年。卷三《渠堰》：“施侯以癸丑冬隙先浚九里河。”施侯为施迈，综合应为绍熙癸丑（1193）。

［37］ 刘琳、刁忠民、舒大刚、尹波等校点：《宋会要辑稿》第十六册《方域十六·运河》，上海古籍出版社，2014年版，第9607页。

［38］〔明〕《永乐大典·常州府》卷十《宦迹·年表》征引《江阴续志》，中华书局，2016年版，第631页。

［39］ 陈思修、缪荃孙纂：《〔民国〕江阴县续志》卷二十一《石刻记·建炎复江阴军牒》，1921年影印本。

［40］《宋会要辑稿·刑法六·矜贷》写作“龚畴”，《永乐大典·常州府》卷十《年表》写作“龚瓙”，《嘉靖江阴县志》卷十二写作“龚涛”，与《宋史》卷三百六十九、《建炎以来系年要录》卷一百九十六对比考证应该为“龚涛”。

［41］ 刘琳、刁忠民、舒大刚、尹波等校点：《宋会要辑稿》第十四册《刑法六·矜贷》，上海古籍出版社，2014年版，第8550页。

［42］ 袁燮：《絜斋集》卷十七《朝请大夫赠宣奉大夫赵公墓志铭》，文渊阁《四库全书》影印本。

［43］〔明〕《永乐大典·常州府》卷十《宦迹·年表》，中华书局，2016年版，第624页。

［44］〔明〕《永乐大典·常州府》卷三《坊乡》征引《江阴志》，中华书局，2016年版，第111页。

［45］ 刘琳、刁忠民、舒大刚、尹波等校点：《宋会要辑稿》第七册《职官四四·市舶司》，上海古籍出版社，2014年版，第4221页。

［46］〔明〕《永乐大典·常州府》卷十《宦迹·年表》，中华书局，2016年版，第626页。

［47］〔宋〕潜说友：《咸淳临安志》卷四十九《秩官七·赵与篙》，中华书局编辑部编：《宋元方志丛刊》第四册，中华书局，1990年版，第3786页。

［48］〔元〕脱脱等：《宋史》卷四百二十三《列传第一百八十二·赵与篙》，中华书局，1985年版，第12642页。

［49］〔元〕脱脱等：《宋史》卷一百八十六《志第一百三十九·食货下八·互市舶法》，中华书局，1985年版，第4560页。

［50］〔明〕《永乐大典·常州府》卷十五《文章》征引《江阴志》，中华书局，2016年版，第964页。

［51］〔明〕《永乐大典·常州府》卷十《宦迹·年表》征引《江阴续志》，中华书局，2016年版，第631页。

［52］ 周运中：《宋元之际上海的兴起》，《学术月刊》2012年第3期，第125页。

从出土陶瓷器谈江阴唐宋时期对外贸易

邬红梅*

【摘要】江阴位于长江三角洲太湖平原北端，地处江尾海头，为长江咽喉所在，历代为江防要塞，也是长江下游重要的交通枢纽和江海联运的港口城市，自唐代中叶至明代，江阴是出海贸易的港口之一。本文选取江阴唐宋时期墓葬出土的部分陶瓷器，以此为切入点来说明江阴在唐宋时期是对外贸易的重要港口，是陶瓷器的重要输出之地。

【关键词】江阴　唐宋　陶瓷器　对外贸易　港口

唐宋时期是我国陶瓷业发展的高峰时期，陶瓷器作为生活用品及陈设品不仅受到国内百姓的喜爱，而且成为对外贸易的主要类别。唐宋时期出现了众多的名窑，如：唐代南方的长沙窑、越窑，北方的邢窑、定窑；宋代的五大名窑（汝窑、官窑、哥窑、钧窑、定窑）等。长江下游地区，除了浙江杭州湾区域的越窑、龙泉窑以外，其他地区并未出现大的窑口，然而长江下游地区由于经济发达、交通便利而成为精美陶瓷器的使用者，遗址和墓葬中出土的大量陶瓷器说明，唐宋时期长江下游地区是陶瓷器国内贸易和对外贸易的重要区域。江阴位于长江三角洲太湖平原北端，地处江尾海头，为长江咽喉所在，历代为江防要塞，也是长江下游重要的交通枢纽和江海联运的港口城市，自唐代中叶至明代，江阴是出海贸易的港口之一。本文就江阴唐宋时期墓葬出土的陶瓷器为切入点来说明江阴在唐宋时期是对外贸易的重要港口，是陶瓷器的重要输出之地。

一、江阴唐宋时期墓葬出土陶瓷器简述

（一）江阴唐墓出土的瓷器

隋唐时期，瓷器的烧造迅速发展，瓷器的使用更为普及，瓷制器皿几乎无所不备，器类品种与造型新颖多样，制作精细远胜前代。江阴出土的唐代墓葬较少，1993年江阴长泾镇泾北村出土唐墓一座，据墓志载其为孙晖夫妇合葬墓，属唐代晚期墓葬。这座唐墓尽管规模不大，等级不高，但它是江南地区晚唐时期代表性墓葬，从出土陶瓷器的种类来看既有北方定窑的，又有南方长沙窑的，侧面反映了唐代晚期南北陶瓷产品在江阴交汇的情况。

墓中随葬湖南长沙窑瓷器两件。其中，执壶（图一）一件，长腹丰肩，饼形底，肩部一

---

*　邬红梅：江阴市博物馆副研究馆员

图一　唐执壶

图二　唐酱釉双系壶

侧置八棱形短流，另一侧系三股泥条扁平柄，双系和流下部贴饰三组酱釉人物纹，造型古拙大方。此执壶实用美观，是长沙窑最具代表性器物。酱釉双系壶一件（图二），束颈，溜肩，长弧腹，平底，颈肩处对称贴塑双系，器外部施酱釉，有细小开片，外部施釉不到底，露灰色胎体，器物为薄胎，造型规整。这种唐晚期酱釉瓷器很多窑口均有生产，如耀州窑、寿州窑及长沙窑等，此件器物应是长沙窑生产的。唐代是长沙窑鼎盛时期，国内很多地方均有出土其生产的瓷器，出土地大多是唐代的交通要道，特别是有码头、港口之地，发现于沉船、墓葬、窖藏之中。

白瓷碗三件，其中，两件口沿呈六出葵瓣形，高圈足，釉色白中泛黄。另一件唇口，口沿外翻，斜直腹，内收，矮圈足，碗内外施白釉，釉色白中泛灰，部分地方有开片，底足无釉露白色胎体（图三）。这三件白瓷碗应是晚唐时期定窑的作品。

除瓷器外，墓葬中还随葬灰陶瓶（图四）

图三　唐白瓷碗

及陶俑，为本地陶窑就地取材制作。灰陶瓶，圆唇，侈口，口部斜内收，长颈外斜，溜肩，直腹，平底，灰胎，胎质粗松，胎体厚重。两件陶侍俑（图五），黄褐陶质，立姿，人物高鼻深目，头戴幞头，身着窄袖袍，束腰，双手执物置于胸前。十二生肖俑（图六），均为兽首人身，作跪坐状，双手置于胸前，上有执物小孔。陶俑是用整块陶土捏塑造型，对人物、生肖的五官、衣饰进行刻画而成，制作较为

图四　唐灰陶瓶

图五　唐陶侍俑

图六　唐陶生肖俑

简单但不失生动。唐代墓葬中随葬陶俑十分常见，这是唐代的一种风俗，唐早期墓葬随葬的陶俑较为写实精致，陶俑大多为合模制作，而唐晚期的陶俑则制作较为简略，大多由整块陶土捏塑而成。

隋唐时期，随着经济重心南移，南方城市愈加繁荣，淮南道的中心城市扬州唐代经济发达，其繁荣知名于国内外，扬州地区发现了大量的唐代遗址和墓葬。长江以南的江南东道以常州和苏州为中心的地区经济亦十分繁荣，但目前发现的唐代墓葬却不多见。从发现的不多的江南地区唐代墓葬来看，随葬陶瓷器多为长沙窑、越窑出土，随葬陶俑的情况也较多。

（二）江阴宋墓出土的陶瓷器

宋代是我国瓷器的高度繁荣期，民窑迭出，民瓷倍增，出现了著名的五大名窑。江阴出土的宋墓较多，江阴博物馆的陶瓷精品也多为这一时期的，陶瓷器窑口主要有定窑、景德镇窑、繁昌窑、龙泉窑、吉州窑、建窑等。

宋代定窑瓷器由于胎薄质坚，造型规整，装饰纹样丰富，成为百姓喜用的瓷器。1978年江阴夏港东园村宋墓随葬两件梅瓶（图七），胎骨薄而坚，造型并不修长挺拔，而是十分圆润、敦厚，线条流畅，造型生动美观。1991年江阴夏港尚书墩宋墓出土了一套七件定窑瓷器（图八），器型均轻薄规整，胎白质坚，釉色白中闪黄，芒口饰银扣，装饰技法多样，有印花、刻花、划花等。

江阴宋墓出土的影青瓷器也较多。1991年江阴夏港尚书墩宋墓中除了随葬定窑器外，还随葬了影青瓷盖罐和影青瓷粉盒。影青瓷粉盒是墓葬中随葬的常见品种，江阴博物馆藏宋代影青瓷粉盒，形状有圆形、八方形、瓜棱形等，盖面有印花、刻花、划花。除了粉盒以外，江阴宋墓中出土的莲瓣高足杯、盘龙瓷灯盏等影青瓷器物均是精品。2003年江阴青阳镇悟空寺塔基地宫出土两件北宋影青瓷器物，其中，影青点褐彩瓷净瓶（图九）一件，颈部饰六道竹节弦纹，器物外部及口沿满施青白釉，口沿及腹部饰褐色斑彩，造型规整、小巧别致；影青瓷钵一件，造型、釉色均具有早期景德镇影青瓷特色，特别之处是其口沿处的三个弧形缺口。

1978年江阴夏港东园村宋墓中还出土了两件鸡腿瓶（图一〇），体形较大，腹部修长，胎体十分厚重，器身布满弦纹，器物内外均施酱色釉，施釉均匀，釉层较薄。鸡腿瓶是辽金时期的典型陶瓷器物，是北方少数民族专用的贮水或贮酒的器物，具有鲜明的民族特色，这种器物在江南宋墓中极为少见。

近几年距江阴不远的黄泗浦遗址的发掘表明黄泗浦是唐宋时期长江入海口南岸的一个规模较大的集镇，遗址内出土了大量唐宋时期的陶瓷器，它们来自长沙窑、越窑、耀州窑、定窑等全国各地的20多处窑口。张家港唐宋时期分属江阴和常熟二县，黄泗浦当时是紧临江阴的一个浦口，黄泗浦遗址的发掘也可佐证江阴地区在唐宋时期是全国各地瓷器的汇聚及贸易的场所。

二、江阴——陶瓷器对外贸易的重要枢纽

唐宋时期对外贸易的几个必备条件是便利的运输、优良的外贸港口以及外贸管理机构，而江阴具备了所有的条件，这些有利条件使江

图七 宋定窑白釉梅瓶

图八 宋定窑白釉瓷盘

图九 宋影青点褐彩瓷净瓶

图一〇 宋鸡腿瓶

阴成为长江下游对外贸易的重要城市，而陶瓷器作为唐宋外贸商品中重要的类别通过江阴源源流向国外。

（一）便利的交通运输

唐宋时期，位于长江南岸的江阴距入海口较近。各地瓷器对外输出的水路运输基本是通过长江和大运河运往沿海港口的，对于江阴而言，也是以这两条大江大河为主要通道的，比如长沙窑瓷器输送至江阴就十分便捷，直接从长江中游顺江而下即可。

江阴是将长江与运河连接在一起的港口城市。唐宋时期，江阴境内港口河渠众多，据记载，有黄田港、申港、夏港、利港、蔡港、令节港等港口14处，境内河渠纵横，记载有名称的有11处，此外还有人工修筑的多处堰、闸、井等，这些港口河渠的水大部分连接着长江与运河漕渠。根据县志记载，主要有三路水道将长江与运河相连，西部有申港与运河相接，“申港，春申君开浦置田为上下屯，自大江南导，分而为二。东入无锡，西入晋陵、戚墅，俱达于运河”。[1]中部有黄田港“北引大江，横贯城中，南至于郭，逶迤曼衍。截蔡泾，过崇镇，至五泄堰，凡七十五里。而距二浙之漕渠，其播为支派，若瓜蔓蛇足。东暨无锡，西交晋陵，缭绕从横，又不知其几里”。[2]五泄堰是战国时期楚春申君黄歇为引水灌田而开凿，唐宋时期是运河的一个分支。“导江水而南，由黄田港距五泄堰为漕渠。而漕渠之东有河曰市墩，又其东曰新河。新河受令节港之水，市墩承蔡港之下流，皆北引大江。”[3]由此可见，东部分为两条，一条从令节港至新河至市墩再至漕渠，一条从蔡港至市墩至漕渠。可见，江阴无论是在长江还是在运河的水上运输中均占据着重要的地位。

此外，唐宋时期，还有一条连接江阴与周边左近地区的水上线路，西汉刘濞开掘的盐铁塘，据《苏州府志》载：“盐铁塘西起江阴县境，由谷渎港入常熟界，贯乌沙港、新庄港、黄泗浦、三丈浦、奚浦……东过福山，复见原塘，经崔浦贯耿红，入昭文界屈而南，过梅里镇、珍门庙、沈家市、董浜、支塘镇、抵窑镇入太仓界，复经嘉定与黄浦江相接，全长300余里”。盐铁塘成为江阴与左近地区联络的重要水上通道。唐宋时期黄泗浦便是通过这条水上通道与邻近的江阴众港口互通商品，黄泗浦遗址出土的大量陶瓷器可能就是由江阴港口运来或者由此运至江阴港口出海贸易的。

交通运输离不开造船业，江阴历来为军事重镇，军事防御和战争的需要促使其造船业大力发展。“江阴北抵江淮，东连海道，自六朝与五季，皆为置兵之地。”[4]屯兵戍防的军事要地，历来受到政府的重视。“唐李希烈之乱，韩滉镇润州，造楼船三千柁，以舟师由海门大阅至申浦乃还。”[5]申浦就是江阴的申港，当时长江下游从镇江至江阴楼船相接的场面蔚为壮观。又如“绍兴四年十二月二十日，三省枢密院同奉圣旨堪会江南沿江为军，皆系紧要控扼重地，除已措置专委诸路帅臣、漕臣打造诸战船外，合行招置水军，教习战船”[6]。除了造船以外，政府还会在必要时候调拨船只，以备江防。“开庆已未，江阃准密劄，拨十巨艘隶江阴。”[7]此外，政府还征集民船以备随时调遣，开庆年间征调了270多艘民船，入镇江府都大民船司，以备江防。[8]可见，江阴作为沿江的置兵重地，由于有政府的大力支持，造船业得到了极大的发展。通畅的水上交通及丰富的船伐，为商品贸易提供了便利的条件。

（二）优良的陶瓷外销港口

江阴境内水系四通八达，“江环海绕，巨艘长筏之毕输”[9]，而黄田港在对内对外贸易中起到了重要的作用。黄田港是战国时期春申君黄歇在江阴开凿的一条引江水、利溉田的渠道。南北朝时期，黄田港通向城区的河道经过不断疏浚、拓宽，已经“濠阔四丈二尺，深七尺”，商船可以直接驶入城内。港口也已“南通苏浙，北达淮扬，为船舶往来之孔道……洵为第一巨浸”。隋唐时期由于大运河的开凿，大量商贾随船来到江阴，县志记载：“黄田市盛，一切米荳杂物，越境跨江，应时而籴，而粜于辐辏之乡。”江阴黄田港一带市场繁荣，商贾云集，渔船尤多，鱼市兴旺。泰州等地的大豆、豆饼，崇明的棉花，上游的木材，各地的瓷器，闽浙的海鲜等货物于此集散。唐代诗人包何有“海鱼朝满市，江鸟夜喧城”的诗句描绘江阴的繁荣场景。

宋代，江阴成为居民富裕、贸易繁荣之地。黄田港更是成为大江南北交通和货运的重要港埠。王安石有“黄田港北水如天，万里风樯看贾船。海外珠犀常入市，人间鱼蟹不论钱”的诗句描绘。

由于便利的水上交通，江阴与苏州、嘉兴、常州、镇江货物来往密集，“故都会之区，商旅所集，必水陆辐凑之地。江阴为郡，居二浙之底，若自五泻堰九十里间，水常通舟，则苏、秀、常、润之贩鬻逐利者亦稍稍来往”[10]。又与福建、浙江等地港口之间联系甚密，“沿江一带杨舍、蔡港、田港三处税场一例住罢。此三港系边临大江，应漳、泉、福建、温、台、明、越等州远商海舶物货辐凑”。[11]福建、浙江恰是唐宋时期窑口密集之地，建窑、越窑等窑口的瓷器纷纷运往江阴进行贸易。

唐宋时期，对外贸易频繁，政府鼓励外国商人来中国自由贸易。江阴黄田港成为对外贸易的重要大港，与日本、高丽及东南亚各国均有贸易往来。蒋静《大观黄田港闸记》载：“而富商大贾长筏巨舶，夷蠙海错，鱼盐果布之属辐辏于城中。故居民富饶，井邑繁盛，台门雉堞，兴列郡等”[12]。位于澄江门外的江下市，因通往黄田港，绍熙间“商船倭舶每岁辐凑，巨驵比居，人烟翕集”[13]。可见当时黄田港港口兴盛，高丽、日本船舶常有抵港。当时出口以瓷器、手工艺品、农作物和种子为主，进口以海外珍奇为主。

政府为了防止铜钱外流，鼓励外贸以绢帛和陶瓷器为代价进行交易，所以陶瓷器在外贸中具有重要的地位，当时日本商人归国时船舶中均载满了中国的陶瓷器。

（三）对外贸易的管理机构——市舶务

唐宋时期，由于对外贸易的发展，政府在各海港设立管理海上对外贸易的机构。唐时在广州设市舶使，北宋时期继续在广州设市舶司，后随着海外贸易的发展，陆续于杭州、明州、泉州、密州等地设立市舶司。市舶机构的主要职责是征收贸易船舶的关税，对市舶贸易进行监督和管理。

江阴作为重要的对外贸易港口，“以大舟易于入港，便于偃帆”。又因其位于“海道要紧之冲，州县镇压之所，气势号令，蛮商听服，可以检防铜镪出界之弊，机查漏舶瞒税之奸”[14]。江阴于南宋绍兴年间设市舶务，成为我国沿海10个设立市舶机构的对外贸易港口城市之一。江阴市军舶务是市舶司的下属机构，属两浙路的市舶司机构，两浙路下有临安府、明州、秀州、温州、江阴军五处市舶务。江阴历代县志中对市舶务均有记载，《明正德江阴县志》载：“市舶务，光孝寺西。绍兴十六年二月，两浙提举市舶司奉旨创置，以本军签判为主管官，知县为监官，专库书手三名”。江阴军市舶务主要管理对日本、高丽和东南亚的贸易，管辖各港口的外商出入境，对外贸易和征收市舶税，收购政府专卖品。市舶司设置后的财赋收入十分可观，高宗赵构说：“市舶之利最厚，若措置合宜，所得动以百万。”

江阴军市舶务自绍兴年间设置，经历过罢废和重建，直至宋末江阴军市舶务的设置推动了宋代的海外贸易，也是江阴唐宋时期繁荣的对外贸易的历史见证。

江阴“俯临大江，北眺淮扬，南挹姑苏，东望海虞，西眄京口，一方之大观，列郡之雄胜”[15]。独特的地理位置，使江阴成为南北货物集聚的重要港口，宋《太平寰宇记》称这里为“三吴襟带之帮，百越舟车之汇”。江阴在唐宋时期不仅是国内贸易的重要城市，在对外贸易中也处于重要的地位，是唐宋时期海上丝绸之路的重要枢纽，宋人杨端叔在其文章《君山塔院记》中言江阴 “海潮以时，琛贡来航，市有鱼盐，舶有珠犀，是天下之富也”[16]，以为佐证。

注　释

[1] 杨印民辑校：《宋江阴志辑佚》卷第六，天津古籍出版社，2016年版，第169页。

[2] 杨印民辑校：《宋江阴志辑佚》卷第十，天津古籍出版社，2016年版，第335页。

[3] 杨印民辑校：《宋江阴志辑佚》卷第六，天津古籍出版社，2016年版，第168页。

[4] 杨印民辑校：《宋江阴志辑佚》卷第一，天津古籍出版社，2016年版，第7页。

[5] 杨印民辑校：《宋江阴志辑佚》卷第一，天津古籍出版社，2016年版，第7页。

[6] 杨印民辑校：《宋江阴志辑佚》卷第一，天津古籍出版社，2016年版，第7页。

[7] 杨印民辑校：《宋江阴志辑佚》卷第一，天津古籍出版社，2016年版，第16页。

[8] 杨印民辑校：《宋江阴志辑佚》卷第一，天津古籍出版社，2016年版，第16页。

[9] 杨印民辑校：《宋江阴志辑佚》卷第九，天津古籍出版社，2016年版，第289页。

[10] 杨印民辑校：《宋江阴志辑佚》卷第三，天津古籍出版社，2016年版，第106页。

[11] 杨印民辑校：《宋江阴志辑佚》卷第三，天津古籍出版社，2016年版，第93页。

[12] 杨印民辑校：《宋江阴志辑佚》卷第十，天津古籍出版社，2016年版，第335页。

[13] 杨印民辑校：《宋江阴志辑佚》卷第五，天津古籍出版社，2016年版，第148页。

[14] 杨印民辑校：《宋江阴志辑佚》卷第三，天津古籍出版社，2016年版，第108页。

[15] 〔明〕赵锦修，〔明〕张衮纂，刘徐昌点校：《嘉靖江阴县志》卷二，上海古籍出版社，2011年版，第29页。

[16] 杨印民辑校：《宋江阴志辑佚》卷一，天津古籍出版社，2016年版，第9页。

落笔成文发新声　不废江河万古流

——徐霞客《溯江纪源》的学术价值与文化意义

肖向东*

【摘要】《溯江纪源》是徐霞客一生旅行最后一篇科考性学术论文，其伟大的地理实践，以求真精神厘定了长江正源，为后世确立“长江文化带”奠定了重要学术基础。本文以文本细读和深度解读方式，对《溯江纪源》展开读解，揭示徐霞客杰出的地理科考对于厘定长江正源的价值意义，其求真精神的学术启示以及“长江文化带”之确立为后世所带来的巨大旅游价值和经济开发价值。

【关键词】《溯江纪源》　文本研究　学术创新　文化意义

一直以来，在对徐霞客的研究中，文本研究似乎处于一种有意或无意被轻视与忽略的地位。翻阅了一下2004年吕锡生先生主编的由中国书籍出版社出版的182万字的《徐霞客研究古今集成》（此书当为徐学研究古今之集大成者）和近年来历届徐学学术研讨会论文集以及相关徐学研究的各类杂志与文史资料，总体印象，关于徐学研究，大体分为以下八大类别：一、徐霞客家世与故乡研究；二、生平纪传研究；三、《徐霞客游记》版本研究；四、徐霞客人文思想与成就研究；五、徐霞客旅游行踪研究；六、徐霞客科学考察与贡献及其学术启示研究；七、徐霞客与历史人物比较研究；八、徐学研究之研究（含徐学专家研究、研究著作研究、学术团体研究、学术会议研究）。综合起来，各种研究，或考辨，或校勘，或析分，或综合，或述介，或侧论，或序跋，或整理，或概论，或比较……要么洞幽烛微，考据辨析，在徐霞客家世渊源、身世经历与相关徐学研究上有重要发现；要么精心描述，介绍详尽，深入挖掘《徐霞客游记》丰富的思想蕴含与科学价值；要么自不同视角以不同理论阐释徐霞客的丰功伟绩与历史贡献；要么从学术层面或文化视域揭示徐霞客千古奇行所内蕴的思想启示与文化精神……总之，徐学就像一座挖之不尽的富矿或源源而来的长江之水，在不同的阶段或不同的学术时空之下，会不断生发出新的具有重要学术价值的研究命题与学术生长点，这大概是徐学研究的专家以及同道们能够持之以恒地坚守徐学以及专注于此的重要原因。

然而，笔者今天想特别提出的是，一切研

* 肖向东：江南大学原文学院院长，教授

究皆有本源，一切研究皆有起因，正如老子所言："合抱之木，生于毫末，九层之台，起于累土。"[1]其实所有的学术研究，其核心当是文本，是原创的文字本身。徐学研究，从根本上说，乃是由一部千古奇书——《徐霞客游记》而起，因此，回到文本，回到原创，对文本进行深入而精细的解读与研究，发掘文本的文化蕴含和学术价值，研究文本潜在的精神与思想指向，以及从文本出发，对《徐霞客游记》多向度的内容与丰赡的成就进行全面的研究与历史的现实的评价，方是徐学研究的真谛与价值所在。因此，本文从徐霞客《溯江纪源》这一具有特异价值的学术论文入手，着意探析徐霞客对于"长江文化带"的发现与述介价值，进而讨论此文对于后世学者的启思意义以及今人重新认识"长江文化带"经济价值的现实意义。

一、《溯江纪源》的地理实践与"长江文化带"的学术之辨

熟悉徐学研究的人都知道，《溯江纪源》在《徐霞客游记》中占据着十分重要的位置，这不仅因为它是徐霞客一生地理考察的封笔之作与存世之文，更重要的是，它是徐霞客一生持续时间最长、耗费精力最多、所涉地域最远、经历最为艰苦，尤其是耗尽了徐霞客最后精力的一篇倾情之文，而更值得关注的是，它还是《徐霞客游记》中最早付梓和最早被介绍到西方的著述。以时间而论，该著述初见于崇祯时期的《江阴县志》和《靖江县志》，清康熙时又被《康熙几暇格物编·江源》介绍并赞赏。遗憾的是，徐霞客写作此文时已重病在身，双足致残。崇祯十三年（1640），丽江土官木增派人用滑竿将徐霞客送归故乡，翌年元月其病逝。

然《溯江纪源》作为一篇地理科考的标识之文，在《徐霞客游记》中却闪射着特异的学术之光！披览《徐霞客游记》，大多数的文字都是以"纪游"方式，描述徐霞客所亲历的名山大川、风物胜迹，其笔下的天台山、雁荡山、武当山、武夷山、峨眉山、白岳山（今齐云山）、崆峒山、鸡足山、泰山、黄山、衡山、嵩山、五台山、华山、庐山、恒山，山山称奇，绝美无双。其写水的文字，太湖、漓江、岷江、瘦西湖、九鲤湖、白水河、黄果树、澜沧江，也曲尽其妙，各述其美，绘影绘声地把大自然的造化与因地貌环境不同而独具一格的山水形胜，化为一幅幅出神入化的游记写景的山水长卷。也就是说，一部《徐霞客游记》，以文体而论，即从行文方式和表现手法框定，人们完全可以把它当做游记体的文学经典来阅读，无论是写景还是叙事，议论或抒情，描述抑或修辞，《徐霞客游记》与传统的文学性著述，几乎毫无二致。但《溯江纪源》则不同，该文又称《江源考》，顾名思义，乃是一篇侧重考据性的学术论文，其写作也独具机杼，在实地踏勘与查证典籍的基础之上，文中以严谨的学术精神、科学的地理实证、求真的学术态度、大胆的创新意识，通过追踪溯源、目击水脉、实地勘察、比较论证等科学方法，直接推翻了历来被视为圭臬的《尚书·禹贡》中关于"岷山导江"的传统说法。此文一出，虽在当时的背景和传播条件下称不上石破天惊、振聋发聩，但其实际的意义无疑是改写了《尚书》以来关于"长江正源"的历史，尤其触动了被视为圭臬的权威典籍，这在古今学术史上也是少有的。这里，无意拔高徐霞客的学术之功，当年的徐霞客不过一介布衣，人微言轻，与那些居庙堂之高的学术巨擘或执掌话语权的皇家学者自然无法相比，但以三百多年后的学术操作规范来看，徐霞客在《溯江纪源》里的地理发现与学术之辨，当是有史以来关于"长江正源"以及后世正式提出"长江文

化带”这一学术命题的重要理据。

《宋词三百首》载宋代词人李之仪《卜算子》曰：“我住长江头，君住长江尾。日日思君不见君，共饮长江水……”这首流传千年的词述说了男女之间相离之远与相思之切，用“长江”为意象又写出了有情人之间的“空间”阻隔和“情思”联系，尤其写出了江河万里、情思无限的广远空阔的境界，千百年来不知引发了多少人的遐想与神往。徐霞客的故乡所在，正是“江之尾”的江阴，悠悠东来、奔涌不息的长江水的启思让一个崇尚探索、追求真知的旅者心中早已孕育了一个宏大计划，那便是以身托山川，踏遍山水，追寻这万里长江的源头，探寻大自然的奥秘与真相。遗憾的是，相传260万字的皇皇巨著《徐霞客游记》，迄今，我们能够阅读到的仅仅只有60余万字，而在这些有限的文字里，有关长江沿线科考的记载也极为少见。察看现行“徐霞客旅行路线图”，以现有游记文字为依据画出的徐霞客行游足迹，在中国大地版图上所呈现出的是一个“◢”形图形。如果以徐霞客的故乡——江阴为辐射点，向北，徐霞客曾远达五台山与恒山，但对京师文化圈以及顺天府和河北保定等地却少有描述。向西，徐霞客曾游历过嵩山、华山、武当山，但长江中游的鄱阳湖、洞庭湖以及长江重要支流——汉水等重要景点也未能见到细致描写。向东南，徐霞客足迹遍布天台山、雁荡山、武夷山、黄山、白岳山、九鲤湖等地。华中地区，徐霞客曾登临过庐山和衡山。至于西南方向，徐霞客一路跋涉、万里遐征，迄今可以考据的云、贵、川、桂地区，有四川的峨眉，广西的桂林和漓江，贵州的黄果树，云南的大理、丽江、鸡足山等等。这些可以论证的地域皆见于现存60余万字的《徐霞客游记》残本，如果得以复原皇皇260万字的全本面貌，相信我们对于徐霞客一生游历及其功绩的判断当不止于目前的结论。依此推断，身居长江尾的徐霞客，当他萌生探索长江之源以及实践他一生梦寐以求的“长江之旅”的时候，绝不会舍弃万里长江流经青、藏、云、贵、川（渝）、鄂、湘、赣、皖、苏、沪等十一个省区市各个地方的旖旎风光，而仅选择目前我们所见路线图中所描述的由“东南——西南”一线的单线方向的。

再，从研读《溯江纪源》文本得知，徐霞客为了清楚说明长江流脉，曾借用比较方法陈述黄河与长江“所入之水”：“迨北历三秦，南极五岭，西出石门、金沙，而后知中国入河之水为省五，陕西、山西、河南、山东、南直隶。入江之水为省十一。西北自陕西、四川、河南、湖广、南直，西南自云南、贵州、广西、广东、福建、浙江。计其吐纳，江既倍于河，其大固宜也。”[2]这里，徐霞客所谓“入河之水为省五”乃按明代行政区划而言，关于“入江之水”，其中广东、福建不属长江水系（此应为徐霞客记误）。另，长江中下游的江西属长江水系，《徐霞客游记》中未列，但就其所说“入江之水为省十一”，则是十分明确之论。以三百多年前有限的地理科学知识以及论证条件，这一论断本已不易，然徐霞客既已知悉“入江之水为省十一”，且正是因为长江中下游的流径拉长了长江流域，而北魏晚期郦道元的地理名著《水经注》三十四卷《江水》中也有精彩地描述长江中游的“三峡”一文，晚明时期熟悉中国地理的徐霞客显然不可能不知道长江中部的“三峡”和其绝美风光的。此外，唐宋以来，李白、杜甫、白居易、杜牧等均有写三峡的名诗传世，苏东坡更有黄冈《念奴娇·赤壁怀古》“大江东去，浪淘尽，千古风流人物……”这样豪放的长江诗词流传，相信饱读诗书的徐霞客也一定心有所属，岂有舍弃这一长江绝美地理风景带而不至之理？至于长江中下游各个江段以及支流（包括徐霞客曾游历过的武当山下的汉水）的旖旎风景，酷爱山水的徐霞客又岂会放弃？今天，我们唯一的猜测就是，关于徐霞客对于长江重要的中下游地段的地理考察与记载，有可能就在那散失的200万游记文字之中，而绝不会成为全本《徐霞客游记》中的缺失部分。

至于当代人利用卫星遥感影像等现代手段综合考察论证的长江正源，则是一个宽阔的地理单元，它包括青藏高原的昆仑山至唐古拉山间的广阔地域，总面积达10万多平方千米，由北源楚玛尔河、南源当曲和正源沱沱河组成。当年以徐霞客的一己之力，的确很难完成这一功业，因此，他在《溯江纪源》中明确以“金沙江”为考察长江之源的终点站，而此文也明显没有点明徐霞客曾远达“青藏高原”等地区。因此推论：此时，徐霞客已“两足俱废”、心力交瘁，无力继续直上青藏高原，不得不止行于金沙江地段。但以“金沙江”纠正古来关于“岷江”为“长江正源”之说，则明确将长江源流的历史结论大大向前推进了一步，这种科学的地理实践考察与客观的论证记载，无疑从学术意义上辨识匡正了古来关于“长江之源”的错误结论，第一次将“金沙江”与“长江文化带”链接起来，为今天沿宜宾→金沙江→通天河→沱沱河→当曲，找到长江在青藏高原的真正源头，提供了一条正确的地理路线。

二、《溯江纪源》的求真精神与“长江文化带”的正源之说

细读徐霞客《溯江纪源》，可以发现，其通篇流贯着徐霞客一生所秉持的“求真精神”。文章起始部分即开宗明义：“江、河为南北二经流，以其特达于海也。而余邑正当大江入海之冲，邑以江名，亦以江之势至此而大且尽也。生长其地者，望洋击楫，知其大不知其远；溯流穷源，知其远者，亦以为发源岷山而已”。[3]此乃徐霞客之所以不辞艰辛，万里遐征，以年过半百的高龄，徒步溯流穷源之因。文章的主体部分则采用比较方法，既分述了黄河与长江源于昆仑南北，各自形成南北两大长河的形势，又专就长江上游的“金沙江”和“岷江”之流径的比较，以金沙江“二千余里”而岷江“不及千里”，说明“岷之入江，与渭之入河，皆中国之支流”，进而推出绵延两千余里的金沙江当为长江正源之说。论及云南金沙江，也析分为二：一条南流北转，即长江正源，乃佛经所谓殑伽河；一条南流由缅甸下海，乃佛经所谓信度河。如此，实际上已清晰地将金沙江推为长江的源流，但作为学术论文，徐霞客又进一步以云南地方志为理据，论证说：“云南诸志，俱不载其出入之异，互相疑溷，尚不悉其是一是二，分北分南，又何由辨其为源与否也”[4]。正因为如此，历史上，既不实地考察二江孰远孰近，也不敢质疑《禹贡》中“岷山导江”的定论，于是人云亦云、以讹传讹，皆以岷江作为长江之源。

这段文字作为文章的主体，实在精辟严密之至！文中所用比较的方法，细致的分析，严密的逻辑，翔实的文献，怀疑的精神，大胆的否定，惊人的结论，皆是学术论文所讲究的行文规范，而所有这一切又建立在徐霞客不畏艰辛、徒步踏勘、实地考察、注重实际、尊重事实、求真务实的探索精神之上。三百多年前，在中国地理科学尚不发达，交通条件极不便利，学术风气并不浓厚的情境下，徐霞客以求真的精神、科学的态度、学术的理性去认真求证长江正源，并大胆推翻《禹贡》的结论，实在是惊天之论，非凡之举！其功不仅在于打破了《禹贡》已定的论断，为长江正源提出新说，刷新了关于长江源头的研究，更为重要的是，在学术意义上，徐霞客实以求真精神树立了一个标杆，即以注重实践、调查研究、尊重事实、敢于怀疑、敢于否定、追求真理的学术

原则，建构了一个追求学术创新的学人真正的价值。

全文最后（即文章第三部分），为增强本文主题与中心的说服力，论者高屋建瓴，引宋以来通儒达士关于“中国三大龙”之说，纵论“江山”，述说中国地理形势：南龙之脉（即山脉——笔者注）“发于昆仑，与金沙江相持南下，经石门、丽江，东金沙，西澜沧，二水夹之。环滇池之南，由普定度贵竺（今贵阳——笔者注）都黎南界，以趋五岭”；中龙则“中界之，特短”；北龙“亦只南向半支入中国”。唯南龙“磅礴半宇内”“龙远江亦远，脉长源亦长”，“余脉东趋余邑”，由此得出“龙与江同发于昆仑，同尽于余邑，屹为江、海锁钥”的判断，也探明了“长江头”与“长江尾”的关系。而“（长）江之大于（黄）河者，不第其源之共远，亦以其龙之交会矣。故不探江源，不知其大于河；不与河相提而论，不知其源之远。”[5]至此，徐霞客以胸藏万壑、气吞万里的“江山之论”，在中国三大龙脉的比较之下，将一条完整的“长江文化带”以及所链接的“半宇”——半壁江山清晰地描构出来，其与北方大河——黄河遥相呼应，一南一北，自西向东，逶迤而下，构成了中华民族世世代代、生生不息的生命摇篮和繁衍之地，而华夏民族也因水而兴，在长江和黄河中下游形成的冲积平原上不断创造出瑰丽的文化和灿烂的文明。

三、《溯江纪源》的科学厘定与“长江文化带”的旅游价值

《溯江纪源》里关于“金沙江”为长江正源的厘定，对于“长江文化带”的确立与确定具有十分重要的思想价值和文化意义。

万里长江，源发于青藏高原腹地的昆仑山至唐古拉山间的广阔地域，由北源楚玛尔河、南源当曲和正源沱沱河组成，仅就该地区而论，总面积就达10万多平方千米，此乃当代科考的“三江源”。当代形成定论的正源沱沱河，系按徐霞客当年以流径长度为判断依据的方法，判定流径长度长于“岷江”的“金沙江”为长江正源。在最近的科考中，由著名河流探寻者刘少创带领的“三江源头科学考察”科考队再次提出新说，认为南源当曲才是长江之正源。此次科考采用了全球卫星定位系统、地理信息系统、遥感技术等现代高科技技术，通过这些全球最先进的测绘仪器，测定出沱沱河最长支流长度为348.63千米，当曲为360.34千米，两条支流比较，当曲比沱沱河长出11.71千米。[6]这一结论倘若得到国家认定，意味着现有的长江长度将再度更新，以沱沱河为长江正源的观点亦将再次被推翻，中国的地理教科书也将再次被改写。如果历史地科学地去看待长江正源一次次被刷新的事实，从判断标准以及判定方式上说，此种正源方法乃出于徐霞客当年的创举，也体现了徐霞客对于中国地理科学和水文科学所做出的重要的历史贡献。

由此而论，《溯江纪源》以“金沙江”为视点以及实地踏勘而推断的“长江正源”之说，对于明代以及其后重新认识“长江文化带”，认知长江流域的生态环境，扩大人们对于长江的新的认识是具有全新的意义的。

首先，从长江的流域看，《溯江纪源》认为：

> 入江之水为省十一。西北自陕西、四川、河南、湖广、南直，西南自云南、贵州、广西、广东、福建、浙江。计其吐纳，江既倍于河，其大固宜也。[7]

此句显然体现了徐霞客对于长江全域的全景式考量以及整体性观察。

其次，从长江的上游看：

> 发于南者曰犁牛石，佛经谓之殑伽河。南流经石门关，始东折而入丽江，为

金沙江，又北曲为叙州大江，与岷山之江合。余按岷江经成都至叙（今宜宾——笔者注），不及千里，金沙江经丽江、云南、乌蒙至叙，共二千余里……岷流之南，又有大渡河，西自吐蕃，经黎、雅与岷江合，在金沙江西北，其源亦长于岷而不及金沙，故推江源者，必当以金沙为首。[8]

既描述了金沙江的源头以及全程流径范围，又比较了金沙江与岷江、大渡河三江之长度，推论“江源者，必当以金沙为首”。

再次，从长江冲出三峡重重大山，进入广阔的中下游地区看：

南龙之脉，亦自岷山，濒大江南岸而下，东渡城陵、湖口而抵金陵……湖口县为洞庭、鄱阳二巨浸入江之口。洞庭之西源自沅，发于贵州之谷芒关；南源自湘，发于粤西之釜山、龙庙。鄱阳之南源自赣，发于粤东之浰头、平远；东源自信、丰，发于闽之渔梁山、浙之仙霞南岭。是南龙盘曲去江之南且三千里，而谓南龙濒江乎？不第此也，不审龙脉，所以不辨江源。今详三龙大势，北龙夹河之北，南龙抱江之南，而中龙中界之，特短。北龙亦只南向半支入中国。俱另有说。惟南龙磅礴半宇内，而其脉亦发于昆仑，与金沙江相持南下，经石门、丽江，东金沙，西澜沧，二水夹之。环滇池之南，由普定度贵竺、都黎南界，以趋五岭。龙远江亦远，脉长源亦长，此江之所以大于河也。不第此也，南龙自五岭东趋闽之渔梁，南散为闽省之鼓山，东分为浙之台、宕。正脉北转为小箬岭，闽浙界。度草坪驿，江浙界。峙为浙岭、徽浙界。黄山，徽宁界。而东抵丛山关，绩溪、建平界。东分为天目、武林。正脉北度东坝，而峙为句曲，于是回龙西结金陵，余脉东趋余邑。是余邑不特为大江尽处，亦南龙尽处也。龙与江同发于昆仑，同尽于余邑，屹为江、海锁钥，以奠金陵，拥护留都千载不拔之基以此。[9]

至此，《溯江纪源》以洋洋洒洒之笔，依南龙之脉，自岷山濒大江南岸而下，沿云南的丽江、贵州的乌蒙至四川的宜宾，再经重庆和湖北的三峡而达湖南岳阳洞庭湖口的城陵矶、江西九江的鄱阳湖，而对洞庭湖和鄱阳湖之水源，亦从湘、贵、粤、赣、皖、闽、浙七省水系相互沟通加以述说，直至江苏的金陵以及金陵之下徐霞客的故乡——江阴。由此，“长江头”与“长江尾”，首尾一气，浩浩荡荡，奔流直下，磅礴半宇，成为中华大地上的一条充满活力而跃动不息的巨龙！而三百多年前的徐霞客则不仅以其不朽之笔传神地描画了这一神奇动人的“长江文化带”，更是以其千古奇行为后人踏出了一条征服万里长江的远征之路，是徐霞客精神在中华大地上画出的一条生命曲线，是一个伟大的旅行家和地理科学家以亲身的实践探索出的一条真理之路，徐霞客事实上以巨椽大笔和生命之旅为我们描摹了一幅“万里江山一览图”。《溯江纪源》既是不忘初心沿江追溯万里长江发端的根源之旅，也是不断探索未知领域、未来前途的进取之旅，它所体现出的现实价值，在物质层面上，可成为今天“长江旅游”的地理指南和旅行路线，成为长江经济文化开发的一个组成部分；其在学术思想与精神文化层面上，所给予后人的启思同样显现出无尽的光芒和丰富的价值……

滚滚长江东逝水，浪花淘尽英雄，许多英雄的是非成败已转头为空，唯有那些被时光淘洗为经典的千古文章可以“经典咏流传”，世世代代，成为人们的精神坐标，也成为新的旅者前行的明灯！

落笔成文发新声，不废江河万古流！以此

观《溯江纪源》，诚如是也！

注　　释

［1］〔春秋〕老子：《道德经》六十四章，《诸子集成（三）》，团结出版社，1996年版，第111页。

［2］〔明〕徐霞客：《溯江纪源》，《徐霞客游记》，吉林出版集团有限责任公司，2010年版，第254页。

［3］〔明〕徐霞客：《溯江纪源》，《徐霞客游记》，吉林出版集团有限责任公司，2010年版，第254页。

［4］〔明〕徐霞客：《溯江纪源》，《徐霞客游记》，吉林出版集团有限责任公司，2010年版，第255页。

［5］〔明〕徐霞客：《溯江纪源》，《徐霞客游记》，吉林出版集团有限责任公司，2010年版，第257页。

［6］2001年，中国科学院遥感应用研究所在专家刘少创主持下，利用卫星遥感影像测量计算，测量结果精确到了小数点后两位。测出长江长度为6211.31公里。其课题小组利用近40幅覆盖长江干流的卫星影像对长江正向测量了三遍，又反向测量了三遍，经计算机多次运算和几何纠正后得出结果。这次研究以当曲作为长江源头测算，具体为当曲源头（多朝能）位置：东经94° 30′ 44″，北纬32° 36′ 14″，海拔5170米算起。当曲（由源头至囊极巴陇）353.3公里、沱沱河343.8公里、通天河787.7公里、金沙江2322.2公里、宜宾以下2740.6公里。我们一般称其6300公里或6370公里。

［7］〔明〕徐霞客：《溯江纪源》，《徐霞客游记》，吉林出版集团有限责任公司，2010年版，第254页。

［8］〔明〕徐霞客：《溯江纪源》，《徐霞客游记》，吉林出版集团有限责任公司，2010年版，第255页。

［9］〔明〕徐霞客：《溯江纪源》，《徐霞客游记》，吉林出版集团有限责任公司，2010年版，第257页。

革命、法治与地方治理

——以辛亥锡金军政分府为例

汤可可 *

【摘要】辛亥革命中的锡金军政分府是一个积极进取的地方革命政权，其处理社会矛盾、维护社会秩序的一系列作为，包含了推动经济社会现代化的可贵萌芽，也反映出社会转型中地方治理的若干症结问题。特别是镇压敌对势力、协调社群关系、处置敌产逆产、保护公民私产等方面的典型案例处理，可以从中鉴知地方治理法治化的关键所在。由此考察地方治理主体、治理结构、治理方式、治理行为等问题，坚持以法治和规则的方式，协调处理公共事务，着重关注政府权力运用的规范，多元治理结构的建立，各方利益关系的平衡，人民基本权利的维护，并做出相应的制度安排，才能稳步推进国家和社会治理体系、治理能力的现代化。

【关键词】辛亥革命　无锡　军政府　地方治理　法治化

革命，不同于争斗、夺权，不仅表现为政权的更迭，而且展开为政治制度的革故鼎新和社会形态的进步性变迁。辛亥革命是以民主为政治目标，以共和为政治制度，以法治为社会治理基础的一场政治革命。它在推翻清王朝封建统治的同时，还要构建以法治为骨架的新的规则体系，重塑以多元包容为特征的新的社会秩序。这体现了国家和社会治理现代化的方向。相对于疾风暴雨式的革命军事斗争而言，这将是一个不断试错、不断改良的过程，可能经历种种偏颇、挫折和反复，需要经过几代人的不懈努力方能有所成就。但这个目标和走向目标的路径，从革命发生的起始时期——革命军事行动时期就必须明确并加以坚持。辛亥革命中诞生的革命政权几乎都面临着镇压敌对势力与维系商市稳定、稳定社会秩序与保护私人财产、执行政治策略与依法判处刑罚等一系列问题，锡金军政分府在这方面的实践行动颇具典型意义。本文以其为例，利用留存和新发现的军政分府文书档案和信函资料，试就革命时期的法治和地方治理做一初步探讨。

一、革命与对敌斗争

革命发生和进行中，革命力量与革命对象之间的政治冲突和军事斗争异常激烈，常常胶

*　汤可可：原无锡市档案馆馆长，研究馆员

着于你死我活的状态。而且革命本身就是一种暴力行动，倾向于运用暴力手段排除异己、摆平一切敌对势力。但是，辛亥革命从一开始起就揭橥“民主”“共和”的旗帜，这对社会民众是有凝聚力的动员组织机制，而对革命军及其建立的革命政权也会形成一种要求依法行政的约束。以往，人们可能对革命时期的暴力镇压行动持赞同和宽容态度，而当观察的视角转变及认识方法深化时，就可能对某些强暴施政提出质疑，进而关注建立依法治理的规则。锡金军政分府的若干司法案例因此被提出作研究。

被称为锡金军政分府“第一要案”的是霞明和尚案。辛亥无锡光复刚满半月，农历九月二十九日（11月19日）晚，锡金军政分府总理秦毓鎏发出指令，掩捕匪首僧霞明。当晚在北门后祁街附近，缉获霞明和张子昭两人。经初步审讯，是本地人杨振海联络他前来无锡，于是又派出干员，率领卫兵前往兜拿杨振海。不料杨某武艺高强，突破卫兵包围趁夜色逃遁。

僧霞明，人称“霞明和尚”，不明来历，四川口音，晚清时即到无锡聚徒习武，驻城北增福寺。其人有膂力，铸大铁刀，重18斤，能挥舞自如。在无锡，他与追随者歃血为盟，而徒众也都是习武而有勇力者。军政分府因此将其定性为“结聚匪党，意图起事”[1]。在搜查霞明住所时，搜出前膛来复枪两杆及大铁刀等。在剥开僧袍后，其里面穿的是一身黑色军衣军裤，褡膊里还藏有毒药，这似乎坐实了他结党起事的奸谋。但霞明自己的辩解是，率众练武是为反清起义，正准备前往苏州投奔革命军。军政府没有采信他的供词，在报经秦毓鎏批准后，判处霞明和尚死刑，第二天早晨即予枪决[2]。

这一案件的处理存在若干疑点。一是案件的定性，霞明及其徒众到底是“潜谋不轨”，乘乱打家劫舍，还是密谋暴乱，与革命政权作对？二是逮捕、处死是否掌握确凿证据？仅凭“居心危险，行为奸诈”几句说辞，和搜出的枪支、铁刀，是否足以判处极刑？三是判处或不判处死刑，有无一定的法律依据？

显然，霞明和尚案的处理事出仓促，并没有查证或讯得确实的罪状，审讯时负责记录的书记官是后来的知名报人吴观蠡。据其记述，就因为霞明面相凶恶，审讯中支吾其词，答非所问，军法官便断定他必有恶意[3]。按照军政分府当时的认识，从重从快处决霞明，是非常时期的一项非常措施，主要是出于加强地方治安的考虑，处置所依据的也是并无明文条款的“军法”[4]。因为起义推翻了清王朝在地方的统治，一时间人心浮动，一些奸人很可能乘乱滋事，伤人劫财，甚至啸聚匪徒，形成作乱势力。严厉惩处为首者，有助于震慑某些不安分之人，维护一种治安的高压态势。正如军政分府通告所说：“立正军法，以保治安。”[5]在这期间，军政分府就曾严厉查处多起盗匪案件。例如双河口抢劫杀人纵火案，萧金寿等4名凶犯“按照军律处治”，斩首示众，以昭炯戒[6]；白石庵被劫案，主犯姜老虎未能逃脱死刑；张根生航船被劫案，主犯沈根全也被判处枪决[7]。这些都具有惩一儆百的意义。

不过，霞明和尚案其他涉案人员后来的处理就有较大差别。江阴巷铁匠为霞明等打造铁刀被处罚，因为未参与结盟，所以只被判改过自新，而各铁冶作坊锻造枪刀，此后遭到军政分府严禁。霞明等人活动的增福寺因为容留妇女，被军政分府查封，驱逐僧侣及闲杂人员，房屋充作公用。方丈圣溪未参与霞明活动，所以未予追究，很快放还[8]。与霞明有关而被捕的张子昭、薛伯谦、高烈冈等人，由军政部移送司法部处理，由于有实力的地方人士说情和担保，几个人不久即被释放。

而拘捕霞明时夺路逃脱的杨振海，案情和

后续处理尤为曲折复杂。杨不久后即在苏州被沪军都督府弋获，押回无锡，但也不排除他是主动投案。重要的是他被收监后不久便告释放。杨振海为当时无锡地区武艺最为高强的武师，于泗堡桥一带开坛授徒。辛亥革命中担任黄兴元帅府近卫团（二十六团）团长的吴浩，即为杨振海的徒弟。吴浩曾在武昌起义后回无锡招募起义军勇士400人，后担任苏军先锋营营长，参与攻打南京天堡城，立下赫赫战功。随后被擢拔为步兵八团团长，驻守南京。并参加北伐，二次革命中任讨袁军旅长，兼南京卫戍司令[9]。杨振海的释放很可能与吴浩救援有关。杨被保释后即离开无锡，去向不明。

霞明和尚案的处置在当时即引发争议。从秦毓鎏留存的函件看，军政分府职员蔡荫阶等人曾联名递呈的《薛伯谦一案意见书》，对此案的处理提出一系列疑问："薛伯谦等既未讯明确供，有罪无罪，尚未可知，如何听其保释？""杨振海既电禀苏督，称为匪徒一体兜拿，今忽然释放，对于都督其何以辞？"诸人保释后如何监督，其"以后行为之如何有何把握？"此为军政分府成立后"第一要案"，今"轻听浮言而纵之，以后本分府之威信全失，如何办事？"[10]有迹象表明，军政分府的处理并非听信浮言，而牵动某种隐情。但就依法治理而言，则无论是对霞明的严惩还是对薛伯谦、杨振海等人的保释，都有值得探讨之处。

霞明和尚案仅是辛亥革命大潮奔涌中的一个小小漩涡，但它却折射出一圈值得注意的波光。那就是，一个新生的革命政权，固然需要采取必要的手段，压制敌对势力，巩固统治，但这必须遵循一定的法治体系，依法加强管治，决不能以革命的名义包打天下，取代法治。特别是以民主、共和为目标的革命党，更必须坚持法治原则，坚持依法行事，从头搞好立法、执法、司法，才能从根本上凝聚民心，共同推进革命。

二、革命与政治策略

革命是社会矛盾激化的产物，革命又常常激起新的矛盾，这带来社会的分化和整合。革命的进行并不只是革命与反革命的对垒，两个阵营之间有着广阔的社会中间地带。与革命相伴随的，是双方力量的消长变化，革命的胜利必须争取尽可能多的社会力量站到革命一边。辛亥革命作为资产阶级领导的民主革命，需要于形势变动中区分敌友，在壮大革命力量的同时，通过统筹治理，组织好自己的阵线。辛亥革命的无锡实践表明，革命政权、革命军队、革命党人，必须审慎地处理各类社会矛盾，从而正确把握革命方向和政治策略。

张勋军米案也是辛亥无锡的一桩大案要案，其案情和起因扑朔迷离，追究、处理更是波澜迭起，影响超出无锡而及于沪宁沿线各地。

1911年12月13日，锡金军政分府接到上海沪军都督府陈其美都督来电，要求查办无锡为清军张勋部采办军米的粮行。情况紧急，军政分府立即指派干员，带领卫兵分三路行动：一路拿办元大米行老板顾子泉，调取账簿；一路前往九余绸布庄传唤经理钱少坪、董事邹颂丹；一路赶往同仁堆栈等扣押元大存米。当晚，军政分府签发公布罪状、查扣财物的告示。第二天，将案情和相关供词抄录移送县商会。并向沪军都督府发出咨文，请求协助拘捕"冒名办赈，私购军米"的唐桐卿父子等人（当时居住在上海）[11]。

张勋军米案的一系列风波，是由革命军与清军在南京的军事对垒引起的。1911年11月初，沪、浙、苏一带城市相继光复。苏、浙、粤等处革命军陆续集结镇江，组织合围清王朝在东南地区的重镇——江宁。其时各路革命军进攻江宁的总兵力约1.3万人，而驻守江宁的清军总兵力达2万人，其中江南提督张勋统领的江防军等共30多营，步骑炮船兵种齐全，武器精良，训练有素，最为强悍[12]。张勋依托江宁虎踞龙盘的地理形势和高大厚实的城墙，准备作困兽之斗。至11月30日江浙联军攻占军事要塞天堡城，以重炮居高临下对南京城构成威慑。2天后，幕府山一战，张勋江防军迅速溃败，打开威凤门逃遁，退守江北。

张军的溃败，清守军将领给朝廷的报告说是“壮兵乏粮”，《清史稿》的记载也是“粮援胥绝”。事实上，10天之前上海《申报》即有报道：南京城内粮食告罄，米价腾贵，张军兵士逐户搜查米谷，“已无战志”[13]。兵强马壮的张勋军在决战关头一触即溃，南京城中粮荒是重要原因之一。大战之前张勋特地派出心腹携巨额银票，秘密潜入以米市著称的无锡，购得一批白米，存放于张纪记等堆栈，伺机发运。只是因为革命军很快形成对南京城的合围，这批大米因无法装运而最终被革命军查扣。试想，如果这批军米得以运抵江宁，那么清军与革命军在宁的对峙结局也许会被改写。

查处军米案，元大米行首当其冲，因为它是军米的具体采办者。而调查反映出的情况是，元大米行接到从九余绸布庄传来的代办米粮的要约，承诺支付现洋2万元，实际前后共收到1.6万元，但它对买主和供货去向并不清楚。据此，12月16日军政分府及时发出第五十五号通告，声明“经本分府一再调查”，此案购米“主办有人，似与该行主无涉”，决定对元大不以“通敌”论处。宣布：“本分府体恤商艰，不为已甚，该行庄等其各照旧营业，毋稍猜疑。”[14]行主顾子泉当日即予释放，米行也未受到处罚。

既然元大并非始作俑者，那么调查的指向，自然沿着粮款的来路引向九余绸布庄。九余绸布庄由后来成为著名工商实业家的唐骧廷与程敬堂、邹颂丹、邹季皋等9人合伙开设，故取名“九余”。开始时，九余对于军米案调查并不配合。经理钱少坪拒不交出账本，遂被卫兵押解到军政分府，录下供状，签字画押，并答应将办米结余的4000银圆交出，方才被释放。调查中得知购米款由董事邹颂丹经手，邹曾任大清银行江宁分行经理，款即自该分行划转，军政分府便下令拘捕邹颂丹。邹氏获悉后，由商会总办华艺三陪同到府投案，书写完供状后，被安排留宿于军政分府财政部[15]。

就在此时，案情查究突然发生逆转。12月17日，江苏都督府程德全都督发来电令，要求立即释放邹颂丹。锡金军政分府当天做出回复说，此案“确有实据”，对省府电令不能遵办。此时前往上海查案的军政分府民政部部长俞复，也发回电报，坚持“穷究米案事”。但形势发展很快超出人们预想。一方面，省都督府严令要求结案，对九余和邹氏的追究到此为止；另一方面，县商会发出照会，为九余结存的大清银行米款作担保，以此为条件保释邹颂丹。19日夜，被拘押了6天的邹氏被释放回家[16]。

事实上，邹颂丹虽然供职大清银行，却并非效忠清室的顽固派官僚，武昌起义爆发后即借故离职还乡。此次军米案平息后仅仅10天，民国临时政府在南京成立，邹颂丹即返回南京，代表民国政府接收大清银行江宁分行，改组为中国银行南京分行，任分行经理。在他主持下，发行中国银行南京兑换券100万元，为临时政府筹措经费。这项兑换券与同一时期发行的南京军用钞票、陆军部军用钞票一起，对于稳定革命政权起到重要作用[17]。正是这位邹颂丹，在张勋军米案中扮演了承上启下的关键角色，并且也因为他的关系，最终化解了案件的查处。

然而，案件至此并未结束。邹颂丹固然经手购米款，但他未必清楚米的用途和去向。其上线还要追索到唐桐卿父子，是他们把这笔购米生意介绍给了九余绸布庄和元大米行。唐桐卿是晚清著名慈善家，与儿子唐宗愈（慕潮）一起，长时间在全国各地募捐义赈。这一次元大购米，也正是用了赈灾的名义。唐桐卿因为赈灾与清朝官府有较多往来，唐宗愈曾任大清银行奉天、长春分行会办和总办，与邹颂丹有同事之谊，所以米粮采办款经由邹氏汇划无锡。

早在案发之初，锡金军政分府即发出通令，派员至唐晋凡铁号拿办唐氏父子，“查封唐姓家产”。未果，又派出探员吴培胜前往上海提解唐桐卿等人，同时委派孙子远分别谒见陈其美、程德全两都督，为查办军米案作协调。邹颂丹被释后，军政分府继续对唐氏父子深加追究，并通过上海《民立报》发出通电，请沪、苏都督府“严拿唐宗愈父子，究追公款”[18]。上海方面也确实扣押了唐桐卿，只是不同意押解至无锡。

追索唐氏父子，军政分府的着眼点，一定程度上在于罚没款。《锡金军政分府函件》一书中保存有一通手札，曰：“顷得确信，唐慕潮已运动成熟，不日可以释放其父。吾辈当赶派人赴申，设法阻止，毋使巨奸漏网。”[19]提醒要阻止唐桐卿逃脱处罚。另外一封佚名信件，也就追究两唐提出建议：“最好如陈平称肉，两得其平。”[20]在一时无法将唐氏父子押解回锡的情况下，军政分府在上海协济总会的协助下，与唐宗愈达成“两得其平”的了结办法。即由唐氏父子“捐赠万金，以助革命”[21]，以此获得军政分府的谅解，不再继续追究。值得一说的是，军米案查扣的米粮和罚没的款项，并未移作军政分府办公经费，原拟用作锡军北伐队军费，后根据沪军都督府的照会，并经军政分府议决，全部移作赈灾[22]，最终回馈社会民众。

从表面上看，张勋军米案是对敌斗争的一个矛盾集结点，事关革命军事斗争的成败；但在案件的追究中却特别需要讲究政治策略，对案件涉及各方加以甄别，全面评估和妥善处理各利害关系人的利益交互关系。锡金军政分府对元大米行和九余绸布庄并没有安上“通敌”罪名，予以严厉处罚。事实上，在这前后元大米行也曾为攻打江宁的江浙联军采办军米，在当时军事斗争形势瞬息万变的情况下，万一清军反扑它也是冒着被追究“助逆”的巨大风险的。因而，即使是在革命军事斗争的严峻形势下，也不能按照非白即黑、非正即反的绝对论思维处理问题，而需要在公共治理中留出市场和社会活动的空间。地方革命政权作为一个权力和责任主体，应当采取与多元主体合作的方式，尽可能平衡各方利益关系，稳妥地处理地方公共事务。

三、革命与私有财产和公共利益

革命意味着对原有利益格局的突破，不仅重新分配利益和资源，而且颠覆旧时代利益主体的相互关系，重建利益分配机制。如果说革命推进中的革命党、革命军，需要争取并保障本政治集团的利益，那么，革命党一旦夺取政权并建立起自己的政权系统时，就必须把保护合法的私有财产和维护公共利益放上行政和治理的重要位置。所谓公共利益，是指能满足一定时间和空间范围里不特定多数主体需要、具有公共效用的经济资源和经济成果。它不是个体利益和多个主体的相关利益，也不同于国家利益和执政的政治集团利益。辛亥革命中的地方革命政权，需要保卫国家（建立中的民主共和国）利益，也需要增进社会公共利益，更需要维护全社会成员的个体利益，而且特别不能把自身政治集团的利益凌驾于国家、社会和个人利益之上。这在辛亥革命时期地方治理中具有重要的认识意义。

盛宣怀操纵的铁路干线国有化引发了辛亥武昌起义，革命起义带来的盛氏财产没收、发还，以及后来的分割、捐赠、清理，前后纠缠10多年。交织其中的矛盾正是私有财产的保护和公共利益的实现。

盛宣怀为清廷内阁重臣，凭借朝廷赋予的特权和长袖善舞的经营才干，创办一系列企业，积聚起巨额财产，成为清末最大的利益集团。辛亥革命爆发，盛宣怀被列为祸国殃民、人所共愤的革命对象，沪宁沿线各地的革命政权一当成立，便发出饬令和公告，查抄盛氏财产，“没收归公，以为剥民肥己者戒”[23]。无锡地区也不例外。1911年11月19日，锡金军政分府接连发出两个公告，对公顺、济顺两家典当的盛氏股本予以接管，对典内资产及银钱往来，责成经理人逐期详细报告，同时“派员常驻监查”[24]。1912年2月2日，无锡又援照镇江军政分府先例，派出科员周铭初等人，带领军政分府卫兵，前往竹场巷招商内河轮船局，查封盛氏私产，“现存轮船、房屋各件收归军用”，并由科员王松生留局“主持一切”[25]。

对盛宣怀财产的没收、充公，开启了近代“逆产”“敌产”处理的先河，此后历次重大政治变局，都有对叛逆者、对抗者以及敌对方要员财产进行罚没处理的做法。辛亥革命时期，这一类财产处分还没有建立起相关法律条文，既没有判罪的前置条件，也没有对逆产范围、额度进行界定的认证程序。没收财产是为了惩戒特定对象，还是为了充实革命军、革命政权的财力；没收的财产如何保管、处置；收益如何用途、有何手续；等等，都未有规定办法，这就可能为财产处置带来漏洞和隐患。

锡金军政分府对盛宣怀财产的处置，行动并不主动，而总体办法较为平和务实。在查封招商内河轮船局时，考虑到年关将近，商旅往来频繁，军政分府“为便利交通起见，特令飞艎小轮暂时接班开赴江阴，以便行旅”[26]。所谓“飞艎”，是锡军水师的军用快轮。与此同时，责成县商会联络常州、宜兴、溧阳、江阴等地商会，由各地民众集股开办中华河轮公司，“作为公共营业”，接办招商内河轮船局的航运业务，“以维商业而利交通”[27]。此后，招商内河轮船局股东和经理人禀呈声明，轮船公司为商股投资，与清代官府和盛氏无涉，请求“俯念商艰，即日启封，发还轮拖船只，以便照常营业”。军政分府在调查核实后，至3月16日，决定“启封并发还轮拖船只”，通知“所有该公司轮船仍照常行驰”[28]。

至于盛氏在锡典当的股权处置，情况有所不同。公顺、同顺两典当也曾通过县商会提交合同，证明其资产与盛宣怀无涉，要求归还股本，但为军政分府所拒绝。无锡县民政长裘廷梁对盛氏呈文的批示是：“苏沪等处凡属尔等盛氏名下财产，均在查封充公之列，本县岂能独异？现在尔等济顺、公顺、同顺各典股本业经本民政长谕提官利，拨充军饷在案。所请保全受分当股、查明发还之处，应毋庸议。”军政分府财政部也就公顺典呈文发出谕文：“照得该典查抄盛氏股款提充军饷一案，已据将盛喜记、盛公记岁息呈缴在案。所有该两项存本均应改立锡军政府户名，其原给股票一并作废，合亟饬谕到该典，立即遵照改注，仍缮送清折核办毋违。”[29]显然，军政分府对于盛氏在典当财产的态度十分坚决，没收充公的办法和用途去向也很明确，即没收其中盛氏股份，提取其股息，充作军饷。

但事实上，这部分充公的盛氏财产，最终还是用在了地方公共事业上。据秦毓鎏后来的回忆记述，军政分府期间由他主持就无锡市政建设做了几件实事，其中扩建城中公花园、建设钟楼图书馆、设立孤儿院等投入的经费，均“从充公典股内提钱”，也即以扣押的盛氏典当股份提取年息和红利，“拨充经费”，其数额总计达数千千文之多[30]。

然而，盛宣怀及其后人、代理人一直没有

放弃对于被没收盛氏财产的追索。他先是玩弄其“中日合办”汉冶萍公司的伎俩，一方面拉拢日本财阀借以保护其在汉冶萍的私产，另一方面也试图通过获取日方借款向南京临时政府输诚投效，换取其被充公财产的发还[31]；无果后，又以“押典捐赈”的名义谋求“复产”（收复其产业），提出将其在苏省境内被没收股份的典当作抵押，筹款30万元，用于捐赈江皖水灾，先后向袁世凯、程德全、张勋等人进行勾兑，换取典当股本发还。经过多方斡旋，最终在时任江苏都督张勋处实现了他的图谋[32]。1913年10月12日，张勋对盛宣怀呈做出批复，明令相关各县“清查饬还”[33]。因为在无锡的典当股息无从追回，盛宣怀夸大其词，捏造了一个被秦毓鎏等“勒提钱八万数千余千”“侵吞入己”的罪名，请张勋“严饬无锡县知事会同委员分别查明，一并提充金陵赈抚要需，俾款项得归正用而灾民实受其惠”[34]。秦毓鎏因此而被判入狱服刑。

以建立现代民主共和体制为宗旨的革命党人，理应把对私有财产的保护和公共利益的提升，作为建政、理政的基本原则。对私有财产的保护，并不排除非常时期对敌对势力人物的财产采取罚没措施，用以打击敌人，充实革命武装斗争和革命政权维护的财力。但这样的罚没、充公，必须依法行事，完善法律手续，加强监管，确保用于社会公众的公共事项。而对公共利益的维护，贵在实行，无论是公共事业的建设还是革命军队、革命政权的财务开支，都必须遵循规则，经过一定的咨议、论证程序，并向公众公开，以接受监督，征信于民。两者的关键都在于坚持公平、正义，超越个人威权和集团私利的狭隘眼界，防范暗箱操作、营私舞弊，真正体现民主革命的本质意义。

四、若干问题的探讨

领导各地辛亥起义的是一批顺应时代潮流的革命志士。他们有志于按照民主、共和的理念重建国家，怀抱新的理想和觉悟，但也残留着旧思想旧文化的种种缺陷，行动中就难免偏颇、失误和反复。革命中成立的地方政权，尝试进行一系列改良革新，这在无锡表现得尤为鲜明、突出。他们变革旧制、开创新业、安定地方，虽然因为存在时间极短，主政者缺乏理政治事的经验，有些做法在当时和后来都曾引发不小的争议，但所作所为已经包含了推动经济社会现代化的可贵萌芽。就地方治理而言，锡金军政分府的治理实践，在特定的时空条件下，努力摆脱延续千年的专制统治，实施一种全方位自治的独立行政，既体现现代化的方向，又顺应地方社会的现实，其中不乏值得深入探讨之处。

（一）治理主体

自辛亥革命爆发，到民国政权体系建立，在无锡即是军政分府施政及随后的一段过渡时期。军政分府并不是完整意义上的一级政府，本身具有非常时期军事管制的性质。但是，锡金军政分府废除了清代由县官一人裁定全县钱粮狱讼的专制统治，在宣布将原来一地两县的无锡、金匮两县合并为无锡县后，立即筹备设立县议事会和县参事会。县临时议事会按照当时全县17个市、乡的人口、赋税额，核定设49名（后调整为43名）议员，议员通过分区选举和推举产生。县议事会定期举行会议，讨论并决定全县的建设、赋税、公共事务等重大事项，然后交由军政分府和地方自治公所负责实施。这样的主体治理模式，完全不同于往昔，但又保留了原有绅士自治的基本要件。以现代民主体制衡量，其设计和实行虽然相当粗疏简约，且包含种种不足，但却是真正意义上的创新开端。在县临时议事会开幕会上，军政分府民政部部长俞复致辞说，此为“吾锡平民政治发轫之第一日”[35]。毫无疑问，这对于当时人们的思想观念是一个巨大的冲击，至少一部分知识群体，从中认识到了民国民主政治的含义，有了最初的“国民”“公民”意识。这从军政分府保存的函件中也可以得到印证。一些地方人士致信军政分府，就地方治理体制、地方政治设施建设等表达主张、提出建议，体现了人们对民主共和的关注和期待。其中一些人的落款，即自称“民国小民”“国民一分子”，反映了公民主体意识的觉醒[36]。但就整体而言，公民个人和社会组织如何真正参与到地方治理之中，地方民主议事机构如何真正形成政府的决策和监督机制，实践探索尚有很长的路途。

（二）治理结构

军政分府本身是依托军事强权建立的政权组织，适应地方治理需要建立起多方面的行政职能。锡金军政分府初期设军政部、民政部、财政部、司法部四部，为了表示革命党人天下为公、不擅私利，明确除军政部由革命党人执掌外，其余三部均由地方士绅主持。以后为了各部之间的协调，经商议决定成立总理处，统率四部。南京临时政府成立后，一再要求将民政职能从军政分府分离出来，使民政长成为地方行政首脑，避免军政不分。稍后，军政分府司法部也分设审判、检察两厅，形成制衡机制，虽然没有做到司法独立，但还是明确：“民刑诉讼惟司法官有追提、审判之权”，避免以军法裁量民事刑事。同时规定当事人有告诉、申诉、辩护、上告之权，当事各方都必须“确守法律，以维持风俗之安宁，保护人民之权利”[37]。不过，在军政分府内嵌司法、民政职能的情况下，军政分府的治理还是偏向于运用军事力量处理社会矛盾特别是群体性的矛盾冲突。典型的如锡澄虞边界的王庄农民“千人会起义”，因为遭受严重水灾，部分佃农要求减免租粮，与地主和基层管理者发生激烈冲突。军政分府派出兵队、枪船前往镇压，拘捕起事农民。此后又发生新安乡村民抗租事件，“聚众千余，焚烧百余家”，军政分府派兵弹压，击毙村民多人[38]。此事引起舆论强烈反响，军政分府处于漩涡中心，最终以安抚农民，拘捕报复村民的地主，处分指挥开枪镇压的锡军队官，才使事态得到平息[39]。对于辛亥革命时期农民抗租的镇压，历来都从政治的视角，就资产阶级的两面性做出批判，而从地方治理的角度分析，一个突出的问题是社群之间利益的平衡。作为地方政府，固然必须对地方社会秩序的安宁负责，而其前提和核心正在于对人民权力和利益的维护。此外，承担维护社会稳定任务的执法队伍，本身必须坚持原则，执行纪律，遵循公平正义的法治精神，不能有权在手就胡作非为。对此，地方政府需要在多元治理结构和权力运用规范上，做出相应的制度安排。

（三）治理方式

与各类社会矛盾纠纷处理相关的，还有治理方式的问题。革命破除旧有的秩序，推进一系列新事业的建设，必然带来各方面利益关系的变动重组。面对多重交织的社会矛盾，是用强力压制的方法平息矛盾，还是用积极回应的方法疏导矛盾，也是地方治理不容回避的问题。前者可望较快控制矛盾避免激化扩散，但也可能发生偏差、矫枉过正，激起反弹；后者有利于从根本上化解矛盾，但也要防止在矛盾激变中陷入僵局。事实上，实事求是分析矛盾，合理制定规则，有效执行规则，是防范和调处社会矛盾、破解治理困局的正道。以地方政府最为关切的税捐问题为例，锡金军政分府对于田赋、厘金、商税、特殊税捐（如烟膏捐）等采取不同的征收、管理措施，因为规则明确、监督到位，无论是纳税捐人的规避、拖延，还是执事人员的上下其手、中饱私囊，多数情况还是得到应有处理[40]。例如部分茧行对茧捐的抵制，曾是军政分府遇到的一个棘手问题，最终还是通过财政部部长当面接谈，以“助充本邑军饷”相劝导，在茧业公会的配合下求得解决[41]。实践表明，面对社会矛盾，一味运用军警力量（锡金军政分府期间无锡第一次建立警察组织），采取查封、取缔、罚没等强制手段，往往会引发矛盾的激化和积累。而注重规则的制定和执行，规范权力运作，引导民众行为，是协调处理官民矛盾、官商矛盾、商民矛盾，建立互信、缓解冲突的基本依托。商会、同业公会等民间组织的自律和协商对话，也能对多方面利益关系的调节起到有益的作用。

（四）治理行为

辛亥鼎革，锡金军政分府实施一系列除旧布新、移风易俗的变革措施，包括禁烟、禁赌，禁止“吃讲茶”，禁止巫神邪术，禁止淫祠滥祀，以及剪辫、废除跪拜、禁止缠足、变易服饰，等等。下令清理道院神庙，破除迷信，倡导利用祠庙开办学堂，注意对其中的碑刻、古迹予以保护，支持维修泰伯庙墓，并组织官员和地方人士前往祭祀吴地先圣泰伯；下令停办香会、赛会、迎神会，禁止民间花鼓、滩簧演唱，但支持戏园组织戏班巡回演出，鼓励开明社团编戏演戏，宣传反清革命，募捐助饷[42]，都体现了寓治理于教育、娱乐之中的认识。总体而言，这一系列革新举措有利于自由平等观念深入人心，激发积极向上的社会风气。但由于某些行动中公共性与合法性张力的不对称，部分举措急于“扫除旧污”，如剪辫、禁止民间低俗娱乐，操作失之粗鲁，缺乏应有的弹性，招致不满；部分举措受制于执事人员的素质，实施中时有偏差发生，如鸦片的“寓禁于征”和禁止举家迁徙出城，都曾引发矛盾。此外，在司法执法中也存在争议。军政分府司法部部长薛南溟基于犯法者大多为贫家细民，故反对执行罚金，而主张施以鞭笞[43]；而一些社会贤达则致函军政分府，强烈要求废除刑讯笞责，消除清代刑狱弊窦[44]。所有这些，都关系到对公民个人权利的维护和尊严的尊重，而这正是现代社会治理的重要基石。一个追求现代化价值取向，以长治、善治为目标的革命党、执政党，应当坚持把“法治”写在自己的旗帜上，以法治和讲规则的方式，协调处理公共事务，保障公民基本权益，才有可能逐步推进国家和社会治理体系、治理能力的现代化。

注　释

[1]　《锡金军政分府总理处告示》第廿六号，苏国强主编：《辛亥革命在无锡》，古吴轩出版社，2011年版，第39页。

[2]　钱基博：《无锡光复志》军政篇第二，1928年印本，第26页。

[3]　吴观蠡：《无锡光复野史》，钱江等主编：《无锡，辛亥百年》，苏州大学出版社，2011年版，第285—286页。

[4]　《□□就审讯僧霞明案致秦毓鎏函》，杨天石主编：《锡金军政分府函件》卷四，古吴轩出版社，2019年版，第256页。

[5]　《锡金军政分府总理处告示》第廿八号，苏国强主编：《辛亥革命在无锡》，古吴轩出版社，2011年版，第39页。

[6]　《锡金军政分府总理处告示》第六十八号、第七十二号，苏国强主编：《辛亥革命在无锡》，古吴轩出版社，2011年版，第52、54页。

[7] 《锡金军政分府总理处告示》第八十七号、第八十八号，苏国强主编：《辛亥革命在无锡》，古吴轩出版社，2011年版，第59页。
[8] 《锡金军政分府总理处告示》，第廿二号、第五十四号，苏国强主编：《辛亥革命在无锡》，古吴轩出版社，2011年版，第38、48页。
[9] 吴亚东：《忆先父吴浩二三事》，钱江等主编：《无锡，辛亥百年》，苏州大学出版社，2011年版，第266页。
[10] 《关于薛伯谦一案之意见书》，杨天石主编：《锡金军政分府函件》卷四，古吴轩出版社，2019年版，第304页。
[11] 《锡金军政分府总理处告示》第五十一号至第五十三号，苏国强主编：《辛亥革命在无锡》，古吴轩出版社，2011年版，第47—48页。
[12] 石雨：《辛亥革命无锡风云录》，严克勤主编：《辛亥革命与无锡辛亥革命一百周年》，中国文史出版社，2011年，第22—23页。
[13] 《南京城内粮食将罄》，《申报》1911年11月21、22日。
[14] 《锡金军政分府总理处告示》第五十五号，苏国强主编：《辛亥革命在无锡》，古吴轩出版社，2011年版，第48页。
[15] 《锡金军政分府总理处日记》，十月廿三日，苏国强主编：《辛亥革命在无锡》，古吴轩出版社，2011年版，第121页。
[16] 《锡金军政分府总理处日记》，十月廿五日至廿九日，苏国强主编：《辛亥革命在无锡》，古吴轩出版社，2011年版，第123—126页。
[17] 黄海客：《无锡人签发的两张辛亥革命纸币》，钱江等主编：《无锡，辛亥百年》，苏州大学出版社，2011年版，第294—295页。
[18] 《锡金军政分府总理处日记》，十一月初三日，苏国强主编：《辛亥革命在无锡》，古吴轩出版社，2011年版，第128页。
[19] 《□□就阻止释放唐慕潮之父函》，杨天石主编：《锡金军政分府函件》卷四，古吴轩出版社，2019年版，第262页。
[20] 《□□为处理唐氏等事致秦毓鎏函》，杨天石主编：《锡金军政分府函件》卷七，古吴轩出版社，2019年版，第460页。
[21] 林纾：《清故大善士无锡唐公墓志铭》，《无锡文献征存录》五编卷六，台北市无锡同乡会，1990年印本，第309页
[22] 《锡金军政分府总理处日记》，十一月初四日，苏国强主编：《辛亥革命在无锡》，古吴轩出版社，2011年版，第129页。
[23] 《盛氏财产查封拾遗记》，《申报》1911年11月18日。
[24] 《锡金军政分府总理处告示》第廿四号、第廿五号，苏国强主编：《辛亥革命在无锡》，古吴轩出版社，2011年版，第38—39页。
[25] 《锡金军政分府总理处日记》，1912年2月2日，苏国强主编：《辛亥革命在无锡》，古吴轩出版社，2011年版，第157—158页。
[26] 《锡金军政分府总理处告示》第八十二号，苏国强主编：《辛亥革命在无锡》，古吴轩出版社，2011年版，第57页。
[27] 《锡金军政分府总理处告示》第七十六号、第八十三号，苏国强主编：《辛亥革命在无锡》，古吴轩出版社，2011年版，第55、58页。
[28] 《锡金军政分府总理处告示》第九十六号，苏国强主编：《辛亥革命在无锡》，古吴轩出版社，2011年版，第61页。
[29] 《无锡县民政长暨锡军政分府财政部长谕公顺典文》，上海图书馆编：《稀见辛亥革命文献》第三册，上海科学技术出版社，2011年版，第1815—1816页。
[30] 秦毓鎏：《天徒自述》，苏国强主编：《辛亥革命在无锡》，古吴轩出版社，2011年版，第273页。
[31] 臧志军：《危机与忠诚：武昌起义前后的盛宣怀》，《复旦政治学评论》2006年第1期。
[32] 朱浒：《滚动交易：辛亥革命后盛宣怀的捐赈复产活动》，《近代史研究》2009年第4期。
[33] 《张勋关于发还盛宣怀江苏产业的批复》，陈旭麓等主编：《辛亥革命前后——盛宣怀档案资料选辑之一》，上海人民出版社，

1979年版，第368页。
[34]《盛宣怀呈江苏都督张勋、民政长韩国钧文》，陈旭麓等主编：《辛亥革命前后——盛宣怀档案资料选辑之一》，上海人民出版社，1979年版，第365—366页。
[35] 钱基博：《无锡光复志》民政篇第四，1928年印本，第54—55页。
[36] 汤可可、张振强：《辛亥革命时期的社会断面》，无锡博物院编：《无锡文博　己亥撷英》，古吴轩出版社，2019年版。
[37] 汤可可：《无锡辛亥光复与锡金军政分府》，赵永良主编：《回望无锡人的辛亥革命》，无锡名人文化研究院印本，2021年版，第84页。
[38] 王赓唐：《锡金军政分府与无锡农民》，钱江等主编：《无锡，辛亥百年》，苏州大学出版社，2011年版，第167页。
[39]《锡金军政分府总理处告示》第八十六号、《锡金军政分府总理处命令》苏国强主编：《辛亥革命在无锡》，古吴轩出版社，2011年版，第58、78、152页。
[40]《锡金军政分府民政部示谕》，苏国强主编：《辛亥革命在无锡》，古吴轩出版社，2011年版，第7、13、16页。
[41]《孙鸣圻就茧捐和定购枪支事致师曾函》，杨天石主编：《锡金军政分府函件》卷五，古吴轩出版社，2019年版，第381页。
[42] 肖栋全：《辛亥革命带来的社会新风尚》，钱江等主编：《无锡，辛亥百年》，苏州大学出版社，2011年版，第171—175页。
[43] 钱基博：《无锡光复志》司法篇第五，1928年印本，第61—62页。
[44]《邹家麟就废除审判及监狱恶习事致秦毓鎏函》，杨天石主编：《锡金军政分府函件》卷四，古吴轩出版社，2019年版，第294页。

论唐君远与抗日战争时期中国民族纺织业*

刘大禹　李槐枝*

【摘要】抗日战争全面爆发前，唐君远所管理的丽新、协新民族纺织厂的机器设备、技术与管理先进，飞速发展。1937 年抗日战争全面爆发后，日军占领无锡，觊觎其纺织工业，且派兵进驻，采取威逼利诱方式，胁迫唐君远"合作"。唐君远以民族大义为重，"宁为玉碎，不为瓦全"，拒不接受；并到上海租界内开设工厂，力保民族纺织工业。抗日战争时期，唐君远发展民族纺织业，彰显了近代中国民族资本家的家国情怀，但在国家弱势之时又无可奈何的艰难境遇。

【关键词】抗日战争　唐君远　民族纺织业

唐君远（1901—1992），无锡人，近代著名的民族工商实业家。他负责管理的丽新、协新纺织公司，是近代中国民族纺织业中的典型代表。丽新是我国民族棉纺织工业中最早集自纺、自织、自印染整理于一体的全能厂，协新毛纺织股份有限公司是全国第一家集精纺、染色、整理于一体的全能毛纺织厂。1937年抗日战争全面爆发，无锡沦陷，包括唐家企业在内的无锡民族工商业惨遭日军摧残。面对前所未有的灾难，唐君远拒绝与日方"合作"，在绝境中另谋企业生存与发展。此前，关于唐君远的研究，多集中于他在毛纺织业中的地位[1]、唐氏家族的发展[2]以及作为民族工商业代表所做的贡献[3]，对于其在抗日战争时期如何坚持发展民族纺织业，尚缺乏系统论述。

纺织业在中国近代民族工商业中具有重要地位，《纺织工业》书中写道："人生衣食住行四大需要中，衣居其首，而衣服之丰啬，则视纺织工业之枯荣以为断。因此在近代轻工业领域中，无论资本、劳力、生产量及消费量等各方面言，纺织均占一重要之地位。"[4]抗日战争时期，唐君远作为"民族毛纺织工业的功臣"和"爱国实业家的楷模"，坚守民族纺织业的阵地，展现出不屈不挠的斗争精神，是近代中国民族工商实业家的典型代表。

---

* 本文为教育部重大课题攻关项目《荣氏家族与无锡民族工商业资料收集、整理与研究》（20JZD037）成果之一

* 刘大禹：历史学博士，江南大学马克思主义学院教授，博士生导师

李槐枝：江南大学马克思主义学院硕士研究生

一、抗日战争全面爆发前发展：着眼市场，紧抓技术创新

无锡是一个具有深厚民族工商文化底蕴的城市，无锡唐家具有优良的家族创业基因。1919年，时值五四运动爆发，唐君远在东吴大学学习，积极投身于反帝反封建斗争。1921年，其父唐骧廷以丽新厂急缺人手为由，一纸电文将其召回无锡，遂致他辍学进入丽新厂，成了一名考工员。唐君远从基层管理做起，在实践中发挥懂技术、会英语的优势，全力从事丽新纺织厂的工作，不久升为考工主任，1925年升任厂长，独当一面。此后于1934年参与创办协新毛纺织厂，任厂长、经理。

众所周知，近代中国的社会性质是半殖民地半封建社会，长期遭受帝国主义侵略，民族工商业起步晚，基础差，底子薄，在与外国商品的竞争中处于劣势。在提倡国货的氛围中，如何化被动为主动，迅速占领市场，是民族工商业者需要思考的问题。第一次世界大战期间，帝国主义放松了对中国的侵略而使民族工商业获得了千载难逢的发展机遇，1919年五四运动使我国公民的民族意识迅速提升，实业救国得到了广泛认同，诸如抵制日货提倡国货之声此起彼伏。1922年华盛顿九国公约签署后，英国、日本、美国等国商人纷至沓来，洋布充斥国内市场，国产纺织品无法与之抗衡，丽新厂生产的布也难以幸免。国内布商受外商挤压后，亏损日渐扩大。面对困境，唐君远向父亲建议，进口国外先进设备，通过生产优质棉纱，以质取胜。很快，丽新厂以厂房和机器做抵押，向当时的中国银行贷款20万元，订购了200台英制纺织机，专门用于纺40支细土纱，从技术层面提升棉纱品质。为提升丽新厂的竞争力，唐君远做了诸多工作。

一是“跟踪”市场，努力提升产品竞争力。针对棉纱洋货市场的泛滥，唐君远广泛调查其畅销的原因，另辟蹊径。一方面，决定在花色品种上下功夫。他与上海进口商协作，有针对性地研究仿制外商所售的新颖花色棉纱。很快，丽新厂生产出花布、蓝布和府绸等多种质优价廉的产品。其中，所生产的花布针对英商纶昌花布，蓝布是针对日本内外棉生产的蓝布，高支府绸则是针对德国产的布。另一方面，不断补充和改进机器设备，提高生产工艺。为使生产的呢绒和蓝布布面更光彩，唐君远向英商添购了丝光机；为掌握灯芯绒的制造方法，唐君远远赴日本大阪工厂实地考察，学习手割灯芯绒的技术，并当场订购了两部机器，归国后几经试验，成功仿作灯芯绒。

经过几年发展，丽新厂产能与规模不断扩大，职工数量大幅增加，产品销量开始上升，称得上是“既可挽回漏危，也有厚利可图”，日本《朝日新闻》称“丽新纺织厂是日本纺织业的劲敌”，[5]说明丽新厂所纺之棉纱已有同洋货竞争的能力。据调查，丽新纺织厂在1932年时已成规模性企业，“大小机件1000余乘，各项设备应有尽有；女工宿舍幽静整洁，训导管理一如学校；图表说明琳琅满目，入厂工作先受训练；各项工资均分等级，工作勤惰随时升降”[6]。有去丽新厂参观者对唐君远的印象也相当好，“唐先生年事不过三十，衣履甚朴，彬彬若儒生，而议论精到，可见其干练”[7]。由此不难看出唐君远与丽新厂的独到之处。唐家的丽新厂能在同行中独领风骚，一个重要的因素就是企业发展创新，“组成了一个一条龙的联合企业，同时掌握了生产经营中的三个重要环节：技术改革、经营管理、市场销售”[8]。

二是稳中求进，大举筹办全能毛纺织厂。丽新厂技术先进、产品门类齐全，在无锡的行业竞争中同申新、庆丰鼎足而立。至1934年，丽新厂的生产能力已发展至“购进纱锭16304枚，设立了纺部，添购精元机、烧毛机、烘干

机、拉幅机及四色、六色印花机各一台，扩充染部为印染部。购进2000千瓦发电机一台及德国锅炉两只，建立了原动部"[9]，成为"国内最完善之纺织印染工厂"[10]。

然而，唐君远并未满足守成。如果说质是产品竞争的立足之本，量则是占领市场的必要条件。唐君远在强手如林的商业竞争中崭露头角后，决定进一步大展身手，扩大规模，开办全能的毛纺织厂。一方面，当时进口的毛条价格低，成品呢绒售价却很高，特别是呢绒产品的受众市场很广。"有钱的人、当官的人、洋行里办事人，在社交场合都喜欢穿呢绒服装；还有一些职员、教师、记者等，尽管生活并不富裕，但在只重衣衫不重人的社会里，也不得不买一两件呢绒衣服装装门面。"[11]另一方面，唐君远发现国内毛纺织业大有可为，若在江南成功开办第一家毛纺织厂，可独树一帜。

1934年底，由丽新纺织厂牵头，庆丰纺织厂和申新三厂加入，多家企业一同集得资金20万元，开始筹办毛纺织厂。唐君远从机器设备、管理、销售等环节入手，使之成为一个完整的系统。经堂兄唐熊源介绍，唐君远从英商手中购到英制的精梳毛纺1800锭、粗梳毛纺400锭、织呢机40台，以及染整机全套设备，还进口了一批羊毛原料。唐骧庭和程敬堂在丽新厂西北不远的地方购得一处地产作为毛纺织厂的厂区。此后，董事会又增加资本30万元。到1935年初，一切准备就绪，命名为协新毛纺织股份有限公司的新工厂面世，这是全国第一家集精纺、染色、整理于一体的全能毛纺织厂，在"第一次董事会中唐君远被公推为总经理"[12]。

可以说，唐君远通过锐意改革，更新技术设备，扩大产品规模，并避免产品的同质化竞争，使得丽新厂很快在无锡纺织业中占据重要位置。全面抗日战争爆发前，唐家的丽新、协新二厂呈现出一幅欣欣向荣之景。丽新厂在"民国九年迄今，战前规模完善，所出多种纱线布之行销全国及南洋等地，备受欢迎"[13]。协新厂自1935年秋天开工生产后就屡屡创收，出产的高档呢绒售价普遍低于英国进口呢绒，产品在1936年上市后便非常畅销，旗下品牌"三阳开泰""五福临门""福禄寿喜""万年鸿运"等都很受欢迎，生产的产品畅销国内，个别产品甚至还远销到了印度和东南亚各国。到1936年底，生产呢绒几近24万码，"获利22万元"[14]。

1937年，无锡地区工商企业在中国可谓首屈一指，其工业总值仅次于上海与广州，有"小上海"之称。无锡各厂无不积极扩充，"丽新纺织厂，原有纱锭一万余只，本年决添设纱锭三万只。但工友极端缺乏，现已准备招收养成工，积极训练。"[15]然而，在中国民族工商业发展势头正盛之际，日本发动了全面侵华战争，无锡地区的民族工商业遭到严重破坏，在艰难的困境中，唐家及其民族纺织业面临艰难抉择。

二、抗日战争全面爆发时艰险：发展中断，在困境中勉力生存

1937年7月7日卢沟桥事变后，日军在对华北地区扩大战争时，阴谋策划侵占上海。8月13日，日军大举进攻上海，淞沪会战爆发。中国军民奋起抵抗长达三个月，因实力悬殊，上海失守。淞沪会战期间，工厂林立的无锡遭到日军轰炸，人民的生命财产遭受重大损失，民族工商业遭遇重创。"10月8日以后，光复门外周山浜、西门外惠山等工商业集中地区饱受日机空袭，工运桥堆栈储存的成百上千吨粮、棉、丝、布被烧毁，工厂全部被迫停工关闭，居民开始大批迁移逃难。""许多工厂遭破坏，七大棉纺织工厂中，业勤……被彻底摧毁……丽新遭到极大破坏。"[16]

11月25日，无锡沦陷，日军对无锡地区的民族纺织业肆意摧残，唐君远等苦心经营的丽新、协新命运堪忧。丽新厂被迫解散大部分工人，只留极少数的职工看厂。很快，丽新厂因地理位置好，靠近运河和铁路，又因厂房面积大，被日军占领，成了日军指挥部，各厂机器设备被封存，堆放在厂里的布匹被日军抢走。协新厂被投了两颗炸弹，房屋、机器设备被炸毁。厂内库存成品、原料、机物料等物又被土匪趁火打劫，抢劫一空（表一）。“协新驻城中办事处，一下子烧掉价值成品19000元，估计损失达20万元以上。”[17]丽新、协新各厂“惨遭日寇轰炸破坏，机器全被损毁大半，损失实为无锡诸多工厂之冠”[18]。

表一　丽新战时损失明细[19]

战时损失明细表［民国二六年（1937）］	
货物	损失价值（元）
中行仓库白布	1002480
中行仓库棉花	703741
中行仓库纱線	172416
外栈存棉	918010
厂存物料	117576
总厂配货	80396
堆存八十三箱栈布	43586

丽新厂被强占，协新厂被炸毁后，唐君远并未气馁，而是费尽周折，努力周旋，希望能继续将纺织业发扬光大。为此，唐君远从几个方面着手，坚守初心，努力进取，另谋生存之道。

一是心系厂房，联系职工掌握厂内情况。日军进驻丽新厂后，控制留守厂内的职工们，不许他们走出工厂，还把工人当奴隶差遣，稍有差池便对工人们拳打脚踢，甚至有一些年轻的护厂工人，因对日军过于愤懑，在日本人面前稍有展露，被他们当场枪击杀死。唐君远心系厂房内被困的工人们，他在日记中写道：“今天是大年初一，在日军占领下，根本不像过年的样子。没有烟花爆竹，没有大红灯笼。小孩子在天井里跳绳、踢毽子，文杏[20]照例和佣人一起在厨下忙碌。父亲喜欢吃的走油蹄髈，我好不容易弄来一只，端在他的面前。工人陆陆续续来拜年了，来得不多，都面有愁色。我封了一个个红包发出去，说上几句吉利的话，勉强挤出一些笑容。”[21]

在如此困境之中，唐君远在工厂附近租了一间民房，作为丽新厂的临时办事处。为掌握厂内动态，他设法联系护厂工人，提醒他们注意安全，并依旧按月发给他们生活补贴。然而，日军占厂后，“有12名留厂勤杂人员被关在东宿舍1号房间，当夜被杀死11人，仅任坤荣一人虎口余生”[22]。唐君远走访遇难者家属，帮他们把被枪杀护厂工人的遗体收殓安葬，定期给予家属抚恤费，还承诺，若工厂复工，一定优先安排他们进厂工作。

二是面对威逼利诱，不屈不挠与日抗争。日军全面侵华后，随着战线拉长，逐渐显露出缺乏经济支撑和物资供给问题。因而，日军严格控制占领区的中国民族工商业，在各关口统制物资流通，对在炮火攻击中幸存下来的工厂实施直接“军事管理”，或者是“委任经营”，剥夺业主们的所有权与经营权。丽新厂即被日本大康纱厂“代管”，但因厂房、设备破坏严重，工人离散，无法恢复生产，“代管”不成。1938年4月，大康株式会社（当时日本最大的纺织公司之一）到上海以“同盟国”身份，与同丽新厂关系密切的德国德孚洋行沟通，向丽新厂提出“合作经营”。[23]提出日方公大纱厂控股51%，唐氏家族出资49%，专门制作军用毛毯及军用衣料。

唐君远深知日方用意，所谓合作只是一个借口，事实上是要吞并丽新厂，且借用唐家的品牌和实力，生产出他们所急需的军用物资，甚至是要借助唐家来展现他们所谓“中日亲善”的假象。唐君远认为：“如果与日本人合作，岂不是资助敌寇屠杀中华同胞吗？”[24]然而迫于形势，唐君远无法当面拒绝，遂回复此事个人不能决定，需经董事会讨论。唐君远在董事会上报告此事时，明确表明自己的态度，断然不会同意，并愤慨道“宁为玉碎，不为瓦全”，宁可坐牢，也绝不接受！充分表现了中国民族工商业者热爱祖国、威武不屈的凛然正气。[25]

日方收到丽新厂拒绝合作的答复后，便采取高压手段，疯狂掠夺丽新厂内的存棉存布，大肆破坏机器设备，甚至把厂房当作兽医院。日方把丽新厂里来不及运走的库存棉花14841担、粗细纱线547件、色布8817匹中除少数部分棉花外全部掠走，运往日方被服厂。织部1200只小马达被掠走778只，被运往青岛日本厂。印染部的英制紫铜滚筒700只、日制紫铜滚筒200只，每只滚筒价值100元，全部被破坏或盗走。纺部所有机器主轴、滚筒几乎全部被敲断，针布被浇水生锈，布机提花龙头几乎被敲光，1000余台布机等于废铁者有793台。[26]日军还一度把织布三工厂改作监狱，在此关押杀害了许多革命者和无辜老百姓。

日方为逼唐君远就范，将其关押，想以所谓“破坏日中亲善、破坏大东亚共荣圈”之莫须有罪名，将其治罪。唐君远被关将近半月，在屈辱和人身威胁面前，仍拒绝合作，表示“我既然被你们抓进来，就已经做了最坏的打算”[27]。后唐骧廷请求合作洋行的日商出面，日方方才将唐君远释放。唐君远目睹呕心沥血所创之事业被毁于一旦，他强忍悲痛，勇敢面对，从中谋求生存之道。他谈起这段往事时，有感触地说：“个人的命运，民族工业的命运，同祖国是紧密相连啊。”[28]

三是为保存纺织实业，退避上海筹组新厂。在急剧动荡的年代，无锡地区的民族纺织业受到严重破坏，多数企业无法生存而走向衰败。艰难存活下来的企业主则面临向困局低头、屈从日方压力，还是迎难而上的抉择。

国民政府为加强持久抗战的物质基础，积极鼓励江南地区民营企业随政府内迁。有不少企业随即选择内迁，也有一些企业另辟蹊径，在上海租界内恢复开办。上海沦陷初期，日军占领中国纺织企业，但英、美、法等国尚未对日宣战，在中立旗号的保护下，公共租界和法租界暂时免遭日军炮火的摧残，环境相对稳定。这无疑给租界外的企业以希望，他们选择将工厂迁至上海租界。唐骧廷、唐君远父子为民族纺织业生存计，紧急部署，避居上海。

随着沦陷区难民流落到上海租界的人口激增，对衣、食等基本消费需求随之扩大，棉纺织业、面粉业、饮食业等产业迅速蓬勃发展，历史上称其为“孤岛经济”。此时，棉纺织品也是战时的重要物资，中、日双方需求极大。至1938年底，“租界内开工的工厂从1937年底的442家，猛增至4707家”[29]。棉纺织业迎来了一个畸形发展的机会，然而此发展大势随时可能中断，其命运完全不为己所控。

在此环境中，1938年4月，唐君远与避居上海的丽新厂、协新厂董事们商议，议决在租界内复工复产。当时，抗日战争全面爆发前协新向洋行订购的250台织机刚好运至上海，唐君远便将这些设备作为资本，在上海租界内复产，从而创建上海协新毛纺厂，以为战后实业复兴做准备。他在营业报告书中写道：“本公司于二七年春迁移来沪，从事整理残存货物以及账籍，核计所存只有70万元，然负债一项计欠存银行69万元，相抵无赊。”“战事损失货物生财计国币42.5万余元，与锡厂资产抵作资本。故当时公司经济状况实为危险万分，经协理以职工闲散生活堪舆，公司亦不得不予辅助，然长此以往，亦必坐吃山空，陷公司于万劫不复之地。特谋计划在沪设厂为战后复兴基础。”[30]

然而，在日本眼皮底的租界开设工厂，且涉及重要军事物资，难度极大。为躲避日方骚扰，诸多工厂选择挂上外商牌号。唐君远积极寻求外商庇护，向英商租借一家印刷厂，作为作坊；向英商洋行购买纺机1600锭、毛织机10余台；向法商洋行购买纺机1600锭、毛织机40台及染整全套设备。同时，买下4亩多地基，自建厂房。经过精心准备，至1939年8月，上海协新工厂沿用无锡厂的“三阳开泰”“五福临门”“万年鸿运”等产品商标，在上海顺利复产，当年就生产出14.5万米的呢绒。

唐君远在丽新厂、协新厂遭遇重挫时，力求保存相关机器设备，使之在上海被充分利用，以图东山再起。在无锡沦陷前，丽新厂把几百包棉花秘密转移到南方泉本厂的一个职员家的祠堂里，职员姚福奎、姚奎、朱祖荫等和工人徐申元曾在当地看护。在无锡沦陷前后也曾利用英、德洋行向日方交涉，保存了一些机器设备。“唐君远曾让人在屋顶上，用油漆画上英国的旗帜，想可免日机轰炸。”[31]丽新厂向英商信昌洋行建议，以丽新厂欠信昌机器货款未曾付清为由，由信昌出面将日军占领下的无锡厂内纱锭20000枚运至上海。在丽新厂档案中发现一则通告：“查本厂内之纺织机器系英商动产，其所有权属于英商信昌机器工程有限公司。”[32]此通告被判定为由英商信昌洋行向英国领事馆请求后给出的，当时被粘贴在丽新无锡厂房门口。之后，丽新厂将这批机器作为资本，投资90%（部分以实物投资）与信昌合资，开设昌兴纺织印染公司。在上海马思南路买地建厂，装备有织机250台；又在江宁路买地建厂，装备有漂染整理及全套，印花机2台。该两厂在1939年正式开工。[33]

昌兴厂开工后，把一些无锡丽新厂的老职工转移进去。开工头半年，就生产出“泡泡纱”等名牌产品，获利数百万元。为躲避日本纠缠，唐君远加强与英商信昌洋行沟通，通信中多有表述，如“创设伊始，诚信未孚，一切赖贵公司随时予以提携，至深感佩，兹因出品行销使用新商标推动较为困难，不得不商请贵公司准予假用贵批发所名义及借用各种商标，俾利通销”[34]，又有“指示周祥，推请免纳佣金……如有不周之处还祈贵监察员随时纠正。将来如接到贵公司通知收回借用之所有权时，敝厂自当立即停止使用，决不推诿”[35]等等。征得信昌洋行同意后，随即挂信昌毛纺厂牌号，在香港注册，注册资本50万元，定公司名“昌兴纺织印染公司”，分设纺、织、印染三厂，厂名分别定为“昌兴纺纱厂”“昌兴织布厂”以及“昌兴印染厂”，唐骧廷任经理，程敬堂任协理，唐君远任厂长。此时厂内有纺织工人350余人、印染工人150余人，平均32支纱线、40支纱，每批用三四十公斤棉纱，每月产量提到了纱线1500件、布匹9万匹。呈请国货证明书后，出厂的产品行销国内各地，到1940年，产量达145万米，盈利几近130万元。然而，好景不长，1941年12月7日，日军偷袭珍珠港，太平洋战争爆发。不久，日军进入上海租界，唐君远的纺织事业再次陷入困境，上海协新的厂房、机器被控制，原料无法按期进口，只得派员收购太湖地区羊毛为原料继续生产。

四是力克时艰，抗日战争后期在“发还”中艰难“复工”。如前所述，无锡沦陷后，唐君远拒绝与日方“合作”，无锡丽新厂亦被日方“代管”。此后，由于日本积极扩大侵略，对物资需求更加迫切，因大多数民族资本家拒绝与日方合作，故日本拟改变策略。汪伪政权建立后，日方采取“以华制华”方针。1940年3月，日本驻华派遣军总司令西尾发表声明，表示可以“有条件发还”日军“管理”的工厂，将以若干财产交还给合法的原主，敌伪机关把这次吹成“新政”，汪伪政权甚至宣传为“无条件发还”。[36]

1941年2月，汪伪政权通知上海丽新总公司“无条件发还”工厂。条件相当苛刻，一方面是强索管理费，另一方面是摊派应代纺之数量，同时限制所产之数量。1941年7月，原染部工程师张佩苍被派到无锡，全权代表收回无锡丽新工厂。

然而，丽新厂因遭受破坏严重，根本无法生产，机器修复进展缓慢，复工遥遥无期。1941年12月珍珠港事变后，日方宣称“发还厂必须开工，老不开工，则认为是废铁，予以征收”，对丽新厂予以胁迫。在百般无奈之下，唐君远不得不委曲求全，因而，无锡规模最大之丽新纺织印染公司于1942年12月14日正式复工，仪式“极为隆重”。[37]日方宣传机关为此大肆吹嘘说是“与友邦真诚合作之举”，要各厂向丽新厂学习。[38]据张佩苍回忆，无锡丽新厂收回后，鉴于原厂机器90%被日军损毁，因此在丽新名下，又开设华新机器厂整修机器。“日军原来限制丽新厂只能有3000枚纱锭运转，但我们边整修边开工，一共修复运转了5000枚纱锭。”[39]同时，对无锡的协新厂机器设备亦进行整修，至1943年初部分机器恢复生产。因羊毛奇缺，无锡协新厂依靠收购上海各毛纺厂的三脚毛、下脚毛和棉花混织，生产粗纺呢绒，生产处于维持状态。

1943年，日本向汪伪政权移交统制权，在汪伪政权的监管之下，无锡涌现出了不少小型工厂。唐君远在外货中断的情形下，使用本国羊毛等原料，艰难生产，其成效已大不如前。他在报告中说：“本公司锡厂自二九年冬经日本军部发还以来，因地方不景气，未敢谋复工。自本年无锡‘清乡’后，秩序渐佳，而本公司沪厂因原料外货断绝势难持久，改用本国湖州产毛，沪厂又无粗纺机器，具为此即着手整修谋复工。”“兹以无锡厂先开粗纺机即用湖州产羊毛制造呢绒，以应需要。”[40]当然，唐君远明白这只是权宜之计，其后还需等待一个更好的时机，推进民族纺织业的发展。即使在如此险恶的环境中，协新厂也在艰难成长，此时协新总公司拥有股本共4352.9948万元，其中协新上海厂和无锡厂股本各有500万元，但总公司负债也达2000万元。丽新厂复工后生产非常有限，产量也很低。在敌伪统治下，除去工人工资及其开支外，几乎无盈余。

1945年抗日战争胜利后，唐君远决心重整旗鼓，一面向澳大利亚订购羊毛，一面请复职技师抢修机器设备。1946年3月，首批澳大利亚羊毛运至国内后，协新厂终于全面复工。但好景不长，在国共内战中，通货膨胀加剧，市场凋敝，民不聊生，战后的民族纺织业发展再次遭遇挫折。

三、精神犹存：
映照当今民营企业之价值

毛泽东曾指出：“学习我们的历史遗产，用马克思主义的方法给以批判的总结……今天的中国是历史的中国的一个发展；我们是马克思主义的历史主义者，我们不应当割断历史。”[41]近代无锡的民族纺织业是实业救国浪潮中的重要组成部分，是江南民族工商业中最主要的行业。抗日战争全面爆发初期，日军对包括无锡、上海等地的民族纺织业蓄意破坏。他们企图在军事上速战速决，在经济上摧毁中国重要的工商业基地。面对国家危局，以唐君远为代表的民族工商业者自强不息，彰显了敢于同帝国主义作斗争的勇气，展现了屹立不倒的爱国意识。习近平总书记在民营企业座谈会上特别强调：“新一代民营企业家要继承和发扬老一辈人艰苦奋斗、敢闯敢干、聚焦实业、做精主业的精神，努力把企业做强做优。”重温唐君远在抗日战争时期保存和发展民族纺织业的历史，对当今中国民营企业的发展具有重要价值。

一是弘扬近代民族企业家实业救国的家国情怀。“国家兴亡，匹夫有责”，在动荡不安、弱肉强食的世界丛林中，近代中国陷入了半殖民地半封建社会的深渊，“救亡图存”成为近代以来各界精英的使命。在各种救国思潮中，“实业救国”曾成为民族工商业者们践行的方向，这既是中华儿女的历史责任，也展现了爱国企业家的民族气节。以唐君远等人为代表的近代民族纺织企业家，勠力克服社会动荡的难题，紧跟时代并超越时代，大力兴办民族实业，同外国人争夺市场，拒绝与侵略者合作，心系实业发展，将个人命运与国家命运联系在一起，为我国近代民族工商业的发展撑起一片蓝天，彰显浓浓的家国情怀。习近平总书记指出，企业家“要增强爱国情怀，把企业发展同国家繁荣、民族兴盛、人民幸福紧密结合在一起，主动为国担当、为国分忧，带领企业奋力拼搏、力争一流，实现质量更好、效益更高、竞争力更强、影响力更大的发展”。无疑，今天的民营企业家更应自觉成为推动国家发展、民族振兴的生力军，抛弃唯利是图的思想，心系国家民族命运，展现企业在社会发展过程中的重要价值。

二是弘扬近代民族企业家志存高远的创业理想。近代以来，以唐君远为代表的中国民族纺织业商人面对国家危难与民族危机，不退缩，谋生存，求发展，努力追求产品质量，创造品牌，在绝境中艰苦创业，做大做强实业。唐家以手工工厂起步创业，紧贴市场需求，心系实业发展前沿领域，在原有基础上改布料为毛料，高度注重棉花品质，丰富面料图案色彩，推陈出新，创建喜闻乐见之“三阳开泰”“五福临门”“万年鸿运”等品牌；同时，购买先进机器设备，运用先进技术，生产优胜产品，迅速扩大丽新、协新的市场影响力。

日本全面侵华打破了民族纺织业的正常发展进程。在帝国主义迫害、资本侵袭、市场经济不景气的情况下，唐君远仍然志存高远，与董事们携手合作，从无锡转战上海租界，重新开创新天地。抗日战争胜利后，唐君远得知瑞士嘉基颜料厂有一个名叫“灭蠹”的专利后，他进行了实验，发现这个技术既能灭菌又不伤呢绒的毛，遂决定与颜料厂签订合同，买断此专利在国内的使用权。“灭蠹”技术一经使用，唐家工厂即大力批量生产不蛀呢绒。在创业进程中，唐君远始终依靠先进的设备、技术，不断追求卓越，这种志存高远的创业理想，是今天民营企业家需要弘扬的重要内容。

三是弘扬近代民族企业家求真务实的创新气魄。创新是民族进步的灵魂，创新也是民族充满活力的不竭动力，创新还是企业不断走向世界前沿的根本。近代民族工商业发展进程中，无锡的工商实业家可谓群雄并起，他们是一个群体，唐君远是其中的典型代表。他们身上展现了艰难刻苦、求真务实、勇于创新、融合汇通的锡商之魂。唐君远能在日军的炮火中不屈不挠，妥善处理错综复杂的关系，沉着灵活应对各种艰难险阻，不断开拓民族纺织业的新境界，这种创新气魄，为新时代的中国民营企业家提供了范本，那就是踏踏实实做实业，一心一意谋发展，如此才能利国利民利己。

总之，抗日战争时期是近代民族纺织业发展过程中极其特殊的时期。以唐君远为代表的中国民族纺织业商人，在工厂被炸或被强制军管、经营受限、举步维艰的情况下，被迫退避上海，以国家和民族利益为己任，拒绝与日方合作，重新创建事关国计民生之实业。然而，国家羸弱，企业生长环境恶化，他们面对危局，仍在困境中艰难求存，彰显了近代民族工商业者的气节，充分显示了企业兴衰与国家命运、民族振兴息息相关这一颠扑不破的真理。

注 释

[1] 章慕荣：《中国毛纺织业的先驱唐君远》，《文史博览》2008年第5期，第57—59页。

[2] 高燮初、汤可可：《五世其昌的无锡唐氏家族》，《世纪》2008年第2期，第48—51页。

[3] 《近现代中国民族工商业者的代表及其贡献》，《团结报》2019年7月25日。

[4] 行政院新闻局编：《纺织工业》，南京：行政院新闻局，民国36年（1947），第1页。转引自鞠斐：《租界时期上海纺织、服装工业化与现代性设计研究》，南京艺术学院，2020年，第38页。

[5] 无锡国棉三厂编史组：《三十年代的无锡丽新厂》，《江苏文史资料选辑》第11辑，江苏人民出版社，1983年版，第109页。

[6] 《本邑工厂调查之一丽新纺织染厂之状况》，《人报（无锡）》1932年8月18日第2版。

[7] 刁松森：《参观丽新纱厂记》，《纺织周刊》1932年第2卷第25期，第675、677页。

[8] 无锡国棉三厂编史组：《三十年代的无锡丽新厂》，《江苏文史资料选辑》第11辑，江苏人民出版社，1983年版，第111页。

[9] 无锡国棉三厂编史组：《三十年代的无锡丽新厂》，《江苏文史资料选辑》第11辑，江苏人民出版社，1983 年版，第111页。

[10] 《无锡丽新纺织印染公司组织系统表文》，《杼声》1936年第4卷第1期，第14页。

[11] 蒋小馨、唐晔：《唐翔千传》，上海人民出版社，2016年版，第11—12页。

[12] 上海档案馆：档案号Q567-1-4，“协新毛纺织染股份有限公司议事录”，第SC0052页。

[13] 上海档案馆：档案号Q195-1-26，“丽新纺织总管处催迁无锡分厂及驻军的文件”，第3页。

[14] 上海档案馆：档案号Q195-1-232，“民国二十五年第三次董监联席会议”，第SC0022页。

[15] 《外省棉讯：江苏丽新北门外丽新纺织厂》，《河北棉产汇报》1937年第22期，第26页。

[16] 无锡市工商业联合会编：《无锡商会史（1905～2015）》，中华工商联合出版社，2017年版，第89页。

[17] 唐君远口述，吴继良整理，《无锡协新毛纺织染厂的创建与发展》，汤可可：《五世其昌的工商望族》（未刊），第431页。

[18] 上海档案馆：档案号Q195-1-26，“丽新纺织总管处催迁无锡分厂及驻军的文件”，第3页。

[19] 上海档案馆：档案号Q195-1-27，“战时损失明细表（民国二六年）”。

[20] 唐君远夫人。

[21] 蒋小馨、唐晔：《香港商界巨子唐翔千》，沪港经济，2013年6月连载第2期，第75页。

[22] 汤可可：《五世其昌的工商望族》（未刊），第264页。

[23] 无锡市纺工局：《丽新厂厂史》（未刊油印本），1981年，无页码。

[24] 章慕荣：《中国毛纺织业的先驱唐君远》，《文史博览》2008年第5期，第59页。

[25] 《唐君远先生生平》，《无锡文史资料》第28辑，1993年，第166页。

[26] 无锡市纺工局：《丽新厂厂史》（未刊油印本），1981年，无页码。

[27] 蒋小馨、唐晔：《香港商界巨子唐翔千》，沪港经济，2013年6月，连载第2期，第77页。

[28] 李宝善：《纪念唐君远先生》，《无锡文史资料》第28辑，1993年，第173—174页。

[29] 陆阳、沈云福：《激荡岁月：锡商1895—1956（下）》，团结出版社，2015年版，第29—30页。

[30] 上海档案馆：档案号Q567-1-29，“协新总公司民国三十二年度账单报告”，第SC0040—41页。

[31] 无锡市纺工局：《丽新厂厂史》（未刊油印本），1981年，无页码。

[32] 上海档案馆：档案号Q195-1-43，“丽新为英商动产”。

[33] 汤可可：《五世其昌的工商望族》（未刊），第265页。

[34] 上海档案馆：档案号Q195-1-93，“丽新纺织印染整理有限公司与昌兴机器公司来往信函”，第1页。

[35] 上海档案馆：档案号Q195-1-93，“丽新纺织印染整理有限公司与昌兴机器公司来往信函”，第3页。
[36] 无锡市纺工局：《丽新厂厂史》（未刊油印本），1981年，无页码。
[37] 《锡丽新印染厂举行复工典礼》，《中国商报》1942年12月16日第4版。
[38] 无锡市纺工局：《丽新厂厂史》（未刊油印本），1981年，无页码。
[39] 据张佩苍口述整理，汤可可《五世其昌的工商望族》（未刊），第276—277页。
[40] 上海档案馆：档案号Q567-1-29，“协新总公司民国三十二年度账单报告”，第SC0053页。
[41] 毛泽东：《毛泽东选集》第二卷，人民出版社，1991年版，第533—534页。

荣氏梅园：中国近代公共园林的先声

——以《申报》报道为中心

钱　江*

【摘要】本文以民国时期上海《申报》所刊报道、游记为视角，梳理呈现“小上海”无锡荣氏梅园从建设开办到开放运行的情况，阐述梅园是已知的近代中国最早的乡村公园的概念。这既是对梅园独特价值的再认识，更可拓展以往学界对中国近代园林史研究中忽视的领域。

【关键词】荣氏梅园　《申报》　乡村公园

荣氏梅园，是1912年由中国近代著名实业家荣宗敬、荣德生兄弟在家乡无锡开原乡东山、浒山创建的主题花园，园内倚山植梅，以梅饰山，系以私资建园又免费开放与大众共享，“为天下布芳馨”，成为江南著名的赏梅胜地，享有盛誉，名噪一时。这早已得到学界的关注，研究成果不少，在论述无锡近代园林研究的成果中多有涉及[1]，而专门的史料整理及研究，涉及景点导游[2]，以及办学办园、植物栽培、景点摄影等内容[3]，认为：“从园林历史研究角度看，荣氏梅园开启无锡近代园林之先河，是我国园林从古典园林走向近现代园林的承前启后之作。”[4]公园作为一个概念，是与近代城市的兴起相适应的，上海是中国近代城市化的典范，而无锡近代的崛起与上海有着特别的联系，被誉为“小上海”。本文试图以20世纪二三十年代上海出版的、被誉为研究中国近现代史“百科全书”的《申报》报道为中心，进一步对梅园的独特价值进行阐述。

一、《申报》最初的报道

1912年民国建立，荣宗敬、荣德生兄弟一个39岁、一个37岁，正值中年，事业则迈入一个新的发展时期，故“兴致甚旺”，早已萌发的建园理想就在这年付诸实施。[5]

建园之初，施工低调。1915年初，荣德生陪同汤寿潜游览筹建中的梅园，认为：“时规模粗成，树小石黄，不堪邀客。”[6]所以，建园消息也未见报端。最早对梅园报道的是无锡地方报纸，1915年4月1日的《新无锡》上刊登有《开原乡将有名园出现》一文，首次披露了建园的消息，算是较早的广告。

对梅园正式开园的时间，未见当时有专门的报道。根据协助建设该园的荣鄂生的记载，

*　钱　江：无锡市滨湖区教育局原党委书记、局长

1916年春“梅园落成”[7]。这一年，外地报刊上也开始出现关于梅园的报道，如上海出版的《妇女杂志》，在该年第5期上刊登有两篇名为《记梅园》的文章，是无锡县立女子师范学校学生尤亚豪和王敏所作的同题作文。王敏在文中提及：“若夫一石一木，选置惟宜，则主人方事兴筑，不暇详记也。”[8]表明开园之初的梅园，建设工程仍在进行中。因此，梅园应该是在1916年早春梅花盛放之际正式开园的，这一时间在以后的报道中也得到了印证。[9]

笔者查到《申报》最早对荣氏梅园的报道要稍晚于无锡地方报，该报于1917年11月19日载文称：上海公学教职员一行包括杨校长，教员陈、林、蔡、唐诸君到无锡旅行，在荣宗敬引导下，参观大公图书馆及私立公益第一高等小学，“便道赴梅园”。时值草创，“该园前临太湖，后负横山，风景幽胜，建筑精雅，名花异卉，遍植园中”。返回前，教员陈君还觅得种子数类，携归参考。[10]次年5月还有一则报道称：苏州东吴大学因锡籍学生在该校就读极多，故有“在锡分设中学一所”的提议。为此，“该校美教员祁天锡、司马德、韩明德，偕华教员李伯莲等，来锡察看校址，当由曾在该校毕业学生薛育津、吴日永等到站相迓导引，至开原乡梅园附近及大池弯一带察看地点数处”，荣德生出面热情接待，专门在梅园设午餐款待。[11]这事反映的是荣德生自办私立公益工商中学的酝酿[12]，也是侧面对梅园较早的报道。

由此可见，《申报》对梅园的报道，起始于其筹建后的第五年，即开园后不久。上引两则报道均与教育有关，似乎最早关心梅园的是校长、教员和学生，表达了学人对新事物的敏感。上文提到的无锡女学生尤亚豪在文章中曾写道：“无荣君则无园，无园则无梅花，而游人将绝迹矣。然则荣君之辟是园也，岂仅供个人游览乎哉？”[13]表达了对荣氏兄弟以私资造园真实目的的敬意。事实上，荣氏兄弟一开始就是把梅园作为乡村教育的基地在建设。此时，无锡被誉为“小上海”已声名鹊起[14]，而荣氏兄弟因在上海兴办实业也已初露锋芒，故无锡这对外来兄弟的活动，自然成为《申报》关注的点。从报道看，此时的梅园还未成为旅游目的地，故它并不是报道的主要对象，所刊文章中的主人公也不是以旅游为目的前往的游客，大多只是来锡办事之人，由荣氏兄弟邀请顺道参观而已。但这些对梅园信息的点滴披露，为日后不久开始的报道热点的形成，起到了铺垫作用。

二、游记中的景点建设

进入20世纪20年代，关于梅园，《申报》刊发的文章除日常活动报道外，还有众多的游记，其中记载了其持续建设的情况。

“梅园据龙山之麓，凿石引泉而成。山石皆作赤色，旁立参差若人、若乌翼、若肝肺槎枒、若疣赘，若熊罴之蹲伏、虹蜺之横亘，又若赳赳武夫，戎装而偃卧也，其状莫穷。有屋三楹，颇宏阔，颜曰‘香雪海’。屋后有隙地数亩，有石矻然，曰‘小罗浮’。园中树木甚茂，而桃仅十余株，方在含苞未放时也。”[15]还有人描写：“园建于东山，磊石为垣，由卑趋高，地势坟起，入门有紫藤一架，已应候而花，翠幔珠缨，殊可人意。架尽为花一丛，间植顽石，上刊擘窠，书‘梅园’二大字。由此有岐路二，上达广场，石峰四五，夭矫作天女舞，天心台矗立场中，沟地为涧，环其三面，作玉玦形，荷苗三四，渐透水面，度桥有石径，蜿蜒可通，登台四瞩，太湖在望，而万顷波光，四围山色，一一尽罗眼底，胸襟陡豁，令人俗虑全消。台后遍栽梅树，枝干亚叉，奚止绕屋三百，惜已绿叶成阴于满枝矣。使于春初抵此，则玉蕊水华，真如涉香雪之海。再进地势渐高，有轩颜为‘香海’，系康南海所书，轩后为诵豳堂，构以南（楠）木堂，悬书画联句颇多。其中最可传诵者，若孙寒崖之‘七十二峰青未断，万八千株芳不孤’一联，足为斯园写实。余等即据此瀹茗，以资少憩。堂之左右，有屋为翼，颇尽轩敞华丽之致。堂后为东山顶峰，小亭高耸，占全园之最上乘。再进有巨石横卧草坡上，刊‘小罗浮’三字，园尽于此。乃共折入侧径，华厦数楹，建于崖落，闻为主人避暑之所，门常以钥，故未能游览。径石板桥，有硫璃花房，储花甚众，前有荷轩，为舍三间，轩前有池一泓，游鱼刺水，荷苗渐粗。”[16]建园初期的几年里，荣氏在园内就坡地挖土垒石，植树栽花、建房造塔、引水疏泉，更盛邀文人墨客，赋诗作对。公园以梅文化为主题，栽种了3000余株梅树，并布置众多建筑小品，如香海轩、研泉、楠木厅、天心台、荷轩、招鹤亭、揖蠡亭、留月村、洗心泉、小罗浮、乐农别墅等，其以静态的山、石、径、池、亭、墅、轩、厦、房等为主，配以动态的树、花、草、苗、藤、泉、水、鱼等，还点缀有人文的题刻、书画、联句等，营造出引人入胜的公共空间，竭尽中国传统造园艺术之精髓。

梅园的建设成就得到了各方的肯定，有明眼人指出：“……来游无锡者，无不先称羡梅园。盖以梅园之胜，冠无锡也，而不知梅园之胜，不在梅园，在于园外之湖山。所谓湖山者，即其面临之震泽，后障之西神也。设无此二美，虽有绿萼万本，何胜之有，徒见一人工造作之园亭耳。故梅园因湖山而胜，亦地位之适然，非园内所有之为胜也。赏其胜者，仅乐亭榭间之徘徊，树石中之盘桓，而遗垣外湖光岚翠于不顾，诚不啻食马肉而置肝，谓能探胜可乎？故余之游梅园也。每喜诵豳堂及罗浮石二处，盖青螺七二，雪浪三六，则与诵豳堂俯仰朝夕、云峰缭绕、烟树重迭，则共罗浮石，变移万千，玩之不尽，赏之有余，可以涤尘俗而拓胸襟。至亭榭之取势，树石之擅奇，纵其安排之如何，原不过点缀，凡庸而已，非高人逸士之所留意者也。余虽不足以比高人逸士，而于高人逸士之所为，则颇乐慕之，惟苦风尘鞅掌，不得与湖山结缘，然终惟江湖是适、山林是乐，则予之评梅园也，习平淡者当以为是，而喜绚烂者必且嗤余为孤奇，虽然仁者见仁，智者见智，则余之是又何必强人之非，而为余之是哉。”[17]道出了梅园既有人工力作之工巧，更有天然湖山衬托之天巧，这是梅园作为乡村园林罕有的优势，其拥有城市公园无法企及的山水环境。

陈从周曾说过：“中国园林是由建筑、山水、花木等组合而成的一个综合艺术品，富有诗情画意。”[18]荣氏构园深得其意，梅园自一开始就定位为公园，所以园内因地制宜，布置十分宽敞，不像绝大多数的私人花园，很是局促、狭窄，体现了为公益民的大气。

对于承担梅园内具体经营的人物，所见资料均语焉不详，而《申报》刊登的文章则提及多位，如贾茂青、荣子青、虎文君在园内经营太湖饭店，吴渭熊、杨子建等“助理园事”[19]，他们为梅园的建设与经营均做出过贡献。

三、梅园对游者的吸引

梅园为私人营建的花园，却一改旧习，免费开放，任人游览，这样的公共运作模式获得社会各界广泛好评，故随着知名度的提高、影响的扩大，游人如织也就在情理之中。

民国时期无锡地方报纸对社会各界，尤其是城乡百姓日常游览梅园的消息报道甚多，其中教员、学生、商人、工人等是主要群体，这反映了以实业、教育日益发达为特色的城乡远足休闲生活方式，已融入市民的日常生活。每年冬末春初，到梅园赏梅花，几乎成为这个城市的节日，成为不少人的生活习惯，也成为传承梅文化的美好约会。而上海《申报》中的梅园，更多地反映了在大都市上海有一定社会地位与影响力的名人的活动及感悟。

在上海人眼里，“小上海”无锡乡下在湖光山色中创建梅园，一下子把江南传统的几处赏梅胜地比了下去。“无锡梅园如十七妙年华，神光焕发，将邓尉、虎阜压倒无让。故每值灯节，即裙屐翩翩而至，花正盛事，荣巷、开原间人影幢幢，虽劳动者亦喜于工罢余暇，结侣沽酒看花去也。”[20]

自上海到无锡梅园游览的游客，不少是荣氏兄弟热情邀请而来的。1920年春天，荣宗敬预订了头等专车，邀请沪上各界人士到梅园游览，前往者有聂云台、黄任之、宋汉章、周金箴、劳敬修、徐静仁、朱成章、张知笙、黄守华、孙直斋、黄伯平、关仁山、赵灼臣、罗叔义、尹任先、张则民、姚家祺、石运乾、西人海格等百余人，他们“由荣君与华卫中、钱少伯等在北站（上海）招待上车，由锡站步行约半里至北门塘河之新安会馆码头，复由荣君之弟德生招待，雇乘灯船，男宾分乘两艘，女宾一艘，由茂新号汽船拖行。河中货船纵横，岸上棉纱、麦豆等行，相接不断，闻有纱厂六，面粉厂五，丝厂十三，油厂六，米厂十七，电灯厂一，布厂十余，酒厂一，其商业之发达可知矣！塘河最阔处，有一百五十余英尺……河上高桥甚多，有通惠桥，系全用水泥建筑，由荣君与陆君培之共同出资一万一千两造成。舟转入梁溪，过荣君所设之申新第三厂，基地三面临河，一面有振新纱厂栈房之围墙，地势甚好。船中午餐后，因该处河浅，茂新汽船不能拖行，换小汽油船逐只拖往梅园，每次约十五分钟即到。至下午一时许，主宾陆续上岸，入园内偕往之兆芳照相馆主摄影，以为纪念……后由荣君引至学校等处参观，再行登船，回站即上原车回沪云”[21]。这样的游览，无疑是荣氏以梅园为中心，对无锡近代化成果和其自身创业事迹予以了全方位的展示。

《申报》对历年受邀前往梅园的各界闻人，保持了持续的报道热情。如北洋政府财政总长周学熙，江苏省省长王铁珊会同岑春煊及哈同夫人[22]，黎黄陂公子绍基及其夫人唐女士[23]，劳敬修[24]，张溥泉[25]，杨杏佛[26]，李济深，陈光甫[27]，广东省政府主席陈铭枢[28]等，均是《申报》关注的对象。

还有众多侨民、外国人也纷纷前往，如教育界有菲律宾华侨考察教育团颜文初、张时英、詹菊似、叶青眼、佘伯昭、刘泽春等[29]，美国著名教育家孟禄博士[30]，美国本薛文尼亚大学主任约翰生博士[31]；经济界有美国驻华商务参赞安立德[32]，美国商部次长贺思敦[33]，德国视察团实业家雷慈满等[34]；还有日本佛教青年会旅行团男女老幼50余人[35]，日本岗谷增泽商店主人增泽文德[36]等。

这些游客的到来，大大提升了荣氏的社会口碑，拓展了他们的社会活动空间，同时也拉动了无锡地方旅游业的发展，展示了这个新兴城市的勃勃生机。无锡县城崛起，工商、教育事业日益发达，到处林立的烟囱和星罗棋布的学校，是令人神往的。这样的场景虽然在上海、南京等大城市已是司空见惯，但远离喧嚣，来到乡村中的梅园游览，成为不少人的向往与选择。故在《申报》刊登的报道及游记中，我们可以读到不少人是专程到无锡考察工商或教育的，但抵达后常会“便道”赴湖滨游览梅园；而更多的人则是“抽暇”，短暂地逃离都市，专程前往梅园放松游览的。

四、社团活动中心

资料表明，梅园的文化功能是多元的，其

中各社团在梅园的活动是一大特色。民国初期是社团建立和活动的一个高潮，对于梅园来说，除了上述三三两两而来的游客外，更有组团前往游览，并开展社团活动、举办年会的。现仅就部分全国及省级的社团活动情况胪列于下：

1920年8月25日，中华农学会在梅园召开年会，时全国农学专家几乎尽在其中，他们“二时在梅园开谈话会，会员中提出研究问题，互相讨论。四时在梅园摄影，以留纪念”。袁希洛在会上说：“本会系学术团体，颇希望以后实业界随时发表问题，俾本会得新鲜研究之资料，彼此互相联络，一扫从前之隔膜。”[37]无锡农学家顾复、教育家顾倬、水产专家侯朝海等均参加会议。过了12年，到1932年8月20日，该会再次到无锡江苏省立教育学院召开第十五届年会，部分会员游览梅园。[38]无锡地方报纸发表评论，对该会来锡召开年会表示欢迎，并希望该会对“农村教育失败”问题加以重视。[39]

1921年3月11日，苏社在梅园举行第二届大会[40]，荣德生记载：该社“后在无锡，由余主办，于梅园开会，全省人物共集一堂，选余为常区理事”[41]。

1922年10月11日，寰球中国学生会第二日校学生及家属30余人赴无锡旅行，游梅园、桃园、惠山，并参观工商中学、荣氏女学等。[42]

1929年2月23—24日，上海中华职业教育社到梅园开年会，由无锡社员高践四、华印椿筹备一切。所到社员有章伯寅、江问渔、陶行知、黄任之、过探先、陈鹤琴等。无锡县教育局及地方各教育家为他们召开了热烈的欢迎会，“并公宴来锡各代表，聊尽地主之谊”[43]。

1930年7月，以研究小学教育、幼儿教育及家庭教育为宗旨的中华儿童教育社也到梅园召开第一届年会，所到社员有著名教育家俞子夷、陈鹤琴、沈百英、施仁夫、吴增芥等，专家们做了“儿童中心教育运动”“现今初等教育之趋势”“最近日本之初等教育”等报告。[44]

1930年9月，中国经济学社又在梅园举行第七届年会，到会的有邵元冲、唐星海、唐庆增、杨荫溥、马寅初、马崇淦、潘序伦等200余人。[45]会上，马寅初曾在演讲中提到：“无锡为实业发达之区，从事实业者又多，经济学家在此举行年会，颇为适宜。”[46]

1932年6月19—20日，中国纺织学会第二届年会在梅园召开，到会各地代表140余人，荣德生亲临会场发表演讲。[47]

1934年1月1—3日，中华化学工业会30余人在梅园诵豳堂举行第九届年会，完成换届选举，还参观申三、茂新、丽新等无锡企业。[48]

1936年5月4日，中国教育电影协会在梅园举行闭幕仪式。[49]

仅从上述有限的资料可见，随着荣氏兄弟实业的成功，梅园不再仅是一座普通的园林，还是他们交友联谊、应酬交际、传播信息、交流文化的重要场域。如在梅园内先后开办有私立荣氏公益第二小学和传统书院式的豁然洞读书处，江南大学筹建时也曾临时借用，成为教育基地，更有不少教员、学生来园远足或采集植物制作标本。梅园内太湖饭店、宗敬别墅、诵豳堂、照相馆、茶室等服务设施不断得到完善，为团队活动创造了有利的条件，使梅园成为社团活动重要的中心。梅园的景致还吸引了上海长城影片公司、联华电影公司、天一影片公司等到园取景拍摄电影，大大提升了梅园的文化意蕴。

各种人物、多种元素交会共融，梅园成为荣氏兄弟参与社会活动的重要舞台，担当起区域文化活动基地的重要角色。

五、结论

自从梅园创办以后，媒体以它为中心的报道一直持续不断。无锡地方报纸因其涉及重要的人与事，故报道、专访、评论、诗词、赋联、游记从无间断；[50]而大都市上海《申报》的持续跟踪报道，则以更广阔的时空范围，为认识梅园价值提供了新的视角。

早在3年多前，笔者在主编《滨湖游记》一书的过程中，就提出了“荣氏梅园是近代中国第一个乡村公园，更是近代中国最早的花卉主题公园”的观点，[51]曾得到一些专家的认可。[52]但当时因限于著作体例，未能展开叙述。在此，笔者将“荣氏梅园是近代中国第一个乡村公园”的论据陈述于下，以求教于各位专家。

近代意义上“公园”一词，源于英文“park”概念，受其启发，为区别于传统的“公园”“花园”“园林”，时人首先称之为“公家花园”或“公花园”。19世纪末20世纪初，近代意义上的“公园”一词开始从日本传入中国，并最终取代前者，成为一个固定名词。[53]中国古代虽不乏园林，但均为皇家、官家或私家所有，为特定对象所享用。近代公园（Public Park）是指欧洲资产阶级革命以后新兴的城市公共绿地，它以自由、平等、民主理念为核心。[54]有学者引申认为：它是“城市化和市民社会发展过程中出现的供公众享乐、使用，具有多功能性的公共园林”[55]，“公园是近代出现的新型城市公共空间”[56]。从19世纪中叶起，面向大众休闲的公共园林概念就引入中国，多地均有实践的成果，如广州十三行花园、上海外滩公园、齐齐哈尔龙沙公园，包括无锡于1905年在城区创办的锡金公园（后俗称城中公园或公花园）等均属此类。但它们都作为城市近代化的标志，存在于城区之中。由此可以这样理解：为公众提供游览、休憩功能的近代公园，是一个近代城市公共空间的概念，除了造园的基本要素外，其重要特征有两个，一是位于城市，二是服务公众。

学界已有的研究成果，也印证了上述理解，进入专家视野成为研究对象的公园所在地均集中于城市，如上海、成都、厦门、武汉、西安、杭州、北京、沈阳、广州、天津、宁波等[57]，而鲜有讨论乡村公园的。由此可见，学者在讨论中国近代园林课题时，并没有把存在于乡村的公园纳入研究对象。唯一所见讨论乡村公园的文章，是张波等撰写的，对位于中国著名侨乡广东省江门市新会区三江镇的思仁公园的研究，它被誉为“是近代时期中国南方宗族村落纪念性空间的公园化，也是乡村公共空间的近代化，其涵化融合的现代文明演进方式是广东侨乡文化的一部分”。作者还认为：“在近代，中国公园建设曾经有过一段高潮。但是，由于需要大量资金，在动荡的时局下，各地建园的设想并不容易付诸实现。尤其农村经济凋敝，乡村公园的遗存更是稀少，能够见诸文献的近代乡村公园付之阙如。20世纪二三十年代在粤中侨乡，华侨的力量促进了乡村建设，村落紧跟着城市也出现了公园。思仁公园是侨乡近代乡村公园的建设成就，补充了中国近代公园研究中乡村公园的实证案例。”[58]也注意到了学界忽视近代乡村公园研究不足的问题。

但思仁公园创建已是1931年，比梅园晚了整整20年。笔者梳理资料，所见较早的乡村“准”公园有：1905年张謇在通州创办的公共植物园[59]，但它后来演变为南通博物苑，未能成为真正意义上的公园；张謇创办的唐闸公园，则要到1913年才开始营建。无锡堰桥胡雨人创办的村前公园，虽具备近代公园的诸要素，但创办时间也要到1914年了。这些已知的建于乡村的公园均晚于梅园。笔者还查到1927

年7月北京出版的《农民》杂志第14期中，刊登有《设立乡村公园须知》一则，为推动乡村公园建设的一份条例或规则。从内容分析，它的设想是与刊物编者——中华平民教育促进会总会乡村教育部所倡导的改造乡村教育的热潮相适应的，但由于缺乏稳定的保障机制，故这样创办的所谓“乡村公园”大多昙花一现，不可持续，与本文讨论的“公园”不是一个概念。

梅园1912年创建于无锡城西开原乡村，距无锡县城约五公里，是利用清末进士徐殿一的小桃园遗址新建而成，至1916年正式开园。它虽为私立，但自开园之日起即免费对公众开放，跻身真正意义上的近代公共园林之列，由此开创了中国近代园林史的独特先例，更为民国年间无锡后起的其他私人园林的公园化，树立了示范。梅园具备近代休闲娱乐理念，为社会提供一个完全开放、共享的公共空间的特征。伴随梅园的创办，荣氏兄弟联合荣氏族人等同道，在梅园外围的家乡荣巷周边，先后创建了无锡地方最早的乡村图书馆——大公图书馆、最早的公路——开原路，以及公益小学、公益中学、竞化小学、江南大学、开原汽车公司、开原电灯公司、开原电话公司、荣氏族益会、仁慈疗养院等，还曾拟建小型博物馆、安老院、怀仁医院、开原第一公园（开原公园）[60]、泰伯文献馆[61]等。这些功能各异的设施建设的出现，实际上是想把原本出现在城区、推动区域社会发展的近代新元素，逐一转移到乡村，寄托了荣氏兄弟等人改造乡村的宏大理想，符合城市化的推进趋势。有人评论：梅园，什么时候去都不会使人失望，“予前次偕赵君至梅园时，梅花半放，又值清晨，冷香清影，景色幽绝。此次则绿叶成阴，迥非昔比，而境地之幽静、空气之清鲜，几使人有逃世之想，则今犹如昨初无异也”。[62]有人赞叹：“梅园之胜，不在园内，而在园外，斯言至当。”[63]荣德生曾认为，他们建造梅园，是“计划社会事业”，故每年“社会事业，急急进行”，使“游人至乡，山清水秀。久伏城市者，心目中豁然”。[64]

传统学界在研究中国近代公园时，往往是把它与城市化的进程相连接，很少关注广大乡村中的城市因素——乡村公园的存在，更没有重视乡村公园在改造乡村过程中发挥的作用。至今，在振兴乡村的背景下，作为城市重要功能的公园纷纷下乡，在乡村、山区遍地开花，它已成为乡村经济发展、乡民素质提高、环境面貌变化的重要抓手，也因此才被众多的学者列为研究的对象。从这个意义而论，把梅园定位于乡村公园更能体现它独特的价值。民国时期最有影响力的《申报》以较多篇幅频繁报道梅园游览的消息也就更有特别的历史意义。

在没有更多史料呈现的前提下，笔者认为：梅园是近代中国最早的乡村公园。如一定要谨慎而论，那么，说梅园是近代中国乡村公园的先声，应该是没有疑义的。对梅园价值的再认识，可以大大拓展中国近代园林史研究中被忽视的领域。笔者强调和突出“乡村公园”的概念，并不是刻意地标新立异，而是它确实可以加深我们对在城市都市化以及乡村城镇化进程中“公园”这一近代元素所发挥的独特作用的认识。

注　　释

[1] 主要代表论文有：王文姬：《无锡近代园林调查》，《中国园林》2012年第4期；杨薇：《无锡环太湖近代别墅园林探析》（硕士学位论文），北京林业大学，2017年；朱震峻：《论无锡近代园林的历史地位》，《中国园林》2017年第10期；左帅：《民国时期无锡公园旅游研究》（硕士学位论文），东南大学，2021年等。

[2] 无锡饭店编：《无锡旅游大全》，1921年10

月；徐振新编：《无锡大观·名胜号》，无锡锡成公司，1921年；薛明剑、李钟瑞编：《无锡杂志·梅园号》，1924年；薛明剑编：《杖乡导游录》，1932年版；薛明剑编：《梅园指南》，1933年4月；芮麟、杨一郫、倪厚斋、华天谷编辑：《无锡导游》，无锡民生印书局，1934年版；中国教育电影协会编：《无锡游览须知》，1936年4月；薛明剑编：《无锡指南》，无锡杂志社，1936年第15版增订；孙云年编：《无锡游览指南》，1937年4月；盖绍周：《无锡导游》，无锡大锡报出版社，1948年3月版；中国旅行社等编：《无锡导游》，1947年9月版；任微音编：《无锡导游》，上海中国旅行社，1954年4月；无锡市建设局园林处编：《无锡导游》，地方国营无锡市人民印刷厂，1957年。

［3］ 资料汇编有：《梅园豁然洞读书处同学会会刊》，1935年4月；朱烈辑：《梅园豁然洞读书处文存》第1—4集，1929—1935年；龚近贤主编：《锡山旧闻：民国邑报博采》，上海辞书出版社，2011年1月；钱江、李河主编：《滨湖游记》，扬州广陵书社，2019年版。代表论文有：刘桂秋：《“以家塾组织，参书院精神”——梅园豁然洞读书处办学特色初探》，《南京晓庄学院学报》2007年第4期；郑浙东：《无锡梅园植物景观研究》（硕士论文），浙江农林大学，2012年；郭明友：《论无锡梅园的审美特征与历史价值》，《中国园林》2014年第12期；王欣、李玉红、王应临、冯展：《无锡荣氏梅园变化发展现象探析》，《中国园林》2017年第10期。还有一些著作从不同的侧面反映了梅园的历史，如：沙无垢主编：《荣氏梅园史存》，古吴轩出版社，2002年版；无锡市公园景区管理中心编：《百年梅园》，凤凰出版社，2011年版；常荣初主编：《无锡园林志》，凤凰出版社，2013年版；无锡市梅园公园管理处编：《荣德生与梅园》，古吴轩出版社，2015年版；沙无垢：《无锡园林十二章》，中国建筑工业出版社，2019年版；曹风增、顾群涛、钱江编著：《荣氏梅园旧影》，广陵书社，2022年版等。

［4］ 王欣、李玉红、王应临、冯展：《无锡荣氏梅园变化发展现象探析》，《中国园林》2017年第10期，第67页。

［5］ 荣德生：《乐农自订行年纪事》，上海古籍出版社，2001年版，第65页。

［6］ 荣德生：《乐农自订行年纪事》，上海古籍出版社，2001年版，第72页。

［7］ 荣棣辉编著：《思庵行年随录》，1956年油印本，第7页。载中共无锡市滨湖区委宣传部、无锡市滨湖区档案史志馆编：《滨湖文库》第11册，广陵书社，2021年版。

［8］ 王敏：《记梅园》，《妇女杂志》1916年第2卷第5期，第11页。

［9］ 1920年3月22日《申报》刊登《沪人赴锡游梅园纪事》一文中曾提及：“该园由荣氏兄弟经营四载而成，任众游览，各处来游者甚众。”

［10］ 《上海公学旅行纪》，《申报》1917年11月19日。

［11］ 《东吴分设中学之勘地》，《申报》1918年5月5日。

［12］ 钱江编著：《和平耐劳：无锡荣氏私立公益工商中学编年事纪（1917—1927）》，凤凰出版社，2020年版。

［13］ 尤亚豪：《记梅园》，《妇女杂志》1916年第2卷第5期，第10页。

［14］ 江春：《关于无锡“小上海”的演变》，《无锡日报》2017年9月8日。

［15］ 薛寿衡：《无锡纪游（上）》，《申报》1920年5月13日。

［16］ 佩公：《梅园鼋头渚游记（二）》，《申报》1922年4月26日。

［17］ 贺天健：《梅园评记》，《申报》1922年12月2日。

［18］ 陈从周著：《园林读丛》，上海人民出版社，2008年版，第21页。

［19］ 老客人：《梅花时节之无锡梅园消息》，《申报》1929年3月4日。

［20］ 烟桥：《巡檐忆语》，《申报》1925年3月8日。

［21］ 《沪人赴锡游梅园纪事》，《申报》1920年3月22日。

［22］ 《王省长昨日赴锡今日由锡返宁》，《申

报》1922年4月23日。
[23] 《黎绍基来锡志闻》，《申报》1923年8月2日。
[24] 《无锡》，《申报》1926年7月19日。
[25] 《无锡》，《申报》1927年7月12日。
[26] 《白总指挥由锡赴镇》，《申报》1927年8月30日。
[27] 《上海银行团莅锡》，《申报》1929年6月17日。
[28] 《陈铭枢来锡游览》，《申报》1930年11月24日。
[29] 《菲律宾华侨考察教育团回沪》，《申报》1920年6月2日。
[30] 《孟禄博士来锡续纪》，《申报》1921年11月28日。
[31] 《欢迎约翰生盛况》，《申报》1926年8月8日。
[32] 《借演实业影片》，《申报》1918年12月24日。
[33] 《美商部次长莅锡参观记》，《申报》1922年9月20日。
[34] 《德视察团抵锡考察详志》，《申报》1930年4月22日。
[35] 《日佛教旅行团来锡游览》，《申报》1929年10月19日。
[36] 《日商来锡参观丝厂》，《申报》1929年10月31日。
[37] 《中华农学会在锡开会》，《申报》1920年8月28日。
[38] 《中华农学会将开年会》，《申报》1932年8月23日；《中华农学会在锡举行年会之第二日》，《民报》1932年8月31日。
[39] 虎尾：《贡献给中华农学会》，《锡报》1932年8月30日。
[40] 《无锡》，《申报》1921年3月12日。
[41] 荣德生撰：《乐农自订行年纪事》，上海古籍出版社，2001年版，第90页。
[42] 《第二日校旅行无锡》，《申报》1922年10月14日。
[43] 《职业教育专家来锡开年会》，《申报》1929年2月24日。
[44] 《中华儿童教育社第一届年会》，《申报》1930年7月10日。
[45] 《中国经济学社年会积极筹备》，《申报》1930年9月9日；《中国经济学社年会之第二天》，《申报》1930年9月22日。
[46] 《中国经济学社年会之第一天》，《申报》1930年9月21日。
[47] 《中国纺织学会第二届年会在无锡举行》，《新无锡》1932年6月20日。
[48] 《中华化学工业会第九次年会纪事》，《化学工业》1934年第9卷第1期，第164—165页。
[49] 《中国教育电影协会第三届年会定今日在无锡省立教育学院举行》，《申报》1936年5月3日。
[50] 龚近贤主编的《锡山旧闻：民国邑报博采》以及曹风增、顾群涛、钱江编著的《荣氏梅园旧影》二书中摘录有多条报道。
[51] 钱江、李河主编：《滨湖游记》，扬州广陵书社，2019年版，第7页。
[52] 沙无垢、吴宁花：《无锡：映日荷花别样红》，《江南晚报》2022年7月19日。
[53] 吴昌：《“公园”：近代中国社会变迁的语言折射》，《现代语文（语言研究版）》2014年第5期，第131页。
[54] 彭长歆，《中国近代公园之始——广州十三行美国花园和英国花园》，《中国园林》2014年第5期，第108—114页。
[55] 崔志海：《近代公园理论与中国近代公园研究——读〈都市与公园论〉》，《史林》2009年第2期，第172页。
[56] 姜省、蔡凌：《近代广东城镇公园建设研究》，《中国园林》2012年第4期，第92—95页。
[57] 此类论文甚多，如李德英：《城市公共空间与社会生活：以近代城市公园为例》，《城市史研究》2000年12月第19—20合辑；熊月之：《关于上海外滩公园的历史记忆》，《首届“晚清国家与社会”国际学术讨论会论文集》，2006年；刘菲：《“城市公园”：新型社会公共空间的构建及其意义——以民国杭州湖滨公园为例》（硕士学位论文），杭州师范大学，2013年。
[58] 张波、李荣彬：《思仁公园:粤中侨乡宗族村落纪念性空间的近代化》，《中国园林》

2016年第4期，第111页。
［59］ 樊凯：《南通近代园林的发展与特征研究》（硕士学位论文），上海交通大学，2016年，第36页。
［60］ 荣棣辉编著：《思庵行年随录》，1956年油印本，第25、26、20、17页。载《滨湖文库》第11册。
［61］ 薛明剑：《五五纪年》，陈文源主编：《薛明剑文集》，当代中国出版社，2005年版，第104页。
［62］ 程小青：《无锡两日半记》，《申报》1922年9月27日。
［63］ 蒋祖垚：《惠麓探胜记（下）》，《申报》1923年1月10日。
［64］ 荣德生著：《乐农自订行年纪事》，上海古籍出版社，2001年版，第65、93、80页。

“西神”漫考

袁　成[*]

【摘要】“西神”一词最早是惠山的别称，相传源自《枕中记》，今已无从验证，姑且从唐人之说。古代无锡籍的文人好以“西神”表明籍贯，如“西神高世泰”“西神郑瑜”，如此“西神”又成为无锡的代称。以“西神”为题的典籍之中，有些确实记载了与无锡相关的遗闻轶事，如黄蛟起的《西神丛语》、张瑞初的《西神遗事》，而有些仅仅是表明作者为无锡人，如严绳孙的《西神脞说》、王蕴章的《西神小说集》，今之学者不可不辨。

【关键词】西神　惠山　无锡

2012年建成开放的“西神广场”位于古华山路旁，是惠山古镇的主要入口。广场用旧条石板铺设，具有浓郁的古朴沧桑感。其实，“西神”一词与无锡的渊源由来已久。

一、“西神”本指惠山

民国时期张瑞初撰《西神遗事》时，曾于卷首略考“西神”云：

> 吾邑最大之山曰惠山。因陆羽品定之第二泉，在第一峰白石坞之下，又故曰惠泉山，古称历山。后有西域僧人慧照居之，亦曰慧山。其脉宛转，历天目而来，至是峰九起，又曰九龙山。又有冠龙、斗龙、九陇之称。陆羽《记》：“惠山，故华山也。”顾欢《吴地记》：“华山，在吴城西北百里。”即老子《枕中记》吴西神山是也。西神为惠山古名之一。惠山为无锡主山，足以代表无锡。故“西神”二字，不啻无锡之别号云。[1]

关于无锡的主山，元代王仁辅《无锡志》所载有异：“无锡诸山皆高，惟锡山独低。地理家言：‘凡山高者多，则低者为主。’故世以锡山为主山。惠山虽高，不得并称也。”[2]不管惠山是不是无锡的主山。可以明确的是，“西神”最初是惠山的别称。至于“西神山”这一称谓最早可以追溯到何时，依据现存的文献恐怕难有一个明确的答案。

陆羽在《惠山寺记》中提到老子对“西神山”的记录：“老子《枕中记》所谓吴西神山是也。”“昔周柱史伯阳谓之神山，岂虚言哉？”[3]老子《枕中记》已称“西神山”，据此将“西神”之名推至周朝似无不妥，但今所传《枕中记》为唐代沈既济所作传奇，与老

*　袁　成：无锡职业技术学院基础课部讲师，文学博士

子无涉。陆羽究竟是否看到老子《枕中记》的原文，我们不得而知，但至少在唐代，人们已经接受惠山别称“西神山”。唐代独孤及《惠山寺新泉记》亦云：“此寺居吴西神山之足。”[4]后世也往往承袭前说，认为“西神山”之名出自老子《枕中记》，明代王世贞《惠山续集序》云：“惠山，无锡之北山也，一曰慧山，去邑五里而近，自西神之称见于周聃《枕中记》。”[5]

从宋代开始，以“西神”指称惠山的风气逐渐流行。宋代杨文炳《游惠山》诗曰：“骑马西神访远公，湛君旧宅且从容。”[6]元代倪瓒曾寓居友人玄中真师的玄文馆中，馆近于惠山，故取泉水泡茶，其《玄文馆读书》诗有引曰：“西神山下有泉，味甚甘冽，与常水异。馆去山不出五里，故得昕夕取泉，以资茗荈。”[7]

明清以降，文人直呼“西神”的情况则不可胜数。明代邵宝《观水北山人新作我行窝》云：“惟应再结吟诗社，共对西神赋夕曛。”[8]明代王永吉《惠山泉同空斋同年用坡公韵》云：“嵯峨西神山，太湖荡其腹。”[9]清代马志亮《月夜观惠山泉》曰：“灵泉渟滀西神麓，流作方圆双沼玉。”[10]清代秦昌焯《惠山寺》云：“西神岩壑几重重，又向招提策短筇。”[11]清代孙尔准为黄埠墩（皇甫墩）撰联云：“灯火春星浮北廓，云霞朝景揽西神。”[12]一般情况下，与惠山相关的纪行或写景诗文多直接以“惠山”为题，然而有清一代，文人已经习惯于将“西神”直接入题，如倪黄作《暮春独游西神山》，倪城作《西神山行》，薛锦堂作《暮春偕同人游西神山》。

二、“西神”借指无锡

古时无锡籍的文人署名时多题“梁溪某某”或“锡山某某”，实际皆以无锡标志性的山水借指无锡。大约明清以来，不少无锡籍的文人开始以“西神某某”自报家门，虽然频率不及“梁溪”与“锡山”，但也极富个性。

（一）顾煜

顾煜（1602—1659），字铭栢，顾可久玄孙，顺治九年（1652）进士，编刻《射书》时于序中自称“西神矍圃顾煜铭栢”（明崇祯刻本）。

（二）高世泰

高世泰（1604—1677），字汇旃，高攀龙之侄，崇祯十年（1637）传胪（二甲第一），著有《紫阳通志》《三楚文献录》《东林书院续志》《高忠宪公年谱》等。高世泰曾为潘士遴《尚书苇籥》作序，自署“西神高世泰”（明崇祯刻本）。

（三）郑瑜

郑瑜生平难考，唯所作杂剧四部传于世。清初邹式金辑纂《杂剧新编》，收录郑瑜《鹦鹉洲》《汨罗江》《黄鹤楼》《滕王阁》，每部皆题“西神郑瑜著”（清顺治刊本），后世多据此推测郑瑜乃无锡人。然而，《杂剧新编》卷首题名普遍采用“字号+姓名”的形式，以同为无锡人的邹式金与孙源文为例：邹式金称字，题“仲愔邹式金”；孙源文称号，题“笨庵孙源文”。如此看来，“西神”也可能是郑瑜的表字或者别号。《杂剧新编》目录则题“郑无瑜”，根据“名”与“字”的对应关系，基本可以确定郑瑜字“无瑜”。“西神”应是郑瑜别号，焦循在《剧说》中也径称郑瑜为“郑西神”（国家图书馆藏稿本）。韩愈称“韩昌黎”，孟浩然称“孟襄阳”，大抵与此相类。

（四）顾贞观

顾贞观（1637—1714），字华峰，顾宪成四世孙，康熙四年（1665）举人，与陈维崧、朱彝尊并称明末清初“词家三绝”，同时又与纳兰性德、曹贞吉一同被誉为“京华三绝”，著有《征纬堂诗》《弹指词》《纑塘集》等。他与纳兰性德同辑《今词初集》，卷首题“西神顾贞观梁汾、长白容若性德仝选”（清康熙刻本）。

（五）吴鼐

无锡吴鼐名不甚显，又与全椒吴鼐重名，故后世多相混淆。无锡吴鼐所撰今仅存《阳宅撮要》，其于序中自称“西神樵人”（清《借月山房汇钞》本）。

吴鼐在序中提及“仲兄易堂”，则可证其家世。其长兄吴鼏字岱岩，乾隆元年（1736）进士。次兄吴鼎字尊彝，乾隆九年（1744）举人，“易堂”即吴鼎之号。兄弟皆通易学，吴鼏著有《易象约言》等，吴鼎著有《十家易象集说》等，吴鼐乃二人胞弟无疑。

刘锦藻《皇朝续文献通考》误认作全椒吴鼐：“《阳宅撮要》二卷，吴鼐撰。鼐字山尊，安徽全椒人，嘉庆己未进士，官至侍讲学士。”[13]周中孚《郑堂读书记》则能明辨吴鼐乃无锡吴鼎之弟：“《阳宅撮要》二卷，《借月山房汇钞》本，国朝吴鼐撰。鼐字□□，自号西神山樵，无锡人，鼎之弟也。”[14]

（六）丁玉藻

丁玉藻（1807—1849），字采之，自号“西神山人”，著有《西神山人诗钞》。其祖父、父亲皆在广东为官，故寓居粤地。

徐世昌组织编纂《晚晴簃诗汇》时，收录丁玉藻诗五首。可惜的是，其人其诗未见载于无锡乡邦文献，无怪乎同郡人金武祥（江阴人）扼腕慨叹：“吾郡多文学之士，每有所遇坎坷，客死远方，姓氏亦几湮没者，如无锡丁采之是也……近年，《锡金县志》竟未采入，为可慨也。”[15]

（七）王蕴章

王蕴章（1884—1942），字莼农，近代学者、小说家，光绪二十八年（1902）中副榜举人。他尤其酷爱“西神”一词，在为丁泽周《孟河丁氏医案》作序时自称“西神王蕴章”［民国十六年（1927）铅印本］，在为康有为《大同书》封面题字时亦落款曰“西神王蕴章”［民国二十四年（1935）铅印本］。

王蕴章还常以“西神”或“西神残客”为笔名发表小说，民国十三年（1924）上海世界书局出版的《西神小说集》收录其短篇小说九篇：《杏花春雨记》《雪浪春痕》《秋蕤阁》《针楼艳忆》《一枝桃》《龙舟艳影》《陌上花飞》《新旧夫妻》《猩红劫》，卷首则是赵苕狂为王蕴章所撰《王西神君传》。

三、“西神”典籍叙录

从古至今，与无锡相关的人、事、物不少都以“西神”入称，除无锡籍文人自号“西神”以外，还有“西神梅”“西神印社”等命名。唯念典籍聚散无常，特为以“西神”为名之典籍稍作整理。

（一）严绳孙《西神脞说》（佚）

严绳孙（1623—1702），字荪友，号秋水，与朱彝尊、姜宸英一同被誉为“江南三布衣”，与秦松龄合纂《无锡县志》（康熙本）。严绳孙是纳兰性德的好朋友，又与反清人士陈恭尹、屈大均有来往，赠诗互答，因此其诗文集《秋水集》也在清廷禁书之列。令人意想不到的是，数百年后，遭禁之《秋水集》今尚流传，未禁之《西神脞说》却已不可得见，现在只能通过辑佚管窥《西神脞说》之样貌。

“脞说”即琐碎鄙俗的言谈议论，不解的是，《西神脞说》虽以“西神”为名，但其记述的并不是关于无锡的轶事。从存世的几个片段来看，记录的内容反而主要以北京的习俗居多。笔者认为这种情况跟宋代费衮的《梁溪漫志》非常类似，《梁溪漫志》以“梁溪”为名，但其记述并不是围绕无锡展开，而是包罗万象，无所不谈，政事典章、史传考证、诗文评品、传闻琐事皆有涉及。显然，《梁溪漫志》只是一般意义上的文人笔记，以“梁溪”入题只是点明作者费衮是无锡人。同样，《西神脞说》应该也是一般意义上的文人笔记，以“西神”入题只是点明作者严绳孙是无锡人。

清乾隆年间(1736—1795)窦光鼐、朱筠等人奉命编纂的《日下旧闻考》,乃是根据朱彝尊《日下旧闻》增补修订而成,考证的是有关北京的风俗掌故。书中有“原”“补”“增”字样，“原”是朱彝尊原引，“补”是朱昆田（朱彝尊之子）补遗，“增”则是窦光鼐、朱筠等人新添入者。今所辑《西神脞说》凡五条，仔细观察不难看出，五条皆出于《日下旧闻考》，其他文献所见《西神脞说》不过是从《日下旧闻（考）》二次转引。因此，笔者推测，严绳孙完成《西神脞说》稿本后，应该未曾付梓，朱氏作为其好友方可得见。

①【补】建置官署，必立土谷祠。翰林院所祀，昌黎伯韩子也。古称乡先生殁而祭于社，夫以土谷名祠，亦祭社之义，宜以乡先生主之。京师燕地，窃谓祀昌黎伯不若易以常山太傅婴也。（《西神脞说》）

《日下旧闻考》卷六十四引。“建置官署……昌黎伯韩子也。”又见引于张英《渊鉴类函》卷七十一，鄂尔泰《词林典故》卷六。

②【补】金源马定国以石鼓为宇文周时所刻，是大不然。鼓文高古，毋论曹喜、皇象所不及，即李斯犹当逊之，此岂赵文渊辈所能书乎？（《西神脞说》）

《日下旧闻考》卷六十九引。又见引于张德容《二铭草堂金石聚》卷一。

③【补】妇人匀面，古惟施朱傅粉而已，至六朝乃兼尚黄。《幽怪录》神女智琼额黄，梁简文帝诗“同安鬟里拨，异作额间黄”，唐温庭筠诗“额黄无限夕阳山”，又“黄印额山轻为尘”，又词“蕊黄无限当山额”，牛峤词“额黄侵腻发”。此额妆也。北周静帝令宫人黄眉墨妆，温诗“柳风吹尽眉间黄”，张泌词“依约残眉理旧黄”。此眉妆也。段氏《酉阳杂俎》所载有黄星靥，辽时燕俗妇人有颜色者目为细娘，面涂黄，谓为佛妆，温词“脸上金霞细”，又“粉心黄蕊花靥”，宋彭汝砺诗“有女夭夭称细娘，真珠络髻面涂黄”。此则面妆也。（《西神脞说》）

《日下旧闻考》卷一百四十六引。又见引于郑方坤《五代诗话》卷四、王初桐《奁史》卷七十三、褚人获《坚瓠续集》卷三。

④【补】火葬倡于释氏，末俗因之。焚尸之惨，行路且不忍见，况人孤人弟乎？燕京土俗，以清明日聚无主之柩，堆若邱陵，又剖童子之棺殓而未化者，裸而置之高处，剪纸为旗，缚之于臂，此尤不仁之甚矣。或谓火化俗酿自元，然世祖至元十五年，曾严焚尸之禁，具载典章论，世者未之考尔。（《西神脞说》）

《日下旧闻考》卷一百四十六引。“燕京土俗……此尤不仁之甚矣。”又见引于周广业《循陔纂闻》卷二。

⑤【补】李绅《周员外席上观柘枝》

诗“画鼓拖环锦臂攘”。今京师迎年鼓制施两铜环，以手擎之高下，环声索索，鼓声相间，疑即其遗制也。（《西神脞说》）

《日下旧闻考》卷一百四十七引。又见引于嵇璜《续文献通考》卷一百九。笔者按：据《全唐诗》，《周员外席上观柘枝》当为张祜所作，而非李绅。

（二）黄蛟起《西神丛语》（存）

黄蛟起（1654—？），字孝存，康熙时县诸生，与汤万炳、黄天球并称“梁溪三子”，所撰《西神丛语》多次刊印，流传颇广。

①清道光刻本，即吴江沈氏世楷堂《昭代丛书》本。1988年台北市新文丰版《丛书集成续编》以及1994年上海书店版《丛书集成续编》皆据此影印。

②上海图书馆藏抄本，编目作清抄本。2011年凤凰出版社《无锡文库》据此影印。经过比对，笔者认为此种乃是照《昭代丛书》本抄成，抄者将卷末沈氏跋改为序，置于卷首。刻本作“辛丑十月吴江沈楙德识”，抄本作“辛丑十月金匮沈德堃序”，殊不可解。若二者为同一人，“德堃”为沈楙德表字，虽不无可能，但沈楙德居吴江雪巷村，署名时皆题“吴江”，当与“无锡”或“金匮”无涉。

③民国三年（1914）木活字本，即无锡侯学愈文苑阁本。1967年台北市广文书局《史料丛编》以及1976年台北市无锡同乡会《无锡文献丛刊》皆据此影印。近人辛干（1886—1956）仅见民国木活字本而未见《昭代丛书》本，故于《无锡艺文志长编》云：“旧无刻本，入民国，同县侯学愈为之梓行，以广流传。”[16]

此外，吴曾祺（1852—1929）编集《旧小说》，民国三年（1914）由商务印书馆排印出版的“已集四”收入《西神丛语》十九则：《钱大汉》《婢守节》《许世卿》《高材》《三奇童》《王召》《徐姬》《杨氏》《华叔阳》《俞宪》《老媪》《方媪女》《蒋梦鹤》《许相公》《元顺帝》《孙伯潭》《华坦》《龚勉》《杨觐黼》。

《西神丛语》名实相符，所载皆为无锡轶事，可用沈氏跋语概括：“《西神丛语》记邑中佚事也，首述忠孝，继以节烈……次又分品行、才干、智略、古道诸目……”也就是说，《西神丛语》按主题编次，所选轶事皆“有益于世道人心”，怪力乱神之事则不在其中。

（三）丁玉藻《西神山人诗钞》（存）

已具前文，今存抄本数种以及清同治五年（1866）谭伯筠刻本，暂无影印本问世，《无锡文库》亦未收。

（四）王蕴章《西神小说集》（存）

已具前文。

（五）张瑞初《西神遗事》（存）

张瑞初（1885—1947），晚号健叟，曾任《新无锡日报》总编辑，后创办《新锡日报》。张瑞初自云：“不佞性嗜酒，坐对孤灯，把杯独酌，以解枯寂。偶忆童年父亲讲述，或友人所谈遗闻轶事，辄握管记之。”[17]这些故事起初连载在《新无锡日报》之副刊“茗边”，名之曰《酒余杂识》；后来连载在《新锡日报》之副刊“新锡林”，名之曰《酒余漫忆》；最后整理作《西神遗事》，受到当时无锡县长杨彦斌的资助得以刊行，与曹血侠所著《梁溪十二奇人传》合刊，民国三十三年（1944）由美新印书馆出版。直到2011年，由香港天马出版有限公司再版。

《西神遗事》同《西神丛语》一样，记载的多是与无锡相关的遗闻轶事。《西神遗事》凡一百一十五则，未按照主题汇分，内容也较为驳杂，不乏怪力乱神之事，但整体来看仍具有很好的教化作用。陈作霖序云：“张子慨世风之不古，民俗之日窳，以一生见闻所得，裒集成书，实足以彰幽德、端风化、励末俗、正人心，岂仅为吾邑掌故之补助、志乘之羽翼而已哉！”[18]

注　释

［1］　张瑞初：《西神遗事》，天马出版有限公司，2011年版，第9页。

［2］　〔元〕王仁甫：《无锡县志》（影印本），《景印文渊阁四库全书》第492册，台湾商务印书馆，1986年版，第673页。

［3］　〔元〕王仁甫：《无锡县志》（影印本），《景印文渊阁四库全书》第492册，台湾商务印书馆，1986年版，第756页。

［4］　〔元〕王仁甫：《无锡县志》（影印本），《景印文渊阁四库全书》第492册，台湾商务印书馆，1986年版，第751页。

［5］　〔明〕王世贞：《弇州四部稿》（影印本），《景印文渊阁四库全书》第1280册，台湾商务印书馆，1986年版，第156页。

［6］　〔元〕王仁甫：《无锡县志》（影印本），《景印文渊阁四库全书》第492册，台湾商务印书馆，1986年版，第479页。

［7］　〔元〕倪瓒：《清秘阁全集》（影印本），《景印文渊阁四库全书》第1120册，台湾商务印书馆，1986年版，第158页。

［8］　〔明〕邵宝：《容春堂集》（影印本），《景印文渊阁四库全书》第1258册，台湾商务印书馆，1986年版，第476页。

［9］　吴惠良主编：《惠山诗词（下）》，古吴轩出版社，2005年版，第230页。

［10］　吴惠良主编：《惠山诗词（下）》，古吴轩出版社，2005年版，第323页。

［11］　吴惠良主编：《惠山诗词（下）》，古吴轩出版社，2005年版，第414页。

［12］　〔清〕梁章钜：《楹联丛话》，上海科学技术文献出版社，2016年版，第195页。

［13］　〔清〕刘锦藻：《皇朝续文献通考》卷二百七十四，清光绪三十一年（1905）铅印本。

［14］　〔清〕周中孚：《郑堂读书记》卷四十七，1921年《吴兴丛书》本。

［15］　〔清〕金武祥：《粟香三笔》卷二，清光绪刻本。

［16］　辛干：《无锡艺文志长编》，上海古籍出版社，2015年版，第77页。

［17］　张瑞初：《西神遗事》，天马出版有限公司，2011年版，第7页。

［18］　张瑞初：《西神遗事》，天马出版有限公司，2011年版，第5页。

无锡史散记五则

石　雨*

【摘要】太伯与无锡人友善相处，勾吴部落得以和平和谐地扩展为部落联盟，是无锡史光辉的第一篇章。唐代惠山二泉文化与景观，为后世无锡跻身现代化旅游城市先进行列打下坚实基础。明清时期无锡是区域性的砖瓦生产城市，由此造成无锡局部空气污染相当严重。清代无锡服务业大发展，其中房地产业尤其耀眼。晚清官方对王源吉铁锅商标的保护，可能是中国最早的商标保护范例。

【关键词】勾吴部落联盟　天下第二泉　“砖码头”　清代无锡服务业　王源吉商标保护

3200年前“共立”勾吴部落联盟

无锡史源头可追溯到一万多年前的旧石器时代晚期，那时已经有原始先民在太湖地区繁衍生息，而有记载的历史文化，最早也是最著名的则是无锡史封面人物太伯。3200多年前，太伯、仲雍哥俩为尊重并实现父亲意愿，把部落首领位置让给弟弟季历，带领部分族人千里迢迢从岐下（今陕西宝鸡扶风一带）“亡如荆蛮，文身断发……”[1]“自号句吴（亦作‘勾吴’——笔者注）”[2]。当时无锡人的生存状态与周边苏浙地区人民是完全一样的，“常在水中，故断其发，文其身，以象龙子，故不见伤害”[3]。以唯物史观观照当时无锡人“断发文身”的现象，可获知当时无锡人的生活环境为水乡泽国，处处可见湖沼河流，主要以渔猎为生，必须预防水中鳄鱼、水蟒等大型动物袭击，而断发文身可以作为保护色，减少被袭击的危险。尽管审美观不同，生活习惯相异，太伯、仲雍还是入乡随俗，和当时无锡人一样断发文身，从而能够与无锡人互相尊敬，友善相处。

太伯、仲雍率族人落脚无锡梅里建立勾吴部落后，“吴人或问：‘何像而为勾吴？’太伯曰：‘吾以伯长居国，绝嗣者也。其当有封者，吴仲也。故自号勾吴，非其方乎？’荆蛮义之，从而归之者千有余家，共立以为勾吴。数年之间，民人殷富”[4]。这是一段信息非常丰富且重要的光彩记载。在得知“勾吴”含义后，深为太伯光明磊落、情真意切的孝悌精神感动，当时无锡人一致全心全意拥戴太伯为首领，没有争战，没有杀戮，勾吴部落顺利地扩展为人多力量大的部落联盟。“数年之间，民人殷富”，这记载表达的又是什么情况？符合逻辑的事实应是勾吴部落联盟建立后，太伯带来的北方农耕技术就得到迅速推广，太伯率

*　石　雨：华东旅游报社记者（已退休）

领以渔猎为生的当地人建成伯渎河等水利工程，因地制宜种植水稻等庄稼，渔猎与农耕并举，产业结构合理调整创造出更多更好的生活资源，勾吴部落联盟生活更为富足。

在共同劳动创建美好生活的过程中，太伯、仲雍等完美融入当地生活，成为“新无锡人”。这个“共立”的勾吴部落联盟标志着绚丽多姿吴文化的肇始，曾经叱咤风云的强大春秋吴国，至多只是无锡史的第二篇章。回眸中国上古史，连大名鼎鼎的黄帝部落联盟都是通过战争才建立的，司马迁称之为“三战，然后得其志”[5]，但作为后来者的勾吴部落联盟则是通过“共立”建成的，过程充满和平、和谐的人性之美，这才是无锡史光辉的第一篇章，意义十分深远。“共立”这样的论题过去几十年的吴文化研究中鲜有涉及，专家们一致强调的只是太伯“三让”，现在的无锡吴文化专家理应重视之研究之，以便全面、完美地楬橥无锡城市的特质。

值得指出的是，3200年前无锡“共立”勾吴部落联盟过程中出现的友善、尚德、和平、团结、开放、包容、开拓、创新、和谐等特质，现今已深深植根于无锡城市精神之中，在改革开放新时代大放异彩，不断结出丰硕成果……

1200年前中国优秀旅游城市奠基

唐代大历十二年（777），无锡升为望县[6]，就无锡史而言这是一个重要节点。当时全国1500多个县分为赤、畿、望、紧、上、中、中下7个等级。赤、畿、望、紧级别的县以地域划分，或京城及周边，或繁华之地，或军事重镇各县，其他县则以人口多少区分，以六千户以上为上县，三千户以上六千户以下为中县，不满三千户为中下县[7]。无锡升为望县，表明无锡社会、经济发展一直稳步趋好。但是，以大视野观察，这并非无锡独特优势，武进等邻县同年也是跨进望县行列的，无锡能够优于周边地区，亮眼的是当时的惠山二泉文化与景观。

唐代刑部侍郎刘伯刍品评全国烹茶优质水7种，无锡惠山泉水是第2名；刘伯刍的后辈友人状元张又新在《煎茶水记》文中借“茶圣”陆羽之口评定天下宜茶之水20种，无锡惠山泉水再次名列第2。无锡惠山“天下第二泉”由此得名。与此同时无锡人李绅考中进士[8]，其与李德裕、诗人元稹皆以才著名，世称“三俊”[9]。李德裕任宰相辅佐武宗李炎开创会昌中兴局面，被诗人李商隐誉为“万古之良相”[10]。也许是李绅介绍以及陆羽评品为“天下第二”的缘故，李德裕慕名爱饮无锡惠山泉水，于是无锡至长安的沿线驿站一度定期为之传送无锡惠山天下第二泉水，称为“水递”。唐末诗人皮日休于咸通八年（867）进士及第，至苏州做官，时与诗人隐士陆龟蒙结伴游览无锡太湖山水，曾写诗提及此往事，讽刺李德裕浪费国家资源为个人服务：“丞相长思煮茗时，郡侯催发只嫌迟。吴关去国三千里，莫笑杨妃爱荔枝。”[11]无锡惠山“天下第二泉”因此插曲千百年来更为历代茶人所钟爱与向往，至今还是无锡城市名片。

陆羽非但为“茶圣”，也是眼界宽广的旅行家，虽逗留无锡时间不长，却被无锡美景吸引成为“铁粉”。他为当时的惠山“无当世之名”而憋屈，指出惠山与太湖山水美景互相成就，“石山横亘，浓翠可掬”“下瞰五湖，彼大雷、小雷、洞庭诸山，以掌腕可矣”，而惠山寺只要“引修廊，开邃宇，飞檐眺槛，凌烟架日”，便可变身为“江淮之地”最著名之寺。更为慧眼独具的是陆羽将惠山比作“至行”之人——“此山亦犹人之秉至行，负淳德，无冠裳钟鼎，昌昌晔晔，为迩俗不有，宜矣。夫德行者，源也；冠裳钟鼎，流也。苟无其源，流将安发？予敦其源，亦伺其流，希他日之营立，为后世之洪注云。”[12]陆羽这种要将惠山风景建设成为经典传世作品的远见卓识，至今还是值得无锡人，特别是惠山古镇管理者深思与学习的。

当时全国各地老百姓则以选择至无锡生活的实际行动为美丽无锡投赞成票。《全唐文》载《唐故凤光寺俊禅和上墓铭》：“和上讳常俊，俗姓张氏，清河人也。皇祖庄，皇考李，即李之第二子也。卅岁出家，年龄七十，僧夏卌。奄自会昌元年五月十五日示疾殁，即以其月廿六日，迁柩於常州无锡县太平乡□村东一里官河西八十步张宗祖墓中，卜其宅兆庚首而安厝之。礼也，有门人文则、元通、伯昌，俗兄秀，侄令容等……恐陵谷迁改，桑田变移，茔域无徵，乃刊砖而为志……”[13]墓志铭清楚地告诉我们，唐代无锡凤光寺（至北宋宝元间改称北禅寺，现在无锡市梁溪区还有北禅寺巷）老僧俊禅，俗名张常俊，30岁出家，会昌元年（841）五月十五日70岁时突然因病圆寂，僧龄40年，祖籍清河，葬于无锡。张姓为清河大族，远在今河北省的张常俊家族却千里迢迢迁至无锡居住，从侧面证明了唐代无锡即是宜人宜游宜居之地。

无锡早在20世纪90年代就跻身第一批“中国优秀旅游城市”行列，多姿多彩的山水人文风光吸引了无数中外游客。追根溯源，唐代光彩照人的惠山二泉文化与景观无疑为今日无锡发达的旅游业打下了坚实基础。

“砖码头”风流400年

无锡地方文献描述明代无锡“砖码头”的直接记载颇为稀少。最早的相关资讯来自明代正德六年（1511）无锡刊行的一本医案书：“一妇人，年三十八岁，得患血崩……三年服药无效。询其故，云：‘家以烧窑为业。夫出，自运砖瓦，一日运至二更为止，偶因经事，遂成此病。’某谓：‘劳碌太过。’用补中益气汤……即愈……”[14]分析文中病妇所言，我们可以获知如下信息：一是明代正德间无锡已经有专门以烧窑为生的窑户，这是对封建社会传统的男耕女织生产模式的突破；二是当时烧制砖瓦的窑都为《天工开物》中所言的“百钧”[15]小窑，不同于现今人们看到的无锡梁溪区大窑路上残存的民国大窑，故每次烧制砖瓦数量不是很多，夫妻二人就能经营，丈夫不在家时，妻子一人起早摸黑也能完成砖瓦出窑任务，因此劳累过度得了妇女病。

然而，早上述医案17年，于弘治七年（1494）刊行的《弘治重修无锡县志》没有无锡砖瓦生产的记载，该县志“货之属”中只载4种无锡土产：“席，出新安、开化二乡。铁，来自川蜀，本县冶工范为炉、鼎、锅、镬等器。石，有礲、臼、槽、碾之属，出安阳、白担二山。饴糖，以麦蘖、米饭造成，味极甘脆，他处莫及。”[16]这说明当时无锡砖瓦生产规模尚小，还未引起无锡官员、文人关注从而载入无锡县志。但是，至万历时，无锡特产种类增多至15种，当时无锡县志“货之属”非但增添了“砖瓦”为无锡土产的记录[17]，还记载了“在南门外”的专门烧制、营销砖瓦、石灰的“砖灰窑市”[18]。不过，所有这些相关信息比较零星单薄，还不足以表明明代无锡砖瓦生产已达到“砖码头”规模。

然而，进一步综合各类史料，我们还是可以证明明代无锡“砖码头”的存在。现在无锡吴文化专家熟知的嘉靖三十三年（1554）新任无锡知县王其勤领导百姓赶筑城墙，击退倭寇侵犯的历史事件，就是无锡“砖码头”规模生产的一个定量资料例证。当时无锡新城总长1783丈、高2丈1尺，所用巨量城砖当有不少是无锡本地的产品，如此才能确保无锡城墙历时3个月胜利完工。

另外，当某一产品数量达到一定规模且质量上乘，其名声就会不胫而走，不但成为本地骄傲，也为外地所熟知，这就是所谓的“知名度”，古今中外莫不如此。明代无锡“砖码头”就印证了这个道理。当时无锡烧窑规模之大、声誉之隆，竟能间接反映在当时作为省会城市苏州的民歌中。万历时苏州小说家冯梦龙编撰的吴中民谣专集《挂枝儿》，又名《童痴一弄》，记录的是当时苏州城厢极为流行的男女艳情时尚小曲，其中有歌词云：“送情人，直送到无锡路，叫一声，烧窑人，我的哥……劝君家，休把那烧窑的气……”[19]苏州小妹恋的是无锡烧窑小哥，明代无锡“砖码头”盛况跃然纸上。应指出，砖瓦生产也是明代苏州的强项，朝廷特别在苏州设立“砖厂”[20]，供朝廷宫室营缮之需，而无锡“砖码头”虽是民营，却也能风生水起，呈现一派兴旺繁荣气象，让苏州人羡慕与向往！

清代无锡“砖码头”记载较为系统、详细：康熙时“砖瓦，向自吴门而外，唯锡有砖窑，故大江南北不远数百里取给于此，岁所贩鬻甚广。用兵后，居民稍散，窑废，近始渐复，而各郡多自造之，业颇衰减矣”[21]。

雍正时无锡有位医生则写诗记录当时无锡砖瓦生产之盛：“城南一望满窑烟，砖瓦烧来几百年。栈取高乡土零卖，荒田多变作良田。”[22]此诗还无意之中记录了无锡的空气污染现象。由于砖窑密集，烧窑时产生的大量烟气竟使得无锡南门外京杭大运河段成为当时无锡的空气污染区！

乾隆时，无锡“砖瓦、砖窑皆在南门，贩鬻遍大江南北。各郡虽自造，坚致不如”[23]。此时无锡砖质量已明确优于外地砖，而南门外明代万历时的“砖灰窑市”，因年代久远已改称为“老窑市”，“与南门下塘街似连而实断。陶几千口，接连五六里仿佛阵云隐隐，舟行其间，每日蛮烟涨雾，薪屑风卷，打面如雨。岂旧志所称‘陶市’欤？”[24]由于砖窑数量急剧增至“几千口”之多，乾隆时无锡烧窑产生的空气污染严重程度大大超过雍正时，空气污染面积竟扩大到覆盖南门外京杭大运河五六里长的范围！

与此同时，“老窑市”也有了正式地名“窑头”[25]。现今的南下塘街，当时称“南门外下塘街”，以区别于城里的“南门下塘街”。乾隆时“南门外下塘街”沿线街巷已有塔团下、阳春巷、跨塘桥巷、大马头衖、萝卜浜、义庄前、羊腰湾巷、保安寺街、伯渎街、窑头[26]等10余个较大的居民点、商业点。“砖码头”聚集了大量从业劳动人口，从而推动了清代无锡南门外的居民社区发展。

乾隆时邑人黄印总结当时无锡物产时说：“成于邑人之手，而行于四方者，棉布最广，次则席，次则砖瓦……”[27]黄印的这个结论是基本符合无锡“砖码头”实际情况的。清代无锡“砖码头”同明代无锡“砖码头”一样，也得到外地人赞扬。《康熙常州府志》称：“无锡则砖瓦窑砖瓦盛行于数百里内外。”[28]

值得指出的是，无锡这个“盛行于数百里内外”的区域性“砖码头”，还是与宜兴“掰手腕”竞争得来的。从明史考察，当时常州治下的武进、无锡、宜兴、江阴4县都有“砖码头”潜质。因为在明初京城建设高潮中，武进、无锡、宜兴、江阴4县都曾担负为南京建设提供建筑材料的任务。特别是长40厘米、宽20厘米、厚10厘米规格统一的城砖，当时武进、无锡、宜兴、江阴4县都曾烧制。据现今南京有关部门搜寻、统计，镌刻武进、无锡、宜兴、江阴4县产地记名文字的城砖，现存23块[29]，且都是实际用于建南京城墙的合格品。但阅读武进、江阴的明清县志，并无任何将砖瓦作为土产或物产的记载，这说明武进、江阴在明初完成烧制南京城砖任务之后，即已放弃砖瓦生产。而宜兴明代万历县志将砖瓦、石灰、缸、甕、瓶、茶壶、蒲鞋等列为土产[30]，清代康熙时砖瓦仍是宜兴土产[31]，但此后嘉庆、道光、光绪年间的各部宜兴、荆溪（雍正时宜兴析为宜兴、荆溪二县）作品中就未再见砖瓦为宜兴土产的记载，证明清代康熙之后，宜兴已退出砖瓦市场竞争。

综合分析以上情况，除去明代前期起步、明清代替时期徘徊等时间，明清无锡“砖码头”繁荣时间足有400年，这恐怕是无锡史上持续时间最长的“码头”，且没有之一！

“布码头”服务业大发展

清代无锡经济空前繁荣，城乡风貌巨变，其中棉花棉布交易特别兴盛，当时徽商因此称“无锡布码头”“镇江银码头”“汉口船码头”，县级城市无锡竟能与地市级镇江、省会城市汉口相提并论。[32]在此背景下的无锡服务业爆炸性发展，展示的绚丽场景也是无锡史不可或缺的重要内容。

餐饮业十分红火。“酒馆茶坊昔多在县治左右，近则委巷皆有之……各乡村镇亦多开张。康熙之末，邑有‘遍地清茶室’之谣，盖昔卖清茶唯在泉上，后乃遍于城市。”[33]酒店茶馆城乡遍地开花，而且装潢都颇雅致。“扫除一室供瓶花，对幅诗笺壁上遮。汲得二泉烹活火，招牌高挂卖清茶。”[34]这是雍正时无锡茶馆的风貌，雅致、清洁、文艺气息浓浓的。

当人们吃饱喝足，有了空闲时间之后，对文化精神的需求迅速扩大，无锡演艺业因此兴旺起来：“梨园歌舞向春山，顾曲周郎也破悭。欲使游人囊尽解，苏州再去换名班。”[35]无锡当时毕竟只是县级城市，还来不及培育自己的演艺团队，只好租用当时省会城市，也是特大消费城市苏州的剧团以满足无锡的市场需求。

发展最快的则是房地产业。“户口繁兴庶矣哉，百年休养好栽培。市心门面多增值，僻巷穷乡店也开。”[36]当时无锡城乡店铺数量迅速增多，城区门面房租金普遍上涨，北塘江尖地皮最贵。“缸尖一弹丸地，正嘉间胡姓产也。嘉靖时有胡守之者，三契售廉访俞氏，为值不及千金。为田四十六亩六分六厘一毫，荡一分，佃六十三户，每年偿俞处基银四十两六钱六分六厘，夏麦五石七斗九升五合，冬米三十一石八斗四升七合。尖西北偶僧舍一区，颜曰‘衍庆庵’，为俞氏功德院，廉访所建也。崇正（有误，‘正’字应为‘祯’——笔者注）十一年十二月，俞售之蒋元敬。顺治十年，蒋始以尖地零售居人，迄今八十余年，基地寸金，富甲城北矣！”[37]

上述信息是难得一见的反映无锡明清时期房地产情况的史料。文中“缸尖”（后称“江尖”，为京杭大运河中小岛，现今建设为公园），约47亩地，最早时还有芦苇荡面积一分。明代嘉靖时业主胡氏，将江尖卖给俞氏，全部地价不足一千两银子。俞氏在江尖建衍庆庵，其余土地租给63家佃户种庄稼，每年收地租银40两、夏麦5石7斗、冬米31石8斗。至明代崇祯十一年（1638），俞氏将江尖转卖蒋氏。明代江尖只是一块庄稼地，地价百年徘徊。但至清代顺治十年（1653），情况开始变化，由于无锡“布码头”逐渐形成，北塘地段同步繁荣，蒋氏瞄准商机，江尖地皮不再种庄稼，改营房地产，结果狂捞银子，80年后乾隆初年，蒋氏成为无锡北塘首富。而江尖早在雍正时就已成无锡最佳宜居之地，当时有诗云：“惠山泉酒久驰名，酒店齐开遍四城。最是江尖风景好，红栏绿柳远山横。”[38]

清代学者赵翼诗云“江山代有才人出”。城市如人，一个生命力强大，社会、经济、文化不断发展的城市，也是代有闪光点的。清代“布码头”背景下无锡服务业快速发展，就是无锡城市不断前进的耀眼亮点之一。

“锅码头”王源吉商标保护

无锡王源吉冶坊始于清代道光十七年（1837）[39]，现在人们对之所知甚少，但其生产的铁锅曾是蜚声大江南北的名牌产品，以经久耐用、节省柴火且旧锅可以折价回收而广受百姓喜爱。而其最早商标——铁锅上“王源吉”红字戳记，曾是无锡近代最早获得官方保护的对象，可称是无锡史一个别具一格的内容。

从无锡史角度考察王源吉冶坊，可知它并非无锡最早的铁锅生产厂家。早在明代无锡就有铁锅生产的记载：铁“来自川蜀，本县冶工范为炉、鼎、锅、镬等器”[40]。明代无锡铁锅生产所用铁来自四川。至清代乾隆年间，有关无锡铁锅生产的记载更为详细：“佳铁来自闽蜀。邑人曹、许二姓工铸，为钟鼎投壶之类，擅其利者数世。设冶在南下塘尽处，其止模釜甑之冶在梨花庄北……”[41]这段记载表明，清代无锡用的优质铁料来源，已由四川一省扩大到福建、四川两省。更重要的信息，是当时无锡冶坊业由曹、许两大家族垄断，且技术精湛、产品质量优，已“擅其利者数世”，可谓树大根深，产业根基非常牢靠。另外还可从此获知，清代乾隆年间，无锡钟鼎投壶等较大铁制品生产地点在“南下塘尽处”，而与百姓生活息息相关的大小铁锅制作则在“梨花庄北”。

与乾隆时就已是无锡冶坊业翘楚的曹、许两大家族相比，王源吉冶坊只能是后起的“小弟”。但在太平天国战争后，无锡工商业重新洗牌，王源吉冶坊终于在铁锅生产方面创出一方天地，成为无锡名牌冶坊。其原因是多方面的，其中之一是能够始终坚守产业阵地并不断扩大规模。王源吉冶坊自诞生起一直在无锡经营生产，但当太平军与清军的战火蔓延至无锡时，王源吉就适时转移至苏北靖江，与人合作创建“森和冶坊”[42]，继续生产铁锅。时局平稳后，又从苏北迁回无锡“梨花庄北”的堰桥复称王源吉冶坊，并扩展至武进县西仓桥，还在通州（今南通）设立王源吉分店。[43]

王源吉冶坊作为后来者能够在无锡冶坊业崛起，另一重要原因是有良好的家族传承。王源吉是冶坊与产品名称，更早则是冶坊主人的姓名。从同治八年（1869）靖江县衙文件所言“据监生王源吉禀称，生等会开森和冶坊，现将用剩旧锅废铁壹百拾担装赴无锡销售”[44]看，冶坊主人王源吉有监生功名，是有文化意识的老板。就是这个王源吉别出心裁地以自己的姓名为冶坊冠名，而盖在铁锅上的“王源吉”红字戳记也就成为王源吉冶坊产品最早的商标。能以自己的姓名标志产品，足见王源吉对自己生产的铁锅的质量是有足够的信心的。至光绪年间，王源吉冶坊经营者是王宗鋆，有副贡生功名，更是具有先进商标意识的知识型高明商业人才，无锡近代商标保护范例就发生在他经营王源吉冶坊期间。

当时王源吉冶坊生产的铁锅，“皆盖有‘王源吉’牌号红字戳记以为标识，运销江浙等埠，货真价实，为用户所素信”。多年苦心经营，持续生产优质铁锅，一直受到百姓信任，盖有“王源吉”红字戳记的铁锅所到之处皆享有名牌声誉。但是，“近有贩客转运湖广等处食锅，冒盖职坊牌号，于常、镇、通、海以及苏松各属乡镇混售，其货脆薄易破，用之两不当一”，“非特职坊滞销亏本，抑且声名有关，贻害用户。”[45]当时常州、镇江、南通、连云港、苏州、上海等地不法商人将湖广生产的劣质铁锅，私盖“王源吉”红字戳记，冒充王源吉铁锅销售，牟取暴利，但湖广劣质铁锅两只使用寿命都抵不过一只王源吉铁锅，百姓因此以为王源吉铁锅质量下降，王源吉冶坊良好声誉受损，还造成铁锅滞销亏本。

面对自己的冶坊遭受经济损失、名誉损害及广大百姓也深受劣质假冒铁锅之害的现实，王宗崟沉着应对，将这一情况及时上报江南商务总局，请求严禁、严究冒盖“王源吉”红字戳记、混售劣质假冒王源吉铁锅的行径。江南商务总局是光绪二十五年（1899）两江总督兼南洋通商大臣刘坤一奉旨设立的官方机构，旨在发展工商、保商护商，并编辑出版《江南商务报》。估计王宗崟是该报忠诚读者，又具有敏锐文化意识，从而了解当时工商大势，具有先进、积极的商标保护意识。江南商务总局对王宗崟申诉的反应是认真、迅速的，当年五月十八日即发布《办理江南商务总局兼管南洋保商事宜二品衔江南苏松太道袁、头品顶戴江宁布政使司李、三品衔江南盐巡道徐、二品衔奏留江苏候补道刘为出示谕禁事》告示，其中说到“锅业人等知悉，尔等须知牌号为各商家货物之凭记，岂可以伪货假冒牌号，希图渔利，实属有碍商务！今该职坊以王源吉红字戳记印于食锅之上，自示之后，倘有奸商以伪货假冒该坊牌号渔利，一经该职查知，许即扭送就近地方官严究，不稍宽贷”[46]。王源吉冶坊因此获得在各地举报劣质假冒铁锅权利，而官府将严究假冒者。

江南商务总局地处两江总督衙门所在的江宁（今南京），上述告示发布，对于无锡、武进两县和通州（今南通）一州混售劣质假冒铁锅泛滥地区的威慑力尚嫌不足。于是，王宗崟“并请札饬无锡、武进两县暨通州给示严禁”[47]，即请求江南商务总局特别行文至无锡、武进两县和通州（今南通）一州，指示这些地方官府公布同样严禁、严究内容的告示。当年闰五月廿三日，无锡县衙就遵照江南商务总局指示贴出与《办理江南商务总局兼管南洋保商事宜二品衔江南苏松太道袁、头品顶戴江宁布政使司李、三品衔江南盐巡道徐、二品衔奏留江苏候补道刘为出示谕禁事》内容完全一致的告示，即保护“王源吉”红字戳记，严禁混售劣质假冒王源吉铁锅，严究假冒者，准许王源吉冶坊随时随地举报假冒者。[48]

光绪二十九年（1903），清廷还未颁布任何商标注册管理的法规，所以上述各告示中所言“牌号”，即为事实上的商标，印在铁锅上的“王源吉”红字戳记，就是王源吉冶坊铁锅的最早商标。现在被誉为“中华第一商标”的无锡荣氏茂新面粉厂的“兵船”商标，注册时间是1923年[49]。茂新的前身是建于光绪二十六年（1900）的保兴面粉厂，光绪二十九年（1903）由荣氏兄弟独资经营，更名为茂新面粉厂。光绪三十年（1904），清廷颁布《商标注册试办章程》[50]，限于视野，笔者迄今未见茂新面粉厂“兵船”商标在清廷注册的记载。这说明在很长一段时间内，“王源吉”红字戳记与“兵船”商标一样，都是未注册但实际是一直使用的商标。在这样的历史背景下，光绪二十九年（1903）官方对“王源吉”红字戳记的保护，不仅是无锡最早，很可能也是全国最早的商标保护范例。而晚清无锡王源吉铁锅如此畅销周边各地，按照惯例，把当时的无锡艳称为“锅码头”，也是顺理成章的事。

注　释

[1]　〔汉〕司马迁：《史记·周本纪第四》，中华书局，2000年版，第84页。

[2]　〔汉〕司马迁：《史记·吴太伯世家第一》，《二十五史》，上海古籍出版社、上海书店，1986年版，第181页。

[3]　〔汉〕司马迁：《史记·周本纪第四》，中华书局，2000年版，第84页。

[4]　〔汉〕赵煜：《吴太伯传第一》《吴越春秋》卷一，《四库全书》第463册，上海古籍出版社，1987年版，第3页。

[5]　〔汉〕司马迁：《史记·五帝本纪第一》，

中华书局，2013年版，第4页。
[6]　〔宋〕王溥：《唐会要》卷七十《量户口定州县等第例》,《四库全书》第607册，上海古籍出版社，1987年版，第56页。
[7]　〔宋〕王溥：《唐会要》卷七十《量户口定州县等第例》,《四库全书》第607册，上海古籍出版社，1987年版，第48页。
[8]　〔清〕顾光旭：《梁溪诗钞》卷一《李文肃公绅》,《无锡文库》第75册，凤凰出版社，2012年版，第9页。
[9]　〔宋〕欧阳修、宋祁：《新唐书》卷181《李绅》，中华书局，2000年版，第4131页。
[10]　〔唐〕李商隐：《太尉卫国公李德裕会昌一品制集序》,《续修四库全书》第1312册，上海古籍出版社，2002年版，第568页。
[11]　〔唐〕皮日休：《慧山泉》，〔明〕邵宝等：《慧山记》卷一，《无锡文库》第22册，凤凰出版社，2012年版，第7页。
[12]　〔唐〕陆羽：《惠山寺记》，〔明〕谈修：《惠山古今考》卷二，《无锡文库》第23册，凤凰出版社，2012年版，第36—37页。
[13]　〔清〕董诰等：《全唐文》卷九百九十七，中华书局，1983年版，第10328页。
[14]　〔明〕谈允贤：《女医杂言》《血淋》，汪剑主编：《谈允贤〈女医杂言〉评按译释》，中国中医药出版社，2016年版，第7页。
[15]　〔明〕宋应星：《天工开物》卷中《陶埏第七卷》《砖》,《续修四库全书》第1115册，上海古籍出版社，2002年版，第66—67页。
[16]　〔明〕吴翀、李庶：《弘治重修无锡县志》卷七《土产》,《无锡文库》第1册，凤凰出版社，2012年版，第139页。
[17]　〔明〕周邦杰、秦梁等：《万历无锡县志》卷八《土产》,《无锡文库》第1册，凤凰出版社，2012年版，第390页。
[18]　〔明〕周邦杰、秦梁等：《万历无锡县志》卷四《市镇》,《无锡文库》第1册，凤凰出版社，2012年版，第361页。
[19]　〔明〕冯梦龙：《挂枝儿》卷四《别部》，中华书局，1962年版，第36页。
[20]　〔清〕张廷玉等：《明史》卷八二《食货六》《烧造》，中华书局，2000年版，第1333页。
[21]　〔清〕徐永言、严绳孙等：《康熙无锡县志》卷十《土产》,《无锡文库》第2册，凤凰出版社，2012年版，第141页。
[22]　〔清〕杜汉阶：《梁溪竹枝词》,《无锡文库》第30册，凤凰出版社，2012年版，第627页。
[23]　〔清〕王镐、华希闵等：《乾隆无锡县志》卷十一《物产》,《无锡文库》第3册，凤凰出版社，2012年版，第171页。
[24]　〔清〕王允谦、华希闵等：《乾隆金匮县志》卷十一《市镇》,《无锡文库》第2册，凤凰出版社，2012年版，第702页。
[25]　〔清〕王镐、华希闵等：《乾隆无锡县志》卷六《街坊》，《无锡文库》第3册，凤凰出版社，2012年版，第110页。
[26]　〔清〕王镐、华希闵等《乾隆无锡县志》卷六《街坊》,《无锡文库》第3册，凤凰出版社，2012年版，第110页。
[27]　〔清〕黄印：《锡金识小录》卷一《备参上》《力作之利》,《无锡文库》第19册，凤凰出版社，2012年版，第14页。
[28]　〔清〕于琨、陈玉璂：《康熙常州府志》卷十《物产》《工作之属》,《中国地方志集成·江苏府县志辑（36）》，江苏古籍出版社，1991版，第190页。
[29]　南京市明城垣史博物馆编：《南京城墙砖文》，南京师范大学出版社，2008年版，第20—26页。
[30]　〔明〕陈遴玮、王升：《万历重修宜兴县志》卷四《土产》《货之属》,《无锡文库》第14册，凤凰出版社，2012年版，第112页。
[31]　〔清〕李先荣等：《康熙重修宜兴县志》卷六《土产附》《货之属》,《无锡文库》第14册，凤凰出版社，2012年版，第383页。
[32]　石锡兴：《无锡布码头述略》，《江海学刊》1994年第2期。
[33]　〔清〕黄印：《锡金识小录》卷一《备参上》《风俗变迁》，《无锡文库》第19册，凤凰出版社，2012年版，第19—20页。
[34]　〔清〕杜汉阶：《梁溪竹枝词》,《无锡文库》第30册，凤凰出版社，2012年版，第628页。

[35] 〔清〕杜汉阶：《梁溪竹枝词》,《无锡文库》第30册，凤凰出版社，2012年版，第629页。

[36] 〔清〕杜汉阶：《梁溪竹枝词》,《无锡文库》第30册，凤凰出版社，2012年版，第627页。

[37] 〔清〕王镐、华希闵等：《乾隆金匮县志》卷二十《杂识》,《无锡文库》第2册，凤凰出版社，2012年版，第815—816页。

[38] 〔清〕杜汉阶：《梁溪竹枝词》,《无锡文库》第30册，凤凰出版社，2012年版，第628页。

[39] 江苏档案精品选编纂委员会：《江苏省明清以来档案精品选·无锡卷》，江苏人民出版社，2013年版，第3页。

[40] 〔明〕吴翀、李庶：《弘治重修无锡县志》卷七《土产》《货之属》《铁》,《无锡文库》第1册，凤凰出版社，2012年版，第139页。

[41] 〔清〕王镐、华希闵等：《乾隆金匮县志》卷十一《物产》《铁器》,《无锡文库》第2册，凤凰出版社，2012年版，第703页。

[42] 江苏档案精品选编纂委员会：《江苏省明清以来档案精品选·无锡卷》，江苏人民出版社，2013年版，第5页。

[43] 江苏档案精品选编纂委员会：《江苏省明清以来档案精品选·无锡卷》，江苏人民出版社，2013年版，第5页。

[44] 江苏档案精品选编纂委员会：《江苏省明清以来档案精品选·无锡卷》，江苏人民出版社，2013年版，第5页。

[45] 江苏档案精品选编纂委员会：《江苏省明清以来档案精品选·无锡卷》，江苏人民出版社，2013年版，第5页。

[46] 无锡市档案馆，馆藏档案D5-235。

[47] 江苏档案精品选编纂委员会：《江苏省明清以来档案精品选·无锡卷》，江苏人民出版社，2013年版，第5页。

[48] 江苏档案精品选编纂委员会：《江苏省明清以来档案精品选·无锡卷》，江苏人民出版社，2013年版，第5页。附注：该告示名《钦加五品衔赏戴花翎署常州府无锡县正堂许为遵札出示严禁事》，《江苏省明清以来档案精品选·无锡卷》的编纂者将之标为“王源吉冶坊开设分店官府批示”，但告示内容并无“开设分店官府批示”的信息，主旨是告示开头所言“为遵札出示严禁事”，所以贴切的标题，当是“遵札严禁混售劣质假冒王源吉铁锅告示”。识者参考自明。

[49] 江苏档案精品选编纂委员会：《江苏省明清以来档案精品选·无锡卷》，江苏人民出版社，2013年版，第61页。

[50] 汪泽主编：《中国商标案例精读》，商务印书馆，2015年版，第3页。

清道光己亥科陕西路步祥乡试朱卷研究

杨　军　韦银芳*

【摘要】本文主要对陕西省延安市洛川县发现的清代道光年间路步祥乡试朱卷进行介绍与考证，该朱卷内容包括路步祥考生姓名、履历、始祖尊属及兄弟、叔侄、妻室子女、受业师、受知师、本人应试中选的文章及考官评阅意见，是对考生家族谱系及受教育情况的详细说明，具有鲜明的特点。清代路步祥乡试朱卷是参加科举考试后刊刻朱卷的全貌，对全面深入地研究路步祥具有重要意义，为研究清代科举制度提供了重要的参考资料。

【关键词】清代　朱卷　乡试

朱卷是宋代以后科举考试制度的产物，为了防止阅卷官徇私舞弊，规定考生用墨笔写试卷，然后由专门的誊录人另用笔誊出来，送给阅卷者批阅。中式后，将自己的试卷刊刻散发亲友，形成了一种特殊的文献。科举共分乡试、会试、殿试三个层次，清代乡试考期在秋季八月，故又称“秋闱”。明清两代每三年在各省省城举行一次考试，凡本省科举生员与监生均可应考。乡试由本省学政巡回举行的科考中成绩优秀的秀才（庠生）参加，考中者称为“举人”。朱卷先载姓名、履历；继载始祖以下尊属及兄弟、叔侄、妻室子女；附载受业师、受知师；最后记载本人应试中选的文章。

一、路步祥乡试朱卷的主要内容

朱卷为线装、木刻版，黑宋字体，印刷于宣纸上，纵26厘米、横14.8厘米，共20页（图一）。朱卷扉页左上方标题为“陕西乡试朱卷道光己亥科”。朱卷内由三部分组成：第一部分为履历；第二部分为科份页，载本科科份，中试名次，主考官姓名、官阶与批语等；第三部分是试卷与文章。

第一部分是考生履历（图二）。路步祥的出身家世叙说较详，大意如下：路步祥，字□□，号福巷，行五，辛未相六月十八日吉时生，陕西鄜州洛川县民籍拔贡生。九世祖路

*　杨　军：延安市洛川县博物馆副研究馆员

韦银芳：延安市洛川县杨舒中心幼儿园高级教师

图一 路步祥朱卷

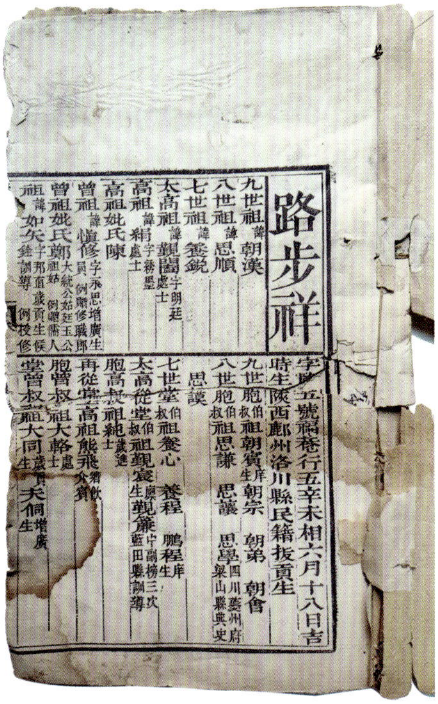
图二 路步祥履历

朝汉，八世祖路思顺，七世祖路养锐。太高祖路觐阖，字明廷，处士。高祖路娟，字绣墨，处士，配陈氏。曾祖路慎修，字承思，增广生员，例赠修职郎；配郑氏，例赠孺人。祖路如矢，字邦直，岁贡生，候铨训导，例授修职郎待赠文林郎；配王氏，例赠孺人，增广生。九世胞叔伯祖：路朝宝，庠生；路朝宗；路朝弟。朝会。八世胞叔伯祖：路思谦；路思让；路思学，四川夔州府梁山县典史；路思谟。七世堂叔伯祖：路养心；路养程；路鹏程，庠生。太高从堂叔伯祖：路觐宸，庠生；觐帘，宁副榜三次，蓝田县训导。胞高叔祖：路纯，岁进士。再从堂高祖：路熊飞，乡钦介宾。胞曾叔祖：路大辂，处士。堂曾叔祖：路大同，贡生；路夫倜，增广生。再从堂曾叔祖：路大本，庠生；路大年，庠生；路大伦，庠生；路大义，增生；路大库，耆宾。族曾祖：路建学，耆宾；路进章，廪生；路惠，太学生；路成修，太学生。胞叔祖：路如愚，廪生卽贡。堂叔祖：路如璋，太学生；路如璧，生员。三从堂叔祖：路培阳，耆宾；路奇峰，佾礼生员。族祖：□逵，庠生，遄征奉祀生。胞□：路谊成，耆宾；路用成，庠生；路竞成，耆宾出嗣。□堂叔：路必成、路信成。□□：路履康，增生；路尚行，庠生；路水清，庠生；路行成；路德成，耆宾。路考成；路卽成；路恩成；路让成；路林成，耆宾。堂兄：路明达，太学生；路明高，庠生；路明经；路刘娃；路明铨。从堂弟：路致祥，业儒；路代祥；路永祥；路崇宗；路全宗，俱幼。族兄：路径捷，庠生；路步瀛，庠生；路含生，太学生；路自正，庠生；路秀灵，庠生；路怀念，耆宾；路怀玉，耆宾。宗兄：路慎兴，丙子举人，现任河州学政；路慎庄，丙申进士，翰林院庶吉士；路堉芝，甲午科举人。族侄：路应科，癸酉拔贡，候铨州判；路从先，庠生；路从逵，业儒。胞兄弟：路渐高，处上；路考祥，业儒。

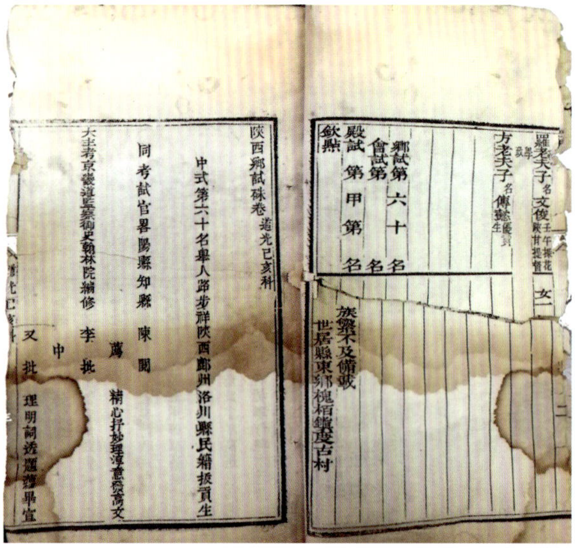

图三　科份名次和批阅

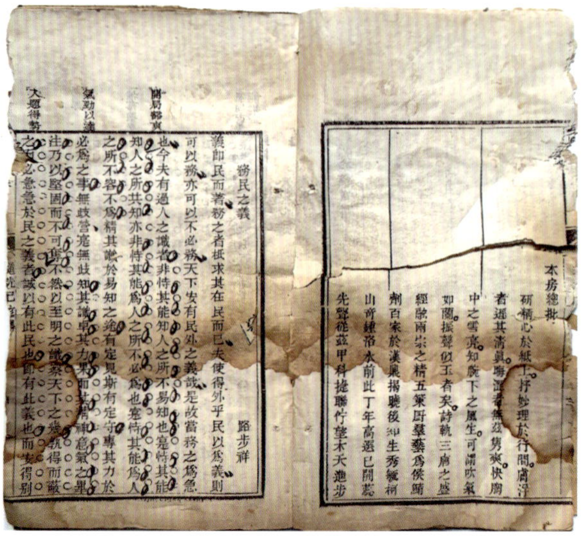

图四　第一篇《务民之义》

路步祥父旻，名育成，字天一，例封文林郎廪膳生候即贡。母曾氏，庠生肇基公孙女（处士）。妻贾氏，系太学士贾勤公女。路步祥生子女两个：儿子路德厚，幼；女儿小，无名。族繁不及备载，世居县东乡槐柏镇度古村。该朱卷收录路步祥的族亲有近百人。

路步祥的业师、庭训、受业恩师有九人，分别是：本家老夫子，名德，己巳进士，翰林院庶吉士，户部主司，前关中书院山长；程老夫子，名义凤，庚辰进士，兵部武选司郎中，关中书院山长；李老夫子，名登螭，壬午进士，前任中部县知县；马老夫子，名国翰，壬辰进士，现任泾阳县知县；张老夫子，名庄，乙酉拔贡，现任洛川县教谕；徐老夫子，名效陵，举人，现任鄜州学正；王老夫子，名万适，辛卯举人，前鄜州泾正书院山长；罗老夫子，名文俊，壬午探花，陕甘提督学政；方老夫子，名传懿，优□生。履历最后页刻有乡试第六十名，钦点。

第二部分科份名次（图三），共有两页。第一页载陕西乡试朱卷，道光己亥（1839）科，中式第六十名举人路步祥，陕西鄜州洛川县民籍拔贡生。其后为主考官姓名、官阶与批语，批阅分别由同考官阅批、大主考官中批、本房总批。内容为“同考试官略阳县知县陈阅，荐”，又批“精心抒妙理，淳意发高文”；大主考京畿道监察御史、翰林院编修李批“中”，又批“理明词透，题蕴毕宣”。科份页第二页是本房总批，内容为“研精心于纸上，抒妙理于行间，肤浮者逊其清真，晦涩者无兹隽爽，快胸中之雪亮，知腕下之风生，可谓吹气如兰振声，似玉者矣。诗轨三唐之盛经，融两宗之精五策，厨群艺为侯鲭，刓百家于汉鼎，揭晓后知生秀毓，柯山奇钟洛水前，此丁年高选已开蕊，先声从兹甲科，捷联伫望木夭进步”，足见当时考官对路步祥文章的肯定。从这份资料中可考，当时一份乡试试卷要经过层次批阅，可见古时科举阅卷制度的严格程度。

第三部分是考生文章，共有四篇。第一篇为《务民之义》（图四），路步祥用了716个字发表观点，文章短小却言之有法，本房加批为：“气如秋涛，言如并翦，词源倒流，笔阵横扫，文境似之。”足见当时考官对其文章的高度赞赏。第二篇为《必得其名》（图五），此篇共用723字论述观点，本房加批

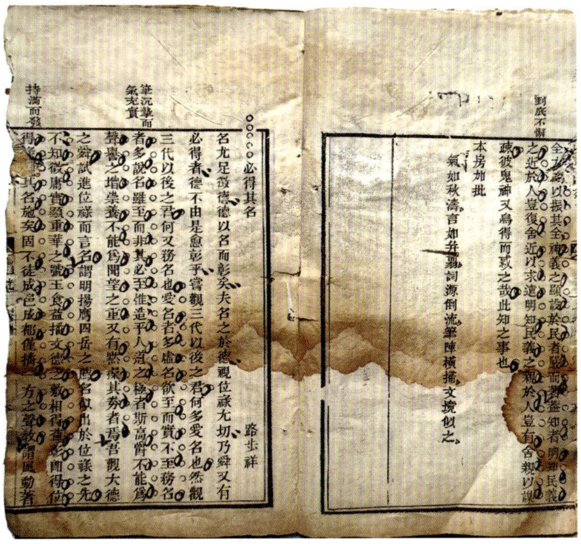

图五　第二篇《必得其名》

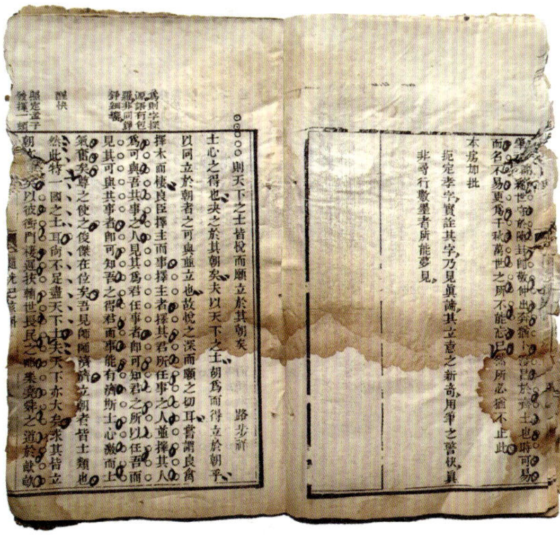

图六　第三篇《则天下之士皆悦而愿立于其朝矣》

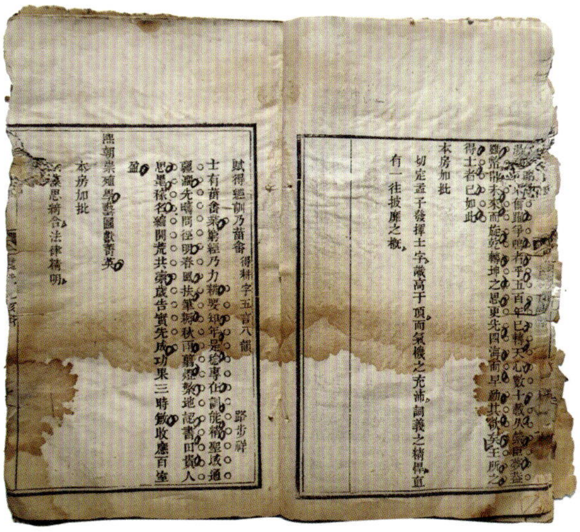

图七　第四篇《赋得经训乃菑畬》诗一首

为："扼定孝字，实诠其字，乃见真谛，其立意之新奇，用笔之警快，真非寻行数墨者所能梦见。"第三篇为《则天下之士皆悦而愿立于其朝矣》（图六），此篇用了706字进行阐述，本房加批为："切定孟子发挥士字，识高于顶，而气机之充沛，词义之精悍，直有一往披靡之概。"第四篇为诗《赋得经训乃菑畬》（图七），得耕字五言八韵诗一首："士有菑畬业，穷经乃力耕。要知年是稔，专在训能精。圣域通疆阔，先畴问径明。春风扶笔耨，秋雨翦灯檠。地认书田贵，人思墨稼名。编开荒共凛，岁告实先成。功果三时敏，收应百室盈。熙朝崇殖学，艺圃献菁英。"本房加批曰："藻思绮合，法律精明。"

二、陕西乡试朱卷的初步探讨

（一）关于路步祥乡试朱卷的时代和地名的考证

路步祥出生于嘉庆辛未年（1811）六月十八日，于道光十九年（1839）成为举人。据1944年《洛川县志》载："路步祥，同治六年丁卯科（姜编志稿作道光十九年己亥恩科），教谕，未任。"[1]教谕是学官名，即是"正式教师"之意，元、明、清县学均置，掌文庙祭祀，教育所属生员。教谕相当于现今教委主任或县学校校长职务。路步祥乡试朱卷题为道光己亥科，道光为清朝宣宗皇帝年号，己亥为道光十九年（1839），该乡试朱卷距今已有180多年的历史。

鄜州，即今富县。唐朝时改上郡为鄜州，洛川属之。五代时，富县、洛川全境皆属鄜州。宋代，鄜州领洛川、直罗、洛交等县。后延续于明、清、民国时期。1964年，因"鄜"字生僻，改为富县[2]。洛川县，从唐朝始属鄜州[3]。

（二）关于路步祥陕西乡试朱卷的特点

路步祥的朱卷对自己的出身家世做了详细的介绍，叙说了家族出现的庠生、贡生、监生一类的文人，自己亦受过良好的家庭教育。在师承传授中，受业师的学问渊源与他的才学关系最为密切。朱卷内容说明路步祥从小受书家的优良训教，使他的才智得以有效发挥。

朱卷一般有两种：第一种指科举考试中的试卷；第二种指考生考中后，将本人在试场中所作的应试文章及有关内容刊印成册分赠友人乡党以显荣耀。该路步祥陕西乡试朱卷应是第二种，考生考中后把自己乡试的文章刻印成册赠人。上述朱卷由三个部分组成：一是考生履历；二是科份名次；三是考生文章四篇，由试卷与文章组成，是研究八股文的第一手资料。

路步祥陕西乡试朱卷有着重要的特点：一是朱卷将家族的科举功名者全部录入，是了解、掌握清代路氏家族科举情况的重要文献；二是记载了路氏家族士人的科举状况，是其举人、贡生、生员等信息的实物资料；三是记载了路氏家族的经济、婚姻状况及人口数量与流动、社会地位、师生关系等，详细说明了路氏家族的全貌及兴衰状况；四是朱卷可以起到自我推荐的作用，也是个人身份档案资料的实物凭证，可以提高个人的社会知名度，并提升路氏家族的社会地位；五是将乡试朱卷文章刻印成册赠送政府官员及社会各界不同层次人物，是为了得到赞扬和认可。

（三）关于路步祥陕西乡试朱卷内其他重要人物考证

路步祥乡试朱卷中提到，宗兄：路慎庄，丙申进士，翰林院庶吉士。

路慎庄（生卒不详），字子端，号小洲（或作筱舟居士）[4]，清书画家、藏书家，盩厔（今陕西周至）人。道光十一年（1831）辛卯科举人，道光十六年（1836）丙申科进士，翰林院编修有传[5]。道光庚子（1840）任福建乡试副考官，因京察一等，迁任福建道监察御史，工科给事中。后又特授江苏淮阳河槽盐驿兵备道，如盐运使衔。咸丰辛亥（1851）因父故，丁忧归里。咸丰癸丑（1853）五月又遇妻赵氏卒。翌年，才忧阙辅班。咸丰丙辰（1856）卒于清江浦，时年五十。恤赠光禄寺卿，入淮安府清河县名官祠。后葬于陕西周至县尚村镇南午子山。一生精于书画，善画山水、花卉，著有画辑《自绘使闽纪程册》、《蒲编堂书目》若干卷，辑补汉魏遗书百余种、《唾余稿》二卷等。咸丰年间绘制的《终南五景图》，是其传世的唯一佳作。他博集群书，富藏典籍，为当时著名的藏书家。所藏图书为当地藏书家之首，藏书6万余卷，多宋元刊本，考证极为精详，藏于蒲编堂中。

路慎庄其父路德（1784—1851），字闰生，号鹭洲。盩厔（今陕西周至）终南里人，嘉庆十四年（1809）己巳进士，翰林院庶吉士有传[6]。路德幼年刻苦读书，乡试中举人，学期未满即授户部湖广司主事。嘉庆十九年（1814）丁忧返籍。三年后考补军机章京职。后受聘主讲关中、宏道、象峰、范阳等书院。他认为读书的目的是自身修养，具有良好道德品质，而不是为了做官，求荣华富贵。要求学生先立品行，后做文章。经他教授的学生有1000多人，其中许多人后来成为名家，光绪年间任过军机大臣的陕西朝邑人阎敬铭就是他的学生。其著作有《柽华馆全集》12卷、《蒲编堂训蒙草》《仁在堂时艺十一种》等。平时对亲友、乡邻慷慨相助。道光十五年（1835）陕西遇饥荒时，他捐出学馆的粮、钱救济乡亲，自己一家食粗粮。路德与其子孙路慎庄、路慎皋、路桓、路峙五人先后皆中进士。

路步祥族侄路应科，癸酉拔贡，候铨州

判。癸酉应为嘉庆十八年（1813），拔贡是科举制度中贡入国子监的生员的一种。候铨州是授予候补（等候递补缺额）的州同知的官职。据1944年《洛川县志》载："路应科，道光二十六年丙午科（省通志稿于嘉庆十三年戊辰恩科并载之）。"[7]

（四）关于路步祥与朝阳书院

清朝时期，继续设延安洛川县，属鄜州。据《洛川县志》卷十九《教育志》载："清末之学校教育……光绪二十七年乃决令各省改书院为学堂，废八股文，代以经义策论。迄三十二年，明诏废科举，裁提督学政之钦差而设各省提学使；其总理全省学堂事务之学务处，亦改称学务公所；各州县均设劝学所，此行政机构改革之大要也。时各州县能设中学堂者甚少，洛川则于三十二年，知县孙奉先改朝阳书院为第一高等小学堂。"[8]朝阳书院于清乾隆四十七年（1782）创建，洛川的文人墨客离不开朝阳书院的培养，朝阳书院的学生以治学为务、科举为务，朝阳书院的学生可参加乡试，中举人后可参加会试。据笔者推测分析，路步祥应曾经就读于朝阳书院。朝阳书院位于洛川县北关小学校内，现为陕西省文物保护单位。

路步祥陕西乡试朱卷的实物，详细地介绍了清代时期考生的考试形式、方法与科场面貌，以及科举取士的评判标准、教育状况等。清代路步祥乡试朱卷是中国清代科举制度的实物见证，它为研究陕北延安地区清代科举制度和考试管理情况提供了珍贵的实物资料。

注　释

［1］　余正东主修，黎锦熙总纂：《洛川县志》卷十九《教育志》，成文出版社有限公司印行，1944年铅印本影印版，第368页。

［2］　陕西省文物局编：《陕西第三次全国文物普查丛书——富县文物》，陕西旅游出版社，2012年版，第2页。

［3］　洛川县地方志编纂委员会编：《陕西地方志丛书·洛川县志》，陕西人民出版社，1994年版，第4页。

［4］　路毓贤：《路慎庄的〈终南五景图〉》，《文博》1987年第6期，第57页。

［5］　庞文中修，肇新纂：《盩厔县志》卷七《选举》，成文出版社有限公司印行，1925年铅印本影印版，第551页。

［6］　庞文中修，肇新纂：《盩厔县志》卷七《选举》，成文出版社有限公司印行，1925年铅印本影印版，第551页。

［7］　余正东主修，黎锦熙总纂：《洛川县志》卷十九《教育志》，成文出版社有限公司印行，1944年铅印本影印版，第368页。

［8］　余正东主修，黎锦熙总纂：《洛川县志》卷十九《教育志》，成文出版社有限公司印行，1944年铅印本影印版，第377页。

钩沉老北塘　探源锡城史

——从无锡地铁文化墙分析当代北塘文化传承

叶　倪　钱　挺*

【摘要】地铁文化就是以地铁为载体，由地铁参与者在地域文化的基础之上创造并逐渐形成的一种城市公共文化，体现了一个地域的文化特色，传达了地域文化的特殊情感与艺术气息，是一个时期或者一个地区历史遗迹与时代变迁的缩影，地铁文化墙则是传播地铁文化与地域文化的重要载体。在无锡地铁站厅内可以观察到大量的富有无锡地域特色的文化墙、展厅等公共艺术展品，不仅突出了无锡的文化特色与地域特征，还提升了整个城市的文化素养。本文梳理了北塘文化的发展脉络，研究了北塘文化的传承与无锡地铁站内文化墙的关系，以促进北塘地域文化遗产与现代地铁文化协调共生。

【关键词】无锡地铁　北塘文化　地铁文化墙

引言

无锡作为吴文化的发源地以及近代工商业文化的发祥地，具有鲜明的江南区域文化特色。当今的无锡地铁线路已开通了4条，其不应只是为市民提供便捷的出行，还应具有传播传统文化，引领城市文明新风尚的作用。对于步入网络化运营时代的无锡来说，轨道交通在推动城市更新建设、文化繁荣进步的同时，兼具着传统地域文化传播功能，正成为无锡文化建设的重要载体。无锡地铁4条线路均穿古运河而过[1]（图一）。随着时间巨轮的滚动，代表无锡传统理念的运河文化逐渐没落，象征

图一　无锡地铁线网图

---

* 叶　倪：无锡地铁运营有限公司高级物流管理师

钱　挺：无锡地铁科技服务有限公司建筑结构工程师

着现代化进程的地铁文化正茁壮成长，两种文化并没有相互取代，而是交织相融，古典与现代的碰撞，正以崭新的面貌呈现给无锡市民，共同见证无锡的美好未来。

一、北塘地域文化解码

无锡作为江南历史文化名城，历史悠久，文化底蕴丰富。那究竟何种地域文化可以代表无锡文化？长期以来众说纷纭，有“太湖文化”说，有“吴文化”说，有“工商业文化”说，有“古运河文化”说，也有“乡镇企业文化”说，各种论述皆有理据，但是仔细品味，无锡文化源远流长，在各种复杂的历史背景与文化要素交织在一起的情况下，上述的各种论述都有失偏颇，仅仅是站在无锡曾经的某个时代角度而总结的文化现象，没有深入探究其内在的脉络。因此，解码无锡地域文化的特性，需把握其各个文化之间所具有的共同的属性。[2]正如本文所要展开论述的北塘文化，无锡古籍与近代文献中并没有“北塘文化”一词的相关记录，但该词也不是凭空捏造，是在集无锡北塘地域从形成至衰落的全生命周期中各历史阶段形成的各类地域文化的基础之上，对其进行分析解码。

（一）北塘名字的由来

古人把运河称为塘河，北塘之意就是该地位于运河之北。古代无锡有两个大湖：一个是惠山南面的太湖，占地三万六千顷；另一个是惠山北面的芙蓉湖，占地一万五千顷，以生长芙蓉（荷花）而得名，近代才简称蓉湖。北塘一带就在芙蓉湖区内。

芙蓉湖是一个浅湖盆的湖泊，低洼沼泽连绵数十里。历史上，吴地百姓不断地治理、改造芙蓉湖。战国时期，楚国春申君黄歇封于江东，即成为治湖第一人。东晋时期，晋陵内史张闿治理芙蓉湖，还湖为耕田。但直到北宋时，北塘一带仍是芦苇丛生的沼泽地。又经宋、元、明几代治理，明代良臣周忱主持整治芙蓉湖，北塘才露出水面。又因围湖造田，以致芙蓉湖缩减为北门外京杭大运河的一段及各个塘河，名为北门塘，简称北塘。据清光绪《无锡金匮县志》记载：“北门外大街，出控江门，过莲蓉桥，转北塘，至北马头。”[3]可以知晓，北塘大街最早是沿运河的一条塘岸，原是无锡往北的一条重要驿道。

（二）北塘文化的含义

线上线下查阅相关文献史料，都未查询到“北塘文化”的相关内容。继续查询微信公众号，终于在无锡市山北中学公众号中一篇《学老北塘文化，育新梁溪少年——向建党一百周年献礼》的文章中发现了“北塘文化”这一词。该文章认为北塘地区就是充满江南灵气的风水宝地，地理环境优越，水陆交通便捷，是近代无锡民族工商业的发祥地之一，在川流不息的古运河畔，近代科学家徐寿、民间艺人阿炳等留下深深的烙印，使北塘人文底蕴越发醇厚。在一百多年的历史文化发展过程中，北塘地域逐步形成了“弘志、笃行、积善、守信”的北塘文化精神内涵。该文章也只是站在近代时期北塘地区发展的视角对北塘文化进行阐述，认为北塘文化主要表现为无锡近代民族工商业文化。近代工商业繁荣时期也只是北塘文化不断演化与发展过程中的一个阶段，并不能完整地反映出北塘文化的内涵。

应站在唯物主义历史观的角度整体分析北塘文化的内涵，即从北塘成立之初至今所经历的社会变迁与人类文化传承，分析不同的历史背景下北塘文化不同的内涵和意义。通过整理相关文献资料，笔者认为北塘文化应包含三个方面的内涵，即吴文化、运河文化、无锡近代工商业文化。

1. 吴文化。无锡是吴文化的发源地，公元前1122年，泰伯带领吴地先民在无锡梅村一带开凿了江南最早的人工运河。它的开凿为今后吴王夫差开辟“吴古故水道”（现称古江南运河）奠定了基础。《越绝书》记载：“春申君时盛祠以牛，立无锡塘。去吴百二十里。无锡湖者，春申君治以为陂，凿语昭渎以东到大田。”[4]此后的北塘地域在此基础上才得以建立起来，形成了北塘地域文化。可以理解为吴文化是北塘文化形成的基础，北塘文化是吴文化部分内容的体现。

2. 运河文化。运河文化一般指的是京杭大运河文化，是综合性质的、中国古代农业创造出来的城市群文化。本文主要讨论的是运河文化中的无锡段运河文化，具体可表现为江南运河，如诗如画，小桥流水，网船人家，典型江南水乡的温婉灵动而秀美。

而无锡古运河北塘段，北起皋桥，穿吴桥，沿三里桥、北塘大街，在江尖渚分流成两支：一支向东穿莲蓉桥，过通汇桥、工运桥折转羊腰湾，接南长古运河；另一支向西沿解放西路，重合梁溪河、护城河，在南长桥折向南，在黄泥桥与东支汇合向南。北塘段运河全程约5公里，是大运河无锡段40.8公里中的一小段。里程虽然不长，在历史上却是无锡段运河中最为繁忙的黄金水道，也是极具无锡地方特色的运河遗产，具有无比珍贵的历史价值。因此，也可以理解为北塘文化是无锡段运河文化的一个缩影，甚至是其浓缩的精华。

3. 无锡近代工商业文化。无锡在中国近代民族工商业史上写下了光辉的篇章，成为江南的经济中心城市，涌现出许多经济实力雄厚的实业家，演绎出具有鲜明无锡特色的工商业文化。其中北塘地区更是其显著的代表，在当时北塘地区是全国著名的四大米市之一，同时也为无锡争得了“布码头”和“银码头”之称，在近代无锡社会经济发展史上占有极其重要的地位。此时的北塘文化主要体现为“尚德务实，开拓进取”的无锡近代工商业文化。

综上所述，北塘文化作为京杭大运河文化的精华，既展示着京杭大运河的江南形象，又是无锡人对大运河集体记忆的历史见证。不仅蕴含了江南水乡的文化基因，也书写着吴文化的发展脉络，同时还是传承运河文化、延续近代工商业文化精髓的有效载体。不仅对大运河文化带建设具有重要意义，而且对长三角一体化发展战略目标的实现具有现实意义。

二、无锡北塘文化的发展脉络

北塘文化以先吴和吴国文化为基础，经历战国、秦汉、魏晋南北朝的发展，隋、唐、宋、元历代不断成熟，至明、清时期形成顶峰之势，随着近代工商业的繁荣发展，北塘文化从传统文化定式向近代工商业文化方向转型。通过梳理北塘文化的发展脉络及不同历史发展阶段，读者能更好地理解北塘文化这一概念。

（一）无锡北塘文化发展的四个时期

1. 初步形成时期（主要代表时期：春秋）

公元前1122年，泰伯在无锡开挖了江南地区的第一条人工运河——泰伯渎。全长43公里，流经坊前、梅村、荡口，直至漕湖。

公元前495年，吴王夫差开挖江南运河，从苏州胥门过望亭，来到无锡。首先同泰伯渎相交，然后继续向北，穿过由惠山东向余脉形成的岗地进入芙蓉湖，在入湖口附近即同古梁溪河交汇。自此形成了无锡以运河为纵轴，泰伯渎向东，梁溪河向西的古老河网骨架。

公元前248年，春申君主动向楚考烈王请求改封于江东吴地。考虑到当时吴地社会经济的发展需要，春申君随即对芙蓉湖水域进行了大面积改造，将芙蓉湖打通至太湖，为日后无锡北塘的形成奠定了基础。

2. 稳步发展时期（主要代表时期：清末民初）

明朝万历年间，米市即在莲蓉桥出现，这是无锡最早出现的米市。但在明代时期，南塘的繁荣远比北塘早与快。北塘真正的发展是在太平天国运动之后。由于苏浙到无锡办漕，北塘米市遇到了兴起的时机。在太平天国战事中，米行大多被焚毁。

1866年，米行先在北门外树巷里、河埒里恢复营业。继之，北塘、三里桥粮食行业逐步增多，市面渐兴，堆栈渐建。陆右丰槽坊即自乡迁城接官亭弄，并在三里桥增设西号。1883年，无锡已形成八段米市，尤以北塘、三里桥为最盛。1908年，原设在上海的粮道衙门迁至无锡，总办漕运事宜，史称“南漕北移”。1910年，无锡已有粮行143家，其中，北塘段有41家，三里桥段有40家，北栅口有9家，此外南门、西门有若干家，称“百业之首”。[5]

清末时期，无锡的商业中心逐渐由南门向北门转移。至民国时期，北塘一直是无锡商市中心之一。以米业为中心，有米豆行70余家，粉面行38家。其他各类商家有130家左右。据1903年《锡金乡土地理》记载：“邑城市街北城外之北大街至北塘为最胜，市廛罗列，商务最盛。北塘一带市街三里，人烟稠密，商船咸泊于塘岸，往来米艘皆集于此。”[6]可以看出当时每天货物在北塘沿河装卸、过秤、运进运出，十分热闹。

3. 成熟发展时期（主要代表时期：近代）

近代以来，北塘因其独特的区位优势，很多工厂都选址于此。至20世纪30年代，北塘的商业发展达到顶峰时期，北塘的发展还辐射到周围的江阴巷、顾桥下、北栅街等，都是商业市口。莲蓉桥两侧的布行弄、江阴巷是布码头集中地。[7]

1896年，莲蓉桥两旁已有20家钱庄，到1942年，有42家银行和各式钱庄，成为苏南的金融中心。竹场巷更是成为无锡的“华尔街”。[8]与此毗连的北大街是旧时繁华的闹市区，商店鳞次栉比。北塘河对面的蓉湖庄、江尖则成为堆栈仓库重地，并建有九丰面粉厂等。

4. 逐步衰落时期（主要代表时期：现代）

与大部分传统城市一样，近代无锡的城市现代化改造是以古城的路网改良为基础的，由于交通工具的更新迭代，城内运河道的水利功能逐渐丧失，加之卫生状况不佳，于是采取了将河道填埋修造为道路。因此，北塘地区的小三里桥、三里桥、运河沿岸河浜先后被填埋，北塘大街的里街和外街也合并成了一条街。北塘段运河沿岸的码头、商铺、矮脚楼也被大量拆迁。由于商铺码头的消失，对于米市粮行的需求也不再依靠水路支持，无锡的经济中心向南边移靠，因此北塘地区逐步衰落，成为无锡城市的边缘地带。

（二）以北塘文化为轴，串联起无锡地域文化之纲

现无锡古城的主体是梁溪区，是由原先的北塘区、崇安区、南长区于2016年合并而成。无锡因运河而生、因运河而兴，而其中的北塘地域是无锡段运河的精华之腹地。北塘与运河唇齿相依，存续与共。无锡因运河而拥有世界文化遗产，北塘为其内在之轴，黄歇治水在此，四大米市之一在此，民族工商业蓬勃发展在此，北塘文化串联起无锡从古至今所承载的各类型的地域文化。

三、无锡地铁文化墙的宣传现状

所有实体的文化艺术作品，都是由材料作为载体，通过各种工艺进行创作。市民可以通过材料所呈现的艺术美感结合人们不同的心理因素，感受文化艺术作品内涵的特色地域文

图二　胜利门站文化墙

图三　胜利门站文化墙局部图

化。无锡地铁于2008年开工建设至今，虽然只建设了为数不多的地铁文化墙，但每个文化墙都极具地域特色，本文选取了胜利门站与惠山古镇站两个与北塘文化相契合的地铁文化墙，大致介绍无锡地铁文化墙的现状。

（一）无锡地铁 1 号线胜利门站石壁文化墙

无锡地铁1号线胜利门站的文化墙是无锡地铁史上第一面文化墙，其位于该站的下沉广场，面积1000多平方米，主要以石材为载体进行雕刻而成。墙上刻画出无锡地铁一号线沿线站点区域附近的主要人文元素，有南禅寺的牌坊和寺庙、清名桥的小桥流水、火车站的车水马龙、古运河的熙熙攘攘等画面（图二）。凑近点看，可以发现文化墙上浮雕的原型都是无锡老照片，其中胜利门站雕刻的是曾经的北城门，城门之下有络绎不绝的商贩和熙熙攘攘的市民，作为年轻一代虽未见识过当时的城门，但依旧可以从石壁上感受到民国时期北塘之地的繁华景象（图三）。另外，该石壁文化墙所处的胜利门是无锡曾经的北门，又称控江门、莲蓉门，是连接无锡城与北塘之要道，同时也是北塘地域的起始点。

该文化墙将石材的“天然纹理”与人工雕刻的“人造肌理”相结合，形成了鲜明的对比。在石材原始纹理的基础之上增加技术工艺与形态设计，造就了独属于该文化墙的“人造肌理”。石材切割的纹理给人一种碧波荡漾的流水之感，仿佛一条运河贯穿无锡城市的地理脉络与历史文脉，在此石板上精细雕琢的壁画又诉说着一个个无锡老城的故事。

（二）无锡地铁 4 号线惠山古镇站“文化客艺术空间”

2022年6月2日，无锡地铁与无锡市文联以“共建共享”的合作理念，在无锡地铁4号线惠山古镇站共同为“文化客艺术空间”暨阿炳印象主题雕塑展揭牌（图四、图五）。阿炳（1893—1950）作为无锡杰出的音乐家，同时也是北塘文化中的杰出代表，他当时演奏卖唱的地方是在北塘沿河两岸。无锡地铁在站内空间开发集文化、休闲、艺术、沙龙等功能于一体的“文化客互动空间”，该空间通过文化展厅、动感灯箱等艺术手段构建文化墙，将资源重新整合，赋能北塘文化新活力，为无锡市民游客提供“一百米的沉浸式文化体验”。

四、无锡地铁文化墙：汇通无锡的历史与未来

本节主要从地铁文化墙与无锡过往的历史——北塘文化之间的联系、地铁文化墙与无锡未来的文化——地铁文化之间的联系加以分析，可以见得，地铁文化墙是串联起北塘文化

与地铁文化的纽带，具有传承性与包容性。

（一）地域文化与地铁文化墙的关联性

地铁文化墙设计中融入地域文化，能够很好地展现一个城市的人文环境和风貌，也能够促进一个城市现代化文明的发展。另外，地域文化与地铁文化墙的有机结合，对地域文化的发展与保留有着很重要的意义[9]。地铁文化墙将地域文化展现给市民，使得市民对于地域文化的表达更有亲和力，是地域文化与人民的有机结合。

（二）地铁文化与地铁文化墙的关联性

地铁文化就是以地铁为载体，由地铁参与者在地域文化的基础之上创造并逐渐形成的一种城市公共文化，体现了一个地域的文化特色，传达了地域文化的特殊情感与艺术气息，是一个时期或者一个地区历史遗迹与时代变迁的缩影。地铁文化墙则是传播地铁文化与地域文化的重要载体，是特殊城市空间中特色的表达形式，也是地域文化与地铁建设相融合的产物，市民们可以直接从地铁文化墙来感知这座城市的特色文化与悠久历史。

图四　惠山古镇站“文化客艺术空间”

图五　惠山古镇站“文化客艺术空间”

（三）文化墙汇通北塘文化与地铁文化

我国轨道交通行业发展迅速，城市文化与地铁车站设计理念相互融合，文化墙已然成为我国地铁车站设计的主要潮流。地铁文化墙不再只有单一性的装饰作用，更重要的是成为城市地域文化的重要组成部分。[10]随着地域文化的传承与复兴，地铁文化墙作为一种展现地域文化与地铁文化的标志，其价值与地位日益凸显。

无锡地铁文化墙正是利用音乐、文字、雕刻、建筑、展品等形式，将北塘文化传承下来，唤醒无锡市民心中传统的北塘文化，丰富无锡市民的视觉体验与精神享受，增强无锡市民对北塘文化的亲和感与认同感，使每一次地铁出行都能够接受文化艺术的熏陶，感受到北塘文化的魅力。

五、无锡地铁宣传北塘文化的提升策略

无锡地铁文化墙该如何传承和传播北塘文化，如何更好地展示北塘文化的内涵和精髓？可从以下四个方面展开。

（一）增建反映北塘文化的设施

目前无锡地铁内展现北塘文化的文化墙非常少，配套设施不完善。相关部门可以加大在这方面的资金支持，在现有的基础上兴建或增补反映北塘特色的文化墙，更好地推进北塘文化的传承。

（二）文化墙表现内容与北塘文化内涵相契合

无锡地铁3号线的规划与北塘文脉相一致，西北起惠山区苏庙站，东南至新吴区硕放

机场站，其中梁溪区段的地铁线路贯穿北塘段运河而过，把北塘地域的北栅口、吴桥、盛岸串联到一起，起到了有效的联系作用。

在北塘地域还有着丰富的民族工商业、古民居、古街坊、古园林、古教堂、历史名人，以及民间工艺、土特产等文化遗产。北塘运河在无锡古运河中有着自己鲜明的特色和不同的文化内涵。因此，文化墙在设计之初就要从北塘文化中提炼出文化元素加以简化运用，保持地铁文化墙的装饰风格与北塘地域的风貌相一致，从整体上表达出北塘文化的地域特色。

（三）引入数字化媒体手段助力文化墙发展

传承北塘文化，不仅要对无锡城市发展和市民的心理有促进作用，还应对地域个性、居民的心理历史延续性的形成给予更多的关注，因此，要对文化墙的传承加以创新。可以运用传统的表现手法，融入北塘文化符号，通过引入数字信息化的手段，使得地铁文化墙兼具历史风貌与时代气息，即既彰显传统北塘文化，也呼应现代地铁文化。

（四）加大大众传媒的宣传力度

借助近年来发展迅速的新型大众媒体，例如微信、微博、小红书、大众点评等。无锡地铁可以在官方微博和官方微信公众号中定期推送有关地铁站点的文化宣传活动的相关资讯，并采取留言抽奖送礼等互动的形式，提高年轻一代乘客们的参与热情，提升无锡地域文化在年轻乘客中的辨识度和认可度，使得年轻的无锡市民在日常地铁出行中不仅只扮演地铁乘客这一角色，同时还可兼任无锡传统地域文化的“传承者”与“传播者”，让传统文化能随着地铁文化的繁荣而复兴。

结论

地铁文化已成为无锡城市的名片，希望在未来可以通过越来越多的地铁文化墙让市民认识和了解到北塘文化。无锡这座江南古城也应该借助地铁文化的传播方式，将沉淀在北塘故地的荣耀与传奇，在历史与传承、现代与创新中以更鲜活的姿态实现复兴。

注　释

［1］　无锡地铁4条线路均穿古运河而过：1号线穿运河而过设“华清大桥站”，2号线穿运河而过设“梁溪大桥站”，3号线穿运河而过设“吴桥站”，4号线穿运河而过设“黄巷站”。

［2］　童佳颖、言省：《无锡地方文化建设的运河之轴》，《江南论坛》2022年第1期，第69页。

［3］　〔清〕裴大中、倪咸生修，秦缃业纂：《无锡金匮县志》，《无锡文库》第1辑，凤凰出版传媒集团、凤凰出版社，2011年版，第261页。

［4］　〔汉〕袁康、吴平撰：《越绝书》，中华书局，2020年版，第42页。

［5］　无锡市北塘区地方志办公室编：《北塘区志》，1991年版，第166页。

［6］　〔清〕侯鸿鉴：《锡金乡土地理》，《无锡文库》第2辑，凤凰出版传媒集团、凤凰出版社，2012年版，第417页。

［7］　朱颖、朱蓉：《无锡运河建筑遗产周边环境空间形态设计研究——以北塘段为例》，《艺术研究》2022年第1期，第138页。

［8］　无锡市北塘区地方志办公室编：《北塘区志》，1991年版，第166页。

［9］　许晓旭：《承载地域文化的地铁站域空间设计对策研究》（博士学位论文），东北林业大学，2018年。

［10］　许晓旭：《承载地域文化的地铁站域空间设计对策研究》（博士学位论文），东北林业大学，2018年。

Museum

博物馆

博物馆如何以文化力量推动城市发展

——以无锡博物院为例

金　茜*

【摘要】博物馆是社会变革的重要力量，一直关注并参与到社会发展进程中。新时代的博物馆逐步建立起关注时代发展、承担社会责任、回应现实需求的工作理念，是更关注公众需求和文化服务、更开放包容的文化机构。地市级博物馆需要从展览陈列、社教活动、人才培养、公共服务中去探索，用文物、文化叙事，做城市故事讲述人；突出教育，推动文物活化利用，打造终身课堂；坚持以人为本，关注公众、社区、国家记忆和人才培养，为城市发展注入文化力量。

【关键词】博物馆　文化力量　城市发展　无锡博物院

从国际博物馆日主题不难看出，博物馆一直在关注并努力参与到社会变化发展的进程中，如“致力于社会和平与和睦的博物馆（2000年）”“博物馆与全球化（2002年）”“博物馆：促进社会变化的力量（2008年）”“处于变革世界中的博物馆：新挑战、新启示（2012年）”“超级连接的博物馆：新方法、新公众（2018年）”“博物馆的力量（2022年）”等等。博物馆将自身转变为参与社会变革的重要力量，以更加多元、包容的姿态融入社会生活、推动城市发展。

一、新时代博物馆定义的再思考

博物馆的概念既古又新。以希腊神话中“Muse”为词干的博物馆，最早可以追溯到公元前3世纪托勒密在埃及的亚历山大城创建的博学院[1]。1946年国际博物馆协会（ICOM）成立，此后博物馆的定义陆续经历过八次修订，此前使用的定义“博物馆是一个为社会及其发展服务的，向公众开放的非营利性常设机构，为教育、研究和欣赏的目的征集、保护、研究、传播并展出人类及人类环境的物质及非物质遗产”，是2007年8月ICOM维也纳大会通过的。可以说，在过去的半个多世纪里，博物馆的定义只是适时地进行了微调[2]。直至2016年7月ICOM启动第九次博物馆定义的修订，国际博协执行委员会决定研究出一个对21世纪的博物馆以及未来的博物馆前景更有意义也更为合适的定义，以反映在迅速变化的多元

*　金　茜：无锡博物院馆员

化社会里博物馆不同的条件和实践方法，支持博物馆发展和采用新的科学范式，来更加充分地应对21世纪的难题[3]。经过广泛、激烈而又深刻的讨论，最新的博物馆定义于2022年8月ICOM布拉格大会上最终表决形成。

“博物馆是为社会服务的非营利性常设机构，它研究、收藏、保护、阐释和展示物质与非物质遗产。向公众开放，具有可及性和包容性，博物馆促进多样性和可持续性。博物馆以符合道德且专业的方式进行运营和交流，并在社区的参与下，为教育、欣赏、深思和知识共享提供多种体验。”博物馆的新定义，充分体现出当前博物馆必须直面的全新转变，包含如何在全球化背景下更好地发挥博物馆作用，如何破解频繁的文化交流下所呈现出的同质化现象，如何实现文化的多样性发展，如何将日新月异的科技手段和信息技术运用于博物馆展示与传播，如何回应社会公众的新期待，如何在社区建设中发挥作用，等等问题。

那么，新时代的博物馆究竟谓何也？习近平总书记为新时代博物馆给出十分清晰的定位：博物馆是保护和传承人类文明的重要殿堂，是连接过去、现在、未来的桥梁，在促进世界文明交流互鉴方面具有特殊作用……中国各类博物馆不仅是中国历史的保存者和记录者，也是当代中国人民为实现中华民族伟大复兴的中国梦而奋斗的见证者和参与者[4]。

新时代，博物馆所扮演的角色是服务于人的全面发展和面向未来的公共文化服务和社会教育机构[5]，对传承、弘扬城市文化精神具有重要意义。它不再是以“藏”为宗旨，以显宝、鉴宝和展宝为目的的传统博物馆[6]，而是将更多目光投向公众需求和文化服务上，关注时代发展、回应现实热点、承担社会责任，是在新技术、新尝试、新突破之下，不断拓宽内涵与外延，成为一个更加包容且有话语权的机构。

二、地市级博物馆发展概况

相较于国家级、省级大馆，我国地市级博物馆一般以中小型场馆居多，除新建场馆的基础设施条件较好，建设运营时间达10年以上的场馆大多存在整体建筑老旧、设备老化的问题。同时，绝大部分文化场馆采取的是传统事业单位管理运行模式，经费基本来自同级财政支持，缺乏自我造血能力，有限的财政资金难以负荷大规模的展陈改造提升，因此场馆、设施、布展形式老旧，参观流线不顺畅，展厅空间不足等问题难以一次性得到解决。地市级博物馆囿于展陈条件有限，无法达到珍贵文物的展出要求，加之馆藏文物精品相对较少，文化影响力、号召力不足，难以承办高规格展览，与国家级、省级大馆联合办展的机会不多。展览、活动的同质化现象明显，文创产品缺乏新意，博物馆整体发展动力不强。

无锡博物院是集陈列展示、科学研究、艺术欣赏于一体的地方综合性博物馆，运营至今已十年有余。作为地市级中小型博物馆，虽也面临着一些发展困境，但无锡博物院秉持着以人为本、创新为要的工作理念，不断放大博物馆社会教育和服务功能，打破层层桎梏，以文化之力凝聚起推动城市发展的强大合力。接下来，笔者以此为例，分享无锡博物院的有益实践，为地市级博物馆发展提供参考。

三、博物馆的文化力量

（一）创新：用文物、文化叙事，做城市故事的“讲述者”

每座城市都有自己的故事和特色。为讲好城市故事，让城市更富质感，无锡博物院以自办原创性展览和引进成熟性展览为主要临展思路，持续做深“走近大师”“无锡乡贤”“江南文脉”等系列品牌临展。在梳理清、处理好全面与重点、载体与内涵关系的基础上，着重从三方面入手，筹办了诸多极具口碑的原创展览。一是突出无锡人文风貌，讲述无锡城市故事，譬如由无锡博物院藏国宝级文物联袂首秀的“梁溪折桂——无锡博物院开放十周年特展”，揽吴地文脉、显人文风采；“大元处士——吴越王后裔钱裕的故事”，展现了元朝富庶繁华的江南；“小大由之——寄畅园记”，以多元的艺术表现形式寻觅江南园林之美。二是凸显慨然赠予、化私为公的高尚行为，举办如“丹青澄怀——陶心华藏画展”“江南一喦——纪念钱松喦诞辰120周年特展”“此是乡关——无锡博物院受赠近现代书画展”等，彰显无锡籍书画家、收藏家及其后人回馈桑梓、反哺故土的拳拳深情。三是紧抓江南文化特质，2019年起增设的“江南文脉”系列临展，以“故事”与“文物”为媒，展示在中华文化的大背景下，江南文脉的传承与发展。譬如“得天之清——无锡艺兰文化展”创新展览形式，在典雅清新的展陈空间里，以艺兰文物与兰花实物的全新组合，营造出视觉美、嗅觉香、感觉雅的多维参观氛围，并希冀观众能借此对江南艺兰的文化面貌窥知一二。通过深挖无锡地方文化，揭示传统文化的现实意义与当代价值，诠释江南文化的深厚底蕴与江南美学的独特魅力，这对涵养无锡文脉、放大城市文化特性具有重要意义。

交流互鉴，美美与共。注重馆际合作，输出和引进并重，既与国家级、省级大馆强强合作，又不乏与地市级中小馆交融互通，馆藏精品先后在北京、广东、四川、甘肃等数十个省区市，以及美国、俄罗斯、丹麦等国展出，文化交流日益频繁。一方面持续引进，“奔腾岁月——新疆伊犁草原文物和民族风情展”“丝绸之路上的神秘王国——西夏文物精品展”“初音——世界口弦文化艺术展”等展览，展现中华文化的多元风貌，增强全国乃至全球不同文化的交流碰撞。另一方面强化出展，“太湖石与文人生活：无锡博物院藏品精选展”赴美国圣安东尼奥艺术博物馆展出，“锡韵流芳——无锡非遗文化展”赴我国台湾省展出等。这些都切实增进了文化的共融互通，进一步提升了无锡文化的知名度、辨识度和世界影响力。

以古人之规矩，开自己之生面。无锡博物院创新人文交流方式，实现文化的创造性转化和创新性发展。2019年及2021年开展了两届“锡博英才行动”青年人才资助计划，资助青年人才围绕院藏文物展开研究与创作。2020年，以首届锡“博英才行动”成果为依托，举办“与古为新——锡博2020艺术新空间特展”，将新时代的艺术创作与年代久远的馆藏文物汇于一堂，以古今对比、集中展示、互动体验的展陈形式，将创造成果一并呈现给观众，从中窥探历史文物在时代语言中的传承创新。“锡博英才行动”是以物资资助、文物资源、展示平台等吸引高质量、多元化青年人才参与到博物馆建设中，并对人才创新成果进行体系化运用，以达到优化人才队伍、活化馆藏文物之目的[7]。

（二）教育：让文物“活”在当下，为公众打造“终身学习”的课堂

习近平总书记高度重视文物工作，多次强调要激活历史文物资源的生命力，并明确指出新时代我国文物工作的重大使命是“让文物活起来”。顾名思义，“活”有灵活变通、焕发新生之意。“活起来”不能被表面化地理解为让文物“动起来”，其根本涵义与目的是通过重新定义和构建博物馆与社会的关系，实现博物馆转型以适应现代社会发展[8]。

一个博物馆就是一所大学。博物馆的教育与学习，乃是借由藏品、展示及各项教育活

动，提供大众学习的经验，并从经验中得到知识的再生[9]。不同于学校教育，博物馆教育是自愿的、启发式教育。无锡博物院深入挖掘文物背后的历史文化，力求使博物馆教育透物见史、见人、见精神。积极探索“博物馆+”的多重内涵，主动淡化边界、扩展外延、向外对接，打造以知识性为核心基础，以公共性与体验性为学习途径的“终身课堂”，实现博物馆教育的延伸，引导大众学会自主思考并体验学习。

“活化”语境下，创新为博物馆教育的核心点之一。上文提到的对展览的创新不再赘述。此外，博物馆以馆藏文物和地方文化为基础，提炼文化元素进行文创研发，“复活”馆藏文物，全力打造好博物馆的最后一个展厅，让观众在看完展览、互动体验后，还能把博物馆文化带回家，实现更深层次、更加持久的情感共鸣和文化认同。

融合为核心点之二。文化本身具有高度开放与包容的特性，故而在上百年的发展进程中，通过各种“破圈”融合，博物馆的内涵与外延得以不断拓展。这既体现在对不同群体观众的包容性，也包括对高雅文化和大众文化、传统文化与现代艺术的包容性，更有对现代科技手段乃至对时代发展大势的包容性。

当下，以新媒体、大数据、云计算等为代表的现代信息技术日新月异，公众的欣赏方式、消费习惯、学习娱乐以及获取传播的途径已然改变，尤其是“90后”“00后”等成长于互联网时代的年轻人群。“博物馆+互联网教育”是崛起并适应互联网发展大势下的博物馆教育新方法，特别是在后疫情时代，博物馆主动加速推进与互联网的融合，积极向“云端”延伸。无锡博物院整合发布在线教育资源平台，升级完善常规社教课程，同步开设线下课堂和在线微课；重点打造专题社教课程，开发有“吴地文明”AR读本、“吴地文明”系列云课堂、“铜话故事会”视频课程等；“锡博讲坛”推行线下讲座与线上直播双线联动，实现了优质文化资源的流动共享；新华云、抖音等直播平台先后推出“5·18博物院云上奇妙夜活动”“沿着运河看文博”等，着力延长博物馆教育链，不断衍生博物馆教育的可能性。

“博物馆+新媒体”则是畅通博物馆与观众的交流平台，拉近了博物馆与公众的距离，为博物馆教育赋能。2018年无锡博物院发起“锡博十大宝藏评选”，引全城关注，上万网友参与评选。以公众视角、由公众自己投票选出心目中的宝藏文物，更有利于增进观众对文物的理解与认同。2020年通过抖音开展“我为锡博代言”短视频大赛，让参赛人有机会主动参与理解和诠释展品，以此激发文化场馆对不同社会力量的吸引力，让文物的内在价值、价值义理以及文化的精神品格、多元之美交汇，焕发活力。2022年发起“走进文博无锡”话题讨论，经由观众的镜头来了解博物馆之于社会大众的意义和力量，进而加强对中华文明的研究阐发、普及教育、弘扬宣传。

“博物馆+行走”充分发挥并有效延伸博物馆教育职能。陶行知先生说：“行是知之始，知是行之成。”博物馆的教育理念和形式与陶行知先生提出的“生活即教育”“社会即学校”“教学做合一”的教育主张不谋而合。教育绝不是在固定场所对特定人群进行的单向知识灌输，博物馆教育更应注重弥补学校教育的不足，增强教育的灵活性和实效性。无锡博物院深度融合本地文旅资源优势，重点突出无锡文博特色，经过长期探索，有效整合规划，为青少年群体量身打造集主题性、知识性、体验性于一体的“行走”系列研学旅行。“吴地文明”“运河寻踪”“泥塑雅韵”“倪迂之境”等不同主题的课程，涵盖了地理、建筑、民俗、艺术等多学科知识，结合了展览参观、实物教学、AR讲座、动手体验、游船探索等多形式教育，将“学”与“行”融合，使博物馆教育从馆舍天地走向大千世界，以寓教于乐的形式，引导青少年开展探究性学习、自主化思考，在行中乐、在乐中学、在学中得。

（三）人本：以文化接续未来，积极构建人馆共进的“人文空间”

随着博物馆事业的发展，人们愈发认识到藏品研究不是博物馆工作的一切，更应提倡以人为本。从可持续发展的观点来看，博物馆对人的关注与对物的研究是相辅相成的，新时代的博物馆应该更加平民化。无锡博物院秉持为城市立传、为市民服务的宗旨，打造独具锡城特色和吴地风格的人文空间，更好地服务公众，努力使博物馆成为人们生活中的一部分。

在展览、征集方面，更关注当下，注重发掘历史与现实的连接点。策展人员尝试将更多古代文物放置于当代的视角下去审视，试图将日常积累过程中的心得移植、运用到当下的艺术研究与策展工作中去，上文所述“与古为新——锡博2020艺术新空间特展”是极佳例证。同时，在征集策略上，20世纪一味追求的“国宝级”“重量级”藏品思路，如今客观上既难以实现和复制，也没有追求的必要。早在1974年的博物馆定义中就提出，博物馆要“为社会和社会发展服务”，实际上体现的是更广泛的对“人”的关注[10]。如今，博物馆需要更多地将目光集中在当下，关注公众、关注社区，甚至关注家庭的记忆[11]。2020年在与新冠肺炎疫情的殊死较量中，涌现出一大批先进人物和感人事迹。全国博物馆纷纷向社会公开征集“抗疫”见证物，加强当代物证保存，并筹备相关展览。这都说明博物馆早已不局限于专业学术范畴，而是更多地承担起社会责任，贴近社会现实。

在社教活动方面，注重实现以文化人、以文育人，全面拓宽博物馆教育的广度、深度。聚焦馆校联盟，开辟“第二课堂”，与联盟学校合作研发更全面的传统文化主题感知课程，进一步将文博资源融入学校教育内容之中，落实于大中小学、留学生课程之中；聚焦青少年群体，推出研学旅行，因地制宜打造“行走的课堂”；精准分类、因人施教，推出锡博讲坛、文博课堂、艺术课堂、科学课堂、研学实践等多种教育体验活动；突出文旅融合需求，发布考古、赏花、运河、锡商、研学五条文旅路线，进一步丰富文化体验。

在公共服务方面，完善饮品售卖、休息场所、卫生空间等基础服务设施，建成文创生活馆、母婴室等特殊休息区，以满足观众在文创欣赏、休闲娱乐、隐私保护等方面的需求，使公共服务更加全面优质、灵活贴心。

博物馆人本理念中所涉及的人，远不止到博物馆参观学习、休闲娱乐的观众，更应涵盖负责博物馆日常管理的文博人才队伍。鉴于观众审美能力、需求以及策展人员专业能力的不断提升，博物馆想要实现新时代高质量发展的要求，对人才的渴求将会更加迫切。人才是场馆发展内生动力的根本源泉，对外招聘和人才引进是公共文化人才队伍的有益补充方式，而行业内部培养是更符合博物馆长期可持续发展需求的人才开发手段。

在队伍管理方面，特别注重对青年人才的培养。为破解博物馆人才建设困境，进一步优化人才激励、培养机制，无锡博物院打破传统博物馆人事框架思维，探索构建“锡博英才行动”。“锡博英才行动”是一项以活化馆藏文物利用为目的，集激励、培养、引进三位一体的人才资助、培养项目。将项目成果转化为博物馆的展览、教育等资源，让文物真正活起来，是其最大的特色。统筹整合青年人才学术、智力、平台等资源，开展围绕无锡博物院馆藏文物为中心的研究与创作，深入参与到无锡博物院的日常运作与建设中，激发人才干事创业的热情，全面提升博物馆人文风貌，是缓解中小博物馆人才资源不足、研究创作力量薄弱的有效举措[12]。

就博物馆而言，如何办“好”展览是永久的课题。但放眼中国博物馆，在展览策划方面，其实真正优秀、有开阔国际化视野的展览并不多，其短板并不在硬件和技术上，而是在策展理念上[13]。无锡博物院积极推行青年策展人制度，凡有志于展览策划的工作人员，任何部门、岗位、专业或非专业皆可参与。选取1件（套）精品文物为展示对象，自拟主题策划展览方案，提交学术委员会评审，筛选出可行性强的方案修改完善，通过后即可在1号展厅完成布展。2021年10月起，“凤飞于锡——玉飞凤的故事”“指上乾坤——翡翠扳指特展”“雕镌神奇——清杨芝山款西园雅集核雕特展”“奢华之美——明·金丝发罩特展”等陆续亮相。青年策展人制度不仅能够益智集思，汇集青年人才之智、凝聚场馆发展之力，还能为思想碰撞和学术交流提供平台，更有助于青年人才策展理念的提升和眼界的开阔。

结语

博物馆是可以深入浅出、带有前瞻性地传播知识与学术的，是能够让观众怀着对文化的尊重和亲近靠近的，是能够让公众结合时事去寻找权威的话语权和讨论焦点的论坛，是能够通过更加接地气的知识与对话为观众带来学习的愉悦的[14]。新时代的博物馆乘势而上、大有可为，必能以文化力量为城市发展注入不竭动力。

注　释

[1]　宋向光：《当代博物馆的社会责任》，《中国博物馆》2012年第4期，第47页。

[2]　安来顺：《今天的博物馆站在了哪里？——对ICOM博物馆定义修订的初步观察与分析》，《东南文化》2020年第1期，第126页。

[3]　杰特·桑达尔，秦文译：《博物馆定义——国际博物馆协会的支柱》，《国际博物馆（中文版）》2021年第1期，第7—8页。

[4]　《习近平向国际博物馆高级别论坛致贺信》，新华网2016年11月10日。

[5]　王启峰：《新时代中小型博物馆现状思考与发展对策——以平凉市博物馆为例》，《中国博物馆》2018年第2期，第122页。

[6]　沈辰：《众妙之门：六谈当代博物馆》，文物出版社，2019年版，第4页。

[7]　肖炜、任宝龙、许静：《关于无锡博物院“锡博英才行动”的实践与思考》，《中国博物馆》2022年第1期，第99—100页。

[8]　许潇笑：《让文物“活起来”：策展再塑博物馆的社会表达方式》，《东南文化》2020年第3期，第152页。

[9]　林霖：《当代博物馆精神》，《美术报》2018年5月19日。

[10]　单霁翔：《关于博物馆的社会职能》，《中国文化遗产》2011年第1期，第11页。

[11]　沈辰：《众妙之门：六谈当代博物馆》，文物出版社，2019年版，第36页。

[12]　肖炜、任宝龙、许静：《关于无锡博物院“锡博英才行动”的实践与思考》，《中国博物馆》2022年第1期，第100页。

[13]　安来顺、毛颖：《国际化、高质量、可持续：中国博物馆事业发展的方向与战略》，《东南文化》2019年第2期，第9页。

[14]　沈辰：《众妙之门：六谈当代博物馆》，文物出版社，2019年版，第36页。

主旋律献礼展的策展思路

——以“江南一畐——纪念钱松喦诞辰120周年特展”为例

华辰成 *

【摘要】如何做好党和国家各个纪念日的主旋律献礼展是博物馆、美术馆等文化单位常常遇到的课题，这是服务于人民精神文化需求的社会使命，还是提升主办机构公共影响力的契机。于共性中体现特色是此类展览策划和设计当中的重点和难点。本文以2019年无锡博物院主办的一个大型专题展览“江南一畐——纪念钱松喦诞辰120周年特展”为例，解析主旋律献礼展的策展思路。

【关键词】钱松喦　江南文脉　创作史　时空双维

一、切入点的选择，独具特色的丹青名家

2019年，正值中华人民共和国成立70周年，无锡博物院在策划一场献礼国庆的书画特展之时，首先就是结合自身馆藏资源，寻找这样一位或多位丹青名家，以他们的作品为切入点，诠释新中国新气象。众所周知，无锡乃江南文脉之胜地，从无锡走出的书画名家灿若星河，有的擅摹古，有的善花鸟，有的长于山水风物，有的深受西洋艺术熏陶，其中画技高绝者不胜枚举，但内容和风格取向上大多跳不出古代文士重写心轻纪实的窠臼。当遍阅无锡当代画家后，策展人的目光不约而同地聚焦在一个人的身上，那就是既能承接江南文脉，又真正和中国新时代命运紧密联系的卓越代表钱松喦先生。机缘巧合的是，新中国的70岁生日也是钱松喦诞辰120周年之际。

钱松喦生于1899年，卒于1985年，这位生命几乎横跨20世纪的长寿画家，见证了中国从半封建半殖民地社会一步步走向复兴的激荡岁月，笔墨饱含厚重的家国深情。他的作品创造性地展示了传统中国画在反映社会主义建设生活方面的突出成就，以新笔墨来表现新生活，成为祖国建设时期 “笔墨当随时代”的样板，其个人亦终成为顺应时代主旋律而又能在艺术上建树颇丰的一代大家。

提炼地域文化的精神内核，挖掘画家内在的文化基因，是研究本土画家和策划展览的前提。钱松喦的艺术创作与江南文脉的千年传统相连，他将一腔炽烈的乡情注入江南书画文脉基因之中。江南绘画传统底蕴深厚华滋，塑造

* 华辰成：无锡博物院馆员

了无锡城、无锡人刚柔并济的文化性格、经世致用的文化品格、崇文重教的文化传统、精巧雅致的文化审美。古往今来，梁溪画坛始终以经世济民的爱国热情和敢为人先的创作理念向世人展现其独特的气质。钱松喦早年追摹古意，刻苦研习“二石”[1]，后参加锡山书画社，结识了吴观岱、胡汀鹭、陈旧村等众多梁溪画坛名家，在江南特有的人文精神熏染下形成了凝定浑穆的画风。

接下来的问题是：如何通过一场钱老的“终生成就展”引领观众透过其现实主义题材的绘画作品，体悟和感怀在中国共产党的领导下国家发展的历程与变迁，是此次展览的题中之义。无锡博物院策展团队的策展思路——从空间和时间双维展开，以江南一地的建设图景映射全国（空间线索）、分段式追寻画家创作历程的轨迹（时间线索）。以馆藏为主，借展或征集为辅，精选钱老生前捐赠的百余件绘画、印章、手稿等珍贵藏品，展现了他数十年勤恳顽强、上下求索的创作生涯，同时从个人的艺术生命映照出一整个时代的家国记忆和乡土情怀（图一）。

二、小中见大，江南一隅映射全国

一城一地虽小，但它的建设和发展是整个国家成长和强大的缩影。无锡，这座江南腹心城市，古来为四大米市之一，近代民族工商业繁荣，新中国成立后积极投入现代化建设更是水到渠成，钱老笔下无锡的工农业生产建设图景正是祖国社会主义初级阶段的历史新貌的典型折射。策展团队将展览分为若干个主题篇章，分别以“锡山”“太湖”“故园”“江南”等特定词语命名，突出地域特色，强调家国情怀。下面以钱老的几幅代表作具体说明这种生动而深刻的映射关系。

现位于锡惠公园内的著名景点映山湖是无锡的城市名片，如今这处湖泊早已和锡山、惠山浑然天成，年轻人也许不知道这其实是一个地地道道的人工湖，除了点缀风景外，当年可是有着“兼溉农田”的实用价值。开凿映山湖工程是无锡“大跃进”时期重要的历史事件。全作（图二）借助三远法补充自然取景时的空间局限，使画面有明显的纵深空间感，又与传统山水画的平面感若即若离。远景选取了

图一 展厅实景

图二　钱松嵒《开凿映山湖》

图三　钱松嵒《运河工程》

无锡典型的地域意象——锡山龙光塔，中景与近景则是传统中国画中极少出现过的铁塔、卡车、手推车和大量劳动群众，展现出开凿映山湖热火朝天、忙而不乱的劳动场景，图中真实反映了当时虽只有少数机械工业的加持，全国人民哪怕肩挑背扛手推也要建设新家园的时代激情。

右上角题记“惠山秀出但欠一水，今春在黄公涧前凿一大池名曰映山湖，弃土填塞废河蓄水兼溉农田。全市数十万人踊跃参与，共受一次劳动教育，一举数得不徒点缀风景已也。一九五八年六月一日余于市人代会中由集体往此运土，深感劳动意义之大。祖国远景无限美丽，爰写此图以志他日清漪满湖花柳相映，泛舟其间者毋忘今日开凿之劳。钱松嵒作于无锡并记”。

与之相似的题材还有1959年的《运河工程》（图三）。开凿大运河亦是无锡近现代重大的市政工程建设，画面中绵延不绝的运河大堤和密集的人群、推车，随处飘动的红旗贯穿整幅画面的主体部分，劳动群众成为艺术主角。通过对这一系列人物、红旗、桅杆等元素的平面铺陈，打破了传统绘画构图的宁静感，将人定胜天、愚公移山的开国气象表现无余。

如今60多年过去，钱松嵒一句“泛舟其间者毋忘今日开凿之劳”读之仍不禁动容，且这种情感是举国相通的。全国各地一定有千千万万个“映山湖”“大运河”，各地的人民一定也都为之挥洒青春和热血，推手推车的群众、树下歇息的农人、肩扛锄头的妇女、红旗招展的机帆船……钱老的许多20世纪五六十年代的作品都是一个个发生在他身边的劳动生活场景的写真，是那激情燃烧的岁月的缩影。

三、笔墨当随时代，追寻创作史的轨迹

20世纪80年代开始，国际博物馆的一个重要变化是“从物到事”：将孤独和片断式的“物”用主题和故事线串联成“有意义的叙”[2]。专题展览不单是将一件件“物”罗列出来，更重要的是理清“物”背后的发展脉络，构建出适合阐述文物故事、展现系统脉络的叙事结构和陈列流线。钱松喦的作品背后也饱含着各个人生阶段和社会历史时期的丰富内涵，画不仅仅是画，山水也不仅仅是山水，更是光阴的故事，是国家复兴、民族自强与个人人生起伏、创作转折的折射。清晰的展览体系有利于观众快速地把握展览结构和重点，更好地融入展览情景。

遂将展览划分为“锡山永峙”“故园胜昔”“舟出太湖”“梦里家山”“多娇江南”五个单元，依次作为展览的叙事章节，集中反映了钱松喦根植于江南故园的艺术情怀，从师法古人、追摹古意，到突破自我、写实寄情，最后返璞归真的艺术创作历程。

纵观整个展览，暗藏着起承转合的内在时空流线，既在时间线上溯源，亦在空间面上展开，犹如一场舟行千里的远征，时而蜿蜒流转，时而波澜壮阔，时而风轻云淡，时而潮起潮落。前四个单元所对应的钱松喦艺术生涯历程分别是：“锡山永峙”——摹古学习和成长阶段；“故园胜昔”——开创新纪元阶段；“舟出太湖”——出走江南、壮游万里阶段；“梦里家山”——“归去来”阶段。

经过数十年江南文化的熏陶感染和刻苦研习，青年钱松喦奠定了坚实的绘画基础和儒雅的审美趣味，“锡山永峙我家乡”的桑梓情怀也永铭于钱氏之心，但其尚未跳脱古人的窠臼。随着新中国的成立，钱氏开始尝试用经世致用的笔墨来深入家乡生活，江南农家生活与市政工程等富有浓郁地域标志性的题材开始大量出现在其作品中，“故园胜昔”的绚丽图景掀开了用传统中国画为劳动人民服务、为新中国颂歌的恢宏之章。而20世纪60—70年代“舟出太湖”两万三千里的壮游为钱氏实现崇高理想提供了完美契机，其真切感受到理念技法上的“百花齐放”与“推陈出新”互为因果，实现了个人艺术风貌、江南文脉精神与家国担当的使命追求相统一。在人生的最后岁月，钱老年至耄耋，看遍了南国北地的万里风光，历经了艰辛漫长的人生跌宕和艺海苦航，朝花夕拾间终于完成了对“梦里家山”的艺术回归。

最后的“多娇江南”单元则是精选了新金陵画派[3]其他几位画家的现实主义作品，反映了艺术大家积极探索“画以载道”的时代主题，以及将审美理想与时代召唤紧密契合的艺术追求。与同为此画派的钱松喦互为参照，类似修辞手法中的侧写，烘托和丰富了钱松喦艺术创作的历史语境和时代氛围。

结语

“江南一喦——纪念钱松喦诞辰120周年特展”的实践充分反映出主旋律献礼展的策展思路有以下几种：于浩瀚样本中遴选典型角色的“切入法”，由点及面、小中见大，以微小个例折射宏大时代的“收放法”，循着时间和空间这双重线索的“纵横展开法”，旁征博引、相互关联式的“侧写法”，等等。明确策展思路后再配合相宜的展陈手法，主旋律献礼展可有效地避免空泛、形式主义等常见问题，以具体的人物和实例增强观众的代入感和历史真理的说服力。

注　释

[1] 指石涛、石谿。民国时期梁溪画坛效石涛、石谿之风兴盛。

[2] 朱识斌：《如何利用地域特色资源讲述陈列展览故事——以运城博物馆“鹽盐春秋”专题展览为例》，《文物鉴定与鉴赏》2019年第23期，第136—137页。

[3] 明末清初，以龚贤为首的“金陵画派”以造化为师，注重实景写生，创立了独具江南特色的山水画风。20世纪五六十年代，以傅抱石为代表的江苏画家，在继承传统的基础上，创作了一批既有鲜明时代气息又有独特民族绘画特色的现实主义题材新山水画作品，实现了中国画笔墨当随时代的创新，故而称之为“新金陵画派”。

观众调查分析与研究

——以“启幕江南——草鞋山遗址与环太湖地区史前文明展”为例

高　超　茅天宸*

【摘要】随着我国博物馆事业的快速发展，博物馆界对观众研究愈加重视。本文通过吴中博物馆对“启幕江南——草鞋山遗址与环太湖地区史前文明展”临时展览进行的观众调查实例进行分析研究，剖析本次观众调查的优点和缺点，在阐述博物馆观众研究的重要性同时，为博物馆的未来工作提供一定的指导。

【关键词】吴中博物馆　启幕江南展　观众研究调查报告

随着国民经济的快速发展，我国的博物馆事业得到了长足的发展，在社会中的作用和影响日渐凸显。博物馆的社会角色更加多元化，“人”的重要性愈加突出，对观众的研究也逐渐成为博物馆教育研究的核心和重点。特别是博物馆实行免费开放后，博物馆的生存压力大大减小。在这样的背景下，博物馆如何更好地服务观众，成为所有博物馆必须思考的问题。1933年，洛克扎那·亚当斯（Adams.R）在其主编的Museum Visitor Services Manual一书中提到“对于观众的认识与了解是博物馆实践教育的必要条件”[1]，阐明了观众研究对博物馆的重要性。

评价一座博物馆成功与否，观众的认可度应是最不可忽视的部分，而观众调查则是博物馆了解观众真实意愿的最直接手段。20世纪90年代，西方研究者就提出：观众研究是博物馆所有领域计划制定的基础。[2]博物馆观众调查方法和成果被介绍进入国内是在20世纪80年代后，以定量调查为主的观众研究方法也逐渐兴起。[3]虽然观众调查在中国起步较晚，但随着我国博物馆事业的发展，截至2020年底，我国备案博物馆已达5788家，基本形成类型丰富、主体多元的现代博物馆体系。2020年我国博物馆累计推出陈列展览2.9万余个、教育活动22.5万余场，接待观众5.4亿人次，网络观众数以亿计。庞大的观众群体、蓬勃发展的博物馆事业，使得中国的博物馆对观众的分析和研究日益重视且紧迫。

新形势、新要求下，作为一座新开放的公

*　高　超：苏州吴中博物馆馆员

茅天宸：供职于苏州吴中博物馆

图一 启幕江南展开幕现场

立博物馆[4]，吴中博物馆开展的观众调查研究不仅可以了解开放至今已完成工作的成效，更是未来博物馆获得资助的重要证明。

2021年5月18日至8月25日，苏州吴中博物馆联合环太湖地区多家文博机构推出“启幕江南——草鞋山遗址与环太湖地区史前文明展”特展（以下简称启幕江南展）（图一），共计展出200余件（套）环太湖地区新石器时代文物，展览引发了广泛的社会关注。吴中博物馆为本次展览进行了调查活动，以参观人群为调查对象，设计专门的观众调查问卷，进行收集汇总并分析，掌握了观众的第一手资料。

一、调查目的

确保观众通过参观获得好的体验，是博物馆工作的目标，也是观众调查的意义所在。[5]吴中博物馆作为一座新开放的区县级博物馆，相对于国内大型博物馆，在经费支持、展览条件、文物资源等方面都具有劣势，同时，以新馆的新鲜感吸引观众显然也不会长久，未来博物馆更多的还是需要以高品质的服务和富有特色的教育活动等内容来吸引观众。

本次启幕江南展调查的直接目的是了解参观人群构成、性别、年龄、受教育程度、职业、来自哪里，参观博物馆的频率，从何种渠道获取博物馆最新信息，对展览内容、形式的满意度，以及后期参与到博物馆相关活动的意向等信息。最终目的是更好地了解观众对特展的观展感受，为今后博物馆的展览策划提供指导和建议。

二、调查条件

博物馆使用调查问卷形式进行观众调查，既可以搜集观众第一手信息和资料，又为以后的大型观众调查积累经验，具有重要的参考价值。调查以启幕江南展所在的第二特展厅为阵地，以参观本次特展的观众为对象。作为一家刚成立并开放不久的博物馆，吴中博物馆特展的数量相对较多、质量相对较高，同时每个特展都配有丰富的宣传教育活动，以本次展览为例，馆方围绕考古学，策划了“启幕江南”特展系列讲座、“探”古“江南”系列悦读沙龙等活动，吸引了众多观众参与。观众的来源也比较广泛，其中以苏州市民、博物馆爱好者、游客以及团队参观为主，日参观流量可达数百人次，节假日参观人数可达上千人次（图二），已经具备调查所需要的可观性和广泛性。

图二 启幕江南展参观人群

图三　观众现场填写调查表

三、调查实施

本次启幕江南展观众调查表是吴中博物馆根据此次调查目的专门进行设计的，分为封闭式问题和开放式问题两类。由志愿者在博物馆开放日现场随机发放给参观完特展的观众，现场作答并现场回收，保证了调查表的有效回收（图三）。

本次调查时间是2021年5月18日博物馆开馆至2021年8月25日博物馆闭馆，回收的有效问卷共计181份。本调查报告分析和研究的观众调查问卷数据主要来自随机发放并回收到的问卷部分，不包括博物馆咨询台观众意见簿里的信息。

四、调查数据的统计

针对本次特展的观众调查，将搜集的数据进行统计，并做成方便观看各部分占比的饼状图以及易于比较的柱状图。

（一）参观前行为，主要针对观众参观博物馆及本次特展的频率、特展信息获知渠道、参观目的进行问答。

1. 参观频率

在调查的观众中，经常来吴中博物馆参观

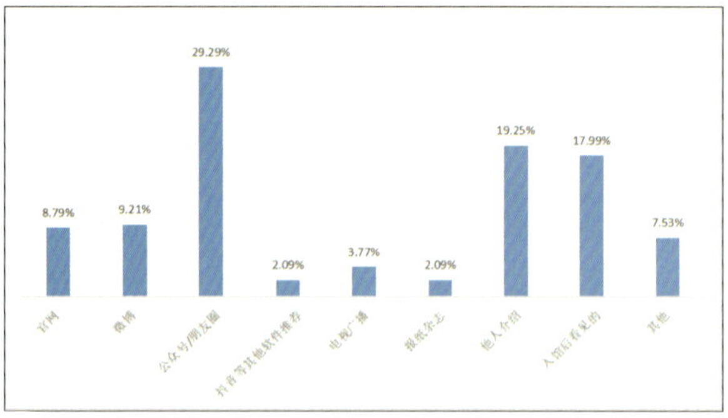

图四　调查对象信息获知渠道比例图

的观众达12.15%，偶尔来参观的占26.52%，还有61.33%的观众是第一次进行参观体验。其中，83.43%的观众是第一次参观此次特展，另外还有16.57%的观众进行过2次及以上的特展参观体验。

2. 特展信息获知渠道

关于观众获知特展信息的途径（图四），高达49.38%的观众是利用博物馆的官网、微博、微信和其他软件等渠道了解到的，其中通过微信渠道（主要是微信公众号及朋友圈）的占比最多，占29.29%。通过他人介绍等口碑传播方式了解的观众有19.25%。除此之外，有17.99%的观众是进入博物馆参观后看到特展信息再进行参观的，5.86%的观众是通过电视广播及报纸杂志等传统媒体了解到相关信息的。

3. 参观目的

参观目的方面，观众的兴趣爱好占比最高，达到43.48%；抱着学习研究目的的有20.00%；持旅游观光和教育子女目的的分别为16.52%和13.91%；4.78%的观众是由学校或单位组织前来参观的；还有不到1.30%的观众是其他原因前来参观的。

（二）参观中的行为，通过设置与谁同行、观展时长、观展方式三个问题对观众进行调查。

1. 与谁同行

数据显示，13.16%的观众是独自一人前来参观的；选择与亲属一同参观的观众最多，达

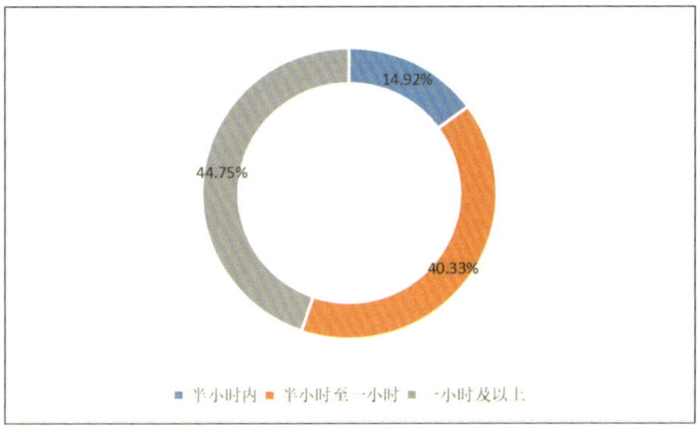

图五　调查对象观展时长比例图

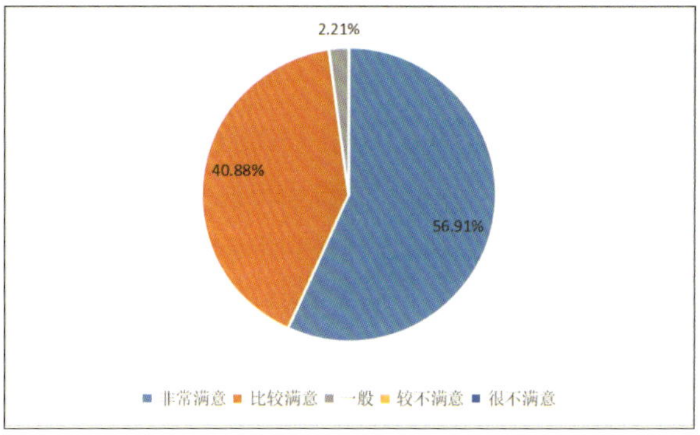

图六　调查对象综合满意度评价比例图

52.11%；30.53%的观众是与同学、朋友、同事一起来的；只有2.11%的观众是跟随团队前来参观的。

2. 观展时长

观展时长的统计中（图五），时长为一小时及以上的观众最多，占44.75%；40.33%的观众在半小时至一小时之间；14.92%的观众参观时长在半小时以内。

3. 观展方式

在观展方式方面，49.25%的观众选择了自行参观；21.25%的观众通过文字展板和说明牌进行了参观；其余观众基本接受了导览服务，其中，根据导览手册参观的观众占比7.52%，租借语音导览和使用微信导览的观众分别为8.65%和 4.51%；另有不到10.00%的观众是通过义务讲解进行了参观。

（三）参观后的行为，即综合满意度评价、印象深刻的部分及其他、是否计划参加配套的教育活动、观展效果、是否向他人推荐、意见和建议问题，主要是为了了解观众参观后的影响，这样有助于博物馆规划未来的实践，收集实现其价值使命的证据。

1. 综合满意度评价

在特展的综合满意度评价调查中（图六），设置了非常满意、比较满意、一般、较不满意、很不满意五级评分。其中，56.91%的观众对本次参观感到非常满意；40.88%的观众则比较满意；只有2.21%的观众对参观不满意，持否定评价。

2. 印象深刻的部分及其他

此次特展共分为“得天独厚孕本源”“文化标尺立史前”“满天星斗汇江南”三个单元。43.46%的观众觉得印象最深的部分是展览的第三单元“满天星斗汇江南”，其次为“文化标尺立史前”和“得天独厚孕本源”单元，分别为29.32%和27.23%。针对展览中的印象深刻部分，30.35%的观众认为特展的陈列形式和场景布置给他们留下了深刻印象，选择展览灯光效果的有27.10%，选择展厅环境的为23.04%，选择讲解服务的有6.78%。

3. 是否计划参加配套的教育活动

在本次特展教育活动方面，统计的观众中有63.54%的表示计划参与此次特展配套的教育活动，36.46%的观众则明确表示不会参与。在希望参加的教育活动类型中，近80.00%的观众表示希望参加配合特展所举办的系列学术讲座，另有不到25.00%的观众更倾向于参加特展系列课程。

4. 观展效果

在参与此次调查的观众中，有95.03%的观众表示在参观了此次特展后对环太湖地区的史前文明有了更多的了解，只有4.97%的观众认为并没有了解到太多相关知识。

5. 是否向他人推荐

关于参观特展后是否会向他人进行推荐，调查结果显示，有92.82%的观众明确表示会向其他人推荐此次特展，只有7.18%的观众不确定会不会向其他人推荐。

6. 观众建言

调查的最后还针对此次特展的宝贵意见或建议设置了主观性问题，可总结为：希望博物馆能够多办展览；增加博物馆的义务讲解场次；临时展厅的光线不足，影响观众的参观；本次特展所使用的说明牌字体太小，同时希望能够增加展品的介绍内容。

（四）观众概貌

1. 性别构成

参与调查的观众性别构成中，女性观众数量超过全体观众的半数以上，占比为60.77%，男性观众为39.23%，女性观众比男性观众多21.54%，男女比例差距较大。

2. 年龄构成

调查显示，36—45岁人群为本次特展的最大观众群体，达26.52%；其次是占25.97%26—35岁观众群体；再次是占比为14.92%的18岁以下观众群体；其余为占比为14.36%的18—25岁观众群体、10.50%的46—60岁观众群体，以及占比只有7.73%的61岁以上观众群体。

3. 学历构成

在观众的学历调查中，我们共给出了五个选项，分别是初中及以下、高中、大专及本科、硕士研究生、博士及以上。其中，大专及本科观众人数占调查观众半数以上，占比为58.01%；高中的为7.18%；初中及以下的占13.81%；硕士研究生为19.89%；博士及以上为1.1%，占比最低。

4. 观众职业

在观众职业调查中，以国家机关或企事业单位参观人数最多，占25.41%；其次为学生，占22.10%。排名前五位的职业还有个体/自由职业者、其他、高校/科研机构，分别占16.57%、16.57%、11.6%。

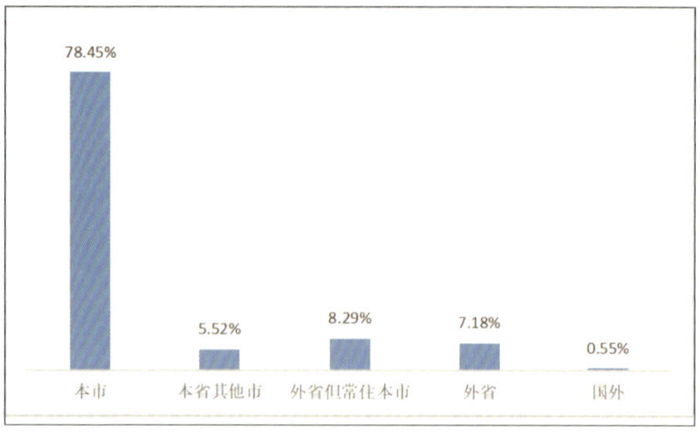

图七 调查对象居住区域分布图

5. 观众居住区域

观众居住区域从本市、本省其他市、外省但常住本市、外省、国外五个选项进行信息搜集（图七）。统计结果显示，占比最多的观众来自苏州本市，达78.45%；外省但常住本市的观众占8.29%；7.18%的观众来自其他省份；还有5.25%的观众来自本省其他市，另有0.55%的观众来自国外。

五、调查数据分析

从调查数据分析表，可以初步得出以下结果：

（一）近40%的观众有过吴中博物馆参观的经历，同时15%以上的观众进行过不少于2次的特展参观体验，说明吴中博物馆受到观众的广泛欢迎，社会效果显著。近30%的观众是通过微信了解到特展信息，说明手机App已成为吴中博物馆对外信息传播的重要渠道，未来手机客户端依然是博物馆对外宣传的主要阵地，同时应该扩大多种平台的宣传力度。另外，他人介绍作为第二大信息传播手段，侧面反映出博物馆逐渐树立了良好的口碑。兴趣爱好和学习研究是最为主要的参观目的，未来博物馆的策展及教育活动，应紧抓学术研究目标，继续保持展览及教育活动学术性和专业性。本次特展的展期有近一半时间在暑假期间，因此有16.52%的观众是以旅游观光为目的前来参观的，未来在博物馆的展览规划中，应该充分考虑时间节点对展览的影响。

（二）针对调查中观众反映比较强烈的导览和讲解问题，很重要一部分原因是受疫情影响，馆方取消了人工讲解服务，从而增加了讲解压力。未来博物馆应设置多种讲解手段以满足观众对讲解服务的需求，应大力推广有着自由、方便、不受人为因素和时间限制优点的手机扫码讲解、自助讲解设备等手段，让观众在自行参观的同时也可以享受高品质的讲解服务。

（三）参加此次问卷调查的观众对特展的综合满意度评价非常高，但仍有不到3%的观众感觉一般，说明临时展览虽然收获较高的肯定，但还存在进一步改进的地方。调查中高达95.03%的观众表示通过参观特展对环太湖地区的史前文明有了更多的了解，基本达到了策展人希望通过展览向观众展现环太湖地区丰富的史前文明，进而探讨该地区史前文明演进历程，实证中华文明是多元一体化的起源、发展和融合的策展初衷。

（四）策展伊始，考虑到启幕江南展作为一场史前文化展，展品大部分为陶器、石器等，展品具有同质化高、观赏性不够的缺陷，因此在形式设计中运用大型特性展柜（图八），增加稻草造景方式吸引观众（图九）。通过调查，此次展览的陈列形式和场景布置为观众留下了深刻的印象，说明展出方式得到了观众的喜爱和认可，这在超过90%的观众在完成参观后表示会向其他人推荐展览中得到验证。为提升观众的观展体验，馆方针对特展策划了系列学术讲座、悦读沙龙等宣传教育活动，基本可以满足调查中一半以上的观众计划参与本次特展的相关教育活动的愿望。

（五）对性别、年龄、学历、职业、居住区域五个方面的调查说明女性观众明显多于男性观众；观众年龄阶段正呈现出明显的年轻化趋势；近80%的观众拥有大专及以上的学历，表明前来参观的观众绝大部分都接受过高等教育，拥有较高知识文化素养，未来博物馆的展览和教育活动需要注重知识性的提升，以面对越来越多的高学历年轻人群。另外，填写问卷的观众大部分来自苏州本市，说明博物馆的参观人群主要还是面向本地。未来，博物馆需要拓展观众渠道，让更多地域的观众走入吴中博物馆。

图八　启幕江南展使用的仓储式特性展柜

图九　启幕江南展采用的稻草造景

六、本次调查的优点和缺点

此次调查采用的是完全自愿、无干扰方式，参与观众数量较多，调查过程中，工作人员未进行任何针对调查内容的引导和干扰，较真实地反映了观众的真实意愿；同时采用展厅外调查表现场分发、现场回收的方式，不仅保证了调查表的回收率，而且提高了调查的覆盖面，使得本次调查具有调查表回收率高、观众覆盖面广的特征。作为吴中博物馆的第一次观众调查，基本摸清了观众对特展所关注的信息，取得了积极的成果，对日后的工作有着重要的参考价值。同时本次调查也存在着诸多不足之处：

（一）本次调查采用的是调查人员在临时展厅出口现场发放、现场回收调查表的方式，需要专门人员全程参与调查表的发放、指导填写及回收，如遇参观人员较多，极易造成参观线路拥堵。21世纪是科技飞速发展的时代，日益发展的技术不仅让我们的生活更加便捷，而且让工作更加高效，手持式平板电脑或手机作为数据采集设备已经成为博物馆观众研究中最简单、最普遍使用的方式。但是吴中博物馆针对观众调查研究还是最原始的纸制调查，费时费力。未来博物馆工作中应该创新研究方法，让更多新技术手段参与到观众调查研究中，节省人力的同时让数据的采集和分析更加便捷、准确且更富效率。

（二）在问卷调查中，有些问题设置不够合理，甚至有明显错误。如观众年龄构成调查中，设置的观众岁数区分选项不够合理。世界卫生组织按年龄段分为小于44岁、45—59岁、60—74岁、75—89岁、90岁以上5个阶段，用以区分青年人、中年人、年轻的老人、老年人、长寿老年人，另将0—17岁划属未成年人。按中国目前的年龄划分，主要分为童年是0—6岁，少年是7—17岁，青年是18—40岁，中年是41—65岁，老年则是大于66岁，而调查中的选项来源显然没有根据，略显随意。

在观展观众学历调查中“博士及以上”的选项具有常识性错误。博士研究生是我国目前最高学历等级，博士是目前的最高学位，而博士后则表明的是一种学术经历。显然表格的设计者误将博士后作为一种高于博士的学历等级，是错误的。

（三）目前吴中博物馆的观众调查还仅限于对参观者的简单数据收集，其研究也为浅显的数据分析，未进行更加深入的系统研究。针对观众的调查工具较为单一，仅为最常使用的量化研究工具——问卷调查和观众留言簿，而访谈、电话访问、跟踪调查等手段工具未有涉及。调查设置的问题也过于概括和标准化，广度和深度都不够，问题也多聚焦参观者感受等基本信息，而对学习效果等感性认识则少涉及。

（四）任何一个完整的展览活动都应该包含一份关于观众的评估报告，用于全面考察展览的意图是否顺利进行。反观吴中博物馆的观众调查研究最后草草收场，最终的研究成果也仅是一份简单数据描述的观众调查报告，未有后续更加深入的分析、研究及具体改进措施。有鉴于此，吴中博物馆的观众调查研究，还有更长的路需要走。

结语

随着我国博物馆事业的蓬勃发展，观众调查研究作为一件舶来品近年来日益得到中国博物馆学界的重视。博物馆开展的观众调查研究是基于获取观众基本信息而进行的一项实用性研究，其目的是对由谁来决定博物馆的发展，如何吸引更多的观众，经费的使用是否取得想要的效果，策展人传达的理念是否符合观众需求等诸多关乎博物馆发展规划、政策制定的问题进行信息收集，进而为博物馆的决策提供依据，避免博物馆的工作成为自导自演的“独角戏”。

不可否认，目前国内关于博物馆观众的调查研究工作还多由一些大中型博物馆开展，而占据我国博物馆群体中数量主体的中小型博物馆却鲜有涉及，并且对于开展的观众调查研究也存在着流于形式、未能深入的缺点。但相信随着我国博物馆、举办展览以及参观观众数量的持续增长，可以预见的一个主要趋势是未来针对观众开展的调查研究将会越来越受到重视，也会更加全面和深入。

注　释

[1] Adams R, Museum Visitor Services Manual, Washington,D.C.: American Association of Museums，2001，3.

[2] P. McManus，“Towards Understanding the Needs of Museum Visitors”，Manual of Museum Planning, London：HMSO，1991, 35—52.

[3] 周瑶：《中国博物馆观众研究方法的现状与反思》，《中国博物馆》2018年第2期。

[4] 高超：《吴文化有了自己的博物馆》，《中国文物报》，2020年7月21日。

[5] 于淼：《博物馆观众研究：广泛的领域与变化的视角》，《中国博物馆》2016年第2期。

浅谈文保单位的今生未来

——以东林书院为例

虞樱婷 *

【摘要】 近年来，习近平总书记高度重视文物保护工作，进行了一系列考察调研，并对文物保护工作做出重要指示，多次强调要“让文物活起来”。因此全国上下对如何让文物活起来展开积极探索，东林书院也紧跟时代步伐，对书院进行活化利用。本文以东林书院为例，对活化利用进行剖析，总结经验，以期对其他文保单位活化利用有所启发和帮助。

【关键词】 东林书院　活化利用　百宅百院

习近平总书记指出：“考古遗迹和历史文物是历史的见证，必须保护好、利用好。”“要把历史文化遗产保护放在第一位，同时要合理利用，使其在提供公共文化服务、满足人民精神文化生活需求方面充分发挥作用。”如何对历史文化遗产进行合理利用，探索深度活化利用方式方法，成为文博工作者的新命题。而东林书院的探索实践近年来受到社会各界的好评。

随着《无锡市文物保护工作三年行动计划（2018—2020年）》的收官，无锡110处各级文保单位得到修缮，现有的文保单位、文迹控保单位完好率达八成以上。与此同时，这些文保单位如何发挥其应有的社会作用是面临的社会难题。有必要引起有关部门重视，有必要向专家学者请教，有必要向广大市民说明情况，有必要提出有计划地对这些场馆进行分类处理，分步实施的方案。最近无锡市文化部门提出了《无锡市“百宅百院”活化利用工程三年行动计划（2022—2024）》，它将是未来几年无锡地区文化场馆面貌变化的一大亮点，社会各界期待着这一目标的实现。本文拟对东林书院活化利用的尝试进行介绍剖析，或许会对无锡市“百宅百院”的活化利用有一定的启发、借鉴。

一、东林书院的历史文化价值

东林书院为国内古代著名书院之一，位于无锡市老城区东门，创建于北宋政和元年（1111）。是北宋理学南传的重要阵地，有

* 虞樱婷：无锡市东林书院和名人故居管理中心助理馆员

图一　东林庵改造后

图二　释奠礼佾舞

“洛闽中枢”之称，著名学者杨时长期在此讲学。明万历三十二年（1604）著名学者顾宪成、高攀龙等人修复了书院并在此潜心讲学，东林书院达到鼎盛时期，当时有“天下言正学者，首东林”的美誉。后书院遭魏忠贤为首的阉党迫害拆毁，至崇祯帝即位，惩处阉党，并下诏修复书院。后又多次修缮，至2002年，无锡市政府全面修复东林书院。修复后的书院占地面积13000平方米，建筑面积2800平方米，基本恢复明清时期布局形制与鼎盛时期风貌。东林书院为宋明时期我国江南地区的理学传播中心，东林学派的发源地。东林学派继承和发扬儒学传统，对明末的理学思想起到了巨大的推动作用。他们关注国事、关心民生，大力提倡重实践、讲实用的实学精神。顾宪成提出了“实学、实用、实益”的东林学风，这和无锡现在的城市精神“尚德务实　和谐奋进”可说是一脉相承。东林先贤为官清廉、讲学风、讲正气、躬行实践、锐意图新及热忱的爱国思想是我国古代优秀文化遗产的重要组成部分。东林书院作为我国著名的历史文化古迹，历经沧桑，但多次维修后依然保存着较好的古貌，现为无锡标志性地标，全国重点文物保护单位，国家AAAA级旅游景区，省、市爱国主义教育基地，江苏省社会科学普及示范基地。

二、东林书院的活化利用

2020年，东林书院寻觅合作团队，创立了书院生活文旅体验中心，对东林书院内馆舍布局进行了全面的规划。完善配套服务，强化社会功能，根据千年书院的特点，开创性地探索文物场馆阵地的活化利用，初步形成了“学、赏、读、养、食、创”六大板块的社会服务功能。

（一）文物建筑的提升改造

在保持东林书院原有传统建筑框架不变的基础上，凸显传统建筑的文化核心，遵循文物保护利用的“可逆性原则”，运用当代工艺、传统手法对古建筑进行整修。在东林庵，采用镜面玻璃材质，通过镜面来反射周围的环境，达到装置和周围原建筑融合的效果（图一）。心鉴斋南侧地面由大小不一的石块铺成，存在将游客绊倒的安全隐患，因此在不损坏地面的前提下铺设一层竹木地板，古朴又价廉，既保护好老地面又提高了安全性。通过修缮，古为今用，达到文物保护和利用的预期效果。

（二）教学功能的拾遗补阙

书院是中国古代特有的教育组织，讲学、

祭祀、藏书是书院的三大功能。为了真实再现书院特有的文化氛围，恢复书院讲堂。每月邀请文化学者开展“东林会讲”，打造“丽泽读书会”“依庸日讲”等品牌活动。2021年恰逢东林书院成立910周年，按《无锡县志》和《东林书院志》等典籍记载，又在专家的指导下全面恢复释奠礼，完整地再现燕居庙祭祀孔子的场景，充分体现尊师重教的优良传统（图二）。利用东林书院藏书和图书馆分馆这个平台，打造“东林悦读会”文化品牌，定期举办读书会，营造读书氛围。

（三）身临其境的触景体验

原来到书院都是走马观花式的参观，活化利用后增加了不少互动体验项目，游客可以坐下来体验，更加深入地了解传统文化。1. 书院设立研学中心，针对青少年、亲子等策划“书院生活体验之旅”研学项目，通过体验服饰礼仪、课程讲授、拓印手作等方式，让人们在沉浸式体验中感受古代书院生活，学习中国传统文化（图三）。2. 书院和锡剧院联手打造“东林拾忆”小剧场（图四），在节假日夜间开展锡剧、民乐和评弹等沉浸式演出，丰富群众精神文化生活。3. 在书院汉服体验中心，人们可以了解各个朝代汉服的特点，还可以亲自体验汉服妆造，拍摄留念。

图三　“书院生活体验之旅”——入学礼

图四　“东林拾忆”小剧场

图五　少儿经典诵读活动

（四）量身定做的教学课程

不同的人群有不同的需求，为了提升公共文化服务水平，满足不同人群多元化的需求，书院开设了不同的课程。1. 为了让孩子从小学习国学经典，每周六、日上午书院都会举办“琅琅读书在东林——少儿经典诵读活动”，再现琅琅读书声（图五）。2. 中老年人注重养身锻炼，书院定期组织公益太极、武术、体能训练等养生活动，让中老年人在强身健体的同时陶冶情操，传承国粹，感受中国传统文化。3. 喜爱手工制作的游客可以参加书院的手作课程，《礼记·曲礼下》记载：“天子之六工，曰：‘土工、金工、石工、木工、兽工、草工’，典制六材。”书院工坊针对“天子六工”分别开设了妙趣横生的手作课程，教授传统技艺，弘扬工匠精神。

（五）本土原创的文化产品

文化创意产品，既承载了厚重的历史文化，又能进入现代生活，融汇古今，有利于文化传播。东林书院以书院文化和状元文化为依托，开发六大类创意周边产品，同时也会网罗周边特色创意品牌，组织高品质文创市集和特色夜市，实现古典院落和现代创意的碰撞。

（六）诱人欲滴的江南美食

顾宪成的《东林会约》，还对饮食做了规定，“各郡各县同志临会，午饭四位一席，二荤二素”。书院根据记载恢复四菜一汤、状元文化特色糕点和茶宴，供游客品鉴。

静观—互动—体验，现代生活气息融入静态的千年书院，使肃穆的文化场馆焕发出勃勃生机，为进一步探索文旅融合打开了新思路。如今通过文旅融合、活化利用，书院实现了从“站着参观”到“坐着体验”的深刻变化，从文物保护单位向文化空间转变，现在的东林书院已经成为人气旺盛的“网红打卡地”，不仅“活”了起来，也“火”了起来。

三、东林书院案例的启示与思考

东林书院作为无锡市百余个文保单位之一，其率先进行的活化利用尝试为“百宅百院”的活化利用开了好头。近年来“书院生活体验之旅”研学项目获“水韵江苏·苏心产品”文旅产品创新大赛二等奖，并获评江苏省博物馆教育优秀案例示范项目、全国文化遗产旅游百强案例。

“实学、实用、实益”的东林学风在书院的活化利用过程中得到了充分的发挥。以前到东林书院参观，围着参观线路走一圈，快一点的话20分钟就结束了，留下的印象不是很深；如今到东林书院，享受六大服务，受用一天绰绰有余。以前开放时间门庭冷落车辆稀，外地游客高兴而来扫兴而归；现在开放时间人头攒动。以前的管理思路是全额拨款事业单位“守业型”，现在是国有资产合理开发利用和文物保护并举。以前的书院静悄悄；现在的书院书声琅琅。以前的开放时间为朝九晚五；现在是晨起锻炼闻书声，霞落畅游夜公园……

东林书院华丽转身，其表现内在和外在的诸多因素发生了变化，古为今用、活化利用，经过一段时间的社会检验，完全符合现代人的市场需求，开创了我市“百宅百院的活化利用”项目的先例。凡事都有一定的度，把控好了，才能真正发挥其应有的社会功能；把控差了，也会带来负面的社会影响。根据东林书院活化利用案例，笔者认为有必要处理好以下几个关系：

（一）掌握文物保护和利用原则

文物属于不可再生资源，是历史文化的见证，非常珍贵，所以对文物场馆的保护尤为重要。文保工作者应牢记习总书记关于文物保护的讲话精神，本着对历史尊重的态度，牢记破坏文物就是对历史犯罪。但是做好对文物的保护仅仅是手段，合理利用并发挥其应有的社会价值才是最终目的。老一辈的人常说，房子不住人，三年就塌。文物建筑也不例外，长时间的封闭环境反而容易使房子受潮，木材腐朽生虫，不利于保护。活化利用是让文物建筑得到利用，这可以延长文物建筑寿命，使其处在更好的状态。因此活化利用是对文物最好的保护措施。

（二）展现文物特点和利用特色

历史文物都有共性和个性，活化利用不能一刀切，不是简单地理解为商业化模式。没有历史背景、没有文化内涵、不能满足人们的精神需求的活化利用就是抹灭历史、曲改文化，所谓“创造性的假文化”是万万不可取的。文物是人类在社会活动中遗留下来的值得纪念的具有历史、艺术、科学价值的遗物和遗迹，对它的活化利用要立足于文物的本身，彰显其特色，深入挖掘其背后的历史典故、文化内涵，把它具有的独一无二的个性价值呈现出来，发挥其应有的社会作用。

（三）把控全面开发和利用尺度

常言道过犹不及，活化利用前对文物利用不足，活化利用后要防止过度使用。要倡导合理使用，反对全部利用，特别是全面商业运作。按照文物场馆的一般规律，一方面需要合理控制人流量，不能超过文物场馆承载力；另一方面要因地制宜，选择与文物功能匹配的项目，将原本闲置的资源和空间利用起来，相辅相成。有些单位将文保单位的活化利用功能转交给社会机构或团体，自己变成甩手掌柜，缺乏对文物利用价值的研究和对转交社会机构或团体的有效监控，很可能会出现负面社会影响。这点要引起文保单位的高度重视。

（四）兼顾人文历史观和现代价值观

文物建造或制作之初也是有使用目的的，随着岁月更迭，人们的认知发生了变化，文物原有的定位和功能被弱化甚至消失，有些成为“弃之可惜，食之无味的鸡肋”。文物“活起来”的重点之一是符合现代人的审美观和价值观，让文物重新回到人们的生活中去。文物的传统功能已经不适应现代社会需求，借助活化利用将获得“新生”。赋予文物承载的传统文化新时代的元素，让文物符合现代人生活的方式，用新的展陈形式，通过现代科技多元化的传播方法，赋予其新的文化意义，让其获得新的生命力。

（五）抓好经济效益和社会效益

许多文保单位开展活化利用往往受到经费、人手、经验等方面制约，我们可以通过公开招募既有情怀、又有实力和能力的社会力量来进行合作。但前提是必须了解市民需求、懂得市场规则，尽可能降低运作成本，凸显文物场馆公益化运作的优势，还要有很强的创新能力和团队执行力。通过政府购买公共服务通道，将公益活动常态化，为人们提供优质、丰富的文化体验，提升全民素质，增强文化自信，对宣传社会主义核心价值观起到积极作用。社会团队的加入，带来了商业化运营模式，为社会提供了更多就业岗位，促进了人们的消费，带动了经济的发展。

东林书院楹联中的教育思想及启示

邵剑耀 *

【摘要】东林书院地处江苏无锡，自北宋创建以来，经历了兴盛、荒废、重修等变化过程，曾是江南地区人文荟萃之地、学术交流中心和议论国事的主要舆论场所。东林书院保存有丰富的楹联资源，这些楹联引经据典、内容丰富，同时对仗工整、朗朗上口，不仅承载了东林书院的历史沿革，还包含了东林学者的学术思想，蕴含着丰富的文化底蕴。通过对东林书院的楹联内容进行解读和分析，发现其办学具有“推崇儒家经典，强调尊师重道”“主张求真务实，注重日常积累”“注重经世致用，强调联系生活”等特点，这对当下知识传授、人才培养等方面具有重要的借鉴意义和启发作用。

【关键词】东林书院　楹联　传统文化　教育思想

对联即联句，指用对仗、工整的文字表现“形相对、神相联”内容的相对的联语，俗称“对子”，是一种独特的文学形式。题刻在壁柱上的对联叫做楹联，由于古时对联常以壁柱为载体表现出来，故楹联也被泛指为对联[1]。对联的雏形最早可追溯至春秋战国时期的求卦问卜，后来人们将“消灾免祸”之词写于桃木板上，便产生了对联。中唐时期，以“句数固定、押韵严格、平仄讲究、对仗工整”为特点的律诗的定型为对联的出现打下了坚实基础。据《宋史・孟昶传》记载：“（孟昶）每岁除，命学士为词，题桃符，置寝门左右。末年，学士幸寅逊撰词，昶以其非工，自命笔题云：‘新年纳余庆，嘉节号长春。’”[2]虽然有学者表示，唐代已经出现了工整的楹联[3]，但五代后蜀主孟昶所作的“新年纳余庆，嘉节号长春”仍被学界视为“春联之始”，即有史料记载的最早的春联。至宋代，此种形式的联语或题刻于壁柱之上，或作为装饰、交际、吊庆之用，广泛流传。清代学者梁章钜在《楹联丛话》“自序”中写道：“楹联之兴，肇于五代之桃符。孟蜀‘余庆’‘长春’十字，其最古也。至推而用之楹柱，盖自宋人始。”[4]明初，朱元璋政府大力提倡和弘扬楹联文化，使楹联由帝王公卿普及到黎民百姓。清代康熙、乾隆政府也大力倡导，加之读书人的积极推动，楹联文化逐渐渗透到百姓日常生活的各个方面，楹联在民间得到了更为广泛的传播和应用[5]。楹联集教育、文学、艺术、历史、建筑美学等于一身，虽然篇幅短小，但概括性极强，蕴藏着丰富的内涵，其“短小精悍”的“身躯”中浓缩了中

---

* 邵剑耀：江南大学教育学院硕士研究生

国优秀传统文化精髓，其中包含的教育理念对当下知识传授、人才培养等方面具有重要的借鉴意义和启发作用。

一、东林书院的创建与发展

书院是我国古代士人围绕书本、文献等进行藏、读、教、讲、校、著、编、刻等活动的重要场所，是文人墨客进行文化积累、文化创造、文化传播的文化教育组织。自唐末兴起，经由历代的发展，书院得以遍布我国各地，并传至日本、朝鲜，乃至意大利等国[6]，在中国传统文化的保存、传承与传播以及中国文化教育事业的发展与繁荣等方面发挥了巨大作用。古代书院独立于政府规制之外，具有“非官方”性质。其往往以“避官、修身、塑心、筑学”为选址之道，以“崇德、重志、细腻、清雅”为布局理念进行建造。为了突显浓郁的文墨之气，营造雅致的学习氛围，发挥环境的隐性教育作用，书院内部常装饰有形式多样的文字题刻[7]。置于门厅院落或亭台楼阁之中的楹联作为书院重要的有形文化资源常常含有教化性情以及启迪智慧之意蕴，或宣扬自家学派源流及书院办学特色，或标榜继承先辈书院遗风，或言志抒怀、倡导学术自由等，将中国传统文化与教育思想凝聚于简洁的联语之中，为书院增色的同时启人心志[8]。

东林书院地处江苏无锡，由北宋理学家杨时于政和元年（1111）创建，是其讲学之所。书院名称中“东林”二字与杨时在江西庐山东林寺所作之诗《东林道上闲步》有关，因杨时字中立，号龟山，故东林书院亦称龟山书院。杨时离开后，东林书院因年久失修而逐渐荒废。元至正十年（1350），有僧人在原址上修建东林庵，学舍被辟为僧区。明万历三十二年（1604），革职里居的原吏部文选司郎中顾宪成与其弟顾允成等吴地学者共同倡议在原杨时讲学遗址上捐款重修东林书院。自新修书院竣工后，“东林八君子”即顾宪成及顾允成、高攀龙、刘元珍、叶茂才、史孟麟、钱一本、薛敷教在此聚众讲学，针砭时弊，提倡“读书、讲学、爱国”，受到士大夫们“仰慕应和，闻风响附”。明天启五年（1625），阉党魏忠贤“枉法祸兴”，颁布《东林党人榜》，通缉“东林党”，次年（1626）诏毁全国书院，东林书院被“夷为平地”[9]。崇祯即位后，严惩阉党，“东林党冤案”得以昭雪，次年，下诏修复全国书院。崇祯二年（1629），无锡吴桂森应旨后独自捐资，先后修建丽泽堂三间、院前门墙、来复斋三间等，并居中主持讲学。后经清康熙、雍正、乾隆三朝多次修建，东林书院在恢复原貌（明万历年间面貌）基础上有所扩建。民国三十六年（1947），东林书院建筑得以全面整修[10]。新中国成立后，书院又先后多次修缮，现已成为全国重点文物保护单位。

东林书院自北宋创建以来，经历了兴盛、荒废、重修等变化过程，曾是江南地区人文荟萃之地、学术交流中心和议论国事的主要舆论场所，有“天下言书院者，首东林”的美誉，对我国传统文化的发展和繁荣具有极大的推动作用[11]。明清以来，多位名家学者为东林书院撰题楹联，留下了宝贵的知识财富。这些书院楹联引经据典、内容丰富，同时对仗工整、朗朗上口，不仅承载了东林书院的历史沿革，还包括了东林学者的学术思想，蕴含着丰富的文化底蕴。

二、东林书院楹联蕴藏的教育思想

（一）推崇儒家经典，强调尊师重道

明万历三十二年东林书院修复完成后，顾宪成及其好友高攀龙等共同主持书院，编写会

约规则，设立会约仪式，每年一大会、每月一小会，将儒学经典和古代先贤的德性情操作为讲学主要内容，提倡以孔孟等人的语录为处世准则，以先哲贤儒的事迹为行为准则，“崇正学、宗孔子、尊六经、循程朱”[12]。东林书院楹联中多处体现出对儒家学说的推崇以及尊师重道的思想。丽泽堂为东林书院旧时讲学的重要场所，其楹联由东林党领袖顾宪成拟取，旨在以文会友，以友辅仁。丽泽堂门前有联“何以明善？何以诚身？丽泽相资，庶友天下之士；夫谁升堂？夫谁入室？宫墙在望，且游圣人之门”。“明善”出自《礼记·中庸》的“不明乎善，不诚乎身”，“升堂”“入室”出自《论语·先进》的“由也升堂矣，未入于室也”。丽泽堂内现有联“百年旧德，读书尚友；四海名贤，气节文章”，原为“一堂聚四海名贤，气节文章，俱自身心着力；多士食百年旧德，读书尚友，须从伦物立根”。“尚友”等在《孟子·万章》等中均有相关记载。丽泽堂内又有联“为道，为法，为则，守先待后；不淫，不移，不屈，知命达天”，即儒家强调的君子（大丈夫）所需的恪守之道和必备品格，《孟子·滕文公下》等均有记载。依庸堂有联“堂号依庸，言行其恒墉也，谨信其涂塈也，精义入神窥阃奥；室名丽泽，诗书则径路矣，讲习则步趋矣，践形尽性启门庭”“主敬存诚，坦荡荡天空地阔；穷理尽性，活泼泼鱼跃莺飞”等，可与《礼记·少仪》《论语·述而》《易·说卦》《荀子·儒效》《论语·学而》《易·系辞》《易·兑》等文献联系起来[13]。

依庸堂后面是燕居庙，是祭祀孔子的专祠。庙颜“中和”二字，两边“翼以楼”，左为典籍室，右为祭器室，用来贮藏书籍、文献以及祭器、古乐器等。“燕居”即“宴居”，有闲居的意思，取自“子之燕居，申申如也”（《论语·述而》）[14]。据《明史·钱唐传》记载：“发挥三纲五常之道，载之于经，仪范百王，师表万世，使世愈降而人极不坠者，孔子力也。孔子以道设教，天下祀之，非祀其人，祀其教也，祀其道也。”[15]其中明确指出了“孔子之功”以及祭祀孔子的目的，即“祀其教”“祀其道”，在继承和发扬儒家思想、学说的同时，表达了对至圣先师的礼敬之情。燕居庙有联“得其门而入，不可阶而升”以及“尽性至命，立三才极；继往开来，为万世师”。前一联借用了《论语·子张》中“夫子之墙数仞，不得其门而入”“夫子之不可及也，犹天之不可阶而升也”[16]，“夫子”即孔子，借用“墙数仞”“犹天”等来称赞孔子的学问精深、道德高尚，由此告诫后人做人、做事应虚心谨慎，不能好高骛远，同时要注重日常积累，有问题及时向老师请教。后一联中的“尽性至命”“三才”即《易·说卦》中的“穷理尽性，以至于命”以及“是以立天之道，曰阴与阳；立地之道，曰柔与刚；立人之道，曰仁与义；兼三才而两之，故易六画而成卦”。“继往”指继承古人之智慧，“开来”指开启“来世（未来）之道”，“万世师”特指孔子，泛指学问高深、道德高尚的榜样[17]。此联旨在勉励后人学习先贤哲人之思想以穷尽万物之原理、极尽人类之本性，努力达到完美境界。

（二）主张求真务实，注重日常积累

“惜时”“谦虚”“慎重”“务实”等品格教育一直贯穿于中国传统文化之中。如前所述，东林书院原为北宋杨时长期讲学之地，明朝万历年间及清朝、民国时期的多次修复均旨在传承杨时讲学之志，抓紧学术，研讨学问。杨时曾得北宋理学宗师程颢、程颐面授真传，有“程氏正宗”之称，是北宋理学南传的关键人物。东林书院内现存的“正学津梁”“辅翼孔庭”“醇儒亮节”“洛闽中枢”等匾额

均是对杨时理学传播功绩及其学术思想的歌颂[18]。东林书院正大门有联“此日今还再，当年道果南”，取自杨时所撰诗歌《此日不再得示同学》，旨在勉励青年学子珍惜时光，脚踏实地，勤学好问，以提升自己的学识。道南祠有联“道衍二程无异学，理宗一贯有真传”“道启东南，一代师儒光俎豆；学宗洛闽，四方贤哲共蒸尝”“道幸南来，溯本本原原，洛水薪传延一线；恩由北至，看承承继继，锡山俎豆永千秋”“伊洛道统，自北而南，先生实承前启后；洙泗心传，有一无二，诸贤复尊闻行知”“载道而南，揭理一分殊之旨，十八年春风化雨；奉神以祀，萃仁至义尽之儒，两三朝威风祥麟”等[19]，一是对杨时为理学发展所做贡献的肯定，二是对杨时学术思想及学术地位的认可，三是歌颂杨时讲学功绩[20]，借此告诫后人勤奋刻苦，发扬杨时“讲学之志”，为学术思想的发展做出自己的一点贡献。

在“推崇儒家经典，强调尊师重道”部分所述的楹联也均体现出求真务实等观点，如燕居庙内“得其门而入，不可阶而升”，引自孔子与子贡的对话，旨在教导学子应虚心求教，脚踏实地地积累知识，丰富个人经验，不能骄傲自大，好高骛远。依庸堂内“堂号依庸，言行其恒墉也，谨信其涂塈也，精义入神窥阃奥；室名丽泽，诗书则径路矣，讲习则步趋矣，践形尽性启门庭”等均指出了求学做事应注重日常积累，打好基础，稳中求发展，在“精研事物之微义”之上掌握隐微深奥的道理，并能“致用”，体现出东林书院求真务实、注重积累的办学特点。

（三）注重经世致用，强调联系生活

明朝晚期，以“理者，实也，本也”为基本论点的程朱理学位居正统官学（官方哲学）地位。受社会风气及家庭师承综合影响，东林党人将程朱理学视为立脚点，继承并发扬了“博学”“审问”“慎思”“明辨”“笃行”等积极思想，形成了讲习相互结合即“讲以讲乎习之事，习以习乎讲之理”的学风，讲求“实事”“实学”，注重经世致用[21]。现挂在依庸堂内的楹联“风声雨声读书声，声声入耳；家事国事天下事，事事关心”是东林书院修复后顾宪成所题写的，被后人广泛流传，鲜明地表达出中国传统士大夫“以天下为己任”的使命感，对后世中国知识分子忧思天下、心系国家、关心社会的角色形象起到了塑造作用[22]。东林书院遵循的不是“两耳不闻窗外事，一心只读圣贤书”的传统教育理念，而是倡导“读书、讲学、爱国”的求学精神和“修身、齐家、治国、平天下”的教育主张，学生不仅要认真研习、苦修学问，更要关心社会政治、世道人心，注重教育联系生活、理论联系实际，力求学有所用，体现出东林书院“学术付诸实践”的讲学原则和东林党人强烈的社会责任感。

以顾宪成等人为核心的东林学派掀起了一股“讲学议政、经世致用”的实学思潮，对明末及后世许多学者的学术风格产生了重要影响。东林学派一方面切实贯彻了儒家“躬行践履”的理想（修身层面），另一方面批判了当时盛行的“不务实学”“空谈心性”之学风，积极投身于具体的事务性工作，以求改良政治、挽救社会[23]。正如顾宪成所告诫的，“即使天下有一分可为，亦不肯放手”“天下有一分不可为，亦不可犯手”。[24]又如高攀龙所述，“居庙堂之上则忧其民，处江湖之远则忧其君，此士大夫实念也，居庙堂之上，无事不为吾君，处江湖之远，随事必为吾民，此士大夫实事也”，“所以《大学》之道，先致知格物，后必归结于治国平天下，然后始为有用之学也”。[25]

三、教育启示

东林书院自北宋创建以来已有九百多年的历史，作为曾经江南地区的文化传承与学术交流中心，其保存了大量蕴含丰富文化底蕴的楹联资源。这些楹联资源承载了东林书院（作为古代著名的学术研究机构）的历史沿革，见证了东林书院（作为古代著名的教育组织）的办学发展历程，集中体现了东林书院“尊师重道”“求真务实”“经世致用”的教育传统，对当前社会“立志教育”“慢教育”“生活教育（指教育联系社会并服务于社会）”的开展具有重要借鉴意义。

其一，培养学生高尚人格，开展立志教育。立志是培养人生理想、促使事业成功的关键一步。受社会急功近利等不良风气影响，当前部分学生缺乏高尚人格方面的追求，过分注重自身价值的实现，重“小我”而轻“大我”，关注即时性功利性目标的获得，而忽视历时性的精神追求。教育中社会公德内容淡化使得学生的家国情怀信仰丢失，即便个体在思想或观念层面上认可“以国为家”等价值观念，但“言行不一”，在实际行动中很少体现[26]。教育并不是为了达到功利性目的的一种工具，其最终目的是帮助学生找到精神追求，为今后的完满生活做好准备。东林书院主张求真务实的学习态度和经世致用的学习原则，其“声声入耳”“事事关心”的教育策略以及“纵居颜巷不为贫”“尽性至命，继往开来”的教育追求对当前学生高尚人格培养、立志教育开展具有重要借鉴意义。

其二，端正学习态度，放慢教育脚步。随着科学技术不断发展，社会节奏不断加快，人们越来越注重效益追求，在“互联网+教育”“云计算+教育”“元宇宙+教育”等概念冲击下，“教育恐慌”“教育焦虑”现象时有发生。当下社会过分看重教育的短期效益，使得“唯分数论”“唯升学论”观念盛行。凡事“欲速则不达”，我们应遵循“循序渐进”的教育原则，秉持“夫小学者，大学之基也”的教育理念，思考“慢教育”，注重低年级学生的知识积累，以进步代替排名，以自我比较结果作为衡量个体优良的指标。东林书院楹联上的“言行其恒墉也，谨信其涂塈也”“诗书则径路矣，讲习则步趋矣”“精义入神窥阃奥”“践形尽性启门庭”等正是在告诫我们应当进行“慢教育”，在学生知识习得和内化过程中帮助其“日臻完善”，为其今后的发展奠定良好基础。

其三，注重理论联系实际，加强教育联系生活。面对来自技术、市场和资本等的冲击，着眼于教育本质，现代教育理论建构与实践展开必须结合当下社会现实，贯彻“教育是通向人类美好生活的通途”之一的崇高理想[27]，加强课堂理论与生活实际的联系，把培养学生整体身心发展作为教育的根本追求。当今中国正处于社会转型时期，多种文化思潮交流碰撞影响着我们的教育变革。近年来，“教育联系生活”“教育服务于社会发展”等观点逐渐受到人们重视。东林书院楹联中所传递的学术思想为“教育如何联系生活”“教育如何服务于社会”等问题的解答提供了借鉴。东林书院倡导的是“读书、讲学、爱国”的精神，强调在教育中融入社会时事热点，在讲学中议政论政、借古讽今，通过师师之间、师生之间以及生生之间的经典研读和讨论分析，“古为今用”，给出实质性措施，以整顿社会不良风气，在传授知识的同时培养学生爱国主义精神，提高其政治素养和社会意识。

注　释

[1]　赵桂毅主编：《旅游文学》，中国财政经济出版社，2006年版，第12页。

［2］　曹海东主编：《二十五史通鉴》第6卷，团结出版社，1997年版，第3827页。
［3］　邓洪波编著：《中国书院楹联》，湖南大学出版社，1999年版，第3页。
［4］　〔清〕梁章钜著，郭琳校点：《楹联丛话》，鹭江出版社，1996年版，第5页。
［5］　胥文玲：《浅探闽北家族楹联及其教育思想》，《中共福建省委党校学报》2014年第12期，第125—129页。
［6］　邓洪波编著：《中国书院楹联》，湖南大学出版社，1999年版，第1页。
［7］　计丹峰：《古代书院环境理念探析》，《绍兴文理学院学报（哲学社会科学）》2013年第4期，第109—112页。
［8］　黄梅珍：《从书院楹联看古代书院的价值追求》，《学理论》2011年第1期，第158—159页。
［9］　邓洪波编著：《中国书院楹联》，湖南大学出版社，1999年版，第19页。
［10］　陈薛俊怡编著：《中国古代书院》，中国商业出版社，2015年版，第125—126页。
［11］　金开诚主编：《东林书院》，吉林文史出版社，2010年版，第4—5页。
［12］　葛睿：《东林学派儒学经世思想研究》（硕士学位论文），南京大学，2014年，第30—31页。
［13］　裴国昌主编：《中国教化楹联精选》，南京师范大学出版社，2015年版，第164页；裴国昌主编：《中国名胜楹联大辞典》，中国旅游出版社，1993年版，第227—228页。
［14］　陆阳：《东林书院》，江苏凤凰美术出版社，2018年版，第106页。
［15］　〔清〕张廷玉等撰，王天有等标点：《明史》，吉林人民出版社，2005年版，第2717页。
［16］　谷向阳主编：《中国楹联大典》，吉林教育出版社，1994年版，第425页。
［17］　裴国昌主编：《中国名胜楹联大辞典》，中国旅游出版社，1993年版，第227页。
［18］　朱文杰、王刚毅：《杨时讲学与东林书院》，张品端主编：《杨时教育思想研究——杨时教育思想与书院文化学术研讨会论文集》，厦门大学出版社，2013年版，第245—261页。
［19］　裴国昌主编：《中国名胜楹联大辞典》，中国旅游出版社，1993年版，第226—227页。
［20］　冯洋等编：《吴越风情》，远方出版社，2005年版，第59—60页。
［21］　王赓唐、赵承中：《顾宪成与东林党》，《江苏广播电视大学学报》2000年第1期，第76—80页。
［22］　吴礼权：《感染力》，暨南大学出版社，2017年版，第120—122页。
［23］　王俊才：《论东林讲学议政与明末经世致用之学》，《燕山大学学报（哲学社会科学版）》2006年第2期，第40—43页。
［24］　冯克诚主编：《明代儒学教育思想与论著选读》，人民武警出版社，2010年版，第232页。
［25］　曾雄生：《中国农学史》，福建人民出版社，2012年版，第448—449页。
［26］　邵剑耀：《当代本科生价值观现状及影响因素研究：基于传统家训视角下的访谈调查》，《民办高等教育研究》2020年第4期，第89—93页。
［27］　董辉：《“美好生活”本位的现代教育伦理信念及合理性辨析》，《伦理学研究》2019年第5期，第82—88页。

· *Art* | 艺术 |

明代“逸风”影响下的华察书法

马旭明 *

【摘要】无锡华氏为江南名门望族，华察系其通四支第十六世孙，明代有名的官吏、诗人，其“冲淡”的古体诗风在嘉靖文坛乃至明代文学中首屈一指。华察存世墨迹极少，无锡博物院藏其墨迹四件，成为华察研究的重要实物资料。在明代“逸风”影响下，“古澹”“清逸”成为华察晚年追求的审美境界，这不仅表现在诗风上，在书法上更得到了淋漓尽致地体现。

【关键词】明代　逸风　华察书法

无锡华氏为江南名门望族，华氏聚族而处，世系分明，最早煊赫于天下者为东晋孝子华宝。至第十八世孙华荣，迁居汴京。宋代靖康年间，华荣曾孙华原泉南归无锡，定居隆亭，华原泉为今无锡华氏始祖。元明之际，华贞固携家眷从隆亭迁居荡口，是为荡口华氏始迁祖。自明清以来，华氏人才辈出，科第相望不绝。历经岁月长河的洗礼，华氏家族资料文物已成为重要的文化遗产，是中华优秀传统文化不可分割的一部分。

华察生于弘治十年（1497），逝于万历二年（1574），字子潜，号鸿山，系无锡荡口望族，明代无锡华氏通四支第十六世孙，是家族中最有声名的成员之一。《明史》载：华察，字子潜，无锡人。[1] 累官侍讲学士，掌南京翰林院。王世贞《明故翰林院侍读学士、掌南京翰林院事、奉训大夫华公墓碑》记道：“公以弘治丁巳季夏之六日生。”华察一生可以分成两个重要阶段，四十九岁前：读书求道，考取功名，经略治国，出使朝鲜，执掌南院，交游结士。嘉靖元年（1522），华察举于应天乡试。嘉靖五年（1526）中进士，选为庶吉士。嘉靖八年（1529），华察庶吉士业成。王世贞《华公寿藏记》认为是“有所不悦于新贵人，出补户部主事，督淮安税。爬搔其垢殆尽，垂满引病归”。俞允文《故学士华公诔》则云“出督淮粮，托疾求免，隐居韬光”[2]。而后华察任户部主事，奉命去江淮征收租税。后调为兵部主事、员外郎中。嘉靖十二年（1533）任翰林院修撰，校录累朝宝训、实录。后升为东宫侍读，参与会试。嘉靖十八年（1539），出使朝鲜，赐一品服。回国后执掌图籍，后遭同僚谗毁而被弹劾，调任司经局洗马。嘉靖二十二年（1543），任翰林院掌院学士，又拜侍读学士。嘉靖二十三年（1544），奉旨主应天乡试，主持会试和殿试，秉公叙用

* 马旭明：无锡博物院征编部主任，研究馆员

天下名士，后又遭参奏，心生退意，正如《华氏金粟岭传芳集华察传》云“在官大略，始迁璁萼，继避分宜，遂无意用世”。[3]。

嘉靖二十四年（1545）辞官还乡，过着淡泊的隐居生活，侍奉长亲，教子读书，普济乡众，重组碧山吟社，岩居流芳，捐款抗倭，追怀先贤，纂修宗谱。华察主要有《皇华集》五卷、附录一卷和《岩居稿》诗集八卷传世[4]，展现出杰出的诗文才华。他出使朝鲜，与朝鲜王臣联句和诗，与朝鲜文臣赓酬唱和，惊艳四座，被誉为“诗仙”。之后华察回归故里，与好友醉心于诵读吟咏，又于嘉靖三十四年（1555）与喻义、顾可久、华云、秦瀚、浦应麒、施渐、王瑛、王问等名士重建碧山吟社。诗作颇丰，都汇为诗集。其《岩居稿》诗集八卷，诗名远播。王慎中称赞他曰:“而君所为诗，顾洒然自立于尘埃，情累之表，意象之超越，音奏之凄清，不受垢氛而独契溟涬，若木居草茹，服食导练，沦隐声迹者之所言，非世人语也。”[5]王世贞形象地将其诗比拟为“如磐石疏林，清溪短棹，虽在秋冬之际，不废枫橘”[6]。王士禛认为：“苏门、鸿山、皇甫兄弟共扇清风，独标雅则，不与世俗浮沉也。今其集具在，试焚香扫地、静气读之，只觉风骚去人不远。”[7]。王士禛依据嘉靖四十三年（1564）王其勤刻本对《岩居稿》加以批点，对之后的研究影响深远。

一、明代“逸风”与华察

古人对“逸”的理解应该有逃避现实、隐逸之意，钟嵘《诗品》称陶渊明是“古今隐逸诗人之宗”，宋明道学的开创者周敦颐在《爱莲说》中有写到“晋陶渊明独爱菊”，并称“菊，花之隐逸者也”，是以菊喻陶渊明的高洁之志。《文心雕龙》云：“惊才风逸，壮志烟高”“典雅逸群”“响逸而调远”。《桃花源记》及序中所描写的“四时自成岁，怡然有余乐”“黄发垂髫，并怡然自乐”的语句，李渔《闲情偶寄》“是我于花之未开，先享无穷逸致矣”等，皆出于此意。逸韵、逸态、闲逸、放逸、淡逸、高逸等是艺术作品中“逸”的精神。可以看出“逸”的风格最接近自然和事物本真，是对现实生活的超越与超脱，追求个人的自在与自适，最能达到物我两忘、天人合一，简言之即“越名教而任自然”。“逸”的发展由“隐”而“乐”，“闲适安乐”成为古代高士追求的一种修为境界。而后，在文艺创作中“逸”有了突出的地位，显得越来越重要。

明代艺坛百花齐放，宗派林立。华察所处的嘉靖时期，商品经济发展繁荣，江南作为全国最富庶的地区，也成为文人荟萃的文化中心，但社会政治的压力、科举的艰辛、对江南文人的刻意贬抑，可谓史不绝书。明代的政治暴虐，已是一个常识性话题，且已获得某种象喻资格——常常被人因特定情景而提到。[8]文人士大夫因政治险恶、仕途坎坷而陷于沮丧，深深的失落使之生出退隐林下的向往，于是，讲求养生，寄情山水园林、琴棋书画，追求一种隐逸悠闲、安乐适意、艺术化的生活情趣，以消磨胸中块垒，成为江南文人的重要人生取向。明代学者唐志契在前人的基础之上展开论述，认为“逸”有各种形式，并且将“逸”与“奇”“韵”进行了比较，认为“逸”是无意为之的“奇”，其超于“韵”，并将“逸”分为清逸、雅逸、俊逸、隐逸、沉逸五种。从最初崇尚宋代笔简硬朗画风的浙派，到倪瓒的“写胸中逸气”“逸笔草草，不求形似，聊以自娱”，作为倪瓒代表性的美学思想，在后世逐渐发展成为对其绘画作品评价的一种方向，到注重诗、书、画、印全方位修养的吴门画派，再到读万卷书行万里路的董其昌，不论画风如何变化，都是在直追画的最高品格——“逸”。文徵明在《顾春潜先生传》

中总结了江南“市隐”的内涵，其着眼点在于“心隐而身不隐”，认为“昔之隐者，必林栖野处，灭迹城市；而春潜既仕有官，且尝宣力于时，而随缘里井，未始异于人人”[9]。

明代中后期，倪瓒的“清”“真”“隐逸”深刻影响了江南文人，明人王穉登在序《清閟阁全集》时云:“今世最重先生画，次重其诗，又次乃重其人。是人以诗掩，诗以画掩，世所最重者，特先生末技耳。先生诗风调闲逸，才情秀朗，若秋河曳天，春霞染岫，望若可采，就若可餐，而终不可求之于声色景象之间，虽虞阳范揭诸公登词坛执牛耳，非不称盟主矣，然比于先生，犹垂棘夜光之视水碧金膏也。”[10]倪瓒认为同时代黄公望的画，不与世俗为伍故而显得逸迈，他自己在绘画用笔上则逸笔草草，造型上也不需要形似，完全是自娱自乐的绘画风格。他对于“逸”的态度在黄休复不拘常法、笔简形具和出于自然的基础上更加放浪形骸，这种画风以及艺术思想影响深远。

倪瓒“淡逸”思想的精华“雅弱而刚、清淡而真、虚静而幻”[11]，对华察“淡逸”诗风的形成不无直接关联。“淡逸”之风正是“古澹派”所代表的诗风，王士祯《池北偶谈》卷十二：“明诗本有古澹一派，如徐昌国、高苏门、杨梦山、华鸿山辈。自王、李专言格调，清音中绝。”王士祯指出华察与高叔嗣、皇甫兄弟“共扇清风，独标雅则，不与世俗浮沉也”[12]。华察的诗文表现出来的正是这一特殊时代文人精神的风貌，他和王慎中、唐顺之、王世贞等人的交往密切，深受“唐宋派”与“后七子”的文学主张影响，如陈书录《唐顺之与明代“毗陵诗派”考论》：人们一般认为嘉靖年间扭转以李梦阳为代表的七子派“诗必盛唐”、复古模拟诗风的主要有高叔嗣和华察等古澹诗派、杨慎等六朝诗派。[13]华察不是佛教徒，但他“古澹”“清逸”的诗风深受禅学、心学影响，《岩居稿》收录的其晚年诗作，萧澹简远而又冲融丰润，有的又禅意切切，如《惠山寺与施子羽话别》中“看山不觉暝，月出禅林幽”、《岁晚过圆通寺》中“扁舟一乘兴，岁晏访禅林”、《复碧山吟社和王侍御韵二首》中“为看当年诵经处，惟余松影护禅龛”“行逢野老频争席，坐对邻僧即问禅”、《冬夜宿虎丘僧舍》中“夜久禅诵息，一榻明灯莹”、《生公台坐月次姚山人韵》中“佛性因空见，禅关待悟开”、《夜坐善卷禅堂赠僧宝华》中“啜茗禅房山月斜，上方灯火听楞伽”等，无怪乎李雯云“子潜如坐禅空山，微闻钟磬”。他和僧人走得很近，并将修禅作为自己人生的一部分，及至晚年并未皈依佛教，释道相融的思维和生活方式，直接影响了华察的艺术创作，“古澹”“清逸”成为华察晚年追求的审美境界。王世贞提到了华察诗作的前后变化：“公为诗故多应制、赠送诸什，以宏丽典则称。而自其归绝，不守故武，务汰其色泽而陶洗之，天骨自露，萧澹简远，冲融悠隽，出入彭泽、襄阳间，世所传《岩居稿》是也。”[14]这对他后来“古澹”“清逸”诗风的形成以及“诗学中唐”文学主张有较大影响。这不仅表现在诗风上，在其墨迹书法上也表现得淋漓尽致。

王世贞认为，华察晚年思想中，儒、释、道相融为一，因此他既具慈善之心，又有清旷虚怀，王世贞《华公寿藏志》：“观公才于政，十不能得一。其政于家于乡，始得其十四五，而所存者固不在是也。公不为时儒，耽耽俎豆，而内外行备，动止自矩；不为释而能慈物空有；不为老而得清静之旨。贵于啬精保年，庶几贤而达者哉。”[15]

二、华察的墨迹考察

华察流传下来的墨迹不多见，其存世几乎

为空白，由于缺乏墨迹作品，所以也极少有对华察的墨迹及书法艺术的研究。无锡博物院藏华氏家族资料文献文物为华绎之旧藏，多为珍稀书画、碑拓、古籍等资料。而在华绎之旧藏的华氏家族资料文献文物中，有四件明代华察墨迹，三件为行草书，一件为楷体书，成为研究华察诗文、墨迹的重要实物资料。

（一）王问水墨《护节图》中华察的题画诗

王问水墨《护节图》绢本，长50厘米，宽80厘米。画面素洁雅致，居中而立的盆石与萱草左右相侧，画面均停平稳，石后几株修篁衬托出画面的灵动、飘逸，笔致简逸清雅，颇具意趣。左下款行书："护节图，嘉靖戊戌仲山王问敬赠是堂年丈归省。"笔法师承"二王"，有米南宫意，草法娴熟，点画严谨，用笔清劲娴逸。后钤白文方印"王氏子裕"、白文长方印"进士"。嘉靖戊戌即1538年。

王问和华察同庚，善于书画。正德五年（1510），南京礼部尚书邵宝辞官还乡，后在惠山之麓筑二泉书院，正德十年（1516）建成。王问拜在邵宝所办二泉书院就读，得邵宝赏识，《明史》"邵宝"后，有其介绍："其门人，同邑王问，字子裕，以学行称。嘉靖十七年（1538）成进士。授户部主事，监徐州仓，减羡耗十二三。以父老，乞便养，改南京职方，迁车驾郎中、广东佥事。行未半道，乞养归。父卒，遂不复仕。筑室湖上，读书三十年，不履城市，数被荐不起。工诗文书画，清修雅尚，士大夫皆慕之。卒年八十，门人私谥曰文静先生。"[16]《无锡名人辞典》：王问（1497—1576），明诗人、书画家。字子裕，号仲山。无锡人。嘉靖十七年（1538）进士，授户部主事，监徐州仓。以父老，乞便养，改南京职方，迁车驾郎中、广东佥事。行至桐江，徘徊不欲去，乞养归。父卒，遂不复仕。嘉靖三十二年（1551），与顾可久、华云、张选、施渐、华察等复举碧山社。于无锡五里湖畔筑宝界山居，俗称湖山草堂。读书三十年，不履城市，数被荐不起。平日焚香读《易》，兴至则为诗文或行草书数纸，用自娱说。卒年八十，门人私谥曰文静。工诗文、书画，诗文清秀雅尚，书法风骨遒劲。飞白遒逸劲迅，神采飞动，行草则多渴笔，往往与《醉翁亭记》法同，人称其书法类似米芾，又具黄庭坚笔意。[17]

王问成名较早，和文人雅士多诗酒酬唱，交往深厚，在《护节图》画的反面满题乡绅华察、华云、浦应麒、王瑛、王立道、邵勋、乔世宁、顾可久、王闰、施渐等的唱和诗作。这些都是与王问和华察关系非常密切的诗友乡党，后来都参加了重建的史上著名的诗社碧山吟社。世称的"梁溪三杰"就是王问、华察、施渐三人。[18]华察和施渐、姚咨、王懋明四人又被称"锡山四友"。

华察行书五律诗一首，起首钤"鸿山"朱文长方印，款下钤"子潜"朱文方印、"经筵讲官"白文方印（图一）。

原文如下：

雨露恩初渥，冰霜节自培。
母仪江汉式，孺子洛阳才。
风舞霓裳动，云连绮纸开。
行当捧鸾诰，青鸟下瑶台。
鸿山华察

题画诗后落款"鸿山华察"。根据《护节图》王问落款嘉靖戊戌，华察是年四十二岁，据年表[19]已升侍读学士，他担任过户部主事、兵部主事、员外郎中，尚未出使朝鲜。诗文表露出其意气风发、深得恩宠的精神面貌。题画诗应是在其出使朝鲜后"复引疾归"乞休回家后，即嘉靖十八年至二十一年（1539—1542）秋返京前这段时间所作。

他的书法和他的诗风一样，学习唐、宋、元各家，取意高远，笔法师承"二王"，入魏

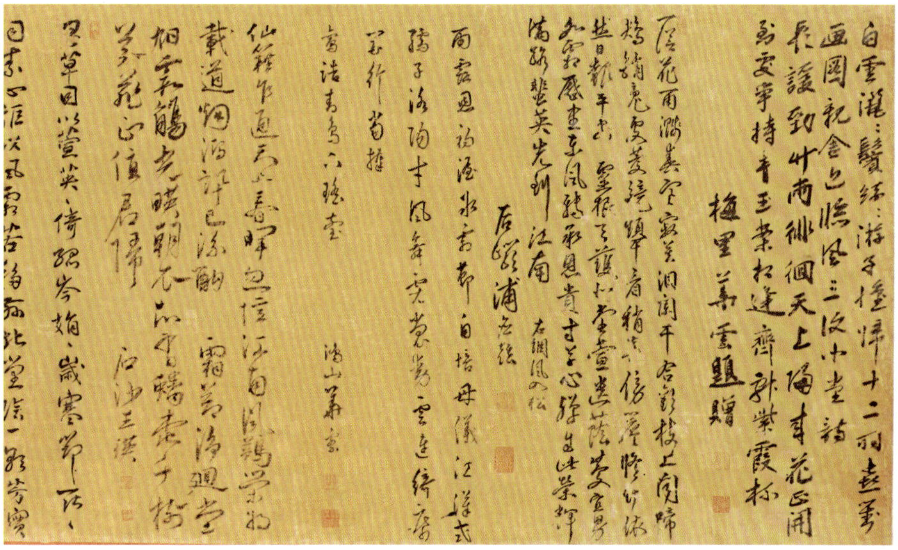

图一　王问水墨《护节图》中华察题画诗

晋，有米南宫意，草法娴熟，规矩有度，点画严谨。用笔上，清逸闲淡，兼有“二王”“一搨直下”、用笔内敛特征；风格上，字与字不相连，相对独立，承袭“二王”飘逸一路。

（二）《六十言怀》诗册

《六十言怀》诗册，纸本，7开，每开长26.8厘米，宽20.8厘米。华察自书行书《六十言怀》诗5开（图二）。后2开为华察的孙子华师周题跋。

原文如下：

六十言怀
一自遗策谢羁絷，世事纷纷不相及。
常将白天卧茅茆，更傍青山荷蓑笠。
谁知末路多荆榛，却把闲身绊城邑。
人间岁月能几何，自笑浮生已六十。
浪迹惊看类转蓬，星霜一换百感集。
爱日争夸膝下须，称觞拟向阶前立。
独怜风木不得宁，老去逢欢反成泣。
春酒那如双泪多，枕上啼痕梦中湿。
况是衰迟觉惮烦，怕杀逢迎纷拜揖。
客来莫讶掩重门，呼儿长跪诵斯什。
鸿山察稿似诸同志一笑

嘉靖三十五年（1556）六月六日，华察六十大寿，至亲好友积极筹备寿辰大庆，可是华察委婉而拒，他的学生袁尊尼《重刻〈岩居稿〉后原序》：“今兹丙辰之岁，先生年登六十矣，众谋所以为寿。先生方闭户屏迹，焚香默坐，有来贺者，辄谢而弗为通。其意泊如……”

华察谢客祝寿，但是为这个寿诞还是有准备的，华察在寿诞前就已经抄写了数十百卷诗文，准备分发给来祝寿的至亲友朋。这本诗册的第一开起首书《六十言怀》，诗稿未署年款，书卷作于嘉靖三十五年（1556）生日前。《江苏艺文志》记有华察《六十言怀》诗一卷，手书，清孙尔准从其云孙华斌处得观，应该是另一件手卷形制的《六十言怀》诗。说明华察手书众多，但这数十百幅作品能留存至今者，恐怕寥寥无几了[20]。在其后华察孙华师周的2开题跋中可知其情况。华师周字公兼，号汉屿，又号淡斋，邑庠生，著有《澹斋集》六卷，入四库。

华师周2开行楷（图三），款署“不肖孙师周稽颡百拜恭记”，原文如下：

嗟乎，此先学士六十言怀诗也。素喜

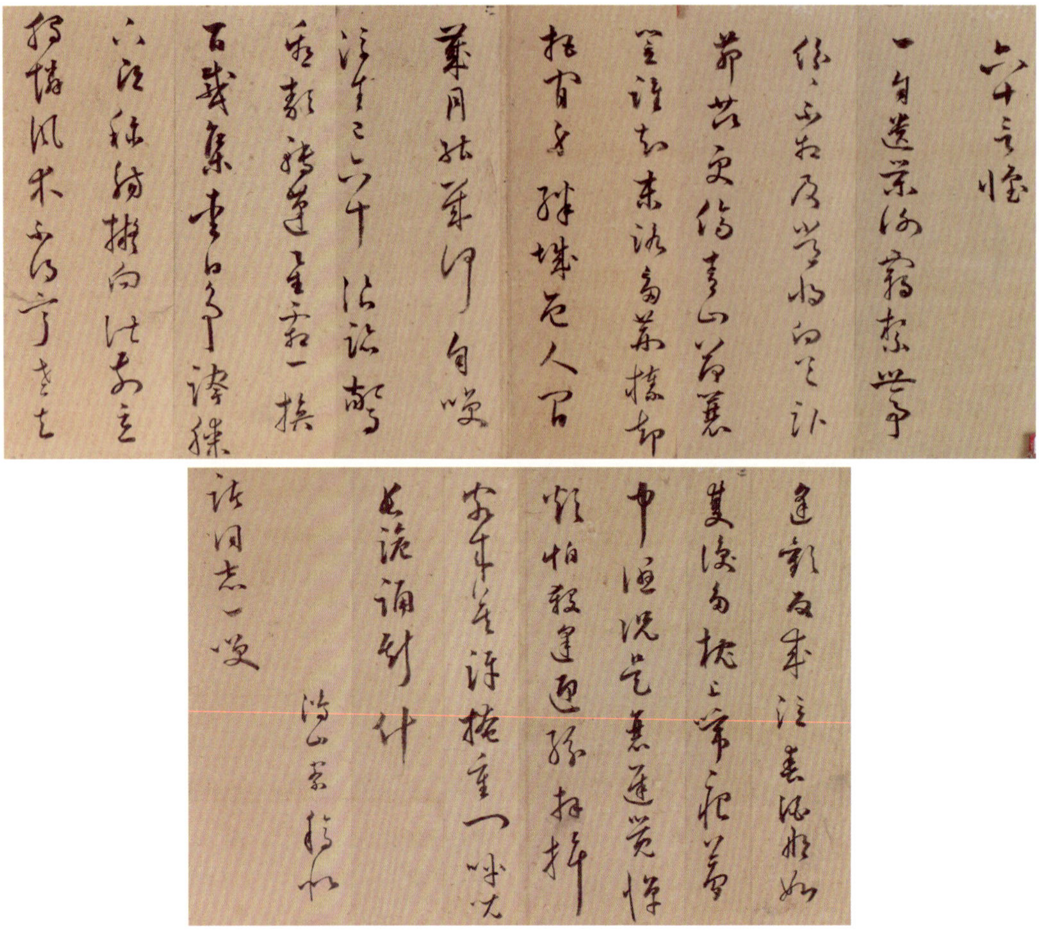

图二 华察《六十言怀》诗

诗，尤喜临池，故此诗凡亲书者，数十百幅以为寿，来者人饷一卷。去岁戊戌，先内翰介六十会，多存亡之感，亦却为寿者不省，稍稍以诗文寿者，稍稍内之，然非其意也。有门下士持一卷来，乃从学士公故客，某许得之，内翰公展卷，跪而卒业，潸然悲不自胜，复辗然喜曰：客以锦轴百寿，我何以此一纸也？属不肖亟贯以玉躞，饰以锦韘，先以双引，押以金题，包以褾褫，子孙世世藏之无失。不肖受而如指。甫一岁，内翰公见背，享年仅六十有一。学士公年七十八，竟不能追而几焉。无论寿不满德，即此卷为兆，亦不仇也。呜呼痛哉。辛丑五月十五日，不肖居丧，去除之日仅五，病中偶检此卷，聊书数语，用识永慕。不肖孙师周稽颡百拜恭记

嘉靖二十四年（1545），华察弃官回到家乡，是年四十九岁，而后在无锡度过将近三十年的赋闲生活。嘉靖三十五年（1556），此时的华察早已弃官还乡十一年了，这首七律长诗，诗风质朴，措辞考究，字里行间没有涉及具体事情，而是以抒情写意为主。赵承中在《岩居稿》序言中评价华察“吟咏性情，独秀本色，意境冲淡疏旷，情致温雅自然”，自然雅致不仅是华察诗歌的主要艺术风格，也代表了明代整个无锡华氏家族的创作风格。历经世事沧桑的华察，在诗中发出了“谁知末路多荆榛，却把闲身绊城邑。人间岁月能几何，自笑浮生已六十”的感慨。

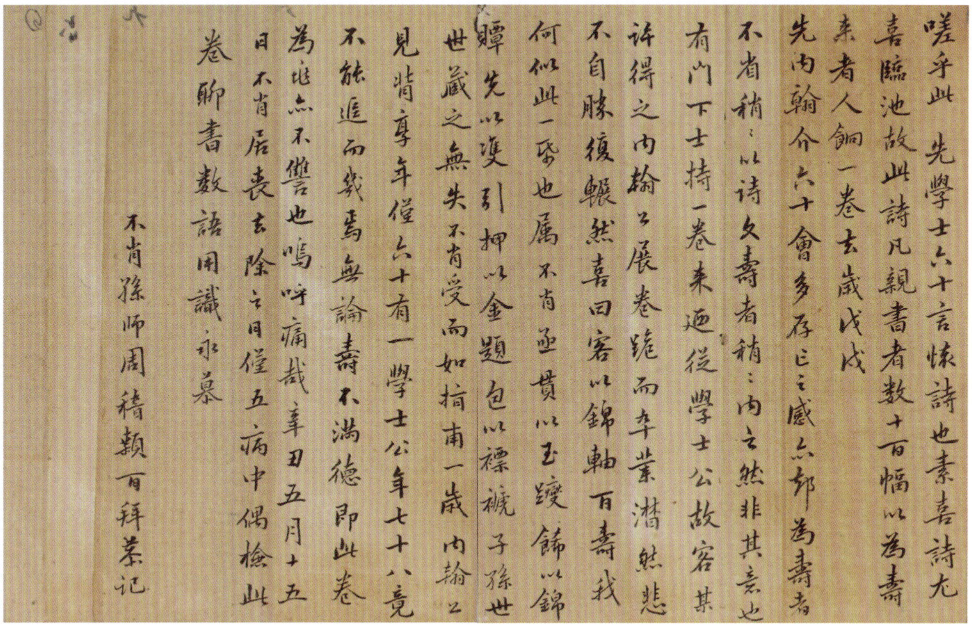

图三　华察《六十言怀》华师周题跋

《六十言怀》诗册是他誊抄分赠给亲朋诗友的，不是按照书法创作的常规所书写，所以诗稿也未署年款和盖印章，但也正是如此，全篇书写得行云流水，无拘无束，笔随心走，心在诗文，有感而书，直抒情怀，是华察留下的墨迹中极具文人情怀的作品。随意挥洒而就，有感而发的书法，犹如颜真卿《祭侄文稿》，凝注饱满情感，在自然状态下的信手之作，没有丝毫矫揉造作之感。诗册章法和谐平顺，结体严谨，笔画优雅文静，如诗般“冲淡疏旷”“温雅自然”。

（三）《和华云九日斋居诗》

华云自述嘉靖己未（1559）九日（重阳日）病疡卧斋中二十日，追怀邑中胜迹，即命儿孙辈榻前小酌，以十韵令各赋诗。既以追慕前贤，又可畅己形神，赋五言十韵古诗《九日斋居诗》。其子华复初、华复诚，孙华之充、华之方各有和诗。儿孙以外，又有族内华察和诗，吴门周天球作和诗并作篆书引首，钱穀为诗册作图。

《九日斋居诗》册，纸本，11开，长26.3厘米，宽31厘米。

华云，生于弘治元年（1488），字从龙，号补庵居士，华麟祥之子。嘉靖二十年（1541）进士授户部山东司主事，改南京兵部主事，进刑部江西司郎中。少事邵宝，又出王守仁门，藏法书名画甚富，工文辞。[21]华云曾筑真休园于宅旁，法书名画，充物其中，但其自作书画则存世绝少。此自书诗为行楷，结体行笔绝类沈周，书体堂正，用笔力至颠毫，无一丝浮滑习气。就书法本身而言，已完全是一流书家的水平。落款称“补庵居士华云书于薜荔斋”，款下钤“华云从龙”白文长方印、“玉树堂”白文长方印、“古梅里”白文长方印。

华察《和华云九日斋居诗》五言诗一首，楷书。款左钤鸟篆文“鸿山”朱文圆印、“经筵讲官”朱文方印（图四）。

原文如下：

比部兄补翁九日斋居，子孙侍坐赋诗次韵。

佳辰怜独卧，幽况惬初晴。
畏病寒容早，耽诗秋思清。
霜涵小池洁，日照远峰明。
道立宁谐俗，身闲为避名。
殷勤倡酬意，契阔友于情。
荒径满苔色，高斋惟雁声。
余歌荐舞水，雅兴托莼羹。
烂漫陶潜菊，飘飙子晋笙。
窗虚黄叶下，台迥白云横。
对此不复饮，其如华发生。
弟察顿首

嘉靖三十八年（1559）华察六十三岁，《和华云九日斋居诗》书写用笔方硬，表现出扎实的楷书功底，似参以魏碑笔意，而又随性为之，在华察的墨迹中唯一有之，其书风飘逸，笔画沉静、平淡，章法上疏朗匀称，也不失为“逸品”之作。

（四）《行草自作杂诗册》

《行草自作杂诗册》纸本，14开，每开长26.5厘米，宽24厘米。华察草书抄录自作诗十二首，无年款（图五）。和《岩居稿》的诗作比较，自作杂诗呈现出晚年“冲淡”的风格，特点鲜明，书法越趋成熟，其中有赠给“锡山四友”施武陵（即施渐）的《寄施武陵》（“我家曾避地，同是武陵人”），还有赠给姚潜坤（即姚咨）的《送姚潜坤东归》等诗。在最晚本嘉靖三十五年（1556）王懋明刻本（南京图书馆藏）《岩居稿》中，这十二首诗不见收录，而王懋明刻本《岩居稿》收录有施渐去世后（1556）的诗作《冬日与仅初谒子羽墓》等，由此确认此本《行草自作杂诗册》作于《岩居稿》成书之后，因而未被收录进去，是华察晚年自作诗和亲自抄录的诗册。

华察的《岩居稿》在明代即有多个版本，

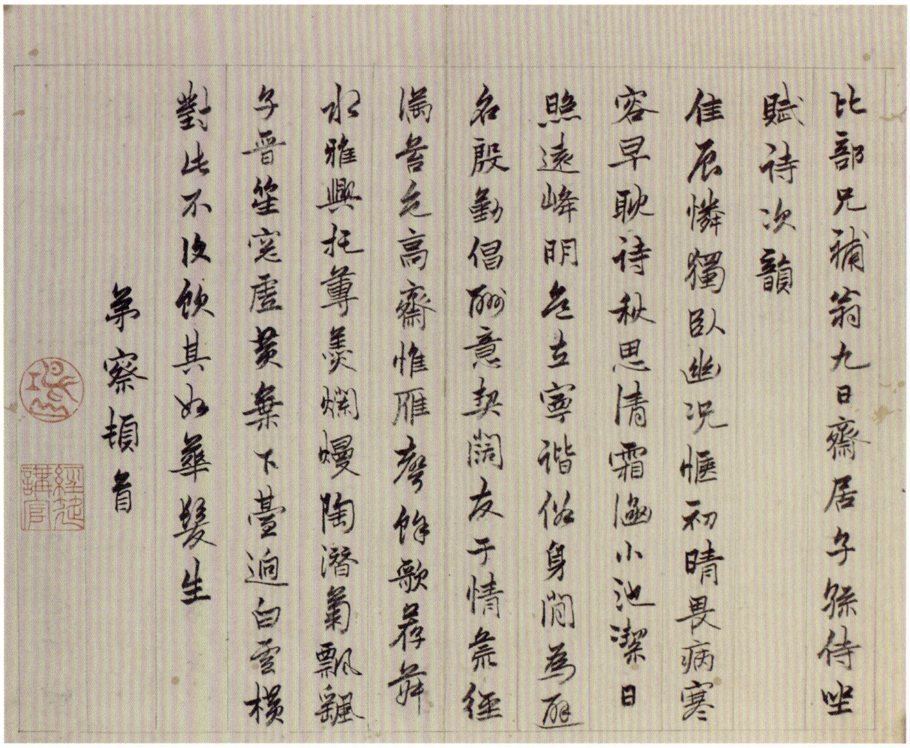

图四　华察《和华云九日斋居诗》

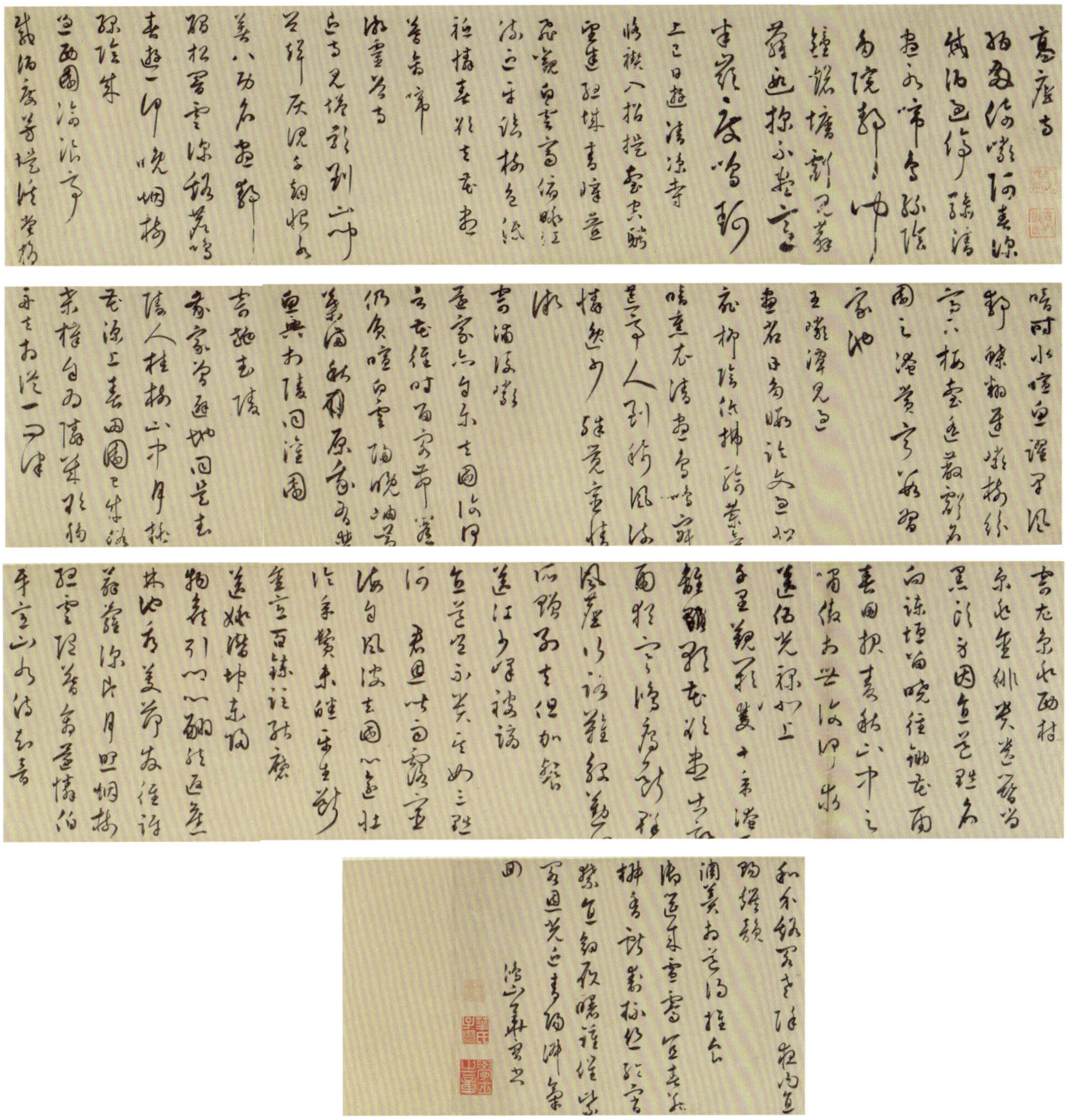

图五　华察《行草自作杂诗册》

最早在嘉靖三十一年（1552），黄佐和王慎中就有为《岩居稿》作序，由华察所辑《华氏传芳续集》（隆庆本）收录。《江苏艺文志》记有四个版本：嘉靖三十四年卜大有序刻本（刻于潜）、嘉靖三十五年王其勤刻本（刻于吴）、嘉靖三十五年王懋明刻本（南京图书馆藏）、嘉靖四十五年龚用卿序刻本（北京图书馆原藏）。[22]

首开册页诗题下方钤“鸿山草堂”朱文方印、“古太史氏”朱文方印，款后钤“经筵讲官”朱文方印、“华氏子潜”白文方印、“学士之章”白文长方印。

原文如下：

高座寺

绀殿倚岩阿，春深载酒过。
停骖清昼永，啼鸟绿阴多。
院静闻钟磬，墙亏见薜萝。
遐探不尽意，半岭度鸣珂。

上巳日游清凉寺
修禊入招提，台空骋望迷。
孤城青嶂叠，飞观白云齐。
俯眺江流近，平临树色低。
只怜春欲去，花尽暮禽啼。
游灵谷寺
近寺见塔影，到山闻谷声。
灰魂千劫恨，水著八功名。
昼静涧松响，云深溪鹿鸣。
春游一何晚，烟树绿相成。
过西园沧浪亭
载酒度芳堤，溪堂柳暗时。
水喧鱼跃早，风静蝶翻迟。
岩树纷高下，栖台遥蔽亏。
名园足淹赏，宁数习家池。
王岩潭见过
画省日多暇，论文过乡扉。
柳阴低拂骑，兰气暗熏衣。
清昼鸟鸣寂，荒亭人到稀。
风流怜逸少，殊觉宦情微。
寄浦后岩
还家亦自乐，去国复何言。
花径时留客，茅檐仍负喧。
白云归晚岫，黄叶满秋原。
我有奕鱼兴，于陵同灌园。
寄施武陵
我家曾避地，同是武陵人。
桂树山中月，桃花源上春。
田园已成俗，桑梓自为邻。
凡欲移舟去，相从一问津。
寄尤京兆西村
京兆含徘贵，遗簪尚黑头。
身因直道黜，名向谏垣留。
晓径锄花雨，春回报麦秋。
山中足啸傲，于世复何求。
送伍光禄北上
千里觐阙双，十年淹一间。
离歌花欲尽，出郭雨犹寒。
鸿雁断群易，风尘行路难。
殷勤何所赠，别去但加餐。
送江少峰被谪
直道岂不贵，其如三黜何。
君恩皆雨露，宦海自风波。
去国心愈壮，论年鬓未皤。
平生断含意，百炼讵能磨。
送姚潜坤东归
物候引乡心，翩然返旧林。
池看芰荷发，径讶薜萝深。
片月照烟树，孤云随暮禽。
还怜伯牙意，山水待知音。
和分溪阁老除夜内直赐馔韵
调羹相送得，推食御筵来。
雪霁宜春若，椒香献寿杯。
丝纶宵禁直，剑履曙钟催。
紫阁恩光近，青阳淑气回。
鸿山华察书

这本诗册以草法抄录，用墨考究，墨色纯丽，整体布局疏朗，字体谨严老到、字字独立，运笔不疾不徐，气息平稳，平淡天真。

三、华察书法的特色

王世贞云："明之姓，无著于华者，其冠盖赀问遍天下。然独学士公最显贵而又最贤。""学士鸿山公，今之最有闻于华者。"[23]华察是明代华氏家族声望最高的文士，华察诗名天下，无意于专门进行书法创作。王慎中赞其诗"洒然自立于尘埃，情累之表，意象之超越，音奏之凄清，不受垢氛而独契溟涬"；王世贞评曰"如磐石疏林，清溪短棹，虽在秋冬之际，不废枫橘"；王士禛评为"独标雅则，不与世俗浮沉也"。世间保留下来的华察墨迹几乎不见，藏于无锡博物院的四件墨迹都属华察晚年书迹。诗人晚年"冲淡"的诗风和心境，也影响到其书法的风格。“冲淡”的书卷气正是他作为诗人、学者的学养、风度、气质的自然体现。华察的人生境界和艺术审美观在晚年发生了巨大的改变。这种思想与心境的自然变化，必然也会在其书法墨迹中得到呈现，其书法特色主要表现为：

（一）幼承庭训，诗礼传家，取径晋唐宋元，师承“二王”

华察生于无锡望族世家，从小接受良好的教育，熟读四书五经，通晓琴棋书画。华察曾祖父华守吉著《经史格言》《鉴古要论》以教子孙；华察父华瑾“惇学训子，日延四方名士与居，丰其馆谷，令极意”[24]。华察同时也受华氏家族悠久而深厚的文化影响，高攀龙云：“吾邑惟华氏族最大，他族不得望焉。自赵宋来，古墓之存、子孙能世守者，惟华氏；世有素封，科第相望不绝，无乍兴乍败灭没无余者，惟华氏；谱牒明，子孙析处他郡邑，皆知所根蒂，惟华氏。其人多敦宗盟，重祭祀，有古世家风。”[25]王世贞《翰林院侍读学士鸿山华公寿藏记》：“十二工属文，为邑诸生。寻补太学生。[26]华察自嘉靖元年（1522）中举后逐步登上政治舞台，仕宦历经二十四年，交游广泛，影响甚大。从邑诸生到庶吉士，从翰林修撰到主掌南院，三次主持乡试、会试……在科举的道路上，书法的优劣起到非常重要的作用。[27]

华察现存的墨迹以行草书为主。写于嘉靖戊戌（1538）的《护节图》题画诗，已属其中年墨迹。盛年的华察意气风发，其书风飘逸空灵，风华自足。唯一的楷书作品《和华云九日斋居诗》写于嘉靖己未（1559），是年他六十三岁。和诗用灵动楷书表现，用笔十分精致考究，点画精到，筋骨柔韧，收笔处细腻含蓄，闲逸自在，表现出扎实的书法功底。观其结字，笔画圆劲秀逸，平淡古朴，在章法上，分行布局，疏朗匀称。如王世贞评说“二王”：“大令书神情散朗，姿态超逸，有御风飧霞之气，令人作天际真人想。”

华察习书取法之高，与华家悠久而深厚的收藏文化密切相关。明代无锡华家富收藏，历史上有多位收藏家出现，有名的如华埕，“性好古”，“家有尚古楼，凡冠屦盘盂几榻，悉拟制古人，尤好古法书名画鼎彝之属”。[28]通八支华云之真休园以收藏法书、名画、古物见称于世。真休园匾额“真休”二字乃文徵明所书。通四支华夏建真赏斋，有嘉靖年间文徵明专门为华夏作的《真赏斋图》传世，现一幅藏于上海博物馆，另一幅藏于中国国家博物馆。华夏鉴赏水平很高，时称“江东巨眼”，藏三代鼎彝及魏晋以来金石缣素。[29]通四支华世祯，富收藏，精鉴别，藏钟鼎、彝器、书法、名画等。而华夏《真赏斋帖》法帖最是闻名。华察和华夏亲善，华察每次回锡，常去真赏斋雅会华夏，研读书画，品鉴收藏，《岩居稿》中有诗《岁晚过夏侄真赏斋》记：“岁晚得招携，欢然一解颐。松阴云自宿，雪意鸟先知。开阁惬真赏，论文祛故疑。殷勤讵能别，寒月下前墀。”[30]明代能够接触到古代墨迹和优秀法帖的机会实在太少，华察在族内有威望，华云与华夏都与华察密切往来。华察耳闻目染，深厚的文化滋养着他的艺术心田。正是这个氛围和条件，开阔了他的眼界，提高了他的修养，华察又勤奋用功，笔耕不止。在华察《六十言怀》诗册题跋上，其孙华师周记录他“尤喜临池”。他的书法立意至高，取法致远，诗人“冲淡”的书卷气在书法里无遗地呈现出来，正如书法家何绍基的诗吟：“从来书画贵士气，经史内蕴外乃滋。若非拄腹有万卷，求脱匠气焉能辞？”

（二）古澹闲逸，清劲娴熟，书迹法度严谨，自然无为

华察流传至今的书法从《护节图》题画诗、《六十言怀》诗册到《行草自作杂诗册》，楷书《和华云九日斋居诗》更显突出，尽显时代"古澹闲逸"风尚。时人评其书法云："既有《乐毅论》的端雅清刚，又具《黄庭经》的疏朗稳适，可证华察楷书于'二王'浸淫非短。"[31]

《护节图》题画诗草法娴熟。盛年的华察意气风发，表现在书法墨迹上，其书风洒脱飘逸，草法规矩。笔画圆劲秀逸，平淡古朴。《六十言怀》诗册全篇书写得行云流水，无拘无束，笔随心走，心在诗文，章法和谐平顺，结体严谨，笔画优雅文静。诗册书写疏密有致，行与行相对疏朗，而字与字连带不多，又不似呆板排列，显得动势不减。如"人间岁月能几何，自笑浮生已六十"句，"何""十"字的竖笔书写，飘逸而带有感情。"爱日争夸膝下须，称觞拟向阶前立"句，用笔干净利落，平静中显得韵律十足，"争"字硬笔竖钩，运笔迅捷，柔美中显见方刚。在《行草自作杂诗册》里，"停骖清昼永"句的"停"字，"院静闻钟磬"句的"闻"字，"近寺见塔影，到山闻谷声"句的"寺"字，"过西园沧浪亭"的"亭"字，都表现出与《六十言怀》诗册里的不同，少了硬折方笔，火气退净，用笔柔和舒展，沉着稳健。王世贞评华察诗作的前后变化："公为诗故多应制、赠送诸什，以宏丽典则称。而自其归绝，不守故武，务以汰其色泽而陶洗之，天骨自露，萧淡简远，冲融悠隽，出入彭泽、襄阳间，世所传《岩居稿》是也。"[32]

华察"冲淡"的古体诗风在嘉靖文坛乃至明代文学中首屈一指。明代胡应麟在《诗薮》对嘉靖诗坛做出这样的概括："嘉靖初为初唐者，唐应德、袁永之、屠文升、王汝化、任少海、陈约之、田叔禾等；为中唐者，皇甫子安、华子潜、吴纯叔、陈鸣野、施子羽、蔡子木，俱有集行世。就中古诗冲淡当首推子潜，律体精严必推应德。"[33]华察不仅与无锡及江南地区文人雅士交往密切，与唐宋派和"后七子"领袖人物交谊深厚，还与嘉靖文坛一流大家互动频繁，酬唱往来；在诗文交流与日常酬唱中，和文徵明、唐顺之、王慎中、王世贞、李攀龙等大家，以及本族收藏大家华云、华夏、华世祯等的交往中，相互濡染、影响。在明代"逸风"的影响下，在江南"吴门书法"大环境的熏陶下，华察"冲淡、隐逸"的思想也在他的书法上展露无遗，晚年的《行草自作杂诗册》书法用笔更是精熟，表现出明代特有的韵味和风格。他虽然没有刻意注重书法，却在切磋交流中，深受"逸风"思想和江南"吴门书法"的影响。作为文人、诗人，华察的书法有利于我们认识他的多种面貌，是研究华察明代文学的有机组成部分。

注　释

［1］〔清〕张廷玉等撰：《明史》第24册，中华书局，1974 年版，第7368页。

［2］〔明〕俞允文《俞仲蔚先生集》卷二十，《四库全书存目丛书》集部第140册，齐鲁书社，1996年版，第5页。

［3］尤伟：《华鸿山传》，黑龙江人民出版社，2003年版，第75页。

［4］无锡博物院藏，朝鲜国王以铜活字印成《皇华集》进献，俗称高丽本。

［5］〔明〕王慎中：《华鸿山传》，《岩居稿序》，第187页。

［6］〔明〕王世贞：《弇州四部稿》卷一百四十八，文渊阁《四库全书》集部第1281册，上海古籍出版社，1987年版，第403页。

［7］〔明〕华察：《岩居稿》卷三，嘉靖三十五年

(1556)王懋明刻本，无锡博物院藏。
[8] 赵园：《明清之际士大夫研究》，北京大学出版社，2014年版，第11页。
[9] 〔明〕文徵明：《甫田集》卷二十七，《文渊阁四库全书》集部第1273册，上海古籍出版社，1987年版，第218页。
[10] 温肇桐：《倪瓒研究资料》，人民美术出版社，1991年版，第12页。
[11] 王洪：《华察研究》（硕士学位论文），上海师范大学，2012年，第91页。
[12] 〔明〕华察：《岩居稿》卷三，嘉靖三十五年(1556)王懋明刻本，无锡博物院藏。
[13] 陈书录：《唐顺之与明代“毗陵诗派”考论》，《文学遗产》2011年第4期，第103页。
[14] 〔明〕王世贞：《翰林院侍读学士鸿山华公寿藏记》，《无锡文库》第3辑，凤凰出版社，2012年版，第247—249页。
[15] 〔明〕王世贞：《翰林院侍读学士鸿山华公寿藏记》,《无锡文库》第3辑，凤凰出版社，2012年版，第247页。
[16] 〔清〕张廷玉等撰：《明史》，卷二百八十二《列传第一百七十·儒林一》，中华书局，1974年版，第7244页。
[17] 赵永良主编：《无锡名人辞典》，南京大学出版社，1989年版，第30页。
[18] 〔清〕黄印辑：《锡金识小录》卷四，第25页。
[19] 尤伟：《华鸿山传》，黑龙江人民出版社，2003年版，第172页。
[20] 无锡博物院编：《华绎之旧藏文物捐赠图录》，广陵书社，2016年版，第127页。
[21] 无锡博物院编：《华绎之旧藏文物捐赠图录》，广陵书社，2016年版，第87页。
[22] 《江苏艺文志·无锡卷》上册，江苏人民出版社，1995年版，第131、132、137页。
[23] 《弇州四部稿》卷七十七《翰林院侍读学士鸿山华公寿藏记》，《景印文渊阁四库全书》第1280册，台湾商务印书馆股份有限公司，2008年版，第291页；《弇州四部稿》卷七十六《华氏先贤像记序》，《景印文渊阁四库全书》第1280册，台湾商务印书馆股份有限公司，2008年版，第285页。
[24] 《封奉政大夫兵部郎中一桂华公墓志铭》，《华氏传芳续集》卷十六，《无锡文库》第3辑，凤凰出版社，2012年版，第213页。
[25] 〔明〕高攀龙：《华氏重修族谱序》，《勾吴华氏本书》前卷，第30页。
[26] 〔明〕王世贞：《弇州四部稿》卷七十七，《文渊阁四库全书》集部第1280册，上海古籍出版社，1987年版，第291页。
[27] 明代，科举考试的内容和形式日臻完善，该制度对书法艺术的发展也有着举足轻重的影响，故而能较为全面地反映书法艺术的发展。
[28] 〔明〕文徵明：《文徵明集》卷二十七《华尚古小传》上册，第643页。
[29] 〔清〕秦湘业等纂修：《无锡金匮县志》卷二，《中国地方志集成》第24册，江苏古籍出版社，1991年版，第357页。
[30] 〔明〕华察：《岩居稿》卷三，嘉靖三十五年(1556)王懋明刻本，无锡博物院藏。
[31] 盛诗澜：《明代名宦华察书法研究》，《中国国家博物馆馆刊》2016年第4期，第110页。
[32] 〔明〕王世贞：《翰林院侍读学士鸿山华公寿藏志》，《无锡文库》第3辑，凤凰出版社，2012年版，第247—249页。
[33] 〔明〕胡应麟：《诗薮》续编卷二，上海古籍出版社，1979年版，第363页。

江阴市博物馆藏蔡元培致刘半农信札识读与考略

刁文伟 *

【摘要】江阴市博物馆收藏有刘半农信札165通，整理出的其中的141通，皆为民国时期的文化、教育界名人写给刘半农的信件，这批信札所涉及的名家众多，研究价值极高，是珍贵的民国史料。其中蔡元培致刘半农信札有7通，写信的时间是在1932年5月至1933年9月之间，本文通过识读信的内容并结合对史料的研究，阐述两者之间不平凡的关系。这批信札属首次公开，为蔡元培与刘半农之间的关系研究增添了新的史料。

【关键词】蔡元培　刘半农　信札　新史料

一

江阴市博物馆藏刘半农信札共165通，其中蔡元培致刘半农信札计7通。按照写作的时间从早到晚排列，介绍如下：

第一通（图一），编号为LXC—001。毛笔行书未标点，用纸为国立中央研究院用笺（红框信笺），尺寸为26.8厘米×18厘米，署“五月十三日”（1932年）。识读：

半农先生大鉴：

奉本月四日惠函，敬谂起居安善，潭府休嘉为慰！北大校志得公主编，必足以信今传后甚快，属于清光绪二十四年至民国七年之《申报》中捡抄北大记事，已托陈彬和君办理，因该馆仅有此报一份，不能借出，外人往捡、往抄亦有不方便处，陈君在馆服务，代为委托馆中书记，抄录较顺也，先此报告。并祝

著安

内子率儿辈敬候！

弟元培敬启

五月十三日

夫人及世兄妹均吉！

梦麟兄过沪谈及此事，据言教育部中档案已商妥。培又及。

注：陈彬和（1897—1945），江苏吴县人，1931年在申报馆工作。梦麟即蒋梦麟，时为北大校长。

第二通（图二），编号为LXC—002。毛笔行书未标点，用纸为上海朵云轩制笺（格

---

* 刁文伟：江阴市博物馆副研究员

纸），尺寸为26.8厘米×16.9厘米，未署日期。识读：

半农先生大鉴：

抄录《申报》中关于北大之新闻已取得一部分，奉上，其他俟交来再奉。如有须斟酌之处候示，当属抄者注意。专此，敬请

著安

弟元培敬启

外稿寄北平国立北京大学刘半农先生。

第三通（图三），编号为LXC—003。毛笔行书未标点，用纸为国立中央研究院用笺（红框信笺），尺寸为26.8厘米×18厘米，署“廿二年三月九日”（1933年）。识读：

半农先生大鉴：

前奉二月廿日惠函敬悉，弟所寄《申报》新闻抄本已蒙察存，甚慰！抄费百九十元，已由北大汇本席，弗念。顷卫超伟世兄到，携示手书并大著三种及《初期白话诗稿》，拜领，谢谢！卫君事已询过无忌，一时尚未易安排，当为别行留意。榆变后，南方人对于北平各文化机关，恐为上海东方图书馆之续，咸主南迁，但故宫古物已生波折，其他机关各有特别关系，亦止可各行其是而已。失热后，刺戟较重，或缘此而有转机，则为天之福也。伫候测捻编钟之行，一倾积愫，先此布复。并祝

著绥

养浩率儿辈敬候夫人暨令媛令郎均好！

弟元培敬启

廿二年三月九日

注：卫超伟，北大化学系毕业生；《初期白话诗稿》为刘半农编著的学术专著；榆变，指发生在1933年年初的山海关事变，山海

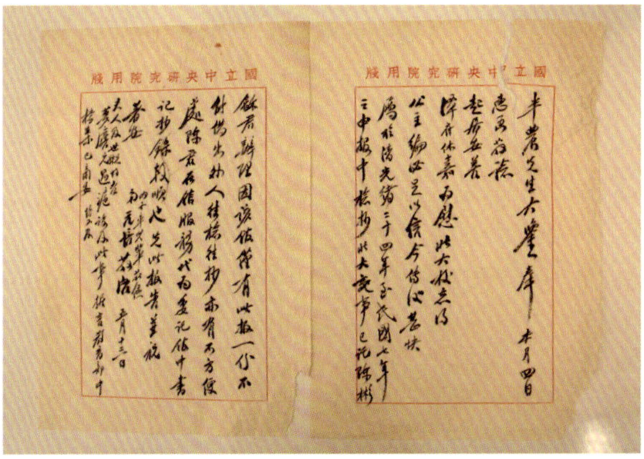

图一　蔡元培致刘半农信札第一通

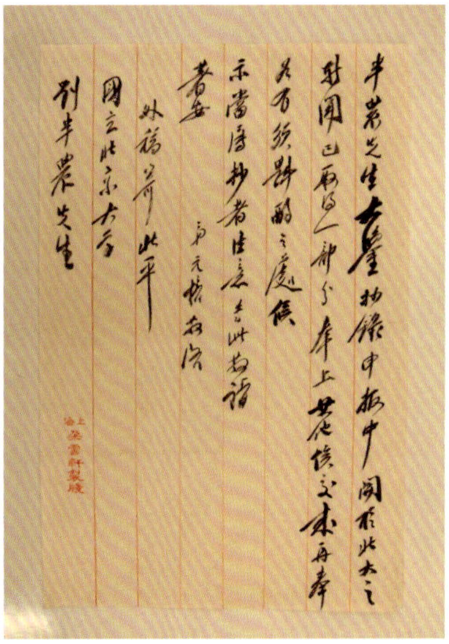

图二　蔡元培致刘半农信札第二通

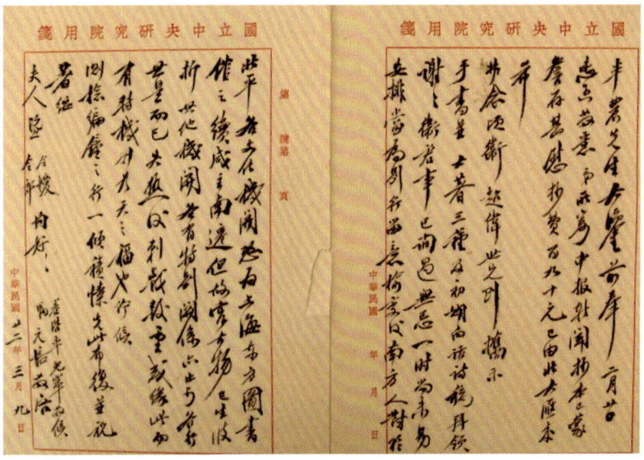

图三　蔡元培致刘半农信札第三通

关又称“榆关”；上海东方图书馆于1932年一·二八淞沪战役时毁于日寇之手；故宫文物

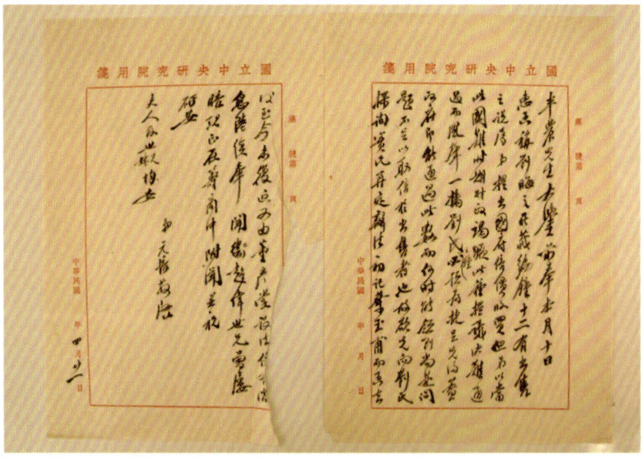

图四　蔡元培致刘半农信札第四通

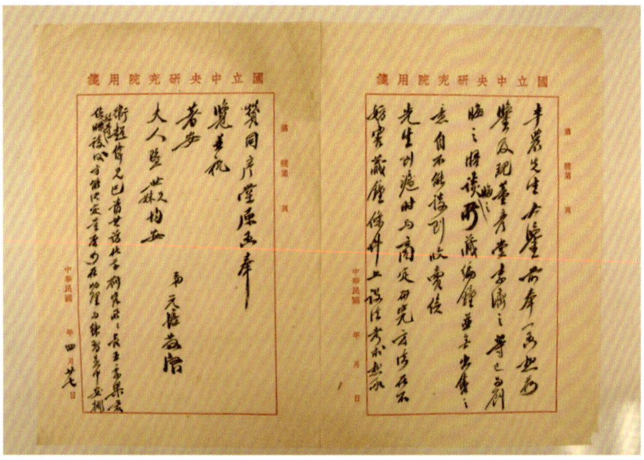

图五　蔡元培致刘半农信札第五通

南迁所生波折指南迁和故守两种意见产生冲突；测捻编钟指刘半农1933年开始对河南、上海等地收藏之编钟进行测音的科学活动；养浩即蔡元培妻子周峻。

第四通（图四），编号为LXC—004。毛笔行书未标点，用纸为国立中央研究院用笺（红框信笺），尺寸为26.8厘米×18厘米，署“四月廿一日”（1933年）。识读：

半农先生大鉴：

前奉本月十日惠函，称刘晦之所藏编钟十二有出售之说，属弟提出国府倍价收买。但弟以当此国难时期，财政竭蹶，此种提议决难通过，而风声一播，刘氏之钟必预为捷足先得，盖政府即能通过此数，而何时能领到，尚是问题，不足以取信于出售者也，故欲先向刘氏探询实况，再定办法。初托叶玉甫，而函去后，至今未复；近又由董彦堂设法，俟有消息，陆续奉闻，卫超伟世兄曾屡晤，现正在筹商中，附闻。并祝

研安

弟元培敬启

四月廿一

夫人及世兄妹均安！

注：刘晦之（1879—1962），名体智，晚号善斋老人，安徽庐江人，著名收藏家；编钟：屭氏编钟，刘晦之藏；叶玉甫即叶恭绰，交通总长、文化界名人；董彦堂即董作宾。

第五通（图五），编号为LXC—005A。毛笔行书未标点，用纸为国立中央研究院用笺（红框信笺），尺寸为26.8厘米×18厘米，署“四月廿七日”（1933年）。识读：

半农先生大鉴：

前奉一函，想荷鉴及。现董彦堂、李济之等已与刘晦之晤谈，晦之所藏编钟并无出售之意，自不能谈到收卖。俟先生到沪时，与商定研究方法，在不妨害藏钟条件上，设法考求，想承赞同。彦堂原函奉览。并祝

著安

弟元培敬启

四月廿七日

夫人暨世兄妹均安！

卫超伟兄已请其访化学研究所所长王季梁君，俟彼等晤谈后，方能决定是否可在助理与练习员中安排。

注：李济之即李济（1896—1979），中国人类学家、现代考古学家、“中国考古学之父”，时在河南发掘殷墟；王季梁（1888—1966），浙江黄岩人，化学家，中国现代化学开拓者之一，时任中央研究院化学研究所所长。

该信附件——董作宾致蔡元培信札（图

六），编号为LXC—005B。毛笔行书标点，用纸为故宫博物院制“善本书影”笺，尺寸为29厘米×20.5厘米，署“廿二、四、廿六”（1933年）。识读：

孑民先生赐鉴：

昨日下午，郑师许君来所，约宾与济之先生共访刘晦之先生于其家。得观所编甲骨文拓本，已成六册，仅及三之一。刘氏搜求最早，先后得三万数千版，海内收藏，此为大宗。惜已著录者不少，且间有伪品耳。𢍰氏编钟因在他处，未及见，刘氏约改日再至其家。济之为言半农先生拟对𢍰钟加以研究之意，刘亦慨然允诺，惟言外对于叩击求声律一事，似甚吝惜。郑君亦言铜经久腐化，叩则易破，且音必变哑，不足为据。如能依其形制仿作一套，然后研究音律，当较方便也。

闻刘氏藏钟共卅三枚，其上有“太簇”“夹钟”等字样，可别十二律所属，亦极可贵。刘尝自诩其藏钟最多，当无善价求沽之意也。现在𢍰钟收归公有既不可得，如欲研究必须就其家，且稍有限制，仿制亦甚不易，未知半农先生意见如何？若仅参观一次，量其形状，权其轻重，考其制度，似亦值得。尊意以为如何？

谨函奉闻，敬颂撰安！

后学作宾谨上

廿二、四、廿六

注：郑师许（1897—1952），东莞人，原名郑沛霖。毕业于南京金陵大学，历任国立交通大学、暨南大学、大夏大学、中山大学教授。

第六通（图七），编号为LXC—006。毛笔行书未标点，用纸为国立中央研究院用笺（红框信笺），尺寸为26.8厘米×18厘米，署“廿二年七月廿七日”（1933年）。识读：

半农先生大鉴：

屡承枉顾，得领大教，甚感甚慰！别后想在曲阜试验古乐器，必又多发现，甚善！弟新接赫定博士自北平来函，言前次西北科学考察团为金树仁所阻，未能到新疆，现又拟去，晤张歆海博士（Doctor Chang Hsin-Hai）言，外交部可发护照，惟须弟函告政府，说明考察团性质，则护照可以速发云云。弟颇以为疑适马叔平兄来以函意告之，彼亦疑非考察团全体之要求，而为赫定氏一方面之活动，并告弟，团长为旭生。弟已复赫定氏一函，请如得先生函属，则无不尽力帮忙云云。一切均请酌示为荷！专此敬祝

著安并颂潭福

弟蔡元培敬启

廿二年七月廿七日

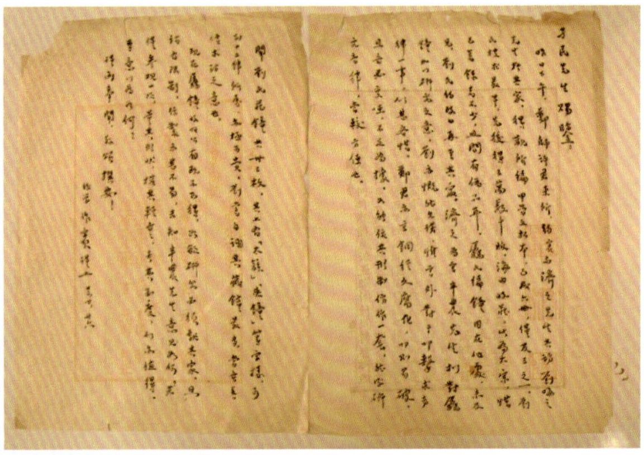

图六　董作宾致蔡元培信札

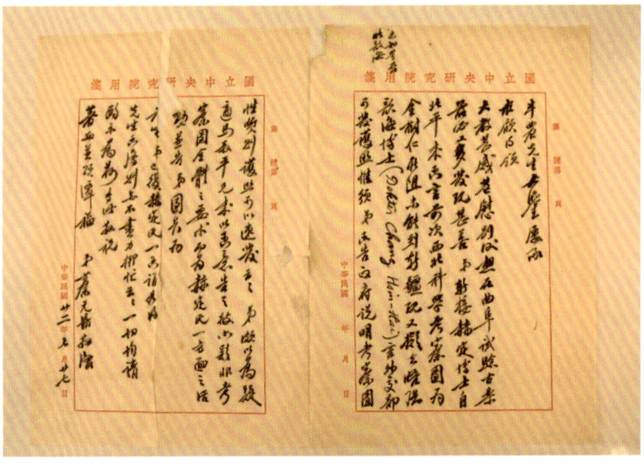

图七　蔡元培致刘半农信札第六通

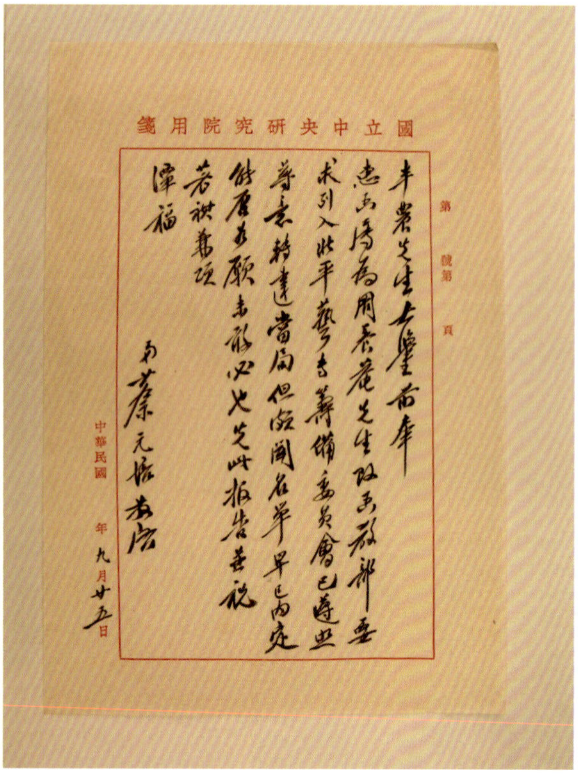
國立中央研究院用箋
第　號第　頁
半农先生大鉴：前奉惠函，属为周养庵先生致函教部，要求列入北平艺专筹备委员会，已遵照尊意转达当局。但颇闻名单早已内定，能否如愿未敢必也，先此报告。并祝著祺兼颂潭福
弟蔡元培敬启
中華民國　年　九月廿五日

图八　蔡元培致刘半农信札第七通

注：赫定即斯文赫定，瑞典人，西北科学考察团外方团长；金树仁（1879—1941），字德庵，甘肃河州人，国民政府时期新疆省政治、军事领导人；张歆海（1898—1972），字叔明，浙江海盐人，1916年考入北京清华学堂，后赴美留学，1922年获英国文学博士学位，1932年1月任外交部欧美司司长；马叔平即马衡；旭生即徐旭生。

第七通（图八），编号为LXC—007。毛笔行书未标点，用纸为国立中央研究院用笺（红框信笺），尺寸为26.8厘米×18厘米，署“九月廿五日”（1933年）。识读：

半农先生大鉴：

前奉惠函，属为周养庵先生致函教部，要求列入北平艺专筹备委员会，已遵照尊意转达当局。但颇闻名单早已内定，能否如愿未敢必也，先此报告。并祝著祺兼颂潭福

弟蔡元培敬启

九月廿五日

注：周养庵（1880—1954），字嵩灵，号养庵，浙江绍兴人，清末举人，中国近代书画家，北洋政府官员，古物陈列所第四任所长。

二

蔡元培（1868—1940），字鹤卿，号孑民，浙江绍兴人，革命家、教育家、政治家，国民党中央执委、国民政府委员兼监察院院长，中华民国首任教育总长，北京大学校长，中央研究院院长。[1]刘半农（1891—1934），原名寿彭，后改名为“复”，字半侬，在北大任教后改为“半农”，江苏江阴人，是五四新文化运动的“闯将”，文学和语言学家、中国实验语音学的奠基者。[2]蔡元培与刘半农相差23岁。1916年，蔡元培担任北大校长，随即着手师资队伍的建设，他的原则是“思想自由、兼容并包”，故而创新派的陈独秀、胡适、周作人、钱玄同与守旧派的刘师培、黄侃、梁漱溟等都能聚集于北大。

刘半农接到蔡元培的聘书是在1917年的夏天，之前两人应该未曾谋面。对于刘半农进北大任教，有两种说法：其一是刚被聘为文科学长的陈独秀鼎力之推荐；其二是屠宽（元博）的举荐，屠宽是刘半农在常州中学时期的校长。学界一般采用第一种说法，至于第二种也有可能，但不管怎样，蔡元培是关键人物，没有他的首肯，按刘半农的资历和学历，要想进入北大是很难的。因此蔡元培是刘半农人生中的贵人，就此改变了刘半农的一生。当然刘也心知肚明，终其一生一直追随着这位亦师亦友的贵人。

对刘半农来说，进入北大只是一个机会，进入北大后还需要跨越诸多门槛。首先面临

的是转正问题，刘半农进北大的身份是预科的国学教员，必须经过一年预科的试教，然后经北大的专业委员会考核认可以后，方能转为北大的正式教授。这一关对刘并不难，因为作为《新青年》杂志编委骨干，他的文学改良思想和践行，已然得到了陈独秀、胡适等人的认可。最难的要算考取北大公费赴欧洲留学的名额，为此刘半农吃尽苦头。这期间，蔡元培还专门赴英国看望这些海外学子（图九），并勉励他们学成后报效祖国。留学期间，刘半农曾多次写信给蔡元培，除了汇报学习思想之外，还特别提出，希望学成归国后，能在北大建立一所语音实验室，并以此收集全国各地的方言。这事刘半农也当面向蔡元培提出过。后来，中国第一座语音实验室建成（图一〇）。[3]

图九　1921年伦敦　蔡元培看望中国留学生（江阴市博物馆藏），由陈源拍摄，中排左一为刘半农，左二为蔡元培，右一为徐志摩，右二为张奚若，右三为章士钊，前排右二为傅斯年，照片旁有刘半农注语。

图一〇　刘半农在语音实验室工作照（江阴市博物馆藏）

蔡元培与刘半农之间的关系并非泛泛，蔡对刘而言亦师亦友。[4]五四运动以后，蔡元培以辞职向当局抗议镇压被捕学生的行为，北大教员们公推刘半农为首挽留校长。1934年，刘半农去世前三月，戴季陶由西安发出通电，禁止学术团体随处发掘、破坏历史云云，把矛头直指蔡元培。蔡元培随即发表了《致戴传贤》的公开信，严词批驳戴氏所云。同日，刘半农撰写了《南无阿弥陀佛戴传贤》一文，于5月13日南京《民生报》和6月1日的《论语》上公开发表，揭露和抨击戴氏之迷信复古和卖国媚敌思想，足见蔡、刘之间的默契。

刘半农编纂的许多书籍如《敦煌掇琐》《刘天华先生纪念册》和其他学术专著，都有蔡元培为之作序或题签（图一一）。1934年，刘半农去世以后，蔡元培为他撰写了墓志铭

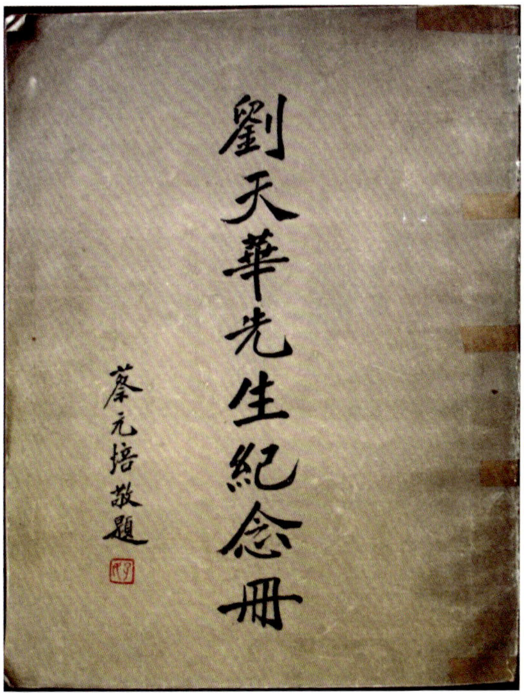

图一一　蔡元培题签之《刘天华先生纪念册》

图一二　蔡元培撰文的刘半农墓志铭

图一三　蔡元培题签的《刘半农讣告》

（图一二）和讣告（图一三），并且分别于《人间世》和《青年界》杂志上发表了两篇纪念文章：《哀刘半农先生》和《刘半农先生不死》。蔡元培所写的这两篇文章言辞合乎情理，无夸大之嫌，按蔡元培的地位和威望，本该就此为刘半农盖棺论定，无奈最终被鲁迅的《忆刘半农君》一文所掩盖。

三

此次整理出的7通蔡元培致刘半农信札，除署日期为1932年的一通外，其他皆为1933年所书。信札内容公私皆具：

1. 北大校志搜集材料得蔡元培转介陈彬和抄录《申报》，并寄与半农。按：《国立北京大学校史略》（1933年）由刘半农主纂并出版，成为北大最早最全的校史专刊（图一四）。

2. 赠著作予蔡元培，并请其为卫超伟工作安排疏通，最终卫进入中央研究院化学研究所。

3. 蔡元培对刘半农提出的国家收购刘晦之𠫑氏编钟之要求顾虑重重，但支持其先期展开研究工作。注：十二枚𠫑氏编钟的最终结果为被日籍财阀所重金收买，现藏于日本，可叹可

图一四　刘半农主编的《国立北京大学校史略》（上海图书馆藏本）

惜矣！

4. 1933年，刘半农利用暑假，偕同郑颖孙、沈仲章等赴河南从事多项考古活动，由河南赴宁拜见蔡元培，其间对南京文庙所藏编钟测音，再由宁赴沪测试刘晦之藏𫊸氏编钟的音律，由沪返北京，经曲阜停留，继续测试古乐器音律，可见暑期之学术活动紧张而富有成果。1930年开始，刘半农就开始用近两年时间对北京天坛、故宫所藏之编钟、编磬进行测音记录，只可惜未及发表就去世了。

5. 蔡元培就西北科学考察团再次进行科学考察的合法性问题征求刘半农的意见，并约定由刘首肯后方能同意发放护照并开展学术活动。

6. 刘半农请求蔡元培疏通教育部，让周养庵进入北平艺专筹备处。周养庵原为北平艺专的美术教员，因反对故宫文物南迁而与政府产生严重分歧，即蔡元培信中所述认为故宫文物南迁已生波折的反对者，故蔡元培婉言谢绝了刘半农的请求。

7通信札仅反映出两人交往的一些侧面，时间跨度为1932年5月至1933年9月，是他们之间最后交往沟通的重要史料。从信中可知，两人书信不断，互动频繁，彼此的交流主要以工作为重，间有请托帮忙之事。以管窥豹，可见两人相知相交中的诚与信。此外，信的内容揭示了许多民国时期的史料，有些是属于首次发现，如𫊸氏编钟的国家收购和研究、西北联合科学考察团的计划安排等，甚至刘半农为北京大学编写校史的资料采集过程，也都可以从中得以展现。本文只是对此批书信略作介绍，以便学人们继续深入研究。

注　释

[1] 中国蔡元培研究会编：《蔡元培全集》第一卷，浙江教育出版社，1997年版，第1—11页。

[2] 翁雪花、刁文伟主编：《文开新域流芳中华——江阴市博物馆藏“刘氏三杰”文物集萃》，故宫出版社，2019年版，目录页。

[3] 徐瑞岳：《刘半农评传》，上海文艺出版社，1990年版，第183页。

[4] 徐瑞岳：《刘半农年谱》，中国矿业大学出版社，1989年版，第64、146、155页。

所恃士体　所求自适

——文徵明人生心态探析

陈思琪　车旭东 *

【摘要】明代中后期，以文徵明为代表的江南吴中士人群体形成了“市隐”的文化性格。以入仕、致仕为人生转折点，文徵明的一生可分为应试生涯、仕途阶段、市隐阶段三个时期，他关注自身生存形态，并有意识地反思、调整、实现，形成所恃士体、所求自适的人生状态。文徵明在具有文化符号意义的同时，也给后来吴中士人的生存模式提供了经典参考。

【关键词】文徵明　心态　生存形态　市隐

明代中后期，士人们经历着思想纠结，反复确认着自身的生存形态和人生价值。江南吴中士人群体是其中一个特殊的存在，形成了“市隐”的文化性格。文徵明（1470—1559）是继沈周后执掌吴门画坛数十年的人物，亦是“市隐”生活的代表文人。认识文徵明、探析其心态发展对于认识吴中士人群体的思想颇有裨益。

以往学界多以文徵明的入仕、致仕为其人生转折点，对其心态进行研究，关注他以科举求取仕途失败的影响[1]和在京为官经历的影响[2]，也重点探讨在某特定阶段其心态与变化的原因。但要认识一个相对客观、真实的文徵明，需要尽量全面地梳理、还原其心态历程[3]，目前学界尚缺少针对其心态本身的整体性梳理。本文将文徵明的人生分为应试生涯、仕途阶段、市隐阶段三个时期，按时间顺序对文徵明的心态进行探析，从而讨论以文徵明为代表的明代文人心态与生活模式。

一、应试生涯

（一）屡试不中与心态调整

弘治元年（1488），十九岁的文徵明在南京太仆寺（设于滁州）侍父两年后回到了吴中，以邑诸生的身份正式成为了一名为科举入仕而努力的学子。从弘治八年（1495）到嘉靖

---

* 陈思琪：南京大学历史学院考古文物系研究生

车旭东：南京大学历史学院考古文物系助理研究员，历史学博士

元年（1522），在二十六岁至五十三岁期间，他先后九次赴应天府乡试，终究一无所成。在应试、不售、再应试的循环中，其复杂心态时常体现在交游活动中。

从其不懈仕进的行为来看，文徵明坚持入仕的心志。入仕既是理想，也是压力，如何调整心态和树立信心是文徵明应试准备的一部分。初为邑诸生，他稍解学业束缚时，常与唐寅小会，在《饮子畏小楼》中称："我饮良有限，伴子聊相娱……旬月一会面，意勤情有余。"[4]休息之日与好友畅饮欢谈，纾解了学习压力。文徵明此时的"旬月"与唐寅一会面也显得颇为熟稔自在，此时他还尚未经历乡试。

当首次乡试不就后，文徵明写下了《寂夜一首效子建》，其中有：

少壮不待老，功名须及时。
男儿不仗剑，亦须建云旗。
三十尚随人，奚以操笔为？
文章可腴道，曾不疗寒饥。
仰屋愧浮尘，俯睐影依依。
人生良有命，何独令心悲？
心悲发为白，失脚令身危。
欲为绝世行，道远恐不支。
世情忌检饬，敛目俟其疲。
谁能七尺身，受此千变机。
役役亦徒尔，多忧得无痴。
惟应慎厥躬，古人以为期。[5]

此时文徵明二十八岁，这年四月长子文彭出生。十一月其父文林丁忧服满，"以病力辞"[6]不得，单车赴任温州知府，随后文徵明的叔父文森亦起郓城知县。在这一特殊时期，他的建功立业之心更为迫切。自己已近而立之年，但在成家之后"尚随"父辈，未能立业而接过家族的担子；家中经济情况不容乐观，自己对此种境况的改善却几无贡献；"失脚"即指乡试受挫；"身危"是说因应试不售，此类情况还将继续持续，且随年龄增长，压力愈重。所以自己心中既"愧"且"悲"。"绝世"指冠绝当世，文徵明想如曹植一般惊才绝艳、扬名于世，又认为前路漫漫，很难实现。种种这些令文徵明"多忧"，但在最后他收拾情绪，开导自己"役役"徒劳、"多忧"无益，而以"慎厥躬"勉励自己继续前行。之后在与好友邢参外出登葑门城楼时，文徵明更言"会取千年兴废理，与君极目送飞鸿"[7]。从所言的壮志豪情看，他保持着进取之心。

但在应试不中的打击下，文徵明还是很难通过自我说服和劝解来实现积极的心态转化。于是，他主动组织的小集和出游活动渐渐频繁，乐于亲近自然和与友人交流。与吴中友人，尤其是其中拥有相同境遇者交游成为他应试生涯中重要的心态调整方式。通过出游、雅聚并随赋作诗、作画、作书，文徵明在吴中也构建了成熟的生存行为模式，友人家中[8]、吴中胜景[9]皆有所踪。

蔡羽（字九逵）、钱同爱（字孔周）、吴爟（字次明）、汤珍（字子重）、王宠（字履仁）是文徵明吴中友人中重要的成员，也与文徵明一样是应试尚未中举者。其中，他与蔡羽的交流更加深入与紧密。蔡羽屡试不售，直到嘉靖十三年（1534）才以太学生赴选调，授予南京翰林院孔目。[10]两人多次直接谈论功名、人生，互相遣怀。在失解时，蔡羽是文徵明重要的排遣烦闷情绪的对象。其在《失解无聊，用履仁韵写怀，兼简蔡九逵》（部分）中写道：

疲马尚怜衔橛在，冥鸿翻困稻粱谋。
倦游更忆相如远，落日苍茫立渡头。[11]

"疲马"奔驰不动，还有马嚼子的装备在，而高飞的鸿雁却为谋食而受困，两者形成了鲜明的对比。"翻困"意为一次次地被困。他以"冥鸿"自比，向蔡羽倾诉自己不得志又一直为生计所困的人生窘境。从最初四处求学时辗转各地（金陵、滁州、江浦、吴中等），到如今不断为应试在金陵、吴中之间来回奔波，还有赴试时在金陵的集会[12]，这些都是为了实现科举功名的“游”。但一次次赴试的失败，让自己像司马相如一般可以衣锦还乡的未来更加缥缈。这些都让文徵明深感疲惫和无力，他通过含蓄的自比向蔡羽寻求安慰与回应。

三年后，在又经历了一次乡试失败的冬日，文徵明同样有《次韵答九逵见寄》（部分）：

朴学难为用，微名费屡求。
千金怀敝帚，半夜失藏舟。
伏枥馀初志，投繻愧本谋。
网罗空自密，零落不堪收。[13]

文徵明向蔡羽坦言，所学的儒家经典难以被自己在考试中很好地利用，区区举人之名几番不得，自己敝帚自珍，但目标却实现不了。他认可科举是实现士人价值的途径，也保持着这样的“初志”。所以对于“投繻”（或意为投身，即成为幕僚效力主家）的做法，他认为有愧“本谋”。想在科举不顺的情况下，不浪费另存的机会，谋划周详地希望通过幕僚之路来缓冲，他认为这是得不偿失和不可取的。

如果说，文徵明与蔡羽的相交是同心同德，那么与汤珍、王宠的交往则更多的是娱情互勉，多基于出游、聚会等娱乐活动本身。如上述所说的友人家中和吴中胜景是重要的相会地点。在不顺的应试生涯中，他们丰富了文徵明的人生感受，给予了另一类支持。文徵明在其间流露的也多是因友人相伴而人生有乐、有意义的情感。如“人生行乐不易得，赏心况有樽前客”[14]，“人生本柔脆，所恃身后公”，“扬杯谢诸公，愿言保迟暮”[15]，都是在感谢友人的陪伴。正德十三年（1518），彼时文徵明与蔡羽、汤珍、王宠兄弟均未取得乡试结果，众人相会于无锡惠山进行茶会。故宫博物院藏的文徵明所绘的《惠山茶会图》（图一）记录了此次活动。画面采取截取式构图突出描绘茶会场景，钤白文“文徵明”印及“悟言室印”，有蔡羽书序及蔡羽、汤珍、王宠诗跋。事后，文徵明还有《还过无锡同诸友游惠山酌泉试茗》抒怀：“洗鼎风生鬓，临阑月堕杯。解维忘未得，汲取小瓶回。”[16]

与吴中友人的交游使文徵明得以缓解消极情绪，而与金陵友人交往时则很容易直接谈论到仕途。如《与王钦佩顾华玉夜话》：

烛跋荧荧照酒明，故人相对说平生。
差池何止三年别，老大难忘一举名。
残夜池塘分月色，绕门杨柳度秋声。

图一　明　文徵明《惠山茶会图》（故宫博物院藏）

不辞笔砚酬嘉会，去住江湖各有程。[17]

此诗作于其赴试应天之时，时顾璘以开封知府身份得罪宦官，被贬广西。因文徵明将从金陵归吴，于是顾璘便顺道还家，与文徵明、王韦相会。三人“相对说平生”，文徵明感叹三年间三人各经世事，而他自己的不顺是还在为举名奔波。面对领先于自己、已在宦海中沉浮的顾、王，文徵明能坦然道出自己还未有仕途入场资格，足见三人交往之契。这是一次阶段性回顾人生的温情畅谈，他对友人和自己都有美好的祝愿。分别后，文徵明将继续为应试做准备，期待进入仕途，而顾、王则继续征战于仕途。与二人的相逢使文徵明暂时放下应试不售的苦闷，在互相倾诉间重新梳理人生境遇，不论是否入仕，都各有经历和境遇，未来如何也各有造化。因家族原因，文徵明对仕途并不陌生，而在与金陵友人交游过程中看到的同辈人的仕途经历也会引发他对自己的仕途之路的期待与想象。

（二）八试不中与转机

随着年龄增长和应试屡次不售，在即将八试之时，几乎所有目及、耳及之物都令文徵明产生消极情绪。雨雪、西风、鸡声、砧声等都会使文徵明心中的萧然之感、烦乱、愁绪一触即发，他称“雨雪入残年”“鸡声妨晏眠”[18]。与此同时，交游活动给他的慰藉也变得寥寥无几。出游中所览之景常常引发其心中的无聊、凄凉之感，如“登临不自聊”[19]“旧事凄凉芳草满”[20]。

对于到底能否入仕，文徵明已经产生了很大怀疑，心态也更复杂。比如出游寺庙，看到寺中的生活便隐隐有了逃避的思想，在楞伽寺吟怀“只觉尘界卑，忘身在高琼”[21]。但若完全放弃应试，文徵明却似乎又心有不甘。如在治平寺纳凉，“欲临流水置柴扉”的同时，又称“只恐时情与愿违”[22]。在登临中，文徵明对去往帝都入仕充满了渴望，如“苍梧万里云千叠，日暮空怀帝子情”[23]。不过，在之后八试之时，他“樽前壮志说登科”，最终却又化为了“追随刚为后生怜”“壮志乡心两无着”[24]。

将赴应天八试时，文徵明似乎已经产生了与全面消极不一样的想法，这从《十一月六日初度，与客饮散，独坐诵太白紫极宫诗，有感次韵》中可以窥得一二：

西风自何来？吹我檐下竹。
更阑客已散，夜色悽可掬。
起行照疏灯，履影不愧独。
百年已强半，大梦才信宿。
老作负辕驹，无疑我何卜？
圆景有盈虚，逝水无终复。
天道良不私，吾人自倾覆。
岂无径路趋？思之亦云熟。[25]

李白在紫极宫诗《寻阳紫极宫感秋作》中表达了自己不愿占卜前途、只因世道翻覆而意求潇洒隐逸的思想。世道翻覆或指李白科举之路不成，但“他一方面有投刺、献诗等为科举做准备的行为”[26]，一方面“其从安陆十年后移地鲁地而进入长安，这不是简单的空间位移，而是有非常强的目的性”[27]。经多方游说、推荐，受玄宗诏征，李白待诏翰林。那么同样是入仕艰难者，文徵明此时诵读李白之诗，其意深远。首先在此诗中，他将自己为功名、入仕所累比作“老作负辕驹”，并迫切想要一个仕途的结果——“无疑我何卜”。但他认为世道即科举模式公平，只是自己无用。最后，他在放不下入仕欲望后，而终于想要寻求其他道路来实现，即如李白一般非科举而入仕。从“岂无径路趋？思之亦云熟”可知，这条路文徵明早已认识到并且对它考虑良多。文徵明心中应是清楚，凭借自己的地方作为、声名和交游圈，只要他想，就极有可能通过荐举来越过乡试难关而入京获得入仕机会。第八次赴试或许就是文徵明给自己决定是否如此选择的机会。

第八次应试失败，文徵明登金陵天界寺感慨："身世茫茫尘土满，欲依莲社住江东"[28]。其中"身世"除了以"经历"作解外，还有"地位、声名"之意，所以在其想要居住寺中的想法背后，或许还埋藏了优游江东的思想，这不能说不是因为他心存被荐举的打算。在文徵明心中，优游江东似乎对于这条道路颇有裨益。在嘉靖帝即位时，文徵明《感怀》一诗写道："楼高不碍登临目，直北青云是玉京。"[29]据此知，即使不是江左人，文徵明认为自己仍然有希望去京中于朝廷任职，这份希望既来自他自己，也来自此时的新朝新政。并且，这种希望极有可能通过被荐举来实现。

值得一提的是，文徵明将归时，宁王事败，于是文徵明写下"笑他李白成何事，便拟金陵作小山"[30]。这是因当初安史之乱，唐玄宗召永王李璘为山南、岭南、黔中、江西四道节度使并巩固后方，然李璘遂起占领江左之意，不从上意。而这时李白被李璘召为僚佐，却不知李璘不忠不义而讴歌其"更取金陵作小山"是为国为君守业。此时正值宁王反叛，文徵明熟悉李白经历，自然就联想到安史之乱时的永王东巡。他当年曾拒绝宁王延揽与李白不识永王就里跟随其后形成对比，文徵明在"笑"李白不成事中表示自己能够辨别忠奸，政治远识优于李白，在入仕后能够成事，前途会比李白光明。宁王事件正逢正德、嘉靖两朝更替，或许，文徵明曾经拒宁王来聘的做法，将会成为他得到赏识的重要因素。

在确定了自己一定要入仕，并在必要时有可能通过荐举之路实现目标后，文徵明诗中流露的愁绪显著减少，而反复强调"更上留云望帝州"[31]。从金陵返吴时的"老阅江山犹自壮，行歌天地本来宽"[32]就表达出前路宽阔、犹自前进的壮志。返吴后交游的心态"浮云四海几同游"[33]表明他享受着交游活动并体验着人生。文徵明知道自己正在等待一个机会，如同"宣室从容召贾生。一代明良开景运，万方父老望升平"[34]。等待期间，他时而"不辞零落江湖远，潦倒元非贾谊才"[35]，愿意在"江湖"等着被赏识却又生怯，对自己的才能感到不确定；时而"子云自得幽居乐，不恨门前辙迹稀"[36]，似满足于"江湖""幽居"，实为自矜和十分期待自己被认可。

九试应天之前，文徵明终于得到了机会。嘉靖元年（1522）春，林俊起任刑部尚书，途中于苏州会王鏊，并邀文徵明相谈。林与文早有相交，但正是这次相谈，才有了后续的林俊致书李充嗣，李充嗣在文徵明九试不就后举荐他，使其得以赴京。因而在这次谈话中，文徵明必定直接令林俊感受到他对入仕的执着和渴望，并愿意通过受荐的方式实现。[37]林俊的《寄李宫保》从品德、气节、修养、学识方面向李充嗣介绍文徵明，并以"一诸生，名动天下，苏人以为星凤"[38]表明文徵明具备被世人认可和受荐的条件。林俊借王鏊之口称赞文徵明之才超过前人，又以自己知文徵明之深向李充嗣表明其值得被荐举："且已见喜气充溢，乡、会恐不能易，亦无待荐。然吾人道不当遗此贤者也，不具。"[39]表示接下来的乡试文徵明很有希望中举，若中举则无需被荐；但要明确的是，不论文徵明是通过科举入仕还是通过荐举入仕，他必有一个入仕机会。八月，文徵明应天九试不售，即将走上被荐举入仕的道路。

二、仕途心态

（一）赴京多思及潦倒隐忧

当此关键之时，一场缠绵三月的大病，似乎奠定了文徵明之后心态的主基调。"明经三十载，潦倒雪盈簪”[40]是他对自己几十年科举无果、年老衰败的自嘲，虽不免有“疾病乘虚入”[41]的病中自怜因素，但“摧颓觉老侵”[42]是人力不可逆转的现实。他一贯能自我劝解，此时即以“安心是良药，此外复何营”[43]来告诉自己面对人生现状。但心态上的纠结反复、焦虑多思在入京途中仍有诸多体现，“岂不怀明时？流光榻中换”[44]是文徵明的最大隐忧。嘉靖二年（1523）二月，文徵明以岁贡生身份赴京参加礼部考试。从赴京之途伊始的“禅榻情怀两鬓丝”[45]“萧然双鬓不禁吹”[46]到“千秋赏雄图，白发不相放”[47]，他越发关注抱负与年老的冲突，并逐渐意有所属：

伊昔东山贤，悠然眷迟暮。
常恐儿辈觉，悽其损欢趣。
富贵草露晞，勋猷春电骛。
云胡不暂息？驰身傍荒戍。
潮水绝彭门，扬帆凌北固。
何必非故乡？区中本形寓。
况此游目馀，平生赏心处。
清川渺无穷，青山不知数。
客梦落遥天，浮云更盘互。[48]

除在赴京途中产生思乡之绪外，文徵明在见到自然盛景时，也会遥想谢安隐居之所。“悠然眷迟暮”之感并非此刻顿生，而是“常恐儿辈觉”的埋藏心底的“欢趣”。若与富贵功名缘浅，那么就逃离此追名逐利之途，托身于“平生赏心处”。本就欣赏优游天地、隐逸自在的生活方式，随着离家愈远，其心中也愈显优柔逃避，如“结发事明主，事左神益王。眷兹行役艰，那能不恻怆？未遂羽仪心，且逐江湖放”[49]。这份“行役”艰难或因路途遥远、身体病弱，而入京后的前路未卜更是令他心生“恻怆”的重要原因。文徵明对入京后的境遇心有预设，若最终不遂“羽仪心”，将自身的退路也想得清楚——放归江湖。从他入京前“岂不怀明时？流光榻中换”的担忧，到行旅中“嗟余老无成，白发事行旅”[50]的自怜自叹，都与其入仕后产生的或是“潦倒江湖今白发，可能供奉殿东头”[51]的自我怀疑，或是“满目升平题不得，白头惭愧直金銮”[52]的未逢其时、不尽其力，以及“谁应知有喜？白首忝词林”[53]的自我知足等因“白头”而多思的心态基调是一致的。

嘉靖二年（1523）四月，伴随着“不堪行路忧，中夜生华发”[54]和“慌忽梦吴江”“远道心迫卒”[55]的心态，文徵明抵京。“投卷礼部，定闰四月初八日考。吏部以尚书李充嗣荐，为覆前奏。刑部尚书林俊首过徵明馆，并遍称之于台省诸公。吏部尚书乔宇亦力为主张。初六日命下，授徵明翰林院待诏。”[56]文徵明“白头来作秘书郎”[57]，在京有《潦倒》一诗：

潦倒江湖岁月更，晚将白首入承明。
五更几蹙长安马，百啭初闻上苑莺。
北土岂堪张翰住？东山常寄谢公情。
不须礼乐论兴废，毕竟输他鲁两生。[58]

首句即自认为潦倒，看透自己不尽科举、白头入侍翰林的境遇。“五更几蹙长安马，百啭初闻上苑莺”则描述了自己在京的生活状态。此诗辑录于点石斋本《文徵明怀归出京诗六十四首》之中，《文徵明年谱》中将此诗定为入京当年（1523）其居官未久即有归志而作。从诗中第二句确实可以看出他已在京生活了一段时间。但是，结合大礼议事件过程和文徵明心态来看，不大似作于嘉靖二年（1523）。嘉靖二年（1523）世宗妥协，此时大礼议之争矛盾并未激化。从文徵明心态来看，首先诗中所用的张翰因不愿卷入晋王室八王之乱，借莼鲈之思辞官而归的典故，与涉及皇室事务的大礼议之争有相呼应之处，后面的“礼乐论兴废”也直接印证了这点。文徵明一向对大礼议之争三缄其口，嘉靖元年（1522）

在金陵应试时，张璁与其论兴献帝追崇事，即唯唯而已；直到嘉靖三年（1524）左顺门哭谏事件，文徵明与其翰林院同僚不同，也并未参与其中。而《潦倒》诗中直接论及了大礼议之争事件，对其以上做法给出解释并表明态度“不须礼乐论兴废，毕竟输他鲁两生”，即认为自身非正统进士出身、未获得科举认可，这限制着自己的发言权，自己大可不必对此事件直接发表意见并显露态度倾向。[59]此时世宗态度变得强硬，张璁等人颇得势。此论中既有认清自身症结而对仕宦之途产生动摇而忆及“常寄谢公情”，又在“不须”中表达了对礼议之争现状或结果的激愤与不平。因而更有可能作于大礼议之争矛盾凸显的高潮时期，即嘉靖三年（1524）七月左顺门案前后。

此诗表达了四点内容：一为自身潦倒大半生应试不举、白头供奉翰林的志业经历，二为在朝、在翰林为官的生存模式，三借张翰表达不愿卷入皇室事务、不愿看到因皇室事务产生的政争而生出的强烈的隐逸之思，四为自身身份上的缺陷这一现实。这些认识也正是文徵明最终坚定选择致仕隐归的重要原因。结合文徵明入京后的心态发展来看，这四点是其对自己的一份阶段性境遇总结，但其中突出的重点还是自己在大礼议事件中的感受，并且直白强烈，因而更可能作于左顺门案前后。

（二）在京心态变化

文徵明入京后的心态几经发展变化。入京后的首次午门朝见，他即有感“禁漏初传午夜筹”[60]，在“一痕斜月双龙阙”[61]下和“百叠春云五凤楼”[62]中产生“潦倒江湖今白发，可能供奉殿东头”的自我怀疑。随着顺利入仕，在奉天殿早朝时，他对“月转苍龙阙角西”[63]之景已熟悉，而有感“老幸缀行班石陛，谬惭能籍预金闺。日高归院词头下，满袖天香拆紫泥”[64]表明他十分珍惜自己的入仕机会，欲在新朝恩泽下奋发。这个时期，他面对的是“升平”之景，如“满目升平题不得”[65]“白头欣睹朝元盛”[66]“百年身际太平中”[67]。这样直白强烈的感受一直延续至嘉靖三年（1524）春。之后，大礼议之争重起风波。当年腊月，文徵明在世宗赐筵中感到“潦倒不惭书猎字，殷勤还赋伐檀诗”[68]。此处的“潦倒”意为筵席中酒醉散漫的状态，“潦倒不惭”即与后句“殷勤”并列。他使用了司马相如劝谏汉武帝的典故，借着酒意表达了对世宗处理政务态度的关切。或是被筵席盛景激发，他借《诗·魏风》中《伐檀》典故讽刺官场贪鄙现状，表达了希望世宗勤于政务、关心人民疾苦。从中可见，此时他已意识到曾是“升平”之象的新政的诸多问题[69]，但还殷切期待经过世宗的及时调整而看到一些改变。

到嘉靖四年（1525），文徵明在上呼“愿得君王千万寿”[70]的同时，自言“重惭潦倒随恩泽，还忝班行睹盛仪”[71]，“天子不遗牛马走，侍臣还忝凤凰池”[72]。以才不配位和自身可有可无进行的自贬表明他已有了离去的意识。这与嘉靖三年（1524）元旦面对满目升平而生的“白头惭愧直金銮”[73]并不相同，后者是在入仕之初基于自身经历而生的小心翼翼地欣喜，主基调是积极入世。在所言“青霄宠渥兼金重，白首遭逢补衮迟”[74]中，他自感深受皇恩，但“补衮”即补救规谏帝王的过失已迟。且不论是因“白首”本身而迟还是因仕途中遇到的某些事而迟，也不论文徵明心欲“补衮”具体所为何事，其中反映了他在朝、在翰林为官的生存模式上的问题，传达了无所作为的心态。

随后在《内直有感》中，文徵明对于为官的客观环境也有了想法：

> 天上楼台白玉堂，白头来作秘书郎。
> 退朝每傍花枝入，儤直遥闻刻漏长。

铃索萧闲青琐静，词头烂漫紫泥香。

野人不识瀛洲乐，清梦依然在故乡。[75]

“白玉堂”即指翰林院；唐太宗曾设文学馆，有十八学士，谓之“登瀛洲”，诗中的“瀛洲”也即指翰林院。他以“天上楼台”形容翰林院，并以“傍花枝”“青琐静”“紫泥香”渲染了办公环境的静谧舒适。但连日在内廷中值宿，因寂静而愈显声长的刻漏声、翰林院禁署的人迹罕至，这样近乎封闭的安静令其“不识”翰林供职之乐而思念吴中。从他思索为官客观环境的这一点来看，写作于《潦倒》诗中的“五更几蹩长安马，百啭初闻上苑莺”还尚未流露明显的逃避、出世情绪。

嘉靖五年（1526），文徵明编作《西苑诗十首》和《游西山诗十二首》，为归乡做准备，自题“胜践难逢，佳期不再，而余行且归老江南，追思旧游，可复得耶？因尽录诸诗藏之。他时邂逅林翁溪叟，展卷理咏，殆犹置身于广寒太液之间也”[76]。“行且归”已是既定的打算。之后的《病中怀吴中诸寺》，同样也是归心已定，归期尚待，如“几时归去楞伽寺？常伴林僧看古松”[77]。对于在京如“天上”的生活，“不及祥师萧寺里，茶烟一榻拥书眠”[78]。同年他在《秋日早朝待漏有感》中写道：

钟鼓殷殷曙色分，紫云楼阁尚氤氲。

常年待漏承明署，何日挂冠神武门？

林壑秋清猿鹤怨，田园岁晚菊松存。

若为久索长安米，白发青山忝圣恩。

他再次表达了要摆脱在京为官常年拂晓“待漏”的生活模式，早日实现“挂冠”致仕的愿望。在此其解释是自己以“白发”之身长久地在京任官有愧。在之前的《病中怀吴中诸寺》中，他也有“自怜白首无裨补，虚弃闲缘卧直庐”[79]这样的解释，着重点同样为“白首”之身对实现志业的限制。

这一年，文徵明入仕后遇到的问题完全凸显出来，在翰林院也越来越感到无所适从。他作《感怀》[80]言：

三十年来麋鹿踪，若为老去入樊笼。

五湖春梦扁舟雨，万里秋风两鬓蓬。

远志出山成小草，神鱼失水困沙虫。

白头博得公车召，不满东方一笑中。

将入京之前的生活比作“麋鹿踪”，自由自在、恣意潇洒，而将如今的生活比作囚笼，表现了自己在京的困境。“若为”意为“怎堪”，怎堪如今老去失去自由？曾经的远志在仕途现实中被打磨得不值一提，自己如同鱼儿失水一般被困在仕途之中。而用东方朔自荐、武帝令待诏公车的典故，以东方朔的“不满”表达自身的不满足。东方朔不被重用，其个性与传统儒生也十分不同；文徵明“不满”于自己艰难的志业经历，“不满”于入仕后新政下非理想的仕途环境和遭遇。“白头博得公车召，不满东方一笑中”与后续写下的“筹国诸公在，吾何耻圣明”[81]这样强烈直白的情绪表达，和《潦倒》中相类似。更重要的是，文徵明精于诗书画艺，如东方朔与汉廷儒生的区别一般与翰林院同僚身份迥异。当年召入翰林现在看来实在无可欣喜之处，“笑”当初、“笑”当下，是窘迫、是无力。

嘉靖五年（1526），文徵明居官三年考满而未赴吏部，在第三次上疏乞归后终于致仕还吴。虽然对仕途的看法实现了从一心入仕到一心乞归的转化，但其并非做到了一刀两断、了无牵挂。其在怀吴中诸寺时写下的“自怜白首无裨补，虚弃闲缘卧直庐”中使用的即是“虚弃”，在最后归意已决时写下的“自笑老忘还，不嫌官太拙”中也有明显的留恋和矛盾。最终，在离京时的《马上口占谢诸送客十首》中，文徵明称自己“小试闲官便乞身”[82]，诸友“不送官人送散人”[83]。“散人”即为不为世用的闲散之人，这是他对自己的定义。

回乡途中，文徵明有机会回顾了三年的仕

途经历。于他而言，离开翰林院致仕还乡即解开了一份束缚，使他能够认真感受人间年华。毕竟天地广阔，“浩荡江湖容白发，蹉跎舟楫待青春”[84]。进入仕途一番后，文徵明再来评判自身与仕途的兼容性，即以“青山应笑东方朔，何用俳优辱汉廷”[85]一笑了之。九试应天的年华、姗姗来迟的机遇、理想政象与现实的差距，使他与仕途难以完美契合。选择致仕是他与过去的年华和初志理想的一次道别。

三、“市隐”心态

对于志业经历，文徵明以“百年心事老无闻”[86]作结，意为渐渐步入老年，自己不再惦念志业有成。“未妨去国还漂泊，已把闲身等白云”[87]，前半生告一段落后，其选择了仍旧漂泊于江湖，以一闲身隐逸于市。

抵家后，文徵明首先筑玉磬山房于舍东，写下“林壑岂无投老地？烟霞常护读书台”[88]。在林壑中养老、经营自己的儒生文人生活也就是他后半生的整体写照，“市隐”思想是其心态主基调。那么，文徵明是如何经营自己的“市隐”生活的，以及在“江湖白发长”[89]的日子里，心态又会有怎样的起伏变化？

（一）与仕途之人的交游心态

归吴几月后的嘉靖六年（1527）九月，文徵明与子文嘉赴金陵访顾璘、许隚、刘麟。顾璘时已病归五年，在文徵明筑玉磬山房时曾和以《玉磬山房》诗，以“拊瑟便应来凤鸟，折腰那肯揖时人”[90]表达了对文徵明隐居的赞美与认同。刘麟与顾璘、徐祯卿并称为“江东三才子”，清修直节，亦为能吏，时以都察院右副都御史移病归三年。许隚则一向为隐士之身。几人相识已久，同有文人雅士之名又意趣相投、相交甚好，此时的生活状态当有类似之处：“文太史归隐后，扁舟秣陵，与刘司寇、顾司空倡和，大是香山社风度。”[91]但刘麟、顾璘仕途经验丰富，此时致仕也并非放弃仕途，他们在起复后亦有政绩，所以身份上四人并不尽相同。文徵明称刘麟“使君霅上暂逃名”[92]，也认为他会再回仕途。

亲历了一番翰林院生活，从而对自身是否继续仕途做出明确选择后，在金陵之行中，文徵明在身份认知上是自如的，在与仕途方向明确且顺利通达的人交往时，并未有源于身份差异的窘迫与失意之色，无论是与关系亲近之友人顾璘，还是与一般友人刘麟，抑或是与仅有相识之谊的金陵官员。事实上，文徵明的身份还得到了认可与推崇。

在金陵，杭淮、柴奇置酒款待了文徵明。杭淮是文徵明少时友人杭濂之兄，时官右副都御史，总督南京粮储；柴奇时官南京光禄寺少卿。同置酒者还有李少宰，即历官南京吏部侍郎的李廷相，另外还有刘麟。对于这次宴会，文徵明写下《李少宰，杭中丞，刘、柴二光禄置酒》：

冠盖雍容总卧龙，清时吏隐大江东。
黄花初过重阳节，白发来邀栗里翁。
岂有声名惊四海，解忘形迹荷诸公。
浮尘不到清樽畔，举扇无劳障北风。[93]

文徵明与李、杭、刘、柴并非如与顾璘的关系一般亲密，此次宴请除了有相识之谊外，也是因文徵明“惊四海”之“声名”。而这样的夸赞在宴会中也是频频出现，以至于文徵明“解忘形迹”。对此番所受的亲近推重，文徵明在首句中进行了回应，称赞他们官途显贵有惊世才能，并且能够在清平之时不逐名利。这是文徵明致仕后的一场与仕途中人的宴会，在宴会中饮酒之时号召不举扇障北风，也足可见氛围的酣畅。若单从文徵明曾为翰林待诏这一点来说，他是不足以受到这样的推崇的；但若文徵明还是处于乡试不售的状态，没有从具有特殊政治意义的翰林院致仕归来，也不会有这样盛情难却的基于“声名”“来邀”的置酒。在宴会中，文徵明自我定位为“栗里翁”，栗里是陶渊明的故乡，陶渊明也有过入仕经历，文徵明在此自比陶潜即以致仕隐逸者自居。不过他既自称为陶潜一般的隐士，却又选择受邀参与这样的宴会，颇耐人寻味，这也正是其“市隐”而非“野隐”的重要表现。

另外，文徵明致仕后多以官称入诗文之题，典型的还有《赵丽卿侍御邀游冶城》《北江宪副自越州访余吴门，饮于杜氏明远楼》《送袁裕春佥宪之建宁》《送何元朗南京孔目》《寄何叔毗礼部》《寄黄泰泉学士》。“官名的使用范围很广，或在正式的诏除公文、身世简历中，或在官场内官员之间，或流行于下层百姓中，或者用于各种书札、文集、笔记、小说等中。”[94]文徵明入仕后的送行诗、归吴途中的酬答诗即不少以官称入题[95]，这是属于上述范围里“官场内官员之间”诗文书札类的情况。虽然归吴途中的他并非官身，但因彼此的交往基于官场，故而还可算在这一范畴。同理，上述致仕后的与官场中人的交往也是基于他们对文徵明入仕经历和曾经官身的认可，因而可以算作此范畴的扩大与延伸。不过，文徵明归吴后以官称入题的情况还值得具体分析。

古人在交往中“好用官称无疑来自于他们对官职和官场生活的热衷，但是以官职称也有尊敬对方的意味”[96]。文徵明在《李少宰，杭中丞，刘、柴二光禄置酒》中以官称入题，便有尊称、褒奖的考虑。但这样的使用是否也来自他对官职和官场生活的热衷？致仕后的其他官称入题的使用情况又是否与之相同呢？

上文已提到，在志业经历结束后，文徵明不再热衷仕进。在与李、杭、刘、柴的置酒宴饮中，文徵明以“栗里翁”身份应邀并不是出于对仕进的考虑。并且，当年在京为官的官场生活模式和官场状况还是其致仕还乡的因素，所以此处以官称入题并不能说是由于文徵明对官职和官场的热衷。文徵明念念不忘的是一种身份意识，在这样的场合中正能彰显士人身份与价值，以官称入题只是一种方式。

就像当初他即将离京时特意编订了西苑、西山诗以在“邂逅林翁溪叟”时可以“展卷理咏”一样，仕途给予的连带福利是值得他怀念与展现的。其中最大的福利也就是士人身份与价值的彰显、社会认可度的提高。从这次宴饮的起因来看，在入仕致仕经历后，文徵明收获了比以往更高的“惊四海”的“声名”；从效果上看，此次宴饮也至少可以进一步提高他在金陵文坛的“声名”。因而，仕途经历令文徵明的社会认可度得到提升。[97]同时文徵明有《忆昔四首次陈鲁南韵》，展现了回忆中的翰林院的宜人环境与崇高地位，如“紫泥浥露封题湿，宝墨含风赐扇香”，“紫殿东头敞北扉，史臣都着上方衣”[98]。回顾这段经历，他强调“幸依日月瞻龙衮，偶际风云集凤池”[99]，自我评价“愧无忠孝酬千载，曾履忧危事一人”[100]。可见他十分珍视和庆幸拥有过翰林身份。虽没有大作为，没有直接对百姓民生做出贡献以“酬千载”，但他对自己的表现不能说不认可；“履忧危事一人”即为皇帝作实录，这当然也是“忠孝”的一种表现形式。虽然“白头万事随烟灭”[101]，但是上述种种是十分值得他分享与回味的，因为这些正能够彰显其士人身份与价值。在这样的宴会中，其能自如地应对即是以上述心态为基础。另外实质点来说，世人的推崇、“声名”的提高是文徵明绝对可以意识到的，他又怎会不知此番宴请缘何，不知在其中以怎样合适的身份姿态交游呢？

而《赵丽卿侍御邀游冶城》中“侍御”的使用更多的是因赵丽卿是文徵明在京为官时的友人，这样的交游易引发他对仕途的回顾。[102]诗中谈到的“有客樽前谈梦鹿，何人天际慕飞鸿？荒墩寂寞埋秋草，犹自风流忆谢公”[103]就是基于在京为官经历而生的对理想与现实、仕进与隐逸的思考、选择。“侍御”的使用还体现了此次出游的正式，除了两人外，同游者也还有其他“客”。类似的还有《北江宪副自越州访余吴门，饮于杜氏明远楼》：

相逢相别思悠悠，越水吴山烂漫游。

时事难言聊对酒，长安在望漫登楼。

百年春梦蕉中鹿，万里秋风海上鸥。

不尽平生相许意，白头频把旧吴钩。[104]

与《赵丽卿侍御邀游治城》相同，诗中用“蕉中鹿”即“梦鹿”的典故比喻志业理想的幻灭终结，以秋景中的飞鸟比喻自己残年萧散于江湖。《赵丽卿侍御邀游治城》作于致仕之初，从用“蕉中鹿”作比和“何人天际慕飞鸿”中可看出，文徵明还是有意于“隐”；但堆叠的“荒墩”“秋草”意象，以及对功业有成、兼备仕隐的谢安的追忆，又透露出他的纠结反复。《北江宪副自越州访余吴门，饮于杜氏明远楼》中，文徵明忧心时事、心系朝廷，这是其“市隐”的重要表现。是时俺答扰边，京师戒严，但文徵明此处所言“频把旧吴钩”并非要以白发之身相许国家、投身战场建功立业。基于其衰老病弱的实际情况，他应知道这并不可能。事实上，他也没有真的选择投身戎伍或再度入仕。此诗中没有《赵丽卿侍御邀游治城》中的纠结反复。从彼时“有客”“何人”的设问到如今“百年”“万里”的开阔意向，他其实已经真正达到了“市隐”的状态。“不尽平生相许意，白头频把旧吴钩”就是他面对这样的时事油然而生的士人家国情怀罢了，事实上，他无法实际地做些什么。

其他以官称入题的如《送袁裕春佥宪之建宁》《送何元朗南京孔目》为送别友人赴任。另一类如《寄何叔毗礼部》《寄黄泰泉学士》。何叔毗与文徵明“为爱君家好弟兄，列官同在凤凰城”[105]，内容上来看，此诗是文徵明基于思念之情而寄。《寄黄泰泉学士》则是寄予黄佐（字才伯），内容主要为索书与问候，诗文如下：

经时不得岭南书，白首无由慰索居。

北阙声华应籍甚，西山爽气定何如。

残编空复淹司马，当路何人荐子虚？

三十年前潞河梦，一回相念一踟蹰。[106]

嘉靖初，黄佐授翰林院编修，与文徵明为同僚，后因母病南归省亲而与致仕的文徵明同归。两人“同行至潞河，值河冻，舟胶。同寓倡酬甚欢”[107]。寄诗作于嘉靖三十三年（1554），据那时已近三十年。后黄佐起复又因政争受牵连被罢官，在岭南潜心著述和讲学并大有建树。文徵明称其为“学士”，既是因其曾供职于翰林院，也是因其确为大学者。

（二）“市隐”中的艺术活动

像黄佐一样与“残编”相伴同样是文徵明“市隐”的生活场景，直至暮年他还“时时觅纸写新篇”“窗下蠹编消永日”[108]，不过，这更可能在“门掩红尘无过客”[109]的情况下进行。回顾文徵明的诗文书画活动，其作品价值不断被认可既伴随着作品本身艺术价值的提高，更有其身份、形象的加成。从一介书生到致仕还乡的翰林院官员，他对自身艺术活动的认识也得到了改变。

而立之年的文徵明从事画艺活动“纷然各有须，缣素盈案几”[110]，“颇为同学非笑，以为非所宜为”[111]。他认为“岂知书生为，未可俗工拟”[112]，即将自己与画工区别开来，作为从事画艺活动的一种底气。在翰林院时，他为仕途考虑拒绝了不少慕名而来的求画者，得罪了人，而有流言抵制其“画工”身份，成为其致仕的重要因素。[113]在致仕回吴的路上，求其诗文书画者甚多，应酬为劳。当日同行黄佐赋诗相戏："山如文债海诗逋，追骑飞尘出帝都。归去太湖烟水上，不知能对白鸥无？"[114]他戏谑文徵明将忙于应对求取书画者而享受不了归隐江湖的生活。不过，这也成了文徵明"市隐"的特点和表现。致仕后，"诸造请户外屦常满"[115]，文徵明多应"书生、故人子属、为姻党而窘者"之请，"惟诸王府以币交者，绝不与通，及豪贵人所请，多不能副其望"。如他自言所求自适，拒绝"供人耳目玩哉"[116]。若为权贵阶级而作则易为其所驱使，文徵明的自主性会大大降低，并且在这样的书画往来建构的关系网中，"市隐"生活也会变质。另外，结合其仕途心态看，这种保持距离不能说没有其出于对政况的认识和对士人之体的把握。

诗书画艺既是文徵明的生活方式，也是一种经济手段。有学者总结出"自己是著名的书画家"[117]是藏家经济来源方式之一[118]，虽然"比起地产丰厚的地主阶层或新兴的商人阶层，书画家往往还是只有望洋兴叹的份"[119]，但基于诗文书画才能的书画往来和交易，却是文徵明致仕后主要的经济来源。纵使从人情往来的角度看待他与"书生、故人子属、为姻党而窘者"的书画活动，在人情有来有往的文化背景下，他也会从中获得回报。最简单的例子如其寄友人的乞米、乞笋诗文，就是在人情往来的基础上开的口。再如其往无锡访华云，可试想其"留居西斋"[120]所能受到的主家招待，更不用说应邀为华氏一族进行诗文写作、书画鉴赏，即使不以真金白银表现，华氏一族也不可能没有其他表现回报的方式。这些都能够使文徵明避免陷入特别窘迫的生活状况。

文徵明不避讳谈及书画交易行为，他在《睡起》一诗中，便以王羲之作书以换道士之鹅的典故道出了自己的书画交易行为。但王羲之本身爱鹅，与道士交换时心情是愉悦的，文徵明所用的"怜"是基于自身的"多事"和"时写"，如他所言："诗逋画债难推脱，应负平生笔墨缘。"[121]既是以此为生计，他又会在疲于应对中怜惜自身才华与生活处境。

台北故宫博物院藏《千岩竞秀图》(1550)（图二）与南京博物院藏《万壑争流图》

图二　明　文徵明《千岩竞秀图》（台北故宫博物院藏）

图三　明　文徵明《万壑争流图》（南京博物院藏）

（1550）（图三）是文徵明的两幅应酬之作。《千岩竞秀图》题："比尝冬夜不寐，戏写千岩竞秀图，仅成一树。自此屡作屡辍，自戊申抵今庚戌始成，盖三易岁朔矣。昔王荆公选唐诗，谓费日力于此，良可惜也。若余此事，岂特可惜而已。三月十日徵明记，时年八十又一。"可知此画耗时约三年，缘于戏写，文徵明着意完成此画，费日力良多。《万壑争流图》题："比余尝作千岩竞秀图，颇有思致，徐默川子□得之，以佳纸求写万壑争流为配。余性雅不喜作配幅，然于默川不能终却，漫尔涂抹，所谓一解不能如一解也。是岁嘉靖庚戌六月既望徵明识，时年八十有一。"文徵明自称《千岩竞秀图》是"颇有思致"之作，又归吴中富人徐默川，因不能推却其作配的要求，而画就《万壑争流图》，两幅画的绘画动机不同。"性雅不喜作配"是他对社会普遍审美价值观的逃离，然而难以实现。文徵明"为友人曾潜绘《兰亭修契图》，也曾为未曾谋面的吴中商贾张一川绘《一川图》，等等，都可以看出他在'面对大众文化包围的被动防御'中的一种无力感"[122]。

（三）隐居与出游

出于此，文徵明有意平衡"市"与"隐"，如"扫地焚香习燕清，萧然一室谢将迎"[123]，"焚香燕坐心如水，一任门多长者车"[124]。"长者车"意指显贵者之车。"客"的使用也多在"隐"的语境和心态之下。《雨后》中：

> 积雨初收风乍颠，城南花事已茫然。
> 黄鹂绕树空千啭，白发伤春又一年。
> 竹几蒲团供坐睡，茗杯香鼎有闲缘。
> 客来莫话长安事，自理南华物外篇。[125]

在"积雨初收""白发伤春"的背景下，文徵明集中在"隐"的表达上，此处的"客"更多的是作为一个情感抒发对象。他设想了一番对话，来表达自己要不问世事、珍惜时光、更加地享受隐居生活的想法。在身份上来看，这里所说的"客"更可能是其交情较深的友人，对于普通的求取诗文书画者和拜访者，他可能以"过客"[126]来称呼。与《雨后》同样的情况也出现在《闲兴》组诗中，如"莫道客来无供设，一杯阳羡雨前茶"，"帘卷不知西日下，自持闲客了残棋"，"长日南窗无客至，乌丝小茧写离骚"，[127]描绘了一幅幅着重于"隐"的"市隐"生活场景。在这里，文徵明有"客"、无"客"的日子都很平静，这是其晚年所追求的。在《新夏》中也有"客"的使用，但此处的"客"是过路人的代称："闲心对酒从时换，老倦抛书觉昼长。客有相过同一笑，竹炉吹火试旗枪。"[128]

他因"老倦抛书觉昼长"而"竹炉吹火"的行为，与《闲兴》中"老倦抛书觉昼长。尘土不飞椽几净，宝垆亲注水沉香"[129]是一致的。从这些都可以窥见他在"市隐"生活中侧重于"隐"时的生活状态。

与应试生涯时一样，文徵明致仕后的出游、燕集活动丰富多彩，在吴中的声望也十分显著。归来再游石湖时，"吴中好事家日相与载酒船迎候先生湖山间，以得一幸为快"[130]，而"暇则一游近地佳山水，所至奉迎恐后"[131]。石湖意象是文徵明乃至吴中地区文人士大夫群体一直青睐和重视的，因为这类地区胜景是他们心目中理想隐居和雅游空间的呈现。"通过塑造理想化的地方胜景，明中期苏州文人画家群体一方面强调了他们的地方认同，同时也积极进行着自我形象的塑造。"[132]文徵明石湖题材的画作有数件传世，如故宫博物院所藏《明贤姑苏十景册》中有文徵明《横塘图》与《石湖图》，苏州博物馆藏有文徵明《三绝图卷》。藏于上海博物馆的《石湖清胜图》（图四）用笔随意、简单而高妙，是文徵明的代表作之一。有学者认为此图是文徵明与王守、王宠兄弟等的纪

图四　明　文徵明《石湖清胜图》（上海博物馆藏）

游之作。[133]后有文徵明书于嘉靖三十六年（1557）的石湖诗旧作九首，另有王穀祥、文彭、文嘉、王世贞等人诗跋。《石湖清胜图》"在文徵明还在世时就几经转手，不过仍一直流传于苏州核心的社交圈中，他的儿子仍能在这个社交圈中扮演着重要的角色"[134]，作为文徵明"诗书画艺方面成就的承载物"的同时，"苏州的这些后辈文人将此类地方胜景的画卷视作可引以为傲的地方文化成就。"[135]

在出游、燕集中，文徵明尽情享受。与青年时期不同，这种享受从因年龄引发的"老年行乐知无几"[136]"白发还能几度看"[137]，到最后上升到了对自然、世事的达观的认识："物理会有穷，何以心烦焦？""达人悟迁化，千载犹一朝。"[138]这种认识有可能与其一直与寺中僧人交往有关。无论是应试生涯时期还是致仕后，在他的出游集会场所中，寺庙都是常去之地。致仕后，文徵明作过《结草庵僧相邀，阻雨不行》，在《九日娄门胜感寺》中有"逢僧聊得话浮生"[139]。既然有如此相熟的交往，那么"乘闲上日到僧家"[140]应是其"市隐"生活中的常态。

（四）所恃士体、所求自适的人生状态

王世贞是苏州府人士，生于文徵明致仕归吴之时，他在《文先生传》中这样描绘文徵明："今夫文先生者，即无论田畯妇孺裔夷，至文先生啧啧不离口，然要间以其翰墨得之。而学士大夫，自诡能知文先生，则谓文先生负大节，笃行君子，其经纬足以自表见，而惜其掩于艺。"[141]可知在时人眼中，"翰墨"是文徵明最被称颂之处，诗书画艺的地位也是其声名最盛的标签；而在学子士大夫眼中，文徵明的品行节义、经世才能毋庸置疑，但却被艺术活动所掩盖，他在仕途上未有大作为，颇为不值当。那么文徵明对自己的一生又是如何认识的呢？

从文徵明对后辈的教育和期待中可以探得一二。"市隐"心态是真，但他对后辈还是有仕途方面的要求。文彭明经廷试第一，后官国子监博士；文嘉初为乌程训导，后为和州学正。两人的官级并不高。在《送彭赴嘉兴训导》中，文徵明嘱咐文彭："志养于今欣有禄，官贫莫叹食无鱼。微名聊足酬初志，多暇

何妨读旧书。”“蝉联宦业承三世，辛苦传家有一经。我老自怜衰鬓白，汝行不失旧毡青。”[142]

文徵明认为文彭官位、俸禄虽然不高，但得到了这一结果还能够“酬初志”。这和文徵明对自己仕途的看法相同，嘉靖十八年（1539）文徵明在《文衡山行书怀归诗册》中便称“庶几无负初心也”[143]。“旧毡青”比喻家族的家声旧业，他以此叮嘱文彭，要继承家族的忠孝和宦业。在九十岁高龄送行孙辈时，他同样叮嘱要无愧于旧家声。而这些也都是他对自己的要求，从结果来看他也是这样实践的。在《送族弟彦端还衡山》中，文徵明写道：“百年文物家声在，累叶松楸世泽长。君视前人应不忝，我于同姓自难忘。”[144]认为自己有资格列入文氏家族的名声链中，足见他对于自己的认同，虽然这可能是从家族旧有的成就基础上来看的。

文徵明十分关注和提携后生，“随所长称之，誉因以立”，“喜事少年，争奔走之”，“长者家儿，欲与士人齿，旦夕候焉”[145]。吴中士人后辈也尊称其为“文先生”，可见文徵明是吴中的优秀士人代表。被文徵明认可和与之亲密交往的或被称为“友生”，其中既有传承其诗书画艺的，也有交流对士人身份的思考的。前者如在文徵明家中小集多次的陆师道、周天球等，后者如许穀。这种“友生”关系建立在对“隐”的认同的基础上。当年岁增长，亲密友人相继逝去，文徵明同辈相交之人愈少：“眼中殊觉后生贤。”[146]在与后生中的“贤”者跨辈、跨年龄、跨地位的相交中，他在《辛亥除夕守岁》有感：“不愁老大无同辈，低觉聪明愧后生。”[147]其中虽然表达了“愧”不能当后生尊敬的对象，但在诗中首句“坐恋残年漫有情”[148]中还是流露出对自己暮年生活的满意，“残年”中能有“友生”相伴，是值得他留情的。所以，虽然后代的迭起意味着前代人的命运即将走向终结，但文徵明还是积极对待，与他们建立“友生”之谊，他在《人日王氏东园小集》中即称自己“驾言求友生，名园欣独往”[149]。当许穀因人言罢官、盛年岩居之时，文徵明有《寄许仲贻》：

问讯幽人白下踪，若为清世不相容。

几回对月思玄度，安得披云见士龙？

落日横塘折杨柳，秋风南浦梦芙蓉。

相思满目烟波远，吟得新诗手自封。[150]

诗中对许穀的安慰和思念同样是集中在“隐”的叙述基础上的，他认同许穀因仕途不顺而幽居的做法。文徵明的劝勉是基于自身的经验，若是对自己的选择后悔，他不会对喜爱的“友生”作此表达。

另外，从文徵明暮年所作的诗文中也可以发现一些信息：“老知无地酬君宠，贫喜传家有父书。”[151]无论如何，对于士人身份的准则，他是始终恪守的，这也是其“市隐”心态最重要的内核。虽然“壮心零落”[152]，但即使是到了八十九岁高龄，即使世间已是下一代、下几代的天下，他对国家政事的关注依旧不减。他在《戊午元旦》中写道：“喜闻海上烽烟息，又见人间日月新。”[153]

在嘉靖三十四年（1555）作《乙卯除夕》时，文徵明对自己的人生做了百年有限、万事无忧的总结。“去日已除来日在，春风检历又从头”[154]彰显了其平和的心态。在此回顾人生的时刻，若是对自己的一系列人生选择有遗憾、后悔，怎会有这样开阔的眼光？后一年作的《丙辰除夕》中态度同样如此，文徵明称自己“俯仰乾坤乐有馀”[155]。嘉靖三十六年（1557），他回忆在京朝庆的景象时，再称“潦倒今无朝省梦，氤氲空忆御垆烟”[156]。此番“潦倒”与在京时使用的“潦倒”不同，是指自己年老病弱。从“今无朝省梦”中可见他对自己大半生的境遇是彻底放下，既是“空忆”，便也没有在沉浸式回忆中的感情投入了。当世事看淡，在人生的最后日子里，文徵明“尽情灯火笑相亲”[157]。

四、结语

应试生涯中，文徵明不断坚定要获得一个仕途结果，是他对士人之体即通过入仕实现士人自我价值的坚守。九试应天的科举之路固然是其坚守证明，入仕道路的转变亦可见其坚守决心。在屡试屡败的彷徨和自我质疑后，他也愈加明确要获得一个结果，所恃士体未变，道路所趋不同又有何妨？在坚持科举到受荐的转变背后，是“百年已强半”的窘迫，更是新朝新政的时机。

然而，九试应天的年华、姗姗来迟的机遇、理想政象与现实的差距，一连串的不完美带来的后续连锁反应，如身份问题、生存环境问题、为官模式问题等，使文徵明与仕途难以完美契合。既已拥有士人身份的自我认可、社会认可，那么选择致仕亦可顺而为之，以求自适，这也是文徵明进一步定义自我人生的机会。

致仕后，文徵明以“市隐”为本。“市”关乎士体与生存基础。回吴后，文徵明成了吴中地区士人代表，士人身份是其身份的底色。在钟爱的文艺场上大展才华时，文徵明已无心理负担而社会吸引力愈强。在经济方面，文徵明虽不十分富裕，亦不至于十分困窘。同时，对“市”“隐”关系的平衡是文徵明对自身生存形态的进一步反思与调整。

通过入仕实现自我价值固然是传统士人最根本的向往，但在这一过程中，士人主体的自我意识是其自身生存形态的重要保证。在中晚明时期，士人普遍经历思想纠结，如何找寻内心需求、从容选择是一大难题。对吴中士人而言，文徵明的人生经历并非没有普遍性，屡试不中即是一种常见现象。它的特殊性在于，在具体的人生境遇中，士人如何发现、重视自我，尽可能地善终。

与文徵明同时期的唐寅（1470—1523）高中解元后中路失途，一生终于狂浪；徐祯卿（1479—1511）虽中进士但仕途难行，而立之年后不久便卒于京师。二人科举之路远顺畅于文徵明，但也在其他方面有着自身无法控制的人生困境。唐寅受挫是自受科场舞弊案牵连，徐祯卿则因外貌被限制仕进。二人都曾愿以士人身份立世，然既未实现初心志业，亦终于求索无门；他们一未得到自我认可的士人价值，二无生存状态的自我满意；唐寅视死如漂流异乡，徐祯卿怀忧而去。对于吴中士人群体而言，文徵明的心态与自我认知是具有借鉴意义的，如对士人价值尺度的把握、人生意义的拓宽。

作为江南吴中士人群体中一个特殊的存在，文徵明在具有文化符号意义的同时，也给后代吴中士人生存模式提供了经典参考。

注　释

［1］　如陈书录：《明代诗文的演变》，江苏教育出版社，1996年版；罗宗强：《明代后期士人心态研究》，南开大学出版社，2006年版。

［2］　如石守谦：《风格与世变》，北京大学出版社，2008年版。

［3］　以心态剖析为基础进而展开对其行为的合理推论，从研究应用的层面上来看，这对于理解文徵明的书画创作、鉴定其传世书画作品也颇有裨益。

［4］　《饮子畏小楼》，〔明〕文徵明著，陆晓冬点校：《甫田集》，西泠印社出版社，2012年版，第5页。

［5］　《寂夜一首效子建》，〔明〕文徵明著，陆晓冬点校：《甫田集》，西泠印社出版社，2012年版，第9页。

［6］　周道振、张月尊纂：《文徵明年谱》，百家

出版社，1998年版，第84页。
［7］《与邢丽文登葑门城楼》，〔明〕文徵明著，陆晓冬点校：《甫田集》，西泠印社出版社，2012年版，第13页。
［8］如王氏兄弟、钱同爱、汤珍、陈淳等。
［9］如石湖、虎丘、月洲亭、东禅寺、阊门西虹桥、治平寺在南京等。
［10］后于嘉靖十六年（1537）自南京翰林院孔目致仕归。
［11］《失解无聊，用履仁韵写怀，兼简蔡九逵》，〔明〕文徵明著，陆晓冬点校：《甫田集》，西泠印社出版社，2012年版，第75页。
［12］如两次在金陵谒乔宇，后一次中文徵明有《邵二泉司徒以惠山泉饷白岩先生，适吴宗伯宁庵寄阳羡茶亦至，白岩烹以饮客，命余赋诗》。
［13］《次韵答九逵见寄》，〔明〕文徵明著，陆晓冬点校：《甫田集》，西泠印社出版社，2012年版，第98页。
［14］《五月十三夜与子重、履约、履仁石湖行春桥看月》，〔明〕文徵明著，陆晓冬点校：《甫田集》，西泠印社出版社，2012年版，第86页。
［15］《月夜葛氏墓饮酒，与子重、履仁同赋》，〔明〕文徵明著，陆晓冬点校：《甫田集》，西泠印社出版社，2012年版，第93页。
［16］转引自高辉：《文徵明〈惠山茶会图〉考略》（硕士学位论文），中国美术学院，2017年，第18页。
［17］《与王钦佩顾华玉夜话》，〔明〕文徵明著，陆晓冬点校：《甫田集》，西泠印社出版社，2012年版，第73页。
［18］《新年》，〔明〕文徵明著，陆晓冬点校：《甫田集》，西泠印社出版社，2012年版，第106页。
［19］《登上方》，〔明〕文徵明著，陆晓冬点校：《甫田集》，西泠印社出版社，2012年版，第107页。
［20］《王氏溪楼》，〔明〕文徵明著，陆晓冬点校：《甫田集》，西泠印社出版社，2012年版，第107页。
［21］《雪夜宿楞伽寺》，〔明〕文徵明著，陆晓冬点校：《甫田集》，西泠印社出版社，2012年版，第105页。
［22］《夏日同次明、履仁治平寺纳凉》，〔明〕文徵明著，陆晓冬点校：《甫田集》，西泠印社出版社，2012年版，第103页。
［23］《秋兴》，〔明〕文徵明著，陆晓冬点校：《甫田集》，西泠印社出版社，2012年版，第103—104页。
［24］《金陵客怀》，〔明〕文徵明著，陆晓冬点校：《甫田集》，西泠印社出版社，2012年版，第111页。
［25］《十一月六日初度，与客饮散，独坐诵太白紫极宫诗，有感次韵》，〔明〕文徵明著，陆晓冬点校：《甫田集》，西泠印社出版社，2012年版，第109页。
［26］戴伟华：《文学研究的创新仍应以文献及其解读为基础——以李白与科举相关问题为例的分析》，《文学评论》2017年第1期，第125页。
［27］戴伟华：《文学研究的创新仍应以文献及其解读为基础——以李白与科举相关问题为例的分析》，《文学评论》2017年第1期，第129页。
［28］《天界寺》，〔明〕文徵明著，陆晓冬点校：《甫田集》，西泠印社出版社，2012年版，第112页。
［29］《感怀》，〔明〕文徵明著，陆晓冬点校：《甫田集》，西泠印社出版社，2012年版，第120页。
［30］《八月六日书事》（其二），〔明〕文徵明著，陆晓冬点校：《甫田集》，西泠印社出版社，2012年版，第113页。
［31］《金山诗追赋》，〔明〕文徵明著，陆晓冬点校：《甫田集》，西泠印社出版社，2012年版，第119页。
［32］《阻风江上，同蔡九逵诸君登静海寺阁》，〔明〕文徵明著，陆晓冬点校：《甫田集》，西泠印社出版社，2012年版，第113页。
［33］《九日城西小集》，〔明〕文徵明著，陆晓冬点校：《甫田集》，西泠印社出版社，2012年版，第118页。
［34］《五月雨晴书事》，〔明〕文徵明著，陆晓

冬点校：《甫田集》，西泠印社出版社，2012年版，第120页。

［35］《五月雨晴书事》，〔明〕文徵明著，陆晓冬点校：《甫田集》，西泠印社出版社，2012年版，第119页。

［36］《五月》，〔明〕文徵明著，陆晓冬点校：《甫田集》，西泠印社出版社，2012年版，第121页。

［37］当然，此事能够有后续的举荐，除了文徵明心态的转变，也有林俊起复的原因；此外，上文提到文徵明在宁王来聘时的表现也是他受荐的助力。李充嗣也因在平定宁王叛乱中有功而获加封，林俊选择寄书李充嗣，或许也有这方面的考量。

［38］周道振、张月尊纂：《文徵明年谱》，百家出版社，1998年版，第324页。

［39］周道振、张月尊纂：《文徵明年谱》，百家出版社，1998年版，第324页。

［40］《病中》，〔明〕文徵明著，陆晓冬点校：《甫田集》，西泠印社出版社，2012年版，第122页。

［41］《病中》，〔明〕文徵明著，陆晓冬点校：《甫田集》，西泠印社出版社，2012年版，第122页。

［42］《病中》，〔明〕文徵明著，陆晓冬点校：《甫田集》，西泠印社出版社，2012年版，第122页。

［43］《病中》，〔明〕文徵明著，陆晓冬点校：《甫田集》，西泠印社出版社，2012年版，第122页。

［44］《不寐》，〔明〕文徵明著，陆晓冬点校：《甫田集》，西泠印社出版社，2012年版，第121页。

［45］《扬州》，〔明〕文徵明著，陆晓冬点校：《甫田集》，西泠印社出版社，2012年版，第123页。

［46］《徐州清明》，〔明〕文徵明著，陆晓冬点校：《甫田集》，西泠印社出版社，2012年版，第123页。

［47］《道出淮泗，舟中阅高堂侍集，有自淇涉黄河十二首，因次其韵》，〔明〕文徵明著，陆晓冬点校：《甫田集》，西泠印社出版社，2012年版，第124页。

［48］《道出淮泗，舟中阅高堂侍集，有自淇涉黄河十二首，因次其韵》，〔明〕文徵明著，陆晓冬点校：《甫田集》，西泠印社出版社，2012年版，第125页。

［49］《道出淮泗，舟中阅高堂侍集，有自淇涉黄河十二首，因次其韵》，〔明〕文徵明著，陆晓冬点校：《甫田集》，西泠印社出版社，2012年版，第125页。

［50］《泊鲁桥次九逵韵》，〔明〕文徵明著，陆晓冬点校：《甫田集》，西泠印社出版社，2012年版，第126页。

［51］《午门朝见》，〔明〕文徵明著，陆晓冬点校：《甫田集》，西泠印社出版社，2012年版，第131页。

［52］《元旦朝贺》，〔明〕文徵明著，陆晓冬点校：《甫田集》，西泠印社出版社，2012年版，第132页。

［53］《紫气》，〔明〕文徵明著，陆晓冬点校：《甫田集》，西泠印社出版社，2012年版，第137页。

［54］《次韵九逵阻雨》，〔明〕文徵明著，陆晓冬点校：《甫田集》，西泠印社出版社，2012年版，第129页。

［55］《次韵九逵阻雨》，〔明〕文徵明著，陆晓冬点校：《甫田集》，西泠印社出版社，2012年版，第129—130页。

［56］周道振、张月尊纂：《文徵明年谱》，百家出版社，1998年版，第339页。

［57］《内直有感》，〔明〕文徵明著，陆晓冬点校：《甫田集》，西泠印社出版社，2012年版，第136页。

［58］周道振、张月尊纂：《文徵明年谱》，百家出版社，1998年版，第344页。

［59］从文徵明远离张璁而与大礼议之争中反对世宗者来往密切可以推测文徵明对大礼议有态度倾向。

［60］《午门朝见》，〔明〕文徵明著，陆晓冬点校：《甫田集》，西泠印社出版社，2012年版，第131页。

［61］《午门朝见》，〔明〕文徵明著，陆晓冬点校：《甫田集》，西泠印社出版社，2012年版，第131页。

［62］《午门朝见》，〔明〕文徵明著，陆晓冬点

校：《甫田集》，西泠印社出版社，2012年版，第131页。
［63］《奉天殿早朝二首》，〔明〕文徵明著，陆晓冬点校：《甫田集》，西泠印社出版社，2012年版，第131页。
［64］《奉天殿早朝二首》，〔明〕文徵明著，陆晓冬点校：《甫田集》，西泠印社出版社，2012年版，第131页。
［65］《元旦朝贺》，〔明〕文徵明著，陆晓冬点校：《甫田集》，西泠印社出版社，2012年版，第132页。
［66］《恭候大驾还自南郊》，〔明〕文徵明著，陆晓冬点校：《甫田集》，西泠印社出版社，2012年版，第133页。
［67］《庆成宴》，〔明〕文徵明著，陆晓冬点校：《甫田集》，西泠印社出版社，2012年版，第133页。
［68］《腊日赐谯》，〔明〕文徵明著，陆晓冬点校：《甫田集》，西泠印社出版社，2012年版，第134页。
［69］嘉靖三年（1524），南直隶诸府发生大饥荒，百姓争相食人，叛乱四起。
［70］《赐长寿彩缕》，〔明〕文徵明著，陆晓冬点校：《甫田集》，西泠印社出版社，2012年版，第135页。
［71］《赐长寿彩缕》，〔明〕文徵明著，陆晓冬点校：《甫田集》，西泠印社出版社，2012年版，第135页。
［72］《实录成蒙恩赐袭衣银币》，〔明〕文徵明著，陆晓冬点校：《甫田集》，西泠印社出版社，2012年版，第135页。
［73］《元旦朝贺》，〔明〕文徵明著，陆晓冬点校：《甫田集》，西泠印社出版社，2012年版，第132页。
［74］《实录成蒙恩赐袭衣银币》，〔明〕文徵明著，陆晓冬点校：《甫田集》，西泠印社出版社，2012年版，第135页。
［75］《内直有感》，〔明〕文徵明著，陆晓冬点校：《甫田集》，西泠印社出版社，2012年版，第136页。
［76］《西苑诗十首》，〔明〕文徵明著，陆晓冬点校：《甫田集》，西泠印社出版社，2012年版，第141页。
［77］《病中怀吴中诸寺》，〔明〕文徵明著，陆晓冬点校：《甫田集》，西泠印社出版社，2012年版，第145页。
［78］《病中怀吴中诸寺》，〔明〕文徵明著，陆晓冬点校：《甫田集》，西泠印社出版社，2012年版，第145页。
［79］《病中怀吴中诸寺》，〔明〕文徵明著，陆晓冬点校：《甫田集》，西泠印社出版社，2012年版，第146页。
［80］与《潦倒》同辑录于点石斋本《文徵明出京怀归诗六十四首》。
［81］《五言绝句四首》，〔明〕文徵明著，陆晓冬点校：《甫田集》，西泠印社出版社，2012年版，第148页。
［82］《马上口占谢诸送客十首》，〔明〕文徵明著，陆晓冬点校：《甫田集》，西泠印社出版社，2012年版，第159页。
［83］《马上口占谢诸送客十首》，〔明〕文徵明著，陆晓冬点校：《甫田集》，西泠印社出版社，2012年版，第159页。
［84］《除夕二首》，〔明〕文徵明著，陆晓冬点校：《甫田集》，西泠印社出版社，2012年版，第163页。
［85］《某比以笔劄逋缓应酬为劳，且闻有露章荐留者，才伯贻诗见戏，辄亦用韵解嘲》，〔明〕文徵明著，陆晓冬点校：《甫田集》，西泠印社出版社，2012年版，第162页。
［86］《除夕二首》，〔明〕文徵明著，陆晓冬点校：《甫田集》，西泠印社出版社，2012年版，第163页。
［87］《除夕二首》，〔明〕文徵明著，陆晓冬点校：《甫田集》，西泠印社出版社，2012年版，第163页。
［88］《还家志喜》，〔明〕文徵明著，陆晓冬点校：《甫田集》，西泠印社出版社，2012年版，第165页。
［89］《潇湘八景》，〔明〕文徵明著，陆晓冬点校：《甫田集》，西泠印社出版社，2012年版，第167页。
［90］周道振、张月尊纂：《文徵明年谱》，百家出版社，1998年版，第399页。
［91］周道振、张月尊纂：《文徵明年谱》，百家出版社，1998年版，第439页。

[92] 周道振、张月尊纂：《文徵明年谱》，百家出版社，1998年版，第406页。

[93] 《李少宰，杭中丞，刘、柴二光禄置酒》，〔明〕文徵明著，陆晓冬点校：《甫田集》，西泠印社出版社，2012年版，第166页。

[94] 沈小仙：《古代官名的语言研究》（博士学位论文），浙江大学，2005年，第63页。

[95] 送行诗如《送何少宰左迁南京工侍二首》《送唐御史应韶应天府丞》等；酬答诗如《阻冰潞河，简同行黄太史才伯》《次韵答徐子容学士见怀三首》《次韵答唐云卿礼部二首》等。

[96] 沈小仙：《古代官名的语言研究》（博士学位论文），浙江大学，2005年，第97页。

[97] 文徵明在金陵同样有声名，如《徒步至宝光寺》："时有山僧乞小诗。"

[98] 《忆昔四首次陈鲁南韵》，〔明〕文徵明著，陆晓冬点校：《甫田集》，西泠印社出版社，2012年版，第168页。

[99] 《忆昔四首次陈鲁南韵》，〔明〕文徵明著，陆晓冬点校：《甫田集》，西泠印社出版社，2012年版，第168页。

[100] 《忆昔四首次陈鲁南韵》，〔明〕文徵明著，陆晓冬点校：《甫田集》，西泠印社出版社，2012年版，第168页。

[101] 《忆昔四首次陈鲁南韵》，〔明〕文徵明著，陆晓冬点校：《甫田集》，西泠印社出版社，2012年版，第168页。

[102] 陈沂（字鲁南）也与文徵明同在京为官，文徵明西苑组诗自题中曾称之为"陈侍讲鲁南"，但文徵明在《忆昔四首次陈鲁南韵》中回顾三年仕途时并未使用"陈侍讲鲁南"入题。二人相识已久，更为交心亲密。

[103] 《赵丽卿侍御邀游冶城》，〔明〕文徵明著，陆晓冬点校：《甫田集》，西泠印社出版社，2012年版，第166页。

[104] 《北江宪副自越州访余吴门，饮于杜氏明远楼》，〔明〕文徵明著，陆晓冬点校：《甫田集》，西泠印社出版社，2012年版，第177页。

[105] 《寄何叔毗礼部》，〔明〕文徵明著，陆晓冬点校：《甫田集》，西泠印社出版社，2012年版，第193页。

[106] 《寄黄泰泉学士》，〔明〕文徵明著，陆晓冬点校：《甫田集》，西泠印社出版社，2012年版，第195页。

[107] 周道振、张月尊纂：《文徵明年谱》，百家出版社，1998年版，第394页。

[108] 《初春书事三首》，〔明〕文徵明著，陆晓冬点校：《甫田集》，西泠印社出版社，2012年版，第200页。

[109] 《初春书事三首》，〔明〕文徵明著，陆晓冬点校：《甫田集》，西泠印社出版社，2012年版，第200页。

[110] 周道振、张月尊纂：《文徵明年谱》，百家出版社，1998年版，第141页。

[111] 周道振、张月尊纂：《文徵明年谱》，百家出版社，1998年版，第141页。

[112] 周道振、张月尊纂：《文徵明年谱》，百家出版社，1998年版，第141页。

[113] 目前画史少有文徵明官场创作的记载，也鲜有文徵明在京时期的绘画作品存世，有待进一步结合文徵明传世书法作品加以分析。近年有乌莹君《千里家报　千里程图——文徵明的九封家书》（《中国美术》2018年第1期）。

[114] 周道振、张月尊纂：《文徵明年谱》，百家出版社，1998年版，第395—396页。

[115] 周道振、张月尊纂：《文徵明年谱》，百家出版社，1998年版，第411页。

[116] 《先君行略》，〔明〕文徵明著，陆晓冬点校：《甫田集》，西泠印社出版社，2012年版，第543页。

[117] 黄朋：《明代中期苏州地区书画鉴藏家群体研究》（博士学位论文），南京艺术学院，2002年，第63页。

[118] 其他方式是"家赀雄厚，多为几代辛苦积累而得"（如沈周、吴宽、王鏊），"自己为官，靠俸禄购买"（如吴宽、韩世能）、"为官且有文名或书画之名"（如夏昶）。

[119] 黄朋：《明代中期苏州地区书画鉴藏家群体研究》（博士学位论文），南京艺术学院，2002年，第63页。

[120] 周道振、张月尊纂：《文徵明年谱》，百家出版社，1998年版，第466页。

[121] 《初春书事三首》，〔明〕文徵明著，陆晓

冬点校：《甫田集》，西泠印社出版社，2012年版，第200页。
[122] 黄文祥：《文徵明后期青绿山水的院体类型画风及其原因》，《艺术探索》2017年第6期，第45页。
[123] 《静隐》，〔明〕文徵明著，陆晓冬点校：《甫田集》，西泠印社出版社，2012年版，第170页。
[124] 《春雨漫兴》，〔明〕文徵明著，陆晓冬点校：《甫田集》，西泠印社出版社，2012年版，第172页。
[125] 《雨后》，〔明〕文徵明著，陆晓冬点校：《甫田集》，西泠印社出版社，2012年版，第172页。
[126] 见《初春书事三首》："门掩红尘无过客，自临南牖了残编。"
[127] 《闲兴》，〔明〕文徵明著，陆晓冬点校：《甫田集》，西泠印社出版社，2012年版，第196页。
[128] 《新夏》，〔明〕文徵明著，陆晓冬点校：《甫田集》，西泠印社出版社，2012年版，第186页。
[129] 《闲兴》，〔明〕文徵明著，陆晓冬点校：《甫田集》，西泠印社出版社，2012年版，第196页。
[130] 周道振、张月尊纂：《文徵明年谱》，百家出版社，1998年版，第401页。
[131] 周道振、张月尊纂：《文徵明年谱》，百家出版社，1998年版，第401页。
[132] 李铀：《明代苏州实景山水绘画研究》（博士学位论文），香港城市大学，2018年，第42页。
[133] 李铀：《明代苏州实景山水绘画研究》（博士学位论文），香港城市大学，2018年，第50页。
[134] 李铀：《明代苏州实景山水绘画研究》（博士学位论文），香港城市大学，2018年，第66页。
[135] 李铀：《明代苏州实景山水绘画研究》（博士学位论文），香港城市大学，2018年，第67页。
[136] 《二月廿六日游天池诸山》，〔明〕文徵明著，陆晓冬点校：《甫田集》，西泠印社出版社，2012年版，第176页。
[137] 《五月望日登望湖亭》，〔明〕文徵明著，陆晓冬点校：《甫田集》，西泠印社出版社，2012年版，第177页。
[138] 《十日游治平寺再叠前韵》，〔明〕文徵明著，陆晓冬点校：《甫田集》，西泠印社出版社，2012年版，第192页。
[139] 《九日娄门胜感寺》，〔明〕文徵明著，陆晓冬点校：《甫田集》，西泠印社出版社，2012年版，第176页。
[140] 《竹堂》，〔明〕文徵明著，陆晓冬点校：《甫田集》，西泠印社出版社，2012年版，第194页。
[141] 《文先生传》，〔明〕文徵明著，陆晓冬点校：《甫田集》，西泠印社出版社，2012年版，第546页。
[142] 《送彭赴嘉兴训导》，〔明〕文徵明著，陆晓冬点校：《甫田集》，西泠印社出版社，2012年版，第199页。
[143] 周道振、张月尊纂：《文徵明年谱》，百家出版社，1998年版，第501页。
[144] 《送族弟彦端还衡山》，〔明〕文徵明著，陆晓冬点校：《甫田集》，西泠印社出版社，2012年版，第187页。
[145] 周道振、张月尊纂：《文徵明年谱》，百家出版社，1998年版，第607页。
[146] 《除夕》，〔明〕文徵明著，陆晓冬点校：《甫田集》，西泠印社出版社，2012年版，第178页。
[147] 《辛亥除夕守岁》，〔明〕文徵明著，陆晓冬点校：《甫田集》，西泠印社出版社，2012年版，第185页。
[148] 《辛亥除夕守岁》，〔明〕文徵明著，陆晓冬点校：《甫田集》，西泠印社出版社，2012年版，第185页。
[149] 《人日王氏东园小集》，〔明〕文徵明著，陆晓冬点校：《甫田集》，西泠印社出版社，2012年版，第194页。
[150] 《寄许仲贻》，〔明〕文徵明著，陆晓冬点校：《甫田集》，西泠印社出版社，2012年版，第188页。
[151] 《壬子岁除》，〔明〕文徵明著，陆晓冬点校：《甫田集》，西泠印社出版社，2012年

版，第189页。

［152］《癸丑元旦》，〔明〕文徵明著，陆晓冬点校：《甫田集》，西泠印社出版社，2012年版，第189页。

［153］《戊午元旦》，〔明〕文徵明著，陆晓冬点校：《甫田集》，西泠印社出版社，2012年版，第199页。

［154］《乙卯除夕》，〔明〕文徵明著，陆晓冬点校：《甫田集》，西泠印社出版社，2012年版，第197页。

［155］《丙辰除夕》，〔明〕文徵明著，陆晓冬点校：《甫田集》，西泠印社出版社，2012年版，第197页。

［156］《丁巳元旦》，〔明〕文徵明著，陆晓冬点校：《甫田集》，西泠印社出版社，2012年版，第197页。

［157］《丁巳除夕》，〔明〕文徵明著，陆晓冬点校：《甫田集》，西泠印社出版社，2012年版，第199页。

骆驼墩遗址出土平底腰檐釜身筒成型工艺浅析

朱轩林 *

【摘要】骆驼墩遗址位于宜兴市新街镇夏芝村唐南村，是太湖西岸重要的历史地理坐标，它的发现推动了太湖西岸文明起源的研究，同时确立了太湖流域新石器文化新的文化类型——骆驼墩文化类型，丰富了马家浜文化，重新划分了马家浜文化的次文化区。平底腰檐釜作为骆驼墩遗址出土的最有特色的器物之一，其平底与太湖东部马家浜文化出土的圜底釜不同，是区分文化类型的依据，但其本身的成型工艺一直未见深入研究。本文尝试以平底腰檐釜身筒的成型方法为切入点，通过正反面论证与复原实验尝试，做初步的探讨。

【关键词】骆驼墩遗址　平底腰檐釜　身筒　成型工艺　内模成型法

骆驼墩遗址位于宜兴市新街镇夏芝村唐南村。20世纪70年代，宜兴市新街镇的一座砖瓦厂在骆驼墩一带取土时，工人们从地层中挖出了大量的石器、陶器和玉器，随着进一步的探究发掘，骆驼墩遗址得以被发现。

一、遗址简介

骆驼墩遗址（图一）总面积约25万平方米，实际发掘面积仅1309平方米。主要遗存距今约7000至5000多年，遗址分南北两区，南区在名为骆驼墩的自然岗地，北区在唐南村北。2001—2002年，南京博物院和宜兴市文物管理委员会联合对该遗址进行较大规模的考古发掘，发现了以平底腰檐釜为重要特征的全新文化类型和大量的马家浜文化时期的瓮棺葬，筛选出相当数量的炭化稻米。

图一　骆驼墩遗址

江苏省考古所原所长林留根等考古学家对骆驼墩遗址给予了很高的评价，认为其是太湖西岸重要的历史地理坐标，它的发现推动了太湖西岸文明起源的研究，同时确立了太湖流域新石器文化新的文化类型——骆驼墩文化类型，丰富了马家浜文化，重新划分了马家浜文

* 朱轩林：宜兴市博物馆副馆长

化的次文化区。2006年，骆驼墩遗址作为新石器时期的古遗址，被国务院列入第六批全国重点文物保护单位。

二、平底腰檐釜简介

在骆驼墩遗址中，出土了许多形态各异的陶器。在这些陶器中，有一类最有特色，它整体呈筒状，平底，腰部附沿一圈，上腹部或带片状鋬，考古学家将其定名为“平底腰檐釜”。骆驼墩遗址出土的平底陶釜主要为筒形釜和罐形釜，器身被突出的一圈所谓的“腰檐”分割成上下两部分，上半部磨光并基本施黑陶衣，腰檐以下则不施陶衣，灰色胎暴露在外（图二）。

简形釜的腰檐特别发达，宽大而肥厚，多为手制，分段套接而成，有的腰檐釜腰檐下贴附泥条用来进一步加固。罐形釜腰檐既可以

图二 骆驼墩遗址出土的平底腰檐釜

承重，又可防止火焰被溢出的食物浇灭，还能防止陶釜上部被烟熏脏，与陶灶配合使用，特色明显。陶釜上半部还有四个对称板形耳（整），主要是为了从陶灶上取放方便。罐形釜系列也有二鋬或者无鋬手的。另外，墓葬中还有用陶釜来作为婴幼儿的瓮棺葬具，这也是骆驼墩文化的特色之一。

骆驼墩遗址早期阶段的平底釜陶质以夹蚌和夹细砂陶为主，蚌屑的含量相当高，基本不见泥质陶。中期夹蚌陶数量和蚌屑的含量减少。晚期不但平底釜数量减少、陶鼎占据了主要位置，而且陶质主要是夹砂褐陶，平底釜走向衰落。早期平底釜的陶色主要表现为黑衣灰胎，中期阶段红陶或外红内黑占据主要地位，晚期阶段黑色陶彻底衰落。

三、平底腰檐釜身筒成型工艺初探

近年来，对于平底腰檐釜的研究，学术界大多集中于它的造型与功能。造型方面，认为其平底与太湖东部马家浜文化出土的圜底釜不同，将其作为区分文化类型的依据。功能方面，其本身作为炊具，为何设计腰檐、平底，学者亦在不断设想与论证，包括其作为瓮棺葬葬具的原因。

但基本未见对其成型工艺这一最基本问题的探讨。甚至在一些考古绘图（图三）中，它的成型方法亦未交代清楚。因此本文尝试以平底釜身筒的成型方法为切入点，通过正反面论证与复原实验尝试，做初步的探讨。笔者通过观察与研究，初步认为骆驼墩出土平底腰檐釜身筒的成型方式为“内模成型”。具体论证如下：

（一）反向排除

陶器常见的成型方法主要有：泥条盘筑法、拉坯成型法、泥片拼接法与模具成型法。

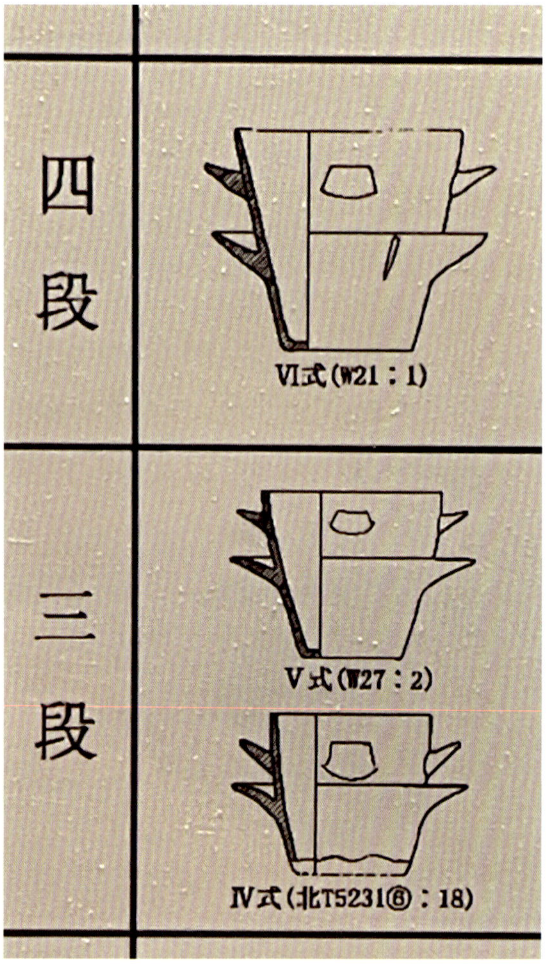

图三　相关考古绘图

图四　平底釜俯视图

图五　拉坯工艺

1. 排除泥条盘筑法

泥条盘筑法是一种非常原始的陶器成型工艺。制作时先把泥料搓成长条，然后按器型的要求从下向上盘筑成型，再用手或简单的工具将里外修饰抹平，使之成器。泥条盘筑是以泥条按照设想中的雕塑外形形体变化，一圈一圈围筑起造型。用这种方法制成的陶器，内壁往往留有泥条盘筑的痕迹。而骆驼墩遗址出土平底釜，其内部与外壁皆相对平整光洁（图四），因此可排除泥条盘筑成型。

2. 排除拉坯成型法

拉坯成型法是利用快轮旋转的力量，配合双手的动作，将转盘上的泥团拉成各种形状的成型方法，也叫轮制法。它是利用轮盘快速旋转所产生的离心力，结合双手控制挤压泥团，将泥团拉制成各种形状的空膛薄壁的圆体器型（图五）。拉坯成型，是陶瓷发展到一定阶段出现的较为先进的成型工艺，在距今数千年前使用该项技艺并不现实。另外，拉坯成型的器物底面往往可见线切割的痕迹，在平底釜底面并未发现（图六），因此可排除拉坯成型。

3. 排除泥片拼接法

泥片拼接法是宜兴紫砂壶特有的身筒成型方法。首先拍打成均匀的长条形泥片，再将泥片围成圆柱体，最后通过转轮拍打成型。泥片拼接成型，对泥性要求极高，且在身筒上可以看到明显的纵向粘连痕迹，这在平底釜身筒上亦未发现，因此可排除泥片拼接法。

（二）正面论证

通过以上反向排除，常见的陶器成型方法只剩模具成型法。而正面推断骆驼墩出土平底腰檐釜身筒的成型方法为内模成型的具体原因如下：

1. 每一件平底腹，其器形都极其工整，口部几乎为正圆，见图五。

2. 平底腰檐釜为筒形器，器壁为非常规整的直线条，一端大一端小（图七），笔者认为是为便于脱模。

3. 平底釜底部，底片与身筒之间没有任何粘连拼接的痕迹，是一条过渡自然的曲线，见图七，证明器壁与底面为一体成型。

4. 内壁表面观察到了相交的螺旋线（图八），笔者推断为内模脱模留下的痕迹。

5. 观察骆驼墩遗址出土的其他器物，但凡不是上大下小的器物，即有曲线的不便于脱模的器物，皆在内壁有明显的上下粘连痕迹，这种痕迹在泥条盘筑与拉坯成型中，皆不必出现。

综上，本人推断骆驼墩遗址出土的平底腰檐釜，其身筒运用了内模成型法。至于内模的材质，初步推测为木模，原因如下：

1. 考古出土文物中，暂未发现陶模器物；2. 陶土做模，除制作外，还需烧造，费时费力；3. 未发现有尺寸完全一致的陶釜，证明内模的临时性、随机性；4. 木模就地取材，只需将筒状树干稍加处理；5. 木模经过长时间的埋藏，考古发掘中未见出土合乎情理。

（三）复原尝试

为了论证本文的观点，笔者进行了初步的

图六　平底釜底面图

图七　平底釜正面图

图八　平底釜内部痕迹

图九　平底釜复原底部痕迹

图一〇　平底釜复原口部痕迹

身筒复原尝试，其器壁与器底的过渡痕迹，以及口沿的痕迹，与原件基本一致（图九、图一〇）。

综上所述，笔者初步推断，骆驼墩遗址出土的平底腰檐釜，其身筒的成型方式为内模成型法。当然该观点仍需要更多的考古实物资料及实验数据论证。

第二届“锡博英才行动”创作成果

• *Achievements of the second 'Wuxi Museum Talents Action'*

【**编者按**】无锡博物院是国家一级博物馆，集陈列展示、科学研究、艺术欣赏于一体。2019年，无锡博物院启动首届“锡博英才行动”青年人才资助计划，引聚相关领域青年人才，依托院藏文物资源，进行学术研究和艺术创作，在社会上赢得了广泛的赞誉。2021年，第二届“锡博英才行动”全新升级，资助范围扩大至“长三角”三省一市，同时增加资助名额，鼓励更多优秀人才加入传统文化传承的队伍，以加强对院藏文物的保护和利用。

第二届“锡博英才行动”自启动以来，得到社会各界积极响应，收到多份申报材料。经项目评审委员会严格评审，最终有10名青年艺术家和5名青年学者入选。历时半年有余，经过青年人才的静心研究与创作，课题成果如期精彩呈现。学术论文，征引详赡，论述严谨，涵盖书画、信札以及抗美援朝运动等方面的研究；艺术成果，题材丰富，形式多样，既有绘画、泥塑、陶瓷等传统艺术门类，也有结合现代生活的服饰、文创设计，以及水墨动画片等新颖的形式。这些依托于锡博院藏文物的研究与创作，既是传承，又是创新。不仅充分挖掘文物内涵，彰显文物之美，也进一步激发了传统文化的生机与活力，是“让文物活起来”的生动实践。

今年，本书特设“第二届‘锡博英才行动’创作成果”一章，将此次项目成果选取部分汇编结集，为广大读者献上最新的文化成果，以期让更多人关注珍贵的锡博院藏文物，促进我市文化遗产保护和利用工作的持续发展和繁荣，让古老的中华文物、灿烂的传统文化在创新创作中、在薪火相传中增华放彩，历久弥新。

第二届“锡博英才行动”艺术创作成果概况

无锡博物院馆藏宏富，以历代书画、紫砂茗壶、惠山泥人、近现代革命文物和民族工商业文物为主要特色。近年来，无锡博物院注重对馆藏文物资源的研究、开发与利用，2019年首次推出的“锡博英才行动”青年人才资助计划至2021年已经迎来了全新升级的第二届。当现代与历史碰撞，当思想与文物联合，当新鲜的创造与美好的沉淀交融，青年艺术家的作品分别以绘画、服饰、泥人、陶瓷、文创、动画等多种表现形式呈现，更有对上届成果的延续深化，从而真正唤醒锡博，让文物活起来。现将青年艺术家的创作构思与作品结集成文，以飨读者。

一、基于《西林园景图》研究下的无锡园林绘画再创作

（一）作者简介

顾真真，毕业于南京艺术学院美术学院，师从江宏伟先生，工笔花鸟画研究专业，硕士学位。江苏省美术家协会会员、江苏省文联书画研究中心研究员、江苏省花鸟画研究会理事、江苏省青年美术家协会花鸟画艺委

会秘书长，现为无锡博物院展览部主任。

（二）创作构思

藏于无锡博物院内的明代画家张复所绘册页《西林三十二园景图》，现存十六开，每页描绘了园中一景，画面写实生动，客观地描绘了该园林风貌。本项目是2019年项目的延续，继续完成纤纤泉、晨光坞、中州、夕霁亭四景的解读和绘画工作。

明代王世贞在《安氏西林记》中所记之二十景分为“丽于山事者”“丽于水事者”“兼所丽者”三类。其中纤纤泉、兰岩、晨光坞、遁谷、风弦障为“丽于山事者”，凫屿、一苇渡、上岛、中州、素波亭、息矶、空香阁、景榭、萧阁、夕霁亭、醉石、镜潭为“丽于水事者”，虚籁堂、椒庭、爽台为“兼所丽者”。

经多次现场走访写生及阅读相关参考文献，可推测得知纤纤泉在通往山顶层磐途中。这一路胶山风光无限，密林深幽，有一条小径可拾级而上，泉水从山石中渗出汇集，汩汩不绝。不论是通过近年来胶山深处发现的安国读书台、驻仙岩石刻等明代实证，还是通过实地了解，我们都能感受到当时西林园在山景规划中的蛛丝马迹。

夕霁亭、中州在王世贞的文字描述中都是“丽于水事者”，属于水景。综合三十二景各个名称，晨光坞中“坞”是指地势四面高而中间低的地方。中州在镜潭之中，是一个较大的岛屿，顾名思义，应该在西林园的中心位置。岛上应该有阁楼建筑，可登楼环顾全园美景。夕霁亭在镜潭边，是一个水边的亭子，落日夕照于亭，水面倒映着亭子、晚霞，四面清风习习，杨柳依依。

通过这几年对作品和胶山风物的了解，并总结2019年绘画作品的经验，2021年的这四幅作品将在空间地理、植物品种、建筑形式、陈列器物各方面加以优化，在2019年四幅作品基础上更好地还原与展现西林园当时的风貌胜景。

（三）作品欣赏（图一至图四）

图一　顾真真　《纤纤泉》

图二　顾真真　《晨光坞》

图三 顾真真 《中州》

图四 顾真真 《夕霁亭》

二、关于西园雅集图核雕的再创作

（一）作者简介

王梦晗，毕业于南京艺术学院美术学院，硕士学位，现为无锡美术馆典藏主管。

（二）创作构思

清代杨芝山款西园雅集核雕是无锡博物院的重要藏品之一，它以“西园雅集”为题材再现了一群文人雅士的盛会，里面大概有二十人，穿插了假山古树，人物形象灵动，人和景在方寸间排布得很是巧妙。

西园雅集是中国历史上很有名的文人雅集，大家常把它和兰亭雅集相比较。西园是北宋驸马都尉王诜的府邸，他本人精通琴棋书画，当时的文人雅士都是他的座上客。元丰年间，由他集合了苏轼、苏辙、黄庭坚、圆通大师等人雅集在此，聚会结束后，李公麟画下了当时的盛况，后来逐渐地，西园雅集成了各路文人骚客争相效仿的题材。无锡博物院所藏的这个以“西园雅集”为题材的核雕，亦是如此。杨芝山雕此核桃送友人，也是为表达朋友之间的文雅情趣。

源于对这个题材感兴趣及被西园雅集核雕作品震撼，我这次参选第二届锡博英才的作品即是基于核雕上六个场景重新创作的一组国画作品。在人物形象上，我做了一些改动：把人物的身材比例拉短，使动作姿态更夸张；人物的布局也有些调整并根据故事情节进行增减人物。力求能在保持作品传统古意的同时，又有些新趣味，不要完全和当下时代脱节。六个场景分别对应六张作品，背景的处理上我又多增加了一些核雕上没有的元素，比如屏风、竹林。这些背景重复在六件作品中出现，不仅是构图的需要，也是为了保持画面的连贯性，甚至是为故事的转场来服务。

我的这件作品和杨芝山的核雕，两者同述一个题材，用了不同媒介和表现方式。在展览的时候，我很期待将这件核雕作品也展示出来，能让观众进行对比：刻刀是怎么在核上表现故事的，而毛笔又是怎样在册页上表现人物情节的。希望利用这样的方式，在这个过程中带着大家更深入地了解西园雅集的文化背景，更多元化地理解中国传统文化。

（三）作品欣赏（图五）

图五　王梦晗　《西园雅集》

三、基于明清竹石图的油画创作

（一）作者简介

马致远，毕业于白俄罗斯国立美术学院，硕士学位。清华大学美术学院访问学者、中国教育书画协会会员、江苏省美术家协会会员、江苏省油画学会会员、江苏省青年美术家协会油画艺委会委员、无锡市美协综合材料艺委会副秘书长、九三学社社员，现任职于无锡城市职业技术学院。

（二）创作构思

本次作品名称为《竹影藏石图》，借鉴了锡博院院藏国画竹石图卷，取材自寄畅园，以传统文化为灵感，用当代的视角、油画的表现方式来剖析心中的竹石精神。

作品的构图力求在对比中达到均衡。竹石一左一右，太湖石孤立墙边，竹影自左侧暗处遮罩全局，画面右上角露出半窗，阳光照进暗室斜盖于石。画面底部以红直线分割，建构出室内的空间感。画面中大面积的墨色枯笔、扁平的空间布局、竹与石的拟人伫立来自国画技法，光线的冷暖变化、几何的平面构成、厚涂的笔触肌理来自油画技法。在这个虚构的空间中，出现了多处对比：明与暗、坚硬与柔软、直线与曲线、透视与扁平。中西绘画语言的对比与整合使得画面观感始终处在一种真实与虚幻的不确定中，最终营造出观者对竹与石、物与人、时间与空间的反思。

江南园林有着璀璨的文化底蕴，是艺术创作者取之不尽的灵感源泉。竹与石只是其中之一，相信还有更多的精彩等着我们去传承与创新。

（三）作品欣赏（图六）

图六　马致远　《竹影藏石图》

四、画里画外——遇见陈洪绶

（一）作者简介

刘利，毕业于华东师范大学，硕士学位。江苏省美术家协会会员，无锡书画院特聘画家，现为无锡市育红小学专职教师。

（二）创作构思

我在读研期间跟着尹呈忠教授学习漆画艺术，并慢慢喜欢上“漆”这种材料。漆画具有悠久的历史，其以天然大漆为主要材料，除漆之外，还有金、银、铅、蛋壳、贝壳、木片等，通过材料的堆塑、磨绘、镶嵌、罩染等技法，产生一种独特的漆画语言和美学品格。

陈洪绶是我很喜欢的一位明代画家，其作品手法简练，色彩沉着含蓄，格调高古。基于此，我便有了一个大胆的想法：将现代漆画的语言和陈洪绶的作品相结合会产生怎样的效果呢？于是，我便以无锡博物院院藏作品明代画家陈洪绶的《南山高隐图轴》为主要研究对象，采用漆画的形式对其进行再创作，并融入自己的感受和一些现代元素，以画中画的形式解构传统文化与现代文化之间的框架，结合当下的情景和语境，在继承传统的基础上进行再创作，将传统中国画以全新的面貌呈现出来，从而就有了现在这幅作品《画里画外——遇见陈洪绶》。

（三）作品欣赏（图七）

图七　刘利　《画里画外——遇见陈洪绶》

五、紫玉金砂——水印版画创作

（一）作者简介

祝拓，毕业于中央美术学院，硕士学位，师从陈琦学习与研究水印木刻版画。

（二）创作构思

我的研究方向是水印木刻版画，而它本就是中国历史悠久的传统文化之一，早在唐代便已有非常成熟的水印版画《金刚经》。区别于西方的版画，西方版画不仅晚于中国版画数百年出现，且发展形态也与中国的雕版印刷大不相同，使用的材料也有完全不同的讲究。中国的水印版画是清秀雅致的，明代胡正言的《十竹斋画谱》可以说是古代水印版画史上的巅峰之作。而后这种方式渐渐普及于民间，出现了风靡各地的木版年画，深受民众喜爱。我们熟悉的苏州桃花坞、天津杨柳青都是那时便出现并产生重大影响的民间水印版画工坊。

我在锡博藏品中选取了两件极为典型的紫砂壶进行水印版画的再创作，使得传统形式与现代水印版画语言相结合，更加突出紫砂壶的形制之美。

紫砂壶的形制与水印版画中木板、刻刀、宣纸、水墨的结合，我觉得是非常有意义且有趣的。无论是紫砂还是水印，它们都是中国传统文化，蕴含着中国人的智慧和民族精神，因此，将两者融合的作品对创作者和观赏者来说都是一次新的体验。

（三）作品欣赏（图八、图九）

图八　祝拓　《紫玉金砂》

图九　祝拓　《紫玉金砂》印版

六、《游园》动画短片

（一）作者简介

秦渊，毕业于江南大学设计学院，现为无锡博物院藏画馆部副主任。

（二）创作构思

寄畅园是无锡的园林地标，拥有近500年的历史，我在2021年策划程及美术馆《小大由之——寄畅园记》的过程中，对寄畅园深厚的人文底蕴和以小见大的园林设计理念进行了深入研究，并参考了学者黄晓复原的明代寄畅园平面图，在此基础上创作了《游园》动画短片。

水墨短片《游园》灵感来自无锡博物院院藏明宋懋晋《寄畅园五十景》组画和王穉登《寄畅园记》拓片，根据组画和游记可以大致推测并还原出明代寄畅园的游园路线。动画中虚拟了一位名士受园主之邀游览寄畅园，在游园过程中带领观众感受明代江南园林的风貌。短片根据王穉登的游记串联出游园路线。其中，每个景点都有各自的特征，既与《寄畅园五十景》所绘景色相呼应，又点缀和突出了人物、动物的动态因素，并适当加入了一些戏剧性的情节，生动表现出明末寄畅园的人文气息，演绎了古人的生活方式。另外，我还邀请了独立音乐人刘一根据动画的节奏创作了原创音乐。乐曲以悠扬的笛声为主音，配以多种辅音，交响环绕，为作品增添幽静空灵之感。无锡市滨湖区书协主席顾大可也友情赞助，篆刻了“游”“园”两方印章作为片名的题字，为作品增添古朴气息。

（三）作品欣赏（图一〇）

图一〇　秦渊　《游园》动画截图

七、基于西园雅集图核雕的彩塑群像创作

（一）作者简介

陆易之，工艺美术师，乡村振兴技艺师。无锡工艺美术协会会员、无锡民间文艺家协会会员、江苏省工艺美术协会会员、中国工艺美术协会会员。

（二）创作构思

无锡博物院院藏的清杨芝山款西园雅集图

核雕是晚清时期核雕艺术珍品，工艺高超，雕刻了大大小小19个人物，将西园盛景与惟妙惟肖的人物交融，充分表现了宋代文人向往的清幽之境。这次创作的泥塑群像《西园雅集》，借鉴核雕中的圆雕、镂雕技法，结合宋代李公麟及历代名家《西园雅集图》中的国画配色，发扬惠山泥塑擅长塑造人物神态的特点，再现当年雅集盛况，使原先融于圆形桃核的场景通过泥塑作品，如画卷般逐个展开，同时，通过对主要人物的个性化塑造，使人物各具特色，更加生动地再现经典。这次尝试也是我在努力为丰富泥塑艺术探求新路，以自己的创作实践致敬先辈艺人。

技法上，核雕《西园雅集》深雕浅刻兼备，圆雕镂空灵活运用，这给泥塑创作提出了挑战，也提供了启示。我学习借鉴核雕技法，融合泥塑传统的“切、磋、琢、磨”等手法，使构图更具立体感，人物神态更细致、更具动感，通过人物外形的塑造，揭示各自独特的品性。

布局上，将作品中的作诗、绘画、谈禅、论道等几个场景分解出来，制作出四个既相互独立，又相互呼应的“桥段”，透过一个个相对独立的情节，构成一部全景式的精彩故事，拓展核雕精妙的场景设置，再现雅集清幽仙逸的意境。

（三）作品欣赏（图一一、图一二）

图一一　陆易之　《西园雅集》全景

图一二　陆易之　《西园雅集》局部

八、无锡博物院馆藏文房文物的陶瓷艺术设计——“太湖韵”系列

（一）作者简介

顾持一，毕业于景德镇陶瓷大学，硕士学位，师从陶瓷大师宁钢、张朝晖夫妇。现为无锡机电高等职业技术学校艺术设计系专业教师。

（二）创作构思

在创作这套陶瓷艺术作品时，我在无锡博物院藏品中选取了不同材质、不同工艺、不同造型的多个文房器，并统一选用景德镇高白泥瓷土为原料进行创作。高白泥瓷土烧成后瓷质洁白无瑕、温润如玉，展现出一种冰清玉洁的美感。

同时，无锡有着“鱼米之乡”“太湖明珠”的美誉，将家乡特色在这次艺术创作中表现出来是我的创作初衷之一。在造型的基础上，将水波纹作为一种装饰元素，通过雕塑、划刻等技法用于白瓷文房器器型之上。经过提炼的水波纹装饰，表现出一种水面波浪的动态美，借此表现太湖的波光粼粼与生机盎然，突出无锡城市充满“温情与水”的内涵。将不同的设计思想表现于原本不同属性的多种文房器器型之上，赋予器型新的内涵，一定别有一番韵味。

（三）作品欣赏（图一三至图一七）

图一三　顾持一　《花鸟纹笔筒》

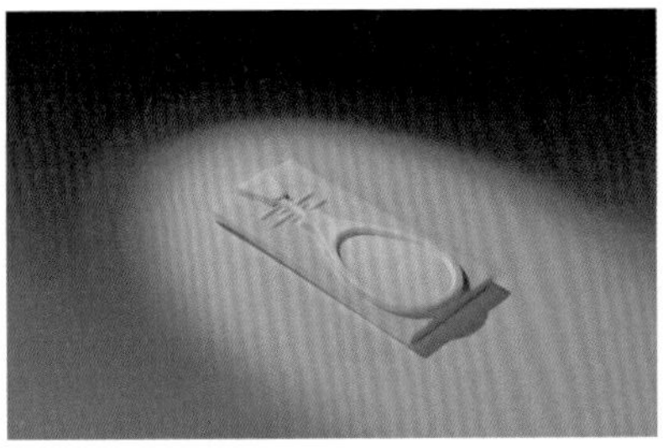

图一四　顾持一　《琵琶砚》

图一五　顾持一　《山形笔架》

图一六　顾持一　《犀角杯》

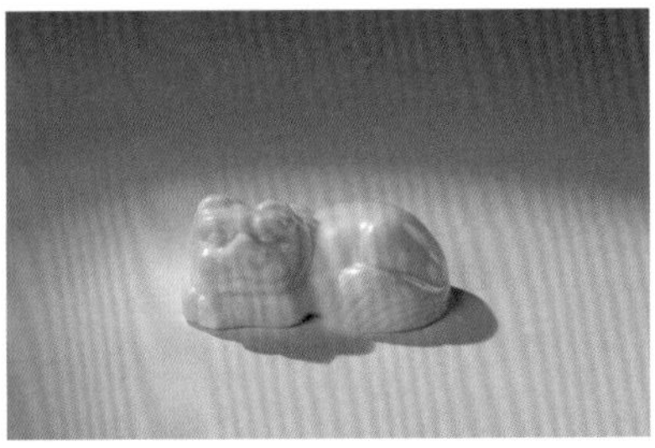

图一七　顾持一　《卧狮形书镇》

九、倪瓒，你好赞——倪瓒IP及文创产品设计开发

（一）作者简介

刘波，毕业于江南大学设计学院，2016年成立无锡东隅广告设计传播有限公司，致力于景区、文博系统的文创产品开发工作。

（二）创作构思

从大学毕业后，我一直从事创意设计工作，对无锡的文化产业较为熟悉，因此希望为

无锡打造出更多更新的城市文化名片。作为无锡名人，元代画家倪瓒对后世影响巨大，其简约、疏淡的山水画风是明清大师们追逐的对象，他在书法、诗词上也颇有造诣。无锡博物院的国家一级文物藏品《苔痕树影图》是我们这次文创开发的核心。

在倪瓒本人的生活中，也有很多流传的趣事，这些都是我们创意的灵感来源。本次的设计将倪瓒的生平及画作，结合当前生活方式做相关的深入研究，希望通过文创形式的表达，让更多人了解倪瓒其人其画，让更多的衍生品进入到人们的生活中。

（三）作品欣赏（图一八至图二三）

图一八　刘波　倪瓒 IP 形象表情包

图一九　刘波　倪瓒 IP 形象

图二〇　刘波　文创产品曲奇

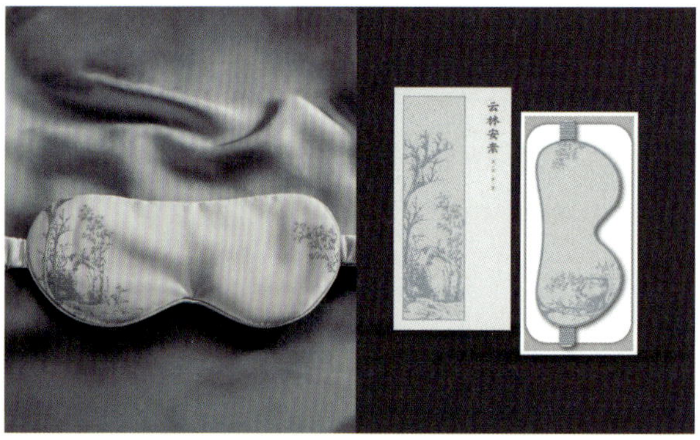

图二一　刘波　文创产品真丝眼罩

图二二　刘波　文创产品木镜

图二三　刘波　文创产品手工皂

十、多元文化影响下植物纹样在现代服饰中的融合创新设计——以无锡博物院藏品“元春水玉带扣”为例

（一）作者简介

王雯，毕业于上海东华大学服装设计专业，硕士学位。第六届亚太时尚周最年轻入围亚洲设计师、职业服研究所研究员、女装品牌MO LONDON设计总监、ICAD国际平面设计师、无锡市广告协会会员。现为无锡职业技术学院设计艺术学院视觉传达系主任，副教授。

（二）创作构思

元朝建立了多民族统一国家的朝代，其开放包容、兼收并蓄的姿态使得民族间高度融合，南北文化交融空前。此次课题选择了博物院一级藏品——元代春水玉带扣作为研究主体，将春水玉带扣的图形纹样进行解构、剥离、组群、重构，通过图形变化、排列形式、色彩创新、肌理表现、附加工艺等尝试创新融合，完成了服装、丝巾、配饰等产品的系列设计。

本次创作旨在寻根仿古，追寻藏品传统纹饰的美学意蕴，重新审视对传统精神的传承与创新，与古为新，将中华传统美学纳入现代设计中，探寻现代人的内心诉求，去捕捉多元文化影响下植物纹样在现代服饰中的融合创新设计灵感，让材料、色彩、形状、肌理承载美感与温度，用现代服饰的设计语言与手法在灰白之间找到现代与传统、极简与繁复、古与今等对立面中微妙的平衡点，将中华文明深厚的历史底蕴在现代作品中向大家娓娓道来。

（三）作品欣赏（图二四、图二五）

图二四　王雯　丝绸“植”路系列丝巾

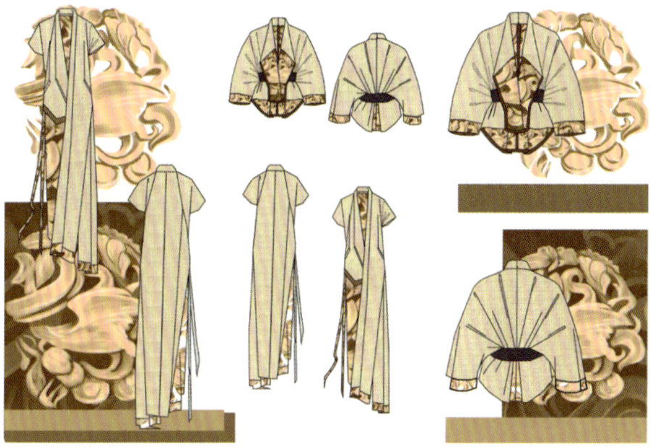

图二五　王雯　丝绸“植”路系列服装

（整理人：游洁洁）

琴师的小影：文徵明《蕉石鸣琴图》的性质与观看情境

蔡春旭 *

【摘要】杨季静在16世纪江南文艺圈中以鼓琴得名，与精英阶层有广泛而深入的交往。他生前委托制作多件纪念性诗画，试图通过艺术包装、推扬自己，塑造不朽的形象。文徵明的《蕉石鸣琴图》为其中之一，通过援引树下人物的母题，将杨季静刻画成高士。本文通过对这些纪念性诗画的综合考察，分析《蕉石鸣琴图》的功能和艺术表现，依据画中人的样貌特征，确定它是杨季静的行乐图。文章亦揭示明代人在日常生活中悬挂、观看肖像画的情境，及肖像画功能日趋世俗化的表现。

【关键词】杨季静　《蕉石鸣琴图》　肖像画　行乐图　文徵明

引言

在无锡博物院的收藏中，文徵明的《蕉石鸣琴图》（图一）是一件雅致的作品，水墨绘就的画面简洁利落，白描人物造型古朴。画中表现一高士席地抚琴，背后有一座湖石和两株芭蕉，画幅上部约三分之二的空间是文徵明小楷所书嵇康《琴赋》。此图的表现模式类似典故绘画，明代苏州流行赤壁图、兰亭修禊图等画题，皆以文学名篇或历史故事为张本。通过款识，可知《蕉石鸣琴图》由琴师杨季静委托创作：

> 杨君季静能琴，吴中士友甚雅爱之，故多赋诗歌为赠。余向留京邸，未遑，惟若翁有一诗卷，往岁曾跋其尾，几二十年矣。今闲中季静复以此为言，并请书《琴赋》，余不能辞，辄此似焉。若传之再世，此幅可为季静左券矣。时嘉靖戊子三月廿又六日，文徵明识。

学界对杨季静早有关注[1]，但对其生平有些误会，对《蕉石鸣琴图》的讨论也不够充分，这是撰写本文的缘起。

目前所知，与杨季静有关的书画共计九件[2]，综合来看，他在两个时段对委托纪念性绘画和诗文十分痴迷：一是1505年左右，《南游图》后有大量吴门文人因送别杨季静去金陵所作的诗文；二是16世纪20年代[3]，原因俟考。这可能和杨季静人生中的两段经历有关，诗画在一定程度上满足了他的精神需求。文徵明于1523至1526年间在京做官，1527年初

* 蔡春旭：苏州大学艺术学院讲师，艺术学理论博士

图一　明　文徵明　《蕉石鸣琴图》（无锡博物院藏）

返乡，据《蕉石鸣琴图》落款，他错过同苏州士友一道为杨季静赋诗，此后杨氏来讨要书画，才有了这件作品，那么杨季静是谁？文徵明为何“不能辞”？

一、琴师何人

杨季静，号履素子、质菴，苏州人。[4]生于15世纪70年代[5]，和文徵明、唐寅年纪相若，卒于嘉靖庚寅（1530）[6]。父杨凌[7]，字云翰，号守素[8]，生年无考，卒于弘治癸丑（1493）夏至甲子（1504）六月之间[9]。杨氏世代精于琴艺，杨凌父亲杨师道（一作思道）乃永乐间松江善鼓琴者刘鸿传人。[10]杨凌于成化丁未（1487）入京游谒，寓居吴宽处，其卓绝的琴艺为京城名公所欣赏，本年还乡时，吴宽、王鏊皆有赠诗。[11]1492年吴宽书赠《次韵任太常雨中见寄》诗卷，和者有杜启、徐源、沈周、祝允明诸公。杨凌去世后，杨季静又请黄云、文嘉赓和吴宽诗作，并请唐寅将此故实绘制成卷。[12]杨氏数子皆能鼓琴，三子季静独能心契。[13]

杨季静青年时就出入文徵明家中，为友人鼓琴解闷。[14]祝允明亦与之交好，有札约其小酌：

> 午间屈过小楼小酌，仆虽不饮，不妨谈笑，况阴雨，彼此亦寡人事也。千万、千万。四日，允明顿首，季静契家执事。（见《吴门名士手柬》）

从“契家”的称呼来看，祝、杨有通家之谊，二人意气相投，祝氏有诗赠之：

> 不将黄土点心胸，六十年来气似龙。竹坞霜寒青凤峙，芝田春暖白云封。各看明月同千里，共对梅花又一冬。吴山吴水休负约，酒壶诗卷日相从。[15]

弘治乙丑（1505）二月，杨季静将前往金陵，苏州文士多有题赠，唐寅画《南游图》为其壮行，彭昉《送琴师杨季静游金陵诗序》有云：

> 吾苏杨季静善琴，自其先人传之，曲操引弄，博综无所不该，而宫徵醒之妙，以独追于古先，尝为鼓，一再行，欲平躁释，知季静之于斯至于斯极者矣，而学之未能也。（见唐寅《南游图》）

按文徵明题诗所云，杨季静此行的目的是寻找知音：“所惜知音稀，囊琴走千里。抹（按，当为“秣”之误）陵古名都，去去当有遇。”其实他是去寻找投靠之人，谋求生活资源，和其父游走京城相似，鼓琴乃杨家立身之术。杨季静因故迟迟未动身，四月五日邢参赠诗似乎是安慰之语：“师旷明五音，所适无软硬不辘轲。吾独偲子心，此行不能果。丈夫当磊落，莫被利名锁。”年轻人意气风发，试图去金陵闯出一番天地，但是事与愿违。

多年后，杨季静依旧困厄不达。嘉靖戊子（1528）仲冬，友人彭年深为惋惜：

> 履素子弱冠以琴游诸公间，今五十余矣，抱道守贞，含章韬价，王公大人眇其艺也，不肯推毂荐达之，深相与者惟生平交，又无力不能有所假借，然履素子益厚自期待，不以是踽踽戚戚也。阨穷而不悯，贤者之行固若此哉！（唐寅款《琴士图》）

杨季静在王公大人眼里只是艺人，不被看重，何况“推毂荐达”！但在苏州人看来，杨季静不同一般。祝允明曾在信中托他寻人制砚[16]，想必他结识能工巧匠，手握人脉资源。杨氏待友真诚，胡文明将客岭南，他鼓琴赋诗，于虎丘之麓置酒饯别，有古人雅澹存交之风。谢时臣感其诚意，作《鼓琴赋别图》存其事。杨季静也是袁表闻德斋十五位斋客之一，这份名单中有文徵明父子、蔡羽、王宠、彭年等人，可谓交往不凡。[17]杨季静和祝允明、吴奕（吴宽之侄）是世交[18]，其社会地位不会太低[19]。而且，杨季静是读书人，陆治称其“高雅幽洁，善谈名理”（《垂虹别意图》跋）。他可能是苏州下层文人中的一员，因科考之路壅塞，以琴艺游于缙绅间。因其文人气质和高尚品性，文徵明在《杨季静小像》卷的引首中给予雅称“琴士”。“士”在传统社会的身份划分中地位最高，“琴士”的称呼带有一定的象征意义。我们由此知道，杨季静是文徵明朋友圈的重要成员之一，他的请托文氏自然难以推辞。

杨季静在寻求人生出路上的不顺或许使其转向经营自己的社会形象，留下诸多纪念性诗画，尤其是16世纪20年代的数件，塑造出一副高士的形象，而不再是寻求知音的青年。祝允明《杨季静像赞》云：

> 吴有杨子，学儒工琴。以素为履，行符其心。足也日驰乎井陌，而不紫其履；服也生安于韦布，而莫缁其襟。将缔盟而指梅，愿比德而佩璧。白贲无咎，黄离元吉。优哉游哉，焉往不适。嘻！是则友之而有益，比之而无斁乎！（文伯仁《杨季静小像》）

陆芝赞中甚至说杨季静“何必曳裾而食肉”（见唐寅款《琴士图》），言下之意是让他当个世外之人，或许只有如此才能和历史中的操琴者产生共鸣。

杨季静所得的数量可观的诗文中不乏友人投赠，估计他具有相当的人格魅力。他除了借助文字媒介包装自己，还请人以视觉表现的方式塑造个人形象。文伯仁笔下的杨季静端坐抚琴，着一身素衣和一双素履，纤指微动，低垂的双目暗示他完全沉浸在自己的弹奏之中，

图二 明 文伯仁 《杨季静小像》
（局部 台北故宫博物院藏）

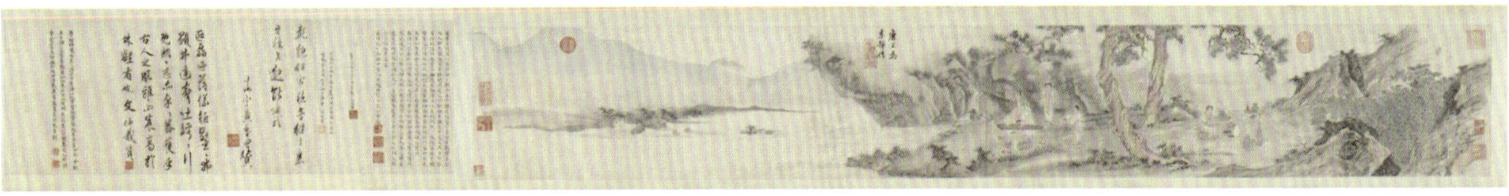
图三　明　唐寅（款）　《琴士图》（台北故宫博物院藏）

图四　明　谢时臣　《鼓琴赋别图》（上海博物馆藏）

这是表演艺术家的形象（图二）。唐寅款《琴士图》（图三）则将杨季静安排在山水之间，江兆申认为这是以流水之声（有形之音）衬出琴声（无形之音）。[20]王耀庭最近的研究指出，《琴士图》中杨季静着陶渊明衣冠，是高士的象征。[21]谢时臣《鼓琴赋别图》（图四）有可能是因杨氏提议才创作，图中两位主角坐谈话别，正面朝向观众的即杨季静，头巾、胡须与脸型皆与其他画作中的相似，他正手持酒杯向友人饯别。谢时臣让胡文明以背影朝向观众是有意的安排——群像中的主角往往都是正面或四分之三侧面，通过二人的四目对视来凸显交情和此图的主旨——送别。杨季静委托的《南游图》和《蕉石鸣琴图》中都有琴师的形象，也是杨季静的形象化身吗?

二、琴师的行乐图

要回答上面问题，可以先看看《南游图》。《南游图》（图五）不同于一般的送别图，没有采用模式化的江岸送别图式。[22]它描绘了一条行旅的山路和四组出行的人物（图五—1至4），就行人的装束和行路方向而言，位于画心右下角的骑驴者无疑就是主角（图五—1），尾随的仆童背着包袱和琴，肩抗雨伞。图五—3中左侧的推车人可能是骑驴者的随从，他走在前方，车上有木箱、包裹、竹篓，最上层的两个卷轴颇为显眼，暗示这车行李属于某个富有文化修养的旅客，它在《南游图》中只可能属于骑驴者。《南游图》是唐寅为友人量身定制的礼物，是石守谦所谓的“新型送别图”，那么骑驴者就是杨季静。

图五　明　唐寅　《南游图》（弗利尔美术馆藏）

图五-1

图五-2

图五-3

图五-4

图五-1至4　明　唐寅　《南游图》（局部）

苏州的纪念性绘画多采用特指性表现模式，场景设定和人物形象因人而异。这未必是出于委托者的要求，而很可能是创作者根据主题和功能作出的调整。这里有些相近的例子可供参考。沈周曾为比丘辂西（又称辂上人，号云冈）画别号图《云冈小隐图》，横卷中表现了不同以往的山水结构：山冈被云雾环绕，顶上坐落着几处僧舍，一间敞开式的屋子位于中心，有一僧人正端坐其中，静观流云聚散，体悟奥义（图六），辂西的形象及其别号的含义都得到了恰当地呈现。[23]沈周画后有祝允明撰《云冈小隐记》《云冈小隐颂》等以辂西别号为主题的诗文，文字与图像构成互文关系。又唐寅为医生王观（号款鹤）画了

图六　明　沈周　《云冈小隐图》
（局部　上海博物馆藏）

图七　明　唐寅　《款鹤图》
（局部　上海博物馆藏）

图八　明　唐寅　《赏菊图》
（局部　上海博物馆藏）

图九　明　周臣　《流民图》
（局部　克利夫兰美术馆藏）

别号图《款鹤图》（图七），图中出现了主仆形象，主人伏坐在石桌旁，目光投向不远处的白鹤，白鹤曲颈低头，似乎在向主人致意，唐寅以此表达“款鹤”的含义。主人是戴着头巾的中年男子，脸庞微圆，蓄着络腮胡，双目炯炯有神，造型有别于唐寅其他山水画中的点景人物（图八），这大概源于王观的真实形象。唐寅师出职业画家周臣，周、唐二人兼善人物画与山水画，周臣画过写生性质的《流民图》（图九），而唐寅在肖像描绘上亦有出色表现[24]，但其画法不同于专业肖像画家。

特指性图像表达要符合纪念性绘画的功能要求，否则形式将与内涵脱节。沈周为祝淇画祝寿图表现了一位身着官服坐在松树下的老人，契合了祝淇的身份——以子贵而封刑部主事。[25]唐寅为老师王鏊七十岁生日祝寿画了《长松泉石图》[26]，松树、高山、泉流都是常见的表达祝寿含义的图像元素，为了凸显受画人特殊的身份，与同一般的祝寿图区别开来，画中增加了王鏊的形象，使其成为个人化的纪念品，但是王鏊的肖像由太仓张雪槎画成，并非出自唐寅之手。[27]可以想见，制作者（或委托者）十分重视这张图像，这才有了唐寅与专业肖像画家的合作。当杨季静提出要一张以琴为主题的画作时，文徵明该如何处理友人的请托呢？笔者曾讨论过索画者向画家提出的各种要求，其中关键的一点是，一般不会指导画家具体创作。[28]文徵明的身份是文人、官员和艺术家，社会地位明显高于杨季静，后者更可能以谦卑的口吻表达诉求，但就纪念性绘画的创作惯例而言，文徵明需要考虑如何使画面内容符合委托者的身份与形象。

有理由相信，《蕉石鸣琴图》中的琴师即杨季静。[29]图像给予我们更多的证据，《南游图》画于1505年，杨季静三十岁左右，故而骑驴者是青年的模样。而文伯仁1526年为杨季静画像时杨已五十岁上下，其相貌特征之一是嘴上蓄须。《蕉石鸣琴图》完成于1528年，画中琴师留了胡须，并非偶然。仔细比较文伯仁和文徵明的画作，抚琴者形象如此相似：均为四分之三侧面像，戴着文士头巾，身着素衣，表情恬然自若，不同之处在于一坐于凳上、一坐于席上，面部朝向相反。又及，两图所画之琴均为仲尼式。这里并非暗示文徵明参考了侄子的画作，而在说明他如实画出友人的形貌而已。

图一〇　明　佚名　《沈周像》（故宫博物院藏）

图一一　明　仇英（款）　《清明上河图卷》（局部　辽宁省博物馆藏）

明代中后期文人对订制肖像画拥有浓厚的兴趣，尤其是在人生中的重要时刻，比如整十生日[30]。沈周一生多次请人画像，所知画家有钟希哲、王理之、孙艾、蒋宥[31]，现藏故宫博物院的四分之三侧面半身像上有沈周题诗，为其八十岁画像（图一〇）。类似无背景的明人半身像（时人谓“半身”）、全身像（时人谓“大影”）传世数量众多，有些人多次请人绘制，装为卷册，配以诗文，成为图像化的个人传记。[32]传仇英所画《清明上河图》（辽宁省博物馆藏）中出现了街边画像店铺，画师正在为人画半身（图一一），说明明代人日常生活中对肖像画有着普遍需求。另一类肖像画设定了场景，如文伯仁的《杨季静小

图一二　明　莫后昌纂辑《崇兰馆帖》
所刻莫是龙小像

图一三　明　沈俊　《陆文定公像》之斗笠像
（普林斯顿大学艺术博物馆藏）

像》和文徵明的《蕉石鸣琴图》，文伯仁画了正在抚琴的杨季静，除了身下的椅子和手中的素琴，画中没有表现背景。也就是说，场景可以借助背景，也可以通过道具展现。这类有场景的肖像画就是行乐图，晚明时期逐渐在文人圈内流行起来，例如文献记载的两张莫是龙小像：一为横幅，坐湘筠椅、捉羽扇、观孔雀；一为竖幅，执如意而左手凭书，箕踞，张山人后在其上补画老梅及顽石草坡。[33]后者的一个版本可见晚明莫后昌纂辑《崇兰馆帖》，只是缺了张山人所画背景（图一二）。[34]传世则有万历辛卯（1591）嘉兴画家沈俊为陆树声画了七幅肖像，皆无背景，有斗笠像（图一三）、野服像、朝衣像等多种。[35]斗笠像的母题源自苏轼，斗笠装扮富有文化装扮的意味，亦是文人“行乐”的一种表现。

行乐图是明清肖像画类型之一，重点表现像主悠游闲适的生活样态。[36]从文人委托的一些画作来看，其发源于元末，至明末清初因写真技术的发展而风靡一时。毛文芳梳理过明代行乐图题咏和意涵变迁的发展状况[37]，以文献为中心的考察忽略了图像在画题形成过程中起到的作用。而且，如果对行乐图发展与演变的考察不仅仅局限于肖像画，对相关问题的认识和梳理将更为周全。在笔者看来，除帝王行乐图外，目前尚能见到不少明代早中期的文人行乐图，如《沈度独引友鹤图卷》[38]、《十同年会图卷》（明弘治）[39]、丁彩《五同年会图卷》（明弘治）[40]、《男像轴》（明中期）[41]等，以及在当时流行的斋室别号图、雅集图中吴伟款《黄菊山主图卷》[42]、文徵明《惠山茶会图》[43]、唐寅《梅谷图》[44]、仇英《东林图》[45]等都可以视作行乐图的滥觞。本文讨论的文徵明《蕉石鸣琴图》、唐寅款《琴士图》、文伯仁《杨季静小像》亦属行乐图的重要案例，难得的是它们为同一人委托，对于今天考察行乐图的发展有显著的意义。

三、挂像与观像

纪念性绘画大多采取手卷和册页的形式，这两种形式易于增加题写所需的空间，便于在观像后征集题跋，不过吴门文人偶有在立轴裱边上题咏的例子[46]。手卷和册页的呈现方式具有私密性，相对而言，立轴便于公开展示。

明代人画作中多有表现挂画、赏画的场景，立轴有两种观看方式：挂之于墙和由仆童以挑杆撑起，后者一般发生在室外。《蕉石鸣琴图》画心纵84厘米，横27.2厘米，不大的尺幅适合装裱后悬挂于墙。在杨季静委托的纪念性绘画中，谢时臣《鼓琴赋别图》是立轴，《杨季静小像》原初也是立轴[47]，从中可以看出杨季静的用意——这些画作需要展挂与被观看。所以，本文最后想谈谈肖像画的观看脉络及其功能。

汤显祖的《牡丹亭》中有个情节与观看肖像有关。杜丽娘自梦中游园后就犯了春愁，怕容颜日渐消殒，自己对镜描画出二八春容，她把这幅小像称作行乐图，内容是女子游春：

> 谢半点江山，三分门户，一种人才，小小行乐，捻青梅闲厮调。倚湖山梦晓，对垂杨风袅。忒苗条，斜添他几叶翠芭蕉。（汤显祖《牡丹亭·写真》）

杜丽娘叫丫鬟春香拿去找行家装裱。丫鬟问裱完挂在哪里，杜丽娘说放在闺房。杜丽娘病逝后，小像被书生柳梦梅拾得，他初以为是观世音像，细看方知是“人间女子行乐图”。在汤显祖的安排下，小姐和书生通过行乐图得以“重逢”。[48]万历四十五年（1617）刊本《牡丹亭还魂记》插图表现了杜丽娘画像与柳梦梅观像两个场景（图一四），柳梦梅一手拉开画轴，眼中的行乐图却是半身像。插图作者没有明了汤显祖的本义，“行乐图”在文人中间流行，对他们而言尚是新鲜事物。

正如杜丽娘在闺房悬挂自己的肖像，明人把肖像作为家居装饰和欣赏对象。冯惟敏词中写道：“写一幅行乐图，高悬在五柳庄，清奇落魄山林相。”[49]点出挂像的情境与观像的感受。沈鍊《赠陶子行乐图赞并序》里有更为

图一四　万历四十五年刊本《牡丹亭还魂记》插图

具体的场景：

（陶子）乃裂豪素，绘采兹图。传散人之高状，烟霞满容；写良月之美景，风云殊态。将以披高轩、置广座，开豁胸襟，流连仪宇，可谓风人之逸想、胜士之遐标也。[50]

从“披高轩、置广座”可知，行乐图被挂在厅堂中供来客欣赏，沈鍊由此写下这篇像赞。杨季静可能也是如此，在《蕉石鸣琴图》前会友宴客。此画多半会引起在座者的兴趣，其上的文本《琴赋》也会提醒他们杨季静拥有高尚的品质，继承了魏晋名士的风范，并且可以通过琴声传达出来。[51]而当杨季静在小像前抚琴时，现实中的场景与画中的场景构成一种平行关系。这种想象并非空穴来风，唐宋时期佛教寺院流行悬挂高僧或显贵者半身小像，以此显示威仪。这种风气逐渐弥漫到士人中间，台北故宫博物院所藏宋人画《人物》（图一五）展示了与上述推测相似的场景，表现了北宋文人高雅的休闲生活。[52]画中的文士坐在木榻之上，左手持卷，面部右侧，望着正在倒茶的童子，木榻后有一座花鸟屏风，屏风上悬挂的一轴呈四分之三侧面的人物胸像，所画正是屏风前的文士，只不过胸像面部朝向与榻上之人相反。这种风气可能绵延至后世，而且《人物》在16世纪曾是江南地区的收藏，仇英制作过此画的摹本。[53]

图一五　宋　佚名　《人物》（台北故宫博物院藏）

江南文人还会在家中悬挂老师和朋友的肖像。文徵明的父亲文林是苏州的德高望重之辈，悬挂和收藏文林肖像的需求随之产生。[54]徐祯卿（1479—1511）曾经拥有文林肖像，并在长至日对之祭拜。[55]这种祭拜应是出于晚辈对长辈的尊敬，一如周天球经常祭拜文徵明的肖像，因为他是文氏门生。[56]类似的情形还会发生在友朋之间，上海人朱察卿生前有管生为之写照，友人沈明臣携画像以归，及兹万历丙戌（1586），沈明臣在夏日曝晒书画之际将朱氏像悬于书斋，焚香礼拜。[57]此时朱氏下世已十五年，肖像成为二人友谊的见证。这里钩沉的两种展示场景皆属于家族祭祀之外的情形，是肖像画功能日趋世俗化的体现，故其在晚明以降有了蓬勃发展。当然，肖像画具有特殊性，在像主去世后往往成为家族文献，代代相传，并在礼仪空间中被展示和祭拜。

刘储秀曾在家中悬挂胡国宾的行乐图，起因是对方请其题诗，诗中生动记录了他在观画时的所见所思：

昨将此图挂素壁，令人一见心茫然。名工绎思如有神，鹅溪大绢何鲜新。看尽对君宛相似，借问谁能辨假真。荀令香炉轻浮霭，洛妃罗袜暗生尘。翩翩玄鹤花边立，呦呦白鹿堦前驯。于乎素练风霜色，抚画题诗三叹息。少年一去何时还，须臾白发变红颜。[58]

这位明代观众没有一味地恭维像主，而是难得地写下他对画像真实性的认识，对画面内容以及关于时间流逝的感慨。当杨季静在众人面前展示《蕉石鸣琴图》时，观众又会产生怎样的感想？通过细读图像可以获得部分答案。

《蕉石鸣琴图》中的图像元素不多，湖石与芭蕉暗示其背景可能是庭院，因为这是江南园林中常见的小景。或者，这就是杨季静的园亭。[59]席上除了抚琴者杨季静，还有两个手卷和一套白瓷茶盏。芭蕉、石、琴与高士的组合在吴门绘画中并不少见，我们目前还能见到仇英和刘原起的类似画作。[60]历时性地来看，树与人的组合在中国绘画史中有悠久的表现传统。南北朝时期的墓葬中发现过竹林七贤与荣启期模印拼镶砖画、高士屏风壁画（北齐崔芬墓），卷轴画中有唐代孙位的《高逸图》（上海博物馆藏）[61]，都属于树下高士题材。有趣的是，《高逸图》中有一段描绘高士坐在地毯上（图一六），面前摆了一帙书，其中两卷已经取出，侧后方有一块大石和几株芭蕉，《蕉石鸣琴图》与之类似。文徵明可能援引同类高士图像，通过图像修辞为杨季静完成身份转换，美化这位友人。而时人对杨季静的评价中，皇甫汸说他身上有“山林之气”，是古之逸民（见《杨季静小像卷》后跋）。文徵明采取的图像修辞恰如其分。

杨季静面前的手卷是值得注意的物品，它们会是吴中文士投赠给杨季静的诗文吗？还是唐寅、文伯仁等人的画作？姑且放下这种猜测，从图像修辞的角度来审视它们。书画手卷属于雅玩，在人物画、肖像画中经常出现，暗示画中人的品位和修养。明代流行赏画与玩古题材的人物画，尤其是描绘西苑雅集、十八学士等主题的典故画，和高士主题亦有关系。[62]文徵明在此处可能是为了提醒观众：杨季静拥有风雅之好。同理，《南游图》中一车行李上放置了两个卷轴（图五），《琴士图》中则出现了三组显眼的器物：杨季静面前有青铜罍、青铜方壶、青铜鼎、白瓷瓶、白瓷三足盘、香具等；身旁有书册、书帙和青铜觚；在烹茶童子身边石桌上摆着书籍、执壶、酒盏、砚台、白瓷三足盘、瓷罐、青铜壶及一些香具，地上也有数件青铜器和瓷器。画中的物品如此丰富显得不可思议，甚至有些累赘（比如两套香具），唐寅或许想强调友人好古的一面。这令人想起都穆所撰像赞：“服古人之服，而飘然有古人之遗踪者，非子其谁耶？”（见文伯仁《杨季静小像卷》）如果将《琴士图》和《蕉石鸣琴图》对比，就会发现前者的画意是表现高山流水觅知音，杨季静周围的物品、环境都带有象征意义，《蕉石鸣琴图》中庭院场景的设定则更显日常意味，二者展示的都是理想化的杨季静形象。

图一六　唐　孙位　《高逸图》(局部　上海博物馆藏)

《蕉石鸣琴图》上还有杨季静拜托文徵明抄录的《琴赋》。《琴赋》乃三国时期曹魏名士嵇康的代表作，集中体现了这位文学家、音乐家的艺术思想。《琴赋》开篇有云：

> 余少好音声，长而玩之。以为物有盛衰，而此无变；滋味有厌，而此不倦。可以导养神气，宣和情志。处穷独而不闷者，莫近于音声也。

有学者指出，《琴赋》在美学思想上有两个突出观点：以和为美和琴德最优。前者既表示音乐追求的最高理想，也强调琴乐创作者应该保持心平气和。而且，琴为众器之首，不娱乐大众。[63]以此来看，鼓琴者多半是高洁之士。借助嵇康的宏论，杨季静向观看者传达出这样的讯息：他不是酒宴上的伴奏者，而是精通琴艺的艺术家。他的朋友们也以各自的方式向观众传达同样的意涵，为他寻找真正的知音。

结论

综上所述，杨季静是苏州知名的琴师，与地方精英阶层有广泛而深入的交往。他早年可能是为功名奔走的生员，后因故放弃此途，以琴艺实现人生抱负，借一技之长谋生。科举上升渠道的拥塞造成江南地区存在大量的失意文人，无论为书、为画、为诗，职业化的艺文活动拓宽了他们展示人生的空间。杨季静的特殊在于，他不甘淹没于时间的洪流，通过征集诗文与绘画，将人生经历和社会形象凝固于物质媒介，成为今天我们看到的这些纪念性诗画。套用毛文芳的话来说，杨季静善于用"视觉景观形塑个人不朽"[64]。如今存世的画作中有其侧面、四分之三侧面、背面诸般形象，他可以说是最为"立体化"的明代人之一，从中亦可以看见其广阔的交游和深厚的人脉，以及卓越的琴艺与个人魅力。葛兰佩认为："纪念性绘画的主要作用在于帮助那些不易成就自我却又为精英成员所欣赏的人实现苏州的文化价值。"[65]此语庶几是杨季静的人生注脚。16世纪，有一批小人物模仿上层精英以纪念性诗画包装、推扬自己，比如刻工章简甫家族委托制作的《保竹图》[66]、棋手李时养请尤求画的《秋窗博弈图》[67]，展现的是他们最为光鲜的一面。但是，理想化的呈现模式掩盖了他们真实的人生，就像《蕉石鸣琴图》中的高士，只是杨季静的行乐装扮之一。

附记：本研究得到无锡博物院"英才行动"青年人才赞助计划支持，写作中承师友曹蓉、刘鹏提供图片，陈俊吉、陈华秋帮忙复制资料，薛龙春、唐冶、陆蓓容提出建议，在此一并致谢！

注 释

[1] 江兆申：《读画劄记之三——吴派画家笔下的杨季静》，《双溪读画随笔》，台北故宫博物院，1977年版，第74—101页；周道振：《文徵明为琴士杨季静所作〈蕉石鸣琴图〉探讨》，原载《无锡文博》1994年第3期，收入《周道振文集·无锡文博增刊》（2014），第5—9页；王耀庭：《从〈琴士图〉看唐寅的"园林斋馆别号主角人物画"》，《苏州文博论丛》（2016），第152—168页；张璐：《从杨季静订制绘画看明代琴人的自我形塑》（硕士学位论文），南京艺术学院，2017年；徐驰：《文徵明蕉石鸣琴图初探兼论明代文人生活》（硕士学位论文），东南大学，2018年；张诗扬：《琴师还是琴士——明代琴人杨季静社会身份研究》，《艺术探索》2020年第1期，第88—97页。

[2] （1）祝允明《行草书诗》（1504年），见《虚白斋藏中国书画·书法》，康乐及文化事务署，2003年版，图21。

（2）唐寅《南游图》（1505年），弗利尔美术馆藏，此卷有吴奕篆书引首，画心为唐寅画和题诗，拖尾有文徵明、徐尚德、王涣、刘布、彭昉、黄云、祝允明、钱同爱、邢参所赠诗文。

（3）文伯仁《杨季静小像卷》（1526年，文徵明引首作于1530年），台北故宫博物院藏，此卷由文伯仁画像，文徵明隶书引首，拖尾有祝允明、都穆、唐寅、皇甫冲、王穀祥、黄省曾、王守、王宠、袁袠、袁褧、许僎、王涣、徐伯虬、文彭、白悦、文嘉、文台、皇甫涍、袁衮、朱承爵、崔深、皇甫汸书赞或跋。按，江兆申推测此画乃立轴改装成卷，部分题跋从唐寅款《琴士图》后移来，见《读画劄记之三——吴派画家笔下的杨季静》，《双溪读画随笔》，第83—

84页。

（4）谢时臣《鼓琴赋别图》（1527年），上海博物馆藏，画上有文彭、文伯仁、文仲义、王穀祥、陆芝、文嘉题诗，见中国古代书画鉴定组编：《中国古代书画图目·3》，文物出版社，1990年版，第54页。

（5）文徵明《蕉石鸣琴图》（1528年），无锡博物院藏。按，仇英款《理琴图》（上海崇源艺术品拍卖2005年春拍第二场0718号拍品）画前有文徵明款隶书《琴赋》，款识内容与《蕉石鸣琴图》基本相同，推测是参考《蕉石鸣琴图》而来。《理琴图》所画杨季静形象与其他画作有相合之处，或许有底本。

（6）唐寅款《琴士图》（诸人题诗为1528至1530年间作），台北故宫博物院藏，拖尾有彭年、章简甫、陆芝、黄鲁曾、文仲义、朱幸书赞或跋。按，车旭东认为此图乃伪作（《唐寅书画鉴定研究》，南京大学博士论文，2018年，第199—203页），笔者认为可能是有底本的临摹之作。

（7）《吴门名士手柬卷》（含唐寅、祝允明、张墨、吴奕等致杨季静七札），中国嘉德2015年春拍0813号拍品。

（8）陆治《垂虹别意图》，庞元济《虚斋名画录》卷四著录。按，此画拖尾有文彭、王穀祥题诗，内容非关送别，当为后配。收入卢辅圣主编：《中国书画全书》第12册，上海书画出版社，2009年版，第426页。

（9）唐寅《赠杨季静画卷》，张丑《真迹日录》著录，此卷有文徵明书引首和一时名士题跋，收入卢辅圣主编：《中国书画全书》第4册，第428页。

［3］　按，唐寅款《琴士图》没有纪年，这里采用相对含糊的时间概念。唐寅卒于嘉靖癸未（1523）十二月二日，而《琴士图》后题诗约完成于1528至1530年间，可知杨季静收集这些诗画持续了多年，《杨季静小像卷》存在同样的情况。

［4］　别号“履素子”见唐寅款《琴士图》后彭年题跋，别号“质菴”见《吴门名士手柬卷》中祝允明致杨季静札。

［5］　据唐寅款《琴士图》后彭年1528年冬题跋“履素子弱冠以琴游诸公间，今五十余矣”推定。

［6］　袁表嘉靖庚寅（1530）作《闻德斋志引》将杨季静列为斋客之一，名下加注“本年卒”。《袁氏闻德斋书画册》，见佚名辑：《我川寓赏编》，收入黄宾虹、邓实编：《美术丛书》3集第2辑，浙江人民美术出版社，2013年版，第161—173页。

［7］　按，自江兆申《读画劄记之三——吴派画家笔下的杨季静》拈出《石渠宝笈三编》编纂者推测杨季静为杨凌（见卷一百六十七延春阁藏二十三著录《明文伯仁画杨季静小像》按语），学界多从此说。检核编纂者所据王鏊诗《赠琴士杨凌》（《震泽集》卷一），并无证据推定此人即杨季静，此诗后第二页有七律《送杨琴士》，应指同一人，诗中云杨琴士将离京还乡，有名公赠句。据吴宽等人赠杨云翰和诗（李日华《六研斋三笔》卷四著录），杨云翰于成化丁未（1487）入京游谒，归乡时吴宽赠七律《送琴士杨云翰还吴》（《匏翁家藏集》卷十五）。这两首送行诗韵脚基本相同，内容相近，可知王鏊所谓的名公即吴宽，而杨凌即杨云翰。又《赠琴士杨凌》云“老来唯信手，妙处不传心”，1487年杨季静尚是青少年，只有杨云翰年纪符合。

［8］　唐寅《南游图》拖尾文徵明题诗云：“吾识守素翁，悃愊古端士。”

［9］　据吴宽等人赠杨凌、杨季静和诗，〔明〕李日华：《六研斋三笔》卷四，收入郁震宏、李保阳、薛维源点校：《六研斋笔记　紫桃轩杂缀》，凤凰出版社，2010年版，第240—242页。

［10］　〔明〕张昶撰，张献翼论赞：《吴中人物志》卷十三：“又陈惟成、杨师道俱吴人，派从松江刘鸿氏之琴。”收入《四库全书存目丛书》史部第97册，齐鲁书社，1997年版，第800页；〔明〕都穆撰，陆采辑：《都公谭纂》卷上：“杨凌父，（刘）鸿弟子也。”收入《四库全书存目丛书》子部第246册，第371页。

［11］　〔明〕吴宽：《匏翁家藏集》卷十五《送琴士杨云翰还吴》，收入《明别集丛刊》

第1辑第55册，黄山书社，2013年版，第343页。按，集中诗系年编排，可知此诗作于丁未；〔明〕王鏊：《震泽集》卷一《送杨琴士》，收入《景印文渊阁四库全书》第1256册，台湾商务印书馆，1983年版，第133页。

［12］据吴宽等人赠杨凌、杨季静和诗，见李日华：《六研斋三笔》卷四，收入郁震宏、李保阳、薛维源点校：《六研斋笔记 紫桃轩杂缀》，第240—242页；张丑《真迹日录》著录唐寅赠杨季静画卷内容“乃似归重吴原博手柬之词”，即指吴宽赠诗杨凌。收入卢辅圣主编：《中国书画全书》第4册，第428页。

［13］唐寅《南游图》拖尾文徵明题诗云：“翁死传诸郎，季也心独契。”按，江兆申《读画剳记之三——吴派画家笔下的杨季静》认为杨季静为第四子（第86页），误。《南游图》后有祝允明赠诗《招风辞送杨子游金陵》，此诗收入《祝氏集略》卷五，篇名作《招风辞送弹琴杨三游金陵》，可知杨季静排行第三。

［14］香港艺术馆虚白斋藏祝允明《行草书诗》款识云：“甲子六月七日，允明在悟言室写。季静琴馀，晚凉对坐无事，遂与持去。”按，悟言室为文徵明的斋馆。

［15］〔明〕祝允明：《简杨三》，收入薛维源点校：《祝允明集》，上海古籍出版社，2016年版，第154页。

［16］《吴门名士手柬卷》中祝允明致杨季静札之一云：“研石送去，幸为一造……砚烦速倩人一制，奉价来取。”

［17］《袁氏闻德斋书画册》，见佚名辑：《我川寓赏编》，收入黄宾虹、邓实编：《美术丛书》3集第2辑，第161—173页。

［18］《吴门名士手柬卷》中吴奕致杨季静札亦称其为契家。

［19］按，张璐因为杨季静多与工匠交往而认为其处于社会底层，笔者并不认同此说，与杨季静结亲的祝允明、吴奕皆为官宦子弟，推测其为下层文人较合理。见张璐，《从杨季静订制绘画看明代琴人的自我形塑》，第10页。

［20］江兆申：《读画剳记之三——吴派画家笔下的杨季静》，《双溪读画随笔》，第75—76页。

［21］王耀庭：《从〈琴士图〉看唐寅的“园林斋馆别号主角人物画”》，《苏州文博论丛》（2016），第152—153页。

［22］关于送别图图式的讨论参看石守谦：《〈雨余春树〉与明代中期苏州之送别图》，《风格与世变：中国绘画十论》，北京大学出版社，2008年版，第225—256页。

［23］中国古代书画鉴定组编：《中国古代书画图目·2》，第181页；插图取自《上海博物馆藏明四家精品选集》，香港大业公司，1996年版，图11。

［24］Anne De Coursey Clapp, The Painting of T'ang Yin (Chicago: The University of Chicago Press, 1991), 67—100；王耀庭：《从〈琴士图〉看唐寅的“园林斋馆别号主角人物画”》，第152—168页。

［25］莞城美术馆编：《传神阿堵：明清人物画精品展》，广西美术出版社，2011年版，第49页。

［26］图版见贵州省博物馆官网。按，诗堂陈介祺题跋指出唐寅此图是寿王鏊七十诞辰而作，唐画题诗见唐寅集中《寿王少傅》，亦与《柱国少傅守溪先生七十寿序》记载相合，故此图性质明确。诗见周道振、张月尊辑校：《唐寅集》，上海古籍出版社，2013年版，第62页；文见《唐寅集》，第235—236页。

［27］〔明〕唐寅，《柱国少傅守溪先生七十寿序》：“……故绘长松泉石图，复俾太仓张雪槎补公小像于中，以代称祝，兼陈公福祉备有之故。”《唐寅集》，第236页。

［28］蔡春旭：《明中叶素画活动的惯例与机制——以吴门画派为中心的考察》，中山大学艺术史研究中心编：《艺术史研究》（第21辑），中山大学出版社，2019年版，第147—188页。

［29］Clapp（葛兰佩）曾指出唐寅《南游图》《琴士图》、文徵明《蕉石鸣琴图》皆为杨季静的肖像，但她未就此展开讨论。Anne De Coursey Clapp, Commemorative Landscape Painting in China, (Princeton: Princeton

University Press，2012），60—63.

［30］例如袁袠（1509—1558）在四十岁生日前后请人画了两张像，据袁袠《戊申阳月既望，为至后二日，又八日则我生之辰也，是日天气和朗，偶过玉韵斋中，而白浮在坐，适吴子凰冈来，为余写真，继而卧雪兄、鲁仲侄偕来，遂秉烛觞之，临别而月已向巳午矣，赋二绝》（《易月廿又一日，吴子再写余容》《吴凰冈再传神同钱平江用旧韵》），二诗见《明吴郡袁志山先生手书诗稿》，小嘉趣堂1948年影印本，苏州大学图书馆藏，无页码。

［31］李军：《沈周小像三题》，《佣书读画录》，中国美术学院出版社，2018年版，第85—95页。

［32］例如《王鏊像卷》，内含王鏊二十九岁、四十八岁、五十二岁、六十二岁时的肖像。图版见杨新主编：《故宫博物院藏文物珍品全集·明清肖像画》，商务印书馆（香港）有限公司，2008年版，图9；〔明〕徐阶：《世经堂续集》卷八《书庚辰岁画像后》："予自为吏侍迄今三十六年，中间写像几十余幅，观者谓独此庶几耳。"收入《明别集丛刊》第2辑第44册，黄山书社，2015年版，第75页。

［33］〔明〕莫秉清，《华亭莫葭士先生遗稿》卷四《王父秋水公像赞》，民国二十年（1931）铅印本，苏州大学图书馆藏，第24叶。

［34］施安昌主编：《名帖善本》，上海科学技术出版社，2009年版，第121页。

［35］《明陆文定公像》册藏于普林斯顿大学艺术博物馆，据册后陆明睿跋，原为手卷，后改为册页；陆树声《陆文定公集》收录多篇自题画像跋和像赞，表明其在不同时间多次请人画像，有篷笠像、宴坐像、冠服像、公服像、朝衣像、野服像等，沈俊所画像册可能是陆氏诸种画像的汇总。〔明〕陆树声：《陆文定公集》卷十四，收入《明别集丛刊》第2辑第88册，黄山书社，2015年版，第533、535、536页。

［36］毛文芳：《图成行乐：明清文人画像题咏析论》，台湾学生书局，2008年版，导论，第5—6页。

［37］毛文芳：《图成行乐：明清文人画像题咏析论》，台湾学生书局，2008年版，导论，第7—20页。

［38］山西博物院、南京博物院编：《形妙神合：明清肖像画》，山西人民出版社，2015年版，第64—66页。

［39］杨新主编：《故宫博物院藏文物珍品全集·明清肖像画》，商务印书馆（香港）有限公司，2008年版，图5。

［40］杨新主编：《故宫博物院藏文物珍品全集·明清肖像画》，商务印书馆（香港）有限公司，2008年版，图6。

［41］杨新主编：《故宫博物院藏文物珍品全集·明清肖像画》，商务印书馆（香港）有限公司，2008年版，图12。

［42］田洪编：《王季迁藏中国历代名画》，天津人民美术出版社，2013年版，图116。按，此图作者标为吴伟，按画的风格应是其他浙派画家所作，拖尾有吴叙嘉靖甲申（1524）撰《黄鞠山记》，画大约作于同时。

［43］浙江大学中国古代书画研究中心编：《明画全集·第五卷 文徵明》第3册，浙江大学出版社，2020年版，图112。

［44］中国古代书画鉴定组编：《中国古代书画图目·20》，文物出版社，1999年版，第244页。

［45］许文美、刘芳如编：《明四大家特展：仇英》，台北故宫博物院，2014年版，图1。

［46］上海博物馆藏王冕《墨梅图轴》裱边上有祝允明、文徵明、唐寅、王宠、徐霖等多人题诗。

［47］江兆申认为文伯仁赞语写在裱边材料上，故有此推测，见《读画劄记之三——吴派画家笔下的杨季静》，《双溪读画随笔》，第84页。

［48］〔明〕汤显祖著，徐朔方、杨笑梅校注：《牡丹亭》，人民文学出版社，1998年版，《写真》《拾画》《玩真》三出。

［49］〔明〕冯惟敏：《海浮山堂词稿》卷一《正宫端正好·六衮写真》，收入《续修四库全书》第1738册，上海古籍出版社，2002年版，第618页。

［50］〔明〕沈錬：《青霞集》卷三，收入《景印

文渊阁四库全书》第1278册，第36页。

[51] 笔者曾目验《蕉石鸣琴图》原件，《琴赋》字数多，文徵明以小楷书写，单字直径在1厘米之内，如非凑近观看，无非阅读画上文字，但有修养的文人无需通过阅读即可把握《琴赋》主旨。

[52] 参看林莉娜：《澄心观物——宋无款〈人物〉之研究》，《故宫学术季刊》第24卷第4期（2007年夏季），第71—118页。

[53] 见仇英《临宋人画册》，《上海博物馆藏明四家精品选集》，图93。

[54] 文徵明嘉靖甲申（1524）三月十四日家书云："向时所临顾公像不知何在，千万裱了寄来。信国小像并温州小像有文字者寄来，大父多处小像有唐子畏、徐昌国诗，可央王履吉或王禄之誊于小像上，千万莫误。"按，此札藏于上海图书馆，为后人临本。其内容反映出文人对肖像画的需求，文徵明此时在京做官，让儿子寄来顾氏、文天祥（"信国"）、文林（"温州"）的肖像可能是为了在家祭祀，也可能是朋友索要。

[55] 〔明〕徐祯卿：《徐昌穀全集》卷六《瞻文温州画像》，收入《明别集丛刊》第2辑第10册，第43页；同前，卷十《长至日拜文温州画像》，第64页。

[56] 〔明〕冯时可：《冯元成选集》卷五十八《处士周公瑕先生墓志铭》："感文太史接引，设像中堂，岁时祀，如祀先。"收入《四库禁毁书丛刊》补编第63册，北京出版社，2005年版，第468页。

[57] 〔明〕沈明臣：《丰对楼文集》卷一赞十七《朱邦宪像赞有序》，南京图书馆藏胶片GJ/KB0200。

[58] 〔明〕刘储秀：《刘西陂集》卷一《行乐图为国宾胡竹坡题》，收入《明别集丛刊》第2辑第21册，黄山书社，2015年版，第621页。

[59] 〔明〕王世贞：《弇州山人四部》卷一百三十二《祝京兆季静园亭诗》，万历五年（1577）世经堂刊本，第4页。

[60] 仇英《蕉荫结夏图》，见许文美、刘芳如编：《明四大家特展：仇英》，图23；刘原起《蕉荫闲息图轴》，见许忠陵主编：《吴门绘画》，上海科学技术出版社，2007年版，图116。

[61] 魏崴指出其主题是竹林七贤，参看上海博物馆官网说明，检索日期：2021年10月25日。

[62] 参看林宛儒、张艺曦编：《以文会友：雅集图特展》，台北故宫博物院，2019年版。

[63] 李丹博：《以"和"为美——评嵇康〈琴赋〉的美学思想》，《文史哲》2003年第2期，第140—143页。

[64] 毛文芳：《行乐·读画》，复旦大学出版社，2020年版，导论，第18页。

[65] Anne De Coursey Clapp, Commemorative Landscape Painting in China, 63.

[66] 蔡春旭：《文徵明与苏州刻工——明代江南的碑刻制作活动管窥》，《文艺研究》2019年第11期，第140页。

[67] 按，据中国嘉德2021年秋拍1190号拍品。李时养怀侠烈之心，可惜生逢盛世，无缘征战，只得以弈棋展现雄心。

罗聘《临沈周〈竹堂寺观梅图〉》研究

——兼论罗聘绘画中的“吴派”风格

谭频璇 *

【摘要】罗聘所作《临沈周〈竹堂寺观梅图〉》是一件在其存世书画作品中具有独特价值的作品。通过梳理“竹堂寺”在明清时期的历史沿革，比勘沈周《竹堂寺诗》版本、书画著录及考订画中人物任职时间，可以厘清沈周原作的特点，进而探究《竹堂寺志》作为记录沈周画作的“权威文献”的谬误及原因。其次，对现存多本同题伪作的综合分析，有助于探讨伪作的层级性及临作的意义。最后，此画还反映出罗聘在京师的书画活动中以吴派绘画风格为基础的创作情境和明清文人的寺庙活动。

【关键词】罗聘　沈周　竹堂寺　临摹

引言

无锡博物院藏罗聘（1733—1799）所作《临沈周〈竹堂寺观梅图〉》（图一）是一件在其存世书画作品中具有独特价值的作品。这件纪游图描绘的是沈周（1427—1509）与两位友人在冬日时节前往苏州竹堂寺赏玩的情景，画面中头戴幅巾、几乎背对着观者的正是沈周，另两位头戴纱帽、身着常服的是李敬敷与杨启同。三人旁边有两位侍童，一人手捧书函，一人手持酒壶。院墙旁，是端着茶具前来招待客人的童仆。童仆身后一位僧人正从寺院门首走出迎接嘉宾。除人物外，画面右下角还有一张石桌和若干石墩；画面左后方为寺庙建筑，虽有树木掩映，仍清晰可见。可以想象，

图一　清　罗聘　《临沈周〈竹堂寺观梅图〉》
无锡博物院藏

*　谭频璇：浙江大学艺术与考古学院博士研究生

他们将会坐在此处喝茶饮酒、吟诗作画。画面右上方是一段罗聘临摹的原画题诗和落款：

> 竹堂梅花一千树，香雪塞门无入处。秋官黄门两诗客，珂马西来为花驻。野翁携酒亦偶同，花不留人人自住。满身毛骨沁冰影，嚼蕊含香各搜句。吉祥牡丹清水欠，定惠海棠幽亦未。只凭坡口诧繁华，似恐同花不同趣。酒酣涂纸作横斜，笔下珠光湿春露。只愁此纸卷春去，明日重寻花在地。竹堂寺与李秋官、杨黄门观梅，因作是图以赠寺僧，时成化己亥冬日也，沈周。
>
> 乾隆己亥春日，罗聘临付介人藏之。

落款旁钤有“罗聘”白文印、“生于癸丑”朱文印，画面右下角押“两峰道人”朱文印。[1]沈周落款的时间为成化十五年（己亥，1479），罗聘临摹该作的时间是乾隆四十四年（己亥，1779），正好相隔五个甲子，即三百年。[2]

20世纪80年代书画鉴定小组寓目罗聘《临沈周〈竹堂寺观梅图〉》（以下简称“无锡本”）后，将其判定为真迹。劳继雄在该作意见下备注“沈周原作在苏州博物馆”，[3]而苏州博物馆藏的沈周《竹堂寺观梅图轴》（以下简称为“苏博本”）则被鉴定小组定为“资料”。[4]此后，冯茜在《沈周〈竹堂寺探梅图〉鉴定》[5]中提到一件钱镜塘（1907—1983）旧藏的沈周款伪作（以下简称为“钱氏藏本”）。日本株式会社出版的《中国名画集》中，收录了另一件罗聘临于同年春（1779）的同名之作。[6]由此，沈周款及罗聘临本的“竹堂寺观梅”题材作品出现了四件（表一）。这四件真伪混杂的寺庙纪游题材的作品，能为沈周、罗聘书画的研究提供何种价值？判定苏博本是伪作的依据是什么？

表一　四件《竹堂寺观梅图》基本信息

作品图片				
作者	（传）沈周	（传）沈周	罗聘	罗聘
材质	纸本水墨	纸本设色	不明	纸本水墨
尺寸	51.4cm × 89.5cm	不明	不明	32cm × 129cm
长宽比	1:1.7	1:4	1:4	1:4
年款	沈周款：成化十一年（1475）	无	罗聘款：乾隆四十四年（1779）	沈周款：成化十五年（1479） 罗聘款：乾隆四十四年（1779）

（续表）

诗文版本	第二类	第一类	无	第三类
藏地	苏州博物馆[7]	钱镜塘旧藏	藏地不明	无锡博物院

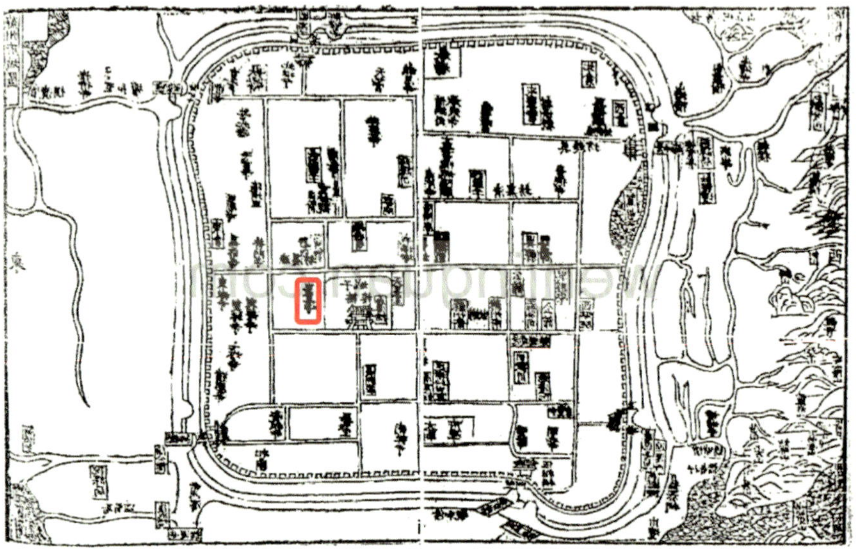

图二　《苏州府城图》中的“正觉寺”，取自正德《姑苏志》

一、竹堂寺概况与沿革

罗聘临沈周画作中描绘的竹堂寺[8]，其旧址在当时的城中东南处（图二）。该寺的历史可以追溯到宋代杨存中的别墅，入明后宅院改为“大林寺”，永乐时期云南僧人弘上人奏请赐额“正觉寺”，《正觉寺记》中吴宽（1435—1504）提到因寺内多竹，故俗称“竹堂寺”。明代中期，沈周、文徵明（1470—1559）、唐寅（1470—1523）、王宠（1494—1533）等吴门名流频繁来往于竹堂寺，赏胜纪游、吟诗作画，这是竹堂寺最为煊赫的时期。

关于竹堂寺记载最为翔实的是清末释真鉴（？—1890）纂述、释融泉补遗的《竹堂寺志》《竹堂寺志补》（以下简称《寺志》）。[9]据载，寺中原有唐寅的《达摩像》及《书赞》、文徵明[10]的《寒林图》两画壁，惜皆毁于清初，只有沈周为寺僧所作的《竹堂寺观梅图》清末时犹存于西竹堂寺。蕉园老人在《寺志》序言中谈及寺中收藏被豪夺的两件事例：

> 又有石田寺图真迹巨帧。国初改正觉为万寿宫，仅存东西两院，寺多美竹，旧称竹堂，至是遂判为东西两寺。《达摩像》《寒林图》以改制见毁而石田真迹犹藏西竹堂寺。文文肃跋衡山募缘疏石刻，则为装潢志中人某氏豪夺，今原石犹存其寓舍，不知何时可以完璧归来。近年西院僧念定以石田翁真迹，属某氏之徒赙池，又几被干没，舌敝唇焦，仅乃索还……又乌知其当有明中叶曾煊赫一时哉……宣统改元（1909）孟冬蕉园老人。[11]

清末时，寺中所藏文震孟（1574—1636）跋文徵明《募缘疏》石刻被人据为己有。沈周的画作在寺僧带出装裱时，也险些被干没。关于沈周《竹堂寺观梅图》的记载，最早见于清初孙承泽（1593—1676）的著录，书中记载了他从“吴地僧人”处买得此图的经过。乾隆年间，江苏按察使熊枚（1734—1808）曾逮治了竹堂寺不法和尚僧恒一。[12]《寺志》中还记载了“金石”的存佚情况，吴宽、徐源、祝允明（1461—1527）等人的石刻书迹大多佚失。[13]由此可见，竹堂寺在衰败的过程中保存名迹实属不易。

二、沈周《竹堂寺诗》的版本及画作时间考订

沈周诗集有多个版本[14]，弘治十六年（1503）黄淮集义堂本《石田稿》[15]、明正德安国（1481—1534）刻本《石田诗选》[16]、万历四十三年（1615）陈仁锡（1581—1636）刻《石田先生集》[17]、瞿式耜（1590—1650）刻本《石田先生诗钞》[18]都收录了该诗，但均无系年。又有《（正德）姑苏志》、钱穀（1508—1578）《吴都文粹续集》、曹学佺（1574—1646）《石仓历代诗选》[19]、钱谦益（1582—1664）《列朝诗集》等府志和诗文选集收录该诗。其中，只有钱穀《吴都文粹续集》中收录的沈周竹堂寺诗文有明确系年（己未，1499）。另外，钱谦益、瞿式耜考订的版本，按古体、今体两类编年，每卷前标明起止年份，《竹堂寺诗》归至卷一“古体诗”，时间范围是天顺初年（1457）至成化十四年（戊戌，1478），这首诗的编年排序与钱谦益《列朝诗集》中选录的沈周《竹堂寺诗》顺序相同。

（一）文本差异

对照诸版收录的沈周《竹堂寺诗》文本内容，其差异体现在：香雪/晴雪、骑马/珂马、野翁/老翁、清水欠/清本欠、定惠/定慧、笔下珠/花下珠、花满地/花在地。文本差异之处可大致分为两个版本脉络，第一类：黄淮集义堂本（刊刻于1503年）、钱谦益《列朝诗集》、瞿式耜刻本《石田先生诗钞》[20]、正德安国本（《四库全书》本依此本抄录）；第二类：《（正德）姑苏志》（刊刻于1506年）、钱穀《吴都文粹续集》本（表二）。由此，可知三件作品题跋诗文的类别，苏博本诗文属于第一类，钱氏本与无锡本源自两个版本系统（表三）。不同版本的诗文、题跋皆不影响理解，差异的原因可能是后来刻书时收录的诗文是沈周修改后的表述，或者是版刻或传播过程中出现了讹误，系年之异的情况则关系到沈周书画真伪的判断。

表二　诗文集、书画著录、寺志、存世绘画作品中的文本信息比较

<table>
<tr><th>类别</th><th>第一类</th><th>第二类</th><th colspan="3">第三类</th></tr>
<tr><td>地方志/诗文集</td><td>·黄淮集义堂刻本《石田稿》
·瞿式耜刻本《石田先生诗钞》
·陈仁锡刻本《石田先生集》
·钱谦益《列朝诗集》
·正德安国本（《四库全书》本）</td><td>·《（正德）姑苏志》
·钱穀《吴都文粹续集》
·《竹堂寺志》</td><td>·钱氏本</td><td>·孙承泽藏本/缪曰藻寓目本/无锡本（罗聘临本）</td><td>·裴景福著录本</td></tr>
<tr><td>著录作品</td><td>·清末寺僧藏本
·葛康俞著录本（可能是苏博本）</td><td></td><td></td><td></td><td></td></tr>
<tr><td>存世作品</td><td>·苏州博物馆藏本</td><td></td><td></td><td></td><td></td></tr>
<tr><td rowspan="4">文本差异</td><td>晴雪</td><td>香雪</td><td>香雪</td><td>香雪</td><td>香雪</td></tr>
<tr><td>珂马</td><td>骑马</td><td>珂马</td><td>珂马</td><td>珂马</td></tr>
<tr><td>老翁</td><td>野翁</td><td>老翁</td><td>野翁</td><td>老翁</td></tr>
<tr><td>花在地</td><td>花满地</td><td>花满地</td><td>花在地</td><td>花在地</td></tr>
</table>

表三　三本《竹堂寺观梅图》诗文题跋的文本类别

作品图片	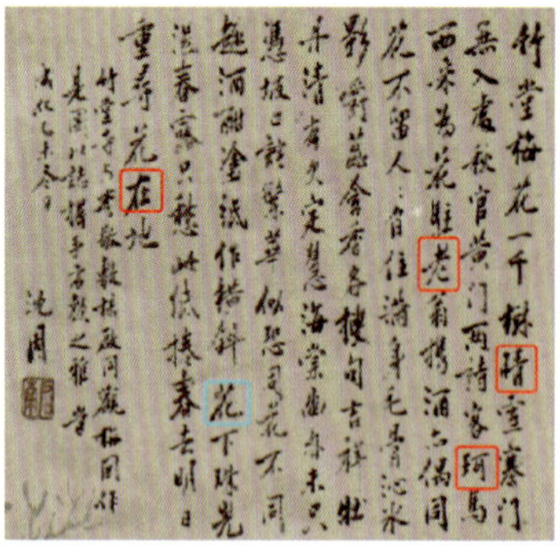	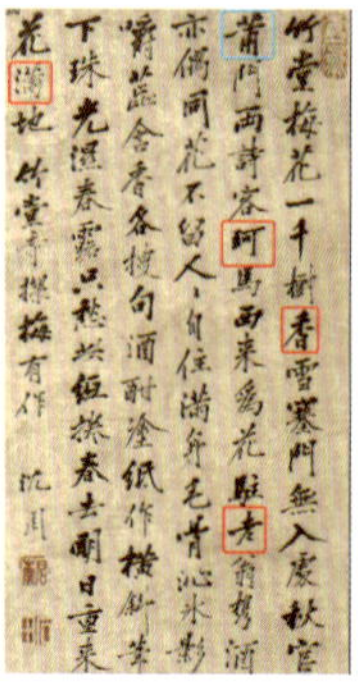	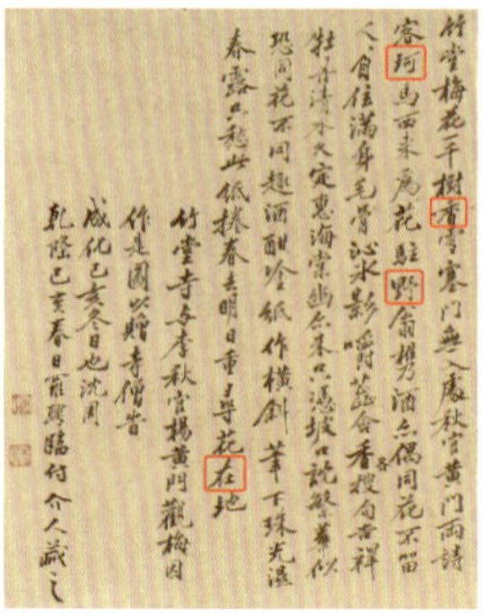
类别	第一类	第三类	第三类
藏本	苏博本	钱氏本	无锡本

（二）系年差异

作品系年有成化十一年（乙未冬，1475）、成化十五年（己亥冬，1479）、弘治十二年（己未春，1499）之异，分别对应沈周四十九岁、五十四岁、七十四岁，相隔长达二十五年。而沈周《竹堂寺诗》与绘画的创作都是有明确的时间和参与人物的。厘清作画时间将为我们辨析真伪提供重要依据。《竹堂寺志》著录的沈周诗文诗题为：《己未春与天台李秋官、吾苏杨黄门同游竹堂，古石上人梅东房时梅烂开，小宴，花下赋此》：

> 竹堂梅花一千树，香雪塞门无入处。秋官黄门两诗客，骑马西来为花驻。野翁携酒亦偶同，花不留人人自住。满身毛骨沁冰影，嚼蕊含香各搜句。吉祥牡丹清本欠，定惠海棠幽亦未。只凭坡口诧繁华，似恐同花不同趣。酒酣涂纸作横斜，笔下珠光湿春露。只愁此纸卷春去，明日重寻花满地。

按：石田竹堂寺图真迹，题识作“竹堂寺与李敬敷、杨启同观梅，因作是图，以志握手言欢之雅，时成化乙未冬月沈周”。

比较观之，这段系年于“己未”的诗题、诗文与钱穀《吴都文粹续集》中著录的内容相同，但《吴都文粹续集》中没有这句按语，即对比沈周“真迹题识”、强调画作落款时间为“乙未”，而非诗题载录的“己未”，这可能是“乙未”“己未”很容易混淆看错的原因。目前，《寺志》中这段按语的确切来源已不可考，但我们可以确知的是，这位曾经寓目过沈周“竹堂寺真迹”的作者对系年于“己未”的诗作持否定态度。按语后还有一段易被忽略的小注（图三）[21]：

> 沈石田竹堂寺□题识图首并有一长歌，与集诗中所采旧府志所录者同，惟第二句“晴”误“香”，第四句“珂”误“骑”，第五句“老”误“野”，第十四句“花”误“笔”，末句“在”误“满”。钱牧斋《列朝诗集》除“笔”字外均不误[22]。牧斋丛集本著录成白石翁，定□时已如此，纪年乙未误己未，则大谬矣。[23]

根据释真鉴纂述的《寺志》末尾的小字题识“光绪戊子夏五葑溪老人识”，[24]可知这段小注亦为释真鉴之语，那么结合《寺志》序

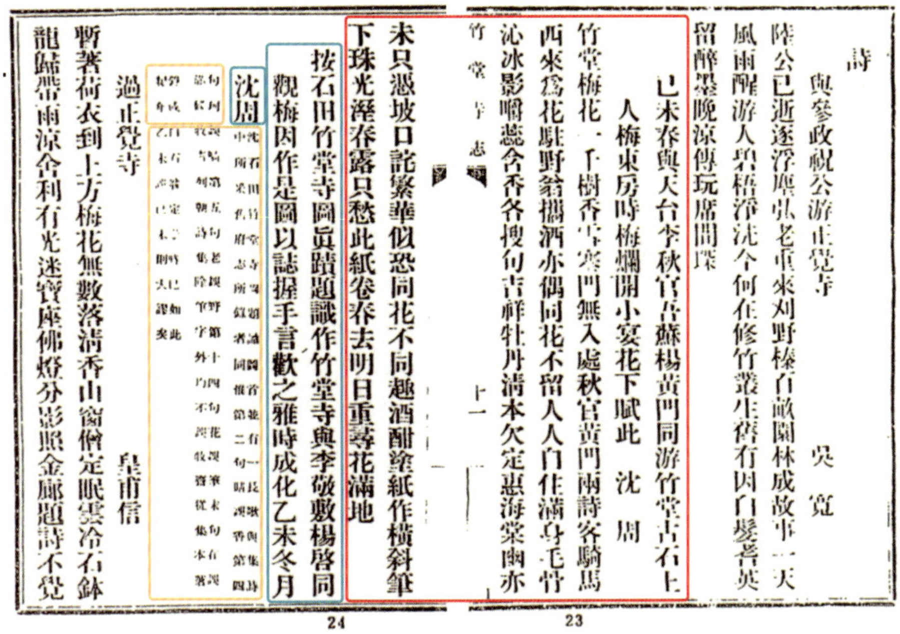

詩

與參政祝公游正覺寺　吳寬

陸公已逝遂浮塵弘老重來刈野榛百畝園林成故事一天風雨醒游人碧梧淨洗今何在修竹叢生脊有因白髮耆英留醉墨晚涼傳玩席間珍

己未春與天台李秋官吾蘇楊黃門同游竹堂古石上人梅東房時梅爛開小宴花下賦此　沈周

竹堂梅花一千樹香雪塞門無入處秋官黃門兩詩客騎馬西來為花駐野翁攜酒亦偶同花不留人人自住滿身毛骨沁冰影嚼蕊含香各搜句吉祥牡丹清本欠定惠海棠幽亦未只憑坡口詫繁華似恐同花不同趣酒酣塗紙作橫斜筆下珠光潑春露只愁此紙卷春去明日重尋花滿地

沈周

按石田竹堂寺圖真蹟題識作竹堂寺與李敬敷楊啓同觀梅因作是圖以誌握手言歡之雅時成化乙未冬月

過正覺寺　皇甫信

暫著荷衣到上方梅花無數落清香山窗僧定眠雲冷石鉢龍歸帶雨涼舍利有光迷寶座佛燈分影照金廊題詩不覺

竹堂寺志　十一

23　24

图三　《竹堂寺志》中著录的沈周诗作

言所说在装裱过程中险被干没的“石田真迹”落款的时间是乙未年，而小注指明的“正确”文本恰与苏博本相同。沈周的诗文与画作，真的是作于乙未年吗？竹堂寺僧作为保存沈周画作的“主人”，《寺志》记载是否可靠？诗文版本的比较已无法提供更多的线索，但是沈周画作创作的时间的唯一性、同游友人的官职称谓与任职时间能为我们提供新的证据。

（三）从人物职官考订创作时间

沈周画作中的两位官员，在其存世诗文集中仅出现过一次，《沈周年谱》《沈周绘画作品编年图录》[25]都未曾考订人名。根据沈周诗文，“吾苏杨黄门”乃苏州人士，字启同，职官是“黄门”，元代以前黄门指太监，明清时指六科给事中。明人黄暐《蓬窗类记》中的一篇《科第纪》记载了吴门科举之盛：“黄门给事毛贞甫理，杨启同升……”[26]，可知杨启同名杨升。查正德《姑苏志》卷六“科第表”，杨升于成化二十二年丙午科（1486）中乡试，弘治六年（1493）中进士。《明孝宗实录》载弘治八年（1495）十月辛酉日：“授翰林院庶吉士……为编修，赵士贤、杨升、王缜、任良弼为给事中。”由此，可以确定杨升任“黄门”的时间是1495年。那么，沈周与其同游竹堂寺的时间，只能是弘治十二年（己未，1499），而不可能是乙未或己亥。李秋官，浙江天台人，字敬敷。“秋官”指的是掌司刑法的官员，目前不可确考。[27]但是通过杨升任职给事中的时间，可以确定沈周画作的时间是弘治十二年（己未）。

三、沈周《竹堂寺观梅图》著录

文震孟在为文徵明作《竹堂寺募缘疏并图卷》题跋时曾提及寺庙中唐寅、文徵明壁画的情况，但未提及沈周画作。[28]另外，除了正德《姑苏志》收录沈周诗文外，清代康熙、乾隆、道光、同治时期编纂的《苏州府志》中都没有再提及沈周画作或诗文。

目前所见最早著录沈周该主题画作的是清初鉴藏家孙承泽著、孙炯编纂的《砚山斋珍赏历代名贤图绘集览》[29]，该著录极为细致地描述了画作的特点和作品的来源，原文如下：

石田先生笔墨散布人间者，不可胜数。然其中赝货居十之七八。盖皆吴下好事之流托公名以希取利者也。故其生平得意之笔亦不多觏。即有真迹，亦皆应酬之笔，非曰先生所作尽属绝构也，赏鉴家自能会心，亦难言述。余家先宫保公画笥中有先生平生最著名之画数帧。如《二老看山图》《冬游虎丘图》《山居煮雪图》《东园看花图》《竹庄中秋赏月图》，而《探梅图》尤为奇特，犹忆得先宫保所题此图数语，录出以备披览，或可当卧游之一助也。先宫保跋看梅图云："石田先生每历佳境，辄作一图，如余生平所目觏数帧，皆写难写之景，如在目前。读少陵诗，一一宛若身历其地，先生之画，殆似之矣。此竹堂寺看梅图，石墙一图三人，聚集其外，高林古刹，挥洒映带，有意无意，灵奇绝伦，知此画之妙，可与言读杜诗矣。丁未（1667）嘉平，从吴僧购得，喜极识之，退翁跋。"此画盖以宁国旧皮纸写之，宽可尺四，长约五尺。纯以墨笔，惟在浓淡深浅处取胜。其上空处乃系石翁自题古风一首，并详同看梅花诸公姓名官爵以志盛事，真称绝构。今附录石翁自题观梅诗于后："竹堂梅花一千树，香雪塞门无入处。秋官黄门两诗客，珂马西来为花驻。野翁携酒亦偶同，花不留人人自住。满身毛骨沁冰影，嚼蕊含香各搜句。吉祥牡丹清本欠，定惠海棠幽亦未。只凭坡口诧繁华，似恐同花不同趣。酒酣涂纸作横斜，笔下珠光湿春露。只愁此纸捲春去，明日重寻花在地。竹堂寺与李秋官、杨黄门观梅，因作是图以赠寺僧，时成化己亥（1479）冬月也。"下用"沈周"阳文一小章。[30]

孙氏著录中包含了多件沈周画作，而这件"尤为奇特"，根据孙承泽及其孙孙炯的论述，原因大致有三点：一是画作展现的寺庙纪游情境，令人"一一宛若身历其地"，强调的是其纪实性；二是笔墨特点上，"纯以墨笔，惟在浓淡深浅处取胜"，说明这件作品未设色；三是构图组合奇绝，石墙、高林、古刹、看梅诸公与沈周题诗、阳文印章交相呼应。

著录中还包含了材质（"宁国旧皮纸"）、尺寸、题跋、钤印、构图等。其中，画作尺寸"宽可尺四，长约五尺"，即长宽比例约为1∶4，形制上是一件较为窄长的立轴。另外，最为难得的是著录中指示了这件作品的来源：孙承泽于康熙六年（1667）十二月从吴地僧人处购得。由此，我们不免猜测，孙承泽收藏的这件作品可能来自竹堂寺。也许由于寺庙的败落，寺僧将画作卖出，抑或是为了遮人耳目，调包了原作或制作了摹本。无论是何种情况，孙氏寓目的沈周画作与苏博本不论在尺寸的长宽比例、诗文内容还是落款时间上，都相距甚远，却与罗聘的临摹之作在诸多客观信息上高度相似[31]，特别是落款时间都是己亥年（1479），这也许能为罗聘临摹的版本来源提供一些线索。

此后，该作被著录于清代初中期吴县鉴藏家缪曰藻（1682—1761）《寓意录》[32]。清末民初收藏家裴景福（1854—1926）《壮陶阁书画录》亦著录了一件沈周《竹堂寺观梅立轴》，分析其著录诗文、落款时间、钤印等信息[33]，可知此本与孙氏收藏相类，但非同一画作（表四）。

表四 著录和存世的《竹堂寺观梅图》基本信息比较

寓目者/藏地	著录	落款时间	诗文版本	材质/尺寸/长宽比	印章	作品来源
竹堂寺僧	《竹堂寺志》	乙未（1475）	第二类			
孙承泽	《砚山斋珍赏》	己亥（1479）冬月	第三类	宁国旧皮纸，墨笔；1.4 : 5	“沈周”朱文印	吴地僧人
缪曰藻	《寓意录》	己亥（1479）	第三类		“沈周”朱文印	孙承泽处
裴景福	《壮陶阁书画录》	己亥（1479）冬十二月	第三类		“启南”“石田”	
葛康俞	《据几曾看》	乙未（1475）	第一类			
钱镜塘		无	第三类	1 : 4	“启南”“石田”	
苏博本		乙未（1475）冬日	第一类	纸本设色，1 : 1.7	“启南”朱文	
无锡本		己亥（1475）冬日	第三类	纸本设色，1 : 4		

综上分析，沈周《竹堂寺观梅图》及其衍生的临仿作、伪作在明中晚期至晚清民国颇具规模，清末的两代帝师翁同龢（1830—1904）在《瓶庐诗钞》中记载了他曾寓目石田《竹堂寺观梅图》，并盛赞“题诗绝妙”。[34]钱镜塘旧藏的沈周款画作题跋误作“秋官莆门”。葛康俞（1911—1952）《据几曾看》中记载的沈周画作题诗已讹误为“花下珠帘湿春露”。[35]由此可见该诗、画在广泛流传过程中不断误传演变的过程，也更说明了该作名气之盛。此外，晚清海派画家吴谷祥（1848—1903）有一件《仿沈周竹堂赏梅图》存世。然其构图、设色与沈周之作差别较大，是一件带有强烈个人风格的仿作，只是借用了沈周画作的题材和基本元素[36]，造成这一现象的原因，可能一方面是吴谷祥能看到的所谓沈周画作已经是经过不断仿作、修改与变形的画作；另一方面，该画只是借鉴沈周画作题材，在具体布局、设色上有画家自己的经营思考。

四、“伪沈周”与“真罗聘”的对比

书画鉴定中真伪的判断具有唯一性，但伪作与原作的关系是很难用简单的二元划分来囊括的，这也是鉴定的难度与模糊性所在。具体来说，伪作具有层级性，伪作中涉及诗文版本、落款时间、材质、尺寸（特别是横纵比例，它直接影响到构图）、画面内容、设色技法等多个层面。罗聘这件临摹自作伪沈周的画作的价值正在于画面内容的描绘。

虽然沈周原作《竹堂寺观梅图》已不存，但通过梳理竹堂寺诗、书画著录以及晚清寺僧编纂的《竹堂寺志》、画作涉及官员身份和任职时间，可以厘清画作创作的时间、诗文内容、尺寸等信息，继而通过存世的两件伪款沈周画作和罗聘临摹之作的对比研究，譬如构图、人物形象、建筑的描绘等细节，进一步考察沈周原作的样貌。

（一）构图

崔护《沈石田竹堂寺图析》将该画列为“纪事图”。更准确地说，这是一件具有纪实意义的“纪游图”。这件作品是沈周为竹堂寺僧所作，很有可能是寺僧提出希望该画以立轴的形式创作，以便悬挂于寺庙的僧房道舍之中，以助清幽。该作与沈周常见的纪游图手卷形式不同，其构图上最大的特点是在狭长的空间内排布多层次的景物，以增强空间的推进感：由寺门外梅花树、石桌、石墩，到门口等待的宾客、童仆，再至越出寺门的童子，正迈过寺门的寺僧，寺院内的围墙、建筑，由此形成一种自下而上，从右往左再蜿蜒转折的推进感。尤其值得注意的是，罗聘的临摹本呈现了两处苏博藏本中不可见的精妙细节：一处是在寺院建筑下方用繁密的点㕕之笔由浓到淡，空出一片留白，指示了在繁密的树林掩映下一条前往寺庙建筑的道路；另一处是罗聘还原了围墙两处转角处的围墙与树木的关系（表五）。

表五　三本作品的构图比较

	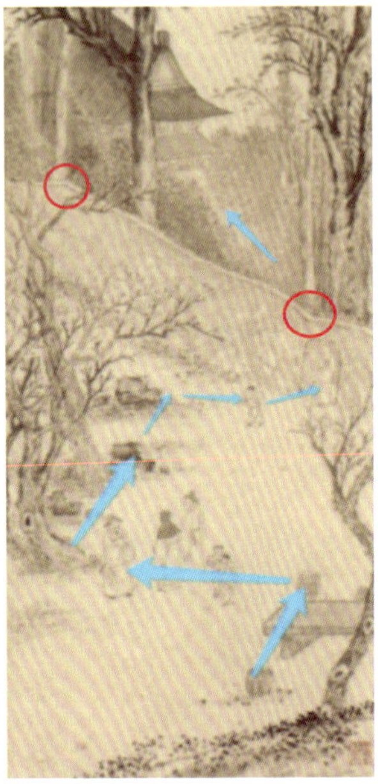	
苏博本	无锡本（罗聘临）	钱氏藏本

（二）人物形象

沈周虽然一生隐居不仕，却和众多官员交好，譬如吴宽、李东阳（1447—1516）等。他曾多次为这些名宦作画，如《送吴文定行图并题卷》《京江送别图》和《京口送别图》等。这些送别图中有的人物刻画虽是点景式的寥寥数笔，甚至脸部都没有任何着墨，但通过发冠、服饰、设色的变化及绘画的语境仍可辨别人物的身份。比如《虎丘送客图》中的穿红衣、戴幞头、抱琴的男子是徐源；《京江送别图》里舟中戴纱帽、作揖的是叙州太守吴愈（1443—1526）（表六）；再如《虎丘饯别图》[37] 中钱谦益读出了幅巾杖黎、举子巾服、纱帽相对的穿着扮相与所处位置对应的不同文士。尽管画面中人物面部几乎没有任何细节的刻画，但由于场景的真实性，画家本人、受画人、参与者乃至后期的鉴藏者（如钱谦益），都能识别画面所绘人物。（表七）

表六　沈周《虎丘送客图》（天津博物馆藏）和沈周《京江送别图》（故宫博物院藏）局部

表七　沈周《虎丘饯别图》中的人物形象与身份

幅巾	幅巾杖黎	举子巾服	纱帽相对	青袍方巾	
韩襄、沈周		徐祯卿、唐寅	杨循吉、文林	朱存理、韩寿椿	

基于以上分析，我们再来观察罗聘的临作，可以确定三人中两位头戴纱帽、着常服[38]的官员是李秋官、杨黄门，最右边的人应该年龄较长，画中用淡墨示意白胡须，而左边的官员用浓墨表示黑髯，背对观众、头戴幅巾的是沈周。有趣的是，《虎丘饯别图》中的沈周形象，也是身着幅巾的背侧面像。苏博本中有两人头戴风帽，一人戴纱帽，而钱镜塘旧藏本的人物特征已看不出丝毫沈周画人物的特点。罗聘临本中描绘的寺僧正一腿迈过寺门，脚部的僧袍处的褶皱显示出前腿往前迈动时的变化，而苏博本、钱镜塘旧藏本中的寺僧与罗聘临本相比，则略显呆滞。（表八）

表八　《竹堂寺观梅图》人物局部对比

苏博本	钱氏藏本	无锡本（罗聘临）

（三）寺庙建筑

沈周的绘画中经常会出现建筑，而且他似乎特别钟情于描绘建筑的鸱尾、屋檐乃至屋檐下的建筑结构。如果细致比较这几件作品可以发现，苏博本屋檐的正脊（表九蓝框部分）部分交代含混，几乎都被树木枝干遮挡。钱镜塘藏本虽然勾勒出屋脊，但屋檐下方的结构用竖线做了简单的交代，而罗聘的临本不仅描绘出脊镇的厚重感与屋檐下内部结构（表九红框部分），而且体现了一定的结构关系。

这系列的“竹堂寺观梅图”中，苏博本与罗聘临本既不见“梅花”也不见“竹子”，而作伪技法低劣的钱镜塘藏本中梅花却开满了枝头，吴谷祥的仿本不仅梅花拥簇着绽放，寺庙建筑旁边还补上了丛丛翠竹，似乎缺了竹子、梅花的“竹堂寺观梅图”有名不符其实之嫌。这一定程度上反映了沈周竹堂寺诗题字面含义的影响与传播远远强于难以寓目的原作。

表九　寺庙建筑细节比较

	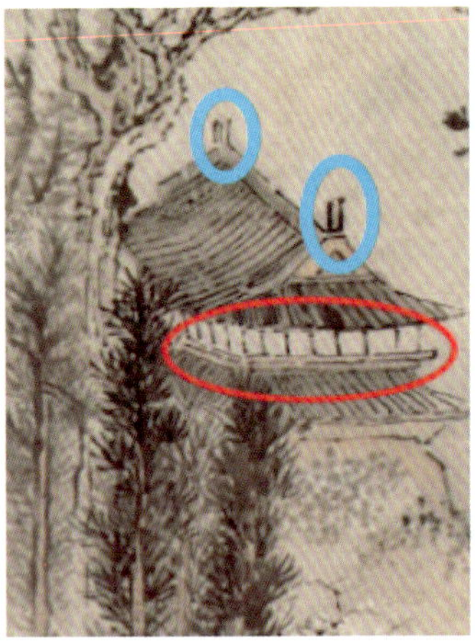	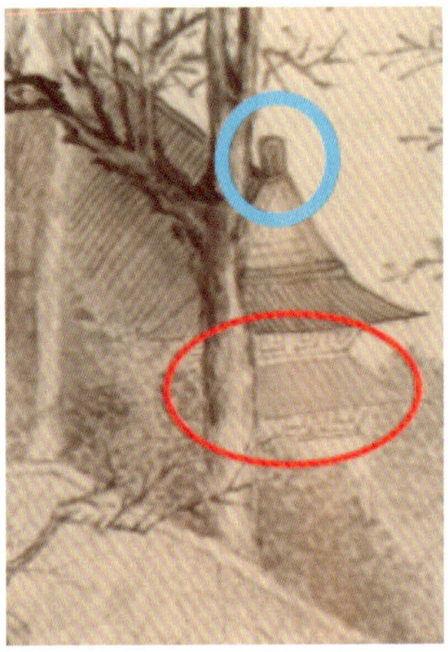
苏博本	钱氏藏本	无锡本（罗聘临）

五、罗聘绘画中的“吴派”风格

罗聘是一位“通画学十三科”[39]的全能型画家，其作品涉及的题材广泛，人物佛像、墨梅兰竹、走兽昆虫均极超妙。以往的研究中，都注意到他在师承方面受到陈洪绶、石涛、华嵒等人的影响，譬如吴湖帆认为：“罗两峰全学石涛、新罗二家，而法度缜密过之。”[40]但是罗聘对吴门书画风格的吸取与创新却较少被谈及。[41]

笔者所见罗聘存世书画中，有两类直接承袭吴派风格的画作，一类是仿吴门画派的别号图或书斋山水图，如罗聘《苏斋图》（1779年，上海博物馆藏）、《为金绍伦作松竹居图》[42]（1780年，浙江省博物馆藏）、《舒文节公著探梅说图》[43]（1790年，故宫博物院藏）。一类是仿沈周、陈淳笔意的写意花鸟，如《蜀葵图》（上海文物商店旧藏）、《山茶腊梅图》（上海博物馆藏）、《写意梅花图》（1781年，浙江省博物馆藏）、《桂枝图》（1793年，故宫博物院藏）。还有一类是带有修辞性的所谓仿吴门笔意的人物画，如罗聘在为翁方纲（1733—1818）临《沈石田像》[44]（1780年）时翁氏特意嘱其“仿石田笔意”，而《石田像》并非沈周的自画像。

（一）别号图或书斋山水

罗聘第二次进京的这年（1779年）冬天，曾为文坛领袖翁方纲绘《苏斋图》，这是一件具有典型吴门绘画艺术特色的别号图[45]，构图与文徵明《品茶图》如出一辙。两间茅舍被构置于山水之间，苍松高耸，意境优雅。同样是宴客集会的堂屋，《品茶图》中刻画了主宾对坐的场景，主人背后是一件不带任何装饰的“素屏”[46]，而罗聘的《苏斋图》堂屋内最突出的是一件《东坡笠屐图》挂像，像前香几上供有香炉。（表十）这件立轴提示了翁方纲以苏轼命名的“苏斋”中最重要的活动——“寿苏会”[47]。画面上方长段文字是翁方纲的题跋：

是曰宝苏室，其前苏米斋。本摹双石壁，遂合一茅柴。画像焚香供，诗笺妙墨偕。先生真謦欬，小子是模楷。洁可安箱笈，宽须补柏槐。庭空秋响入，竹密月光筛。淡衬梅初绽，斜如水一涯。主将宾共对，晴与雨俱佳。卜筑何年有，披寻一笑皆。竟成规面势，聊作度堂阶。罗子两峰稿，今宵万古怀。香山非异代，海岳亦吾侪。下上欧韩柳，周流蜀楚淮。极空凭驾鹤，语小到庐蜗。六合云犹窄，坳堂芥岂乖。石如青故旧，树已气根荄。但记前因在，宁无胜践谐。上梁文勒篆，铭座字磨厓。重拜公生日，相推客坐排。麓台与牧仲，青眼几同揩。（王麓台尝作《苏斋图》，宋牧仲尝绘《苏像》而己侍侧）乾隆四十四年十二月十九日方纲敬题。

表十 文徵明款《品茶图》（台北故宫博物院藏）、罗聘《苏斋图》及局部（上海博物馆藏）

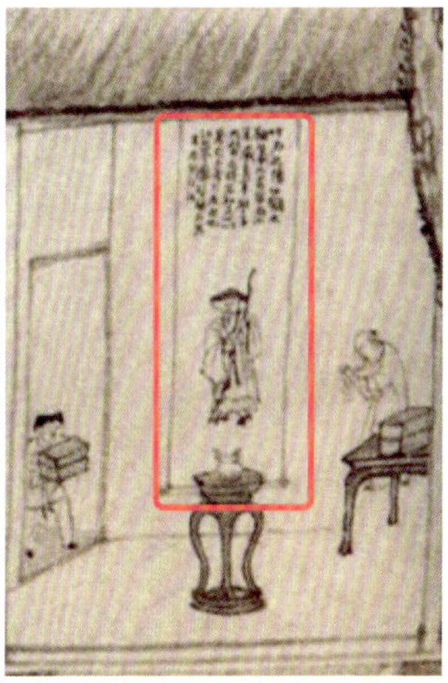

乾隆三十三年（戊子，1768），翁方纲因在韶州道中摹得东坡手题拓片两张（“本摹双石壁”），一嵌广州使院壁，一留以自随，由此自号“苏斋”。这一年十月八日，翁方纲以六十金买得苏轼《天际乌云帖》。乾隆三十八年（癸巳，1773）十二月十七日，翁方纲获得宋椠《苏东坡诗施顾注》残本，以“宝苏室”自题屋扁[48]，两日后即十二月十九，翁方纲第一次举办了“寿苏会”。

乾隆四十四年（己亥，1779）十一月十九日，翁方纲召集同人聚集苏斋，预祝苏轼生日，兼为罗聘践行。这次的寿苏会，罗聘为翁方纲绘制了这件《苏斋图》。图中的《东坡笠屐像》描绘出东坡头戴斗笠、手持筇杖、脚穿齿状木屐的形象，笠屐图上方的题记与《瘗鹤铭》相关[49]，该画中的东坡形象可能是来源于翁方纲收藏的宋代赵子固《研背笠屐像》拓本[50]，这一类型的笠屐像被归为“拄杖

型”。此时的翁方纲还未得到南海朱之蕃临李公麟的《东坡笠屐像》，即“提衣型”[51]。（表十一）

罗聘借用吴门书斋图的构图范式，在幽雅的环境中展示了翁方纲祭苏活动的组成部分：东坡笠屐像、香炉、菖蒲，桌上放置的和左边童子所持书册应该是翁方纲购于1773年的宋椠《苏东坡诗施顾注》残本；年长者手中拿的卷轴则可能是苏轼的书法作品《天际乌云帖》。画面展示的正是翁方纲题诗中强调的“画像焚香供，诗笺妙墨偕”“苏书苏集供苏室，笠屐小像悬诸龛”[52]的场景。

表十一　“东坡笠屐像”

	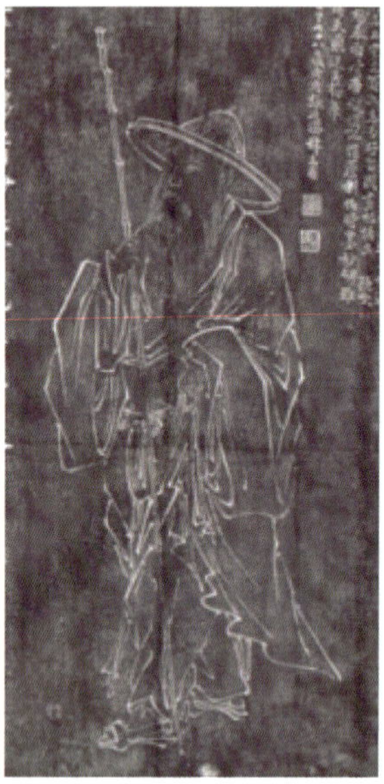	
《苏斋图》局部 上海博物馆藏	赵子固《研背笠屐像》 浙江省博物馆藏	朱之蕃《东坡笠屐像》 广东省博物馆藏

翁方纲的题跋，呈现了他对画面物象的关注及背后体现的深层含意。同时，还透露了对画作的遗憾之处：“宽须补柏槐”，由于立轴较窄，否则还能补上柏树和槐树。他的题跋也显示了乾嘉学者对“别号图”的需求变得更为具体的同时，也借助物象组合来突出别号图的学术性。此后的“寿苏会”中，翁方纲不断强调自己拥有的是“苏轼真像”。

姜斐德（Alfreda Murck）在《共鸣：对苏轼的崇拜》（Spiritual Communion: The Cult of Su Shi）[53]中提到《苏斋图》中一脚独立居于庭内的鹤，正转头朝向堂内悬挂的《东坡笠屐像》，而笠屐像上方的题识与《瘗鹤铭》相关，又从苏轼《赤壁赋》的典故阐释“鹤”的意象与苏轼永恒形象之间的关联。笔者认为，此处的“鹤”还是连接异代、跨越时空的使者，翁方纲题跋中已经传达了此意：“香山非异代，海岳亦吾侪。下上欧韩柳，周流蜀楚淮。极空凭驾鹤，语小到庐蜗。”“香山”是白居易，“海岳”指米芾，“欧韩柳”分别为欧阳修、韩愈、柳宗元。吴派绘画中常出现的“鹤”在翁方纲“寿苏会”的语境下便有了新的意涵。学者赵力曾总结道：

> 书斋图是吴派传统中最优美也最具特色的部分，无论是沈周的《东庄图》册，抑或是文徵明的《真赏斋图》卷，皆借助于对书斋及其周边景致的生动描写，传达出对书斋主人的道德品行、文化素养的高度评价，由此将图画提纯为某种关乎个人的纪念或表彰。

罗聘于1779年冬天为翁方纲所作的别号图，以吴门书斋图的图式与风格为基础，颇具新意地用一张悬挂的东坡笠屐像及书、卷、鹤的描绘来切合“寿苏会”的画题，既契合了考据学者翁方纲的诉求，又拓展并超越了吴门“别号图”的表现手法和功能。而罗聘于这年入京前所作《临沈周〈竹堂寺观梅图〉》，体现了他对吴派风格与画面意境的理解及高超的临摹技巧，无疑完善了艺术风格传承的路径，将有助于我们理解罗聘在北京的艺术创作中崭露头角的具体细节。

（二）写意花卉

名蓝胜刹，向来是文人聚会酬唱的乐游之所。明清时期文人的寺庙活动极为丰富，现藏于故宫博物院的沈周《牡丹图轴》，便是沈周游东禅寺后的即兴之作。罗聘在京期间，曾与钱载（1708—1793）、曹学闵（1720—1787）等人游法源寺后绘《寒林访友图》，与翁方纲、图鞳布（1720—1785）游北京城西极乐禅寺后作《野寺寻僧图》。除此之外，罗聘还为钱载作《探梅图》，为吴嵩梁（1766—1834）作《石谿探梅图》等。虽然这些作品现已不存，但可想象这类纪游图、花卉图很可能借鉴吴派风格特点，因为这两类题材与这种风格也是最能体现文人雅趣并保存游赏记忆的。

罗聘存世画作中，有两件作品是直接拟沈周笔意的花卉画，分别是《山茶腊梅图》（上海博物馆）、《蜀葵图》（上海文物商店）。（表十二）两图各题为：“春松老先生清品，两峰子罗聘拟石田老人笔”，“拟石田老人笔为春松比部一笑，两峰道人聘。”据笔者考证，落款中提到的“春松老先生”“春松比部”皆是魏成宪。《杭州府志》卷一四六载，魏成宪，字春松，仁和人。乾隆四十九年（1784）进士，由刑部郎中授扬州知府[54]，从罗聘的行迹与魏成宪任（比部）刑部郎中的时间来看，两件作品应画于罗聘第三次进京以后（1790年至1798年），《蜀葵图》作于1798年。在此期间罗聘与魏成宪多次共同参加雅集，相伴去崇效寺看花或是参加消寒会和重阳会等活动。

表十二　沈周《蜀葵图》和罗聘两件仿沈周笔意花卉

沈周《蜀葵图》 美国纳尔逊艺术博物馆藏	罗聘《蜀葵图》 上海文物商店藏	罗聘《山茶腊梅图》 上海博物馆藏

翁方纲曾记载过一则以“画”换“花”的趣事：“张南华先生游悯忠寺折花一枝，寺童子有怒色，南华因画折枝并成一绝句，寺僧装为小屏幅，今年访之已不可得”。文人与僧

人交往密切，为寺僧作画的例子在明清文人文集中颇为常见，翁方纲所记载的“以画易花”的例子倒显独特，但与沈周为寺僧所作《竹堂寺观梅图》命运相似，没过多久就难以再见画作了。

六、结语

罗聘《临沈周〈竹堂寺观梅图〉》的独特性体现在三个方面：其一，相较于同题伪作，罗聘的临摹之作较为真实地保存了沈周原作的风格样貌，这为辨析苏州博物馆藏的沈周款伪作提供了尺寸、系年、服饰穿着等多方面的证据，且为沈周“纪游图”乃至吴门绘画研究打开了人物刻画方法、风格等方面更为开阔的研究视角。[55]其二，该作为研究罗聘审美趣味的转变提供了难得的画例。卢辅圣曾注意到罗聘“打破了扬州画家删繁就简、采取驭熟的构图法则，开始追求职业画家的技能性和全面性，明显向北京乃至当时的主流审美趣味主动倾斜”[56]。这件作于罗聘第一次进京后第二次进京前，此后他为英廉临元人陈汝言[57]的《长桥夜月图》、为翁方纲作《苏斋图》，为舒芬后人补《舒文节公探梅图》等，都是典型的吴派风格。进而言之，《临沈周〈竹堂寺观梅图〉》可为罗聘绘画艺术风格的传承与新变研究的缺位提供更多的研究素材。其三，《临沈周〈竹堂寺观梅图〉》为我们了解罗聘如何在北京建立起声名提供了新的思考视角与切实的证据。该作展现了罗聘高超的临摹能力，结合《苏斋图》的分析，可知罗聘享誉北京不只是因为《鬼趣图》和画梅之长，他对吴门画派别号图、写意花卉的吸取与创造也是让他享誉京城的重要原因。

本研究得到无锡博物院“英才行动”青年人才赞助计划支持，笔者在收集资料的过程中得到城间圭太、朱颜的帮助，涉及建筑专业名词曾向于海请教，薛龙春教授、梁勇、陈硕、蔡春旭、于梦欣、陈祎玮、袁帅、赵冲、温安俊、聂皓雪、黄文佳、陈静旖、吴聆帮忙校阅全文，提出了宝贵的意见。在此一并致以诚挚的谢意！

注　释

［1］　这三方印都是董洵（1740—1809）于1778年为罗聘所刻，“生于癸丑”朱文印旁注：“戊戌秋八月小池篆于邗上”。“两峰道人”朱文印旁注：“戊戌冬过朱草诗林观黄大痴墨迹，上有‘一峰道人’印，因易‘两峰’以赠两峰先生，小池弟董洵”。“罗聘”白文印旁注：“两峰与余俱长安道上人也，戊戌岁暮将归山阴，作此奉赠兼以志别，董洵记于邗江香叶草堂。”见罗聘《衣云印存》，国家图书馆藏。

［2］　〔清〕张祥河《诗舲诗外》中著录了罗聘的这件画，并用石田韵和诗一首，诗中强调了“后先己亥三百年”，详见《续修四库全书》第1513册，上海古籍出版社，第365页。

［3］　鉴定小组寓目此作的时间是1986年6月30日。劳继雄：《中国古代书画鉴定实录4》，东方出版中心，2011年版，第2061—2605页。由于沈周诗作、画作的名称多样，笔者在文中统一为“竹堂寺诗”“竹堂寺观梅图”。

［4］　劳继雄：《中国古代书画鉴定实录4》，东方出版中心，第1946、2065页。关于苏州博物馆藏沈周《竹堂寺观梅图》的研究，最早见于崔护、朱明霞：《沈石田竹堂寺图析》，苏州市书画研究会编：《书画研究·第三集》，1998年印，第222—228页。作者误以该作为沈周中年创作的“精品”“代表作”并推测苏州博物馆藏本可能是“东竹堂寺藏本”。《苏州词典》中“竹堂寺志”条，载“沈周曾于明成化十一年（1475）绘《竹堂寺图》并题诗，原藏寺内，后为苏州市图书馆特藏，今归苏州市博物馆。”不知编者认为苏博本“原藏寺内”的依据为何。参见江洪等主编：《苏州词典》，苏州大学出版社，1999年版，第949—950页。

[5] 冯茜：《沈周〈竹堂寺探梅图〉鉴定》，《东方收藏》2019年第19期，第106—107页。

[6] 《中国名画集》第八册，日本株式会社，1945年版。由于这件作品的藏地不明、图片清晰度不足，无法看到画面细节，其真伪暂不做讨论。张郁明编的《罗聘年表》中著录了这件作品，参见《扬州画派书画全集·罗聘》，天津人民美术出版社，1999年版，第5页。

[7] 苏州博物馆藏本，画幅下裱边有1930年潘博山、潘景郑兄弟的题词。参见潘文协：《攀古奕世——苏州博物馆藏书画作品掇英》，《文物天地》2019年第41期，第78—79页。

[8] 有关竹堂寺的历史沿革与明代中期在吴门的影响，参见朱海明：《〈竹堂正觉禅寺小志〉附阳山景福庵纪略》，但作者也误认为苏州博物馆藏沈周《竹堂寺观梅图》为竹堂寺留存的“真迹”。详见朱海明著：《典籍苏州海明藏本：书影苏州二辑》，苏州大学出版社，2014年版，第98—107页。

[9] 真鉴，字志明，号听泉，又号葑溪老人，长洲人。生于清道光年间，卒于光绪年间。融泉，字馥尘，听泉的大弟子。据《中国古籍总目·史部》载，《竹堂寺志》有两个版本：清宣统元年铅印本和民国间铅印本。

[10] 文徵明曾为竹堂寺僧画《云山图轴》，今仍存世，日本山本悌二郎旧藏，见《中国名画》第二十集。

[11] 白化文，张智主编：《中国佛寺志丛刊》第42册，广陵书社，2011年版，第1—2页。

[12] 朱海明注意到这则材料，参见〔民〕赵尔巽等撰《清史稿》卷357《熊枚传》，中华书局，1977年版，第11329页。

[13] 吴宽撰：《正觉寺记》，徐源撰：《正觉寺退居记》，祝允明书《古诗十九首草书》石刻。详见《竹堂寺志》第10页。

[14] 有关沈周现存著作的版本概况，详见王荣民：《北京图书馆珍藏的沈周手稿〈石田稿〉考述》，《北京图书馆馆刊》1997年第2期，第72—79页。汤志波：《沈周著作考》，《图书馆理论与实践》，2012第8期，第29—33页。

[15] 该本为沈周诗集最早刻本，国家图书馆藏，见官网“读者云门户”，卷二：叶一百五十三。

[16] 即《四库全书》文渊阁四库全书本，卷九：叶一。

[17] 〔明〕沈周撰：《石田先生集》，文物出版社，第283页。

[18] 四库全书存目丛书编纂委员会编：《四库全书存目丛书》集部第37册，齐鲁书社，1997年，卷一：叶十七。

[19] 《石仓历代诗选》误作“晴雪堆屏无入处”“吉祥牡丹清莫兼”。

[20] 瞿式耜刻本《石田先生诗钞》和钱谦益《列朝诗集》收录的沈周竹堂寺诗，都遗漏了两句诗文。

[21] 小注字迹非常模糊，根据诗文版本比对，大致可确认，不可辨读的两字用“□”标示。

[22] 正如《寺志》记载，钱谦益《列朝诗选》中著录的《竹堂寺探梅》将“花下珠”误作“笔下珠”，但该版本还遗漏了“吉祥牡丹清本欠，定惠海棠幽亦未。只凭坡口诧繁华，似恐同花不同趣”。

[23] 《竹堂寺志》，第23—24页。

[24] 《竹堂寺志》，第30页。

[25] 陈正宏著：《沈周年谱》，复旦大学出版社，1993年版，第129、156页。田洪、田琳编：《沈周绘画作品编年图录》，将“杨黄门”的字误读为“杨启”，应该是“杨启同”。天津人民美术出版社，第92页。

[26] 黄暐，生卒年不详，字日升，号东楼，吴县人。弘治三年（1490）进士，官至刑部郎中。《蓬窗类记》（明钞本）孙毓修编《涵芬楼秘笈》第2册，北京图书馆出版社，2000年版，第6页。

[27] 查多种浙江地方志，台州府志、黄岩县志及明清进士名录、台州进士录等，都未查到字号、籍贯、年代全部相合的人物。通过排查，笔者推测可能是李纲或者李宽。李纲，黄岩人，一说临海人，一说罗洋人，字德举，原姓林，后复姓李。万历《黄岩县志》卷五载：“丁未，费宏榜进士，广西参政。原姓林，后复今姓，迁府城。”费宏诗文集中有《题李秋官敬敷寿母〈菊石图〉》，通

过编年的体例，推测费宏该诗作于1497年，说明此时李纲已经任刑部职位。李纲是否后期有改字“德举”为“敬敷”，现不可考。李宽，字敬敷，江西玉山人，弘治六年（1493）进士，官至四川按察使。是杨升的同年进士。也许沈周将李秋官的郡望记错了，或是李宽本是天台人，江西是其籍贯。

［28］　“堂中唯存伯虎先生《达摩赞》，先公《寒林图》半壁与募缘疏并图一卷而已。先公疏于正德之壬申，弇州翁题于隆庆之壬申，因缘若非偶者，乃今又复四十年……辛亥解制日坚勇居士文震孟敬书于寒松堂。”《竹堂寺志》第22页。

［29］　有关《砚山斋珍藏历代名贤图绘集览》的编纂情况及“余”“先宫保公”“退翁”分别指的是孙炯、孙承泽、孙承泽等，参见陈雪雪：《孙承泽及其〈庚子销夏记〉研究》（博士学位论文），中国美术学院，2020年，第69—79页。

［30］　〔清〕孙承泽撰：《砚山斋珍赏历代名贤图绘集览二卷》，四库全书存目丛书编纂委员会编：《四库全书存目丛书》子部第73册，齐鲁书社，1997年，第446—447页。

［31］　孙氏著录的沈周诗文与罗聘临摹之作只字不差，仅题款处有“日”与“月”的一字之别。

［32］　卢辅圣主编：《中国书画全书》第8册，上海书画出版社，1993年版，第924页。

［33］　〔清〕裴景福：《壮陶阁书画录》卷九：叶三十一，“纸本墨笔，荒园古寺，老木寒梅，三人同往，一僧迎于门外。风景高逸，石田绝品。然纸敝墨渝他人将弃如敝帚矣。诗在右上，神似坡仙。竹堂梅花……竹堂寺与李敬敷、杨启同观梅作此图为赠福慧上人，成化己亥冬十二月沈周”。按：下钤两方印启南、石田。

［34］　〔清〕翁同龢：《瓶庐诗稿》卷八，原文为：“壬寅四月八日临沈石田《竹堂寺僧寮图》。题序云：曾见石田与李秋官、杨黄门《竹堂寺观梅图》，题诗绝妙，今又见此《募修竹堂寺僧寮图卷》戏临之，并和观梅诗韵。”

［35］　葛康俞：《据几曾看》，生活·新知·读书三联书店，2003年版，第140页。

［36］　该图见于周卫明主编：《艺苑掇英》第七十四期·榆泉斋书画藏品专辑，上海人民美术出版社，2005年版，第15页。

［37］　吴刚毅：《沈周赠吴宽送别图之研究》，《中国美术研究》，2018年1期，第67—86页。

［38］　以往美术史研究中常混淆明代常服与公服之别，赵晶最新的研究中修正了这一舛误，详见赵晶：《镇江本〈杏园雅集图〉若干问题新探》，《美术研究》2021年6期，第10—19页。

［39］　〔清〕吴锡麒：《罗两峰墓志铭》，载于清代诗文集汇编编纂委员会编：《清代诗文集汇编》第415册，上海古籍出版社，第395页。罗聘不仅受到老师金农的影响，存世作品中师承来源有宋人白描人物、米氏云山、院体画，元代赵孟頫、高克恭、陈汝言、王冕、郑思肖，明代陈洪绶、徐渭，浙派吴伟，清初四僧中的原济、髡残，还有同时代的郑板桥、华喦、张四教等。笔者将另撰文探讨罗聘师承来源、风格演变的问题。

［40］　梁颖编校、吴元京审订：《吴湖帆文稿》，中国美术学院出版社，2004年版，第283页。新罗即华喦。

［41］　卢辅圣《中国山水画通史》中提到罗聘的《仿黄子久山水》以接近“吴门的图式写黄公望的丘壑”。详见卢辅圣主编：《中国山水画通史》，上海书画出版社，2014年版，第842页。另外纽约大学米凯的博士论文也注意到罗聘绘画中的吴派风格，参见Michele Alberto Matteini, Painting in the Age of Evidential Scholarship(kaozheng): Luo Ping's Late Years,ca.1770—1799.Ph. D. diss., New York University, 2012. 94—95.

［42］　浙江省博物馆编：《幽居与雅集：明清山水人物画中的文士生活》，浙江人民美术出版社，2019年版，第86页。

［43］　这件作品与故宫博物院藏唐寅《毅庵图》最为接近。

［44］　翁方纲《跋石田像（罗两峰摹本）》：“石田像一帧，上有文文水录石田自题诗跋。两峰道人得见于都门，既为予临本，复自临此本，属为仿石田笔意，系诗于后：‘青丝白

毡是何因，碧眼飘鬓亦未真。只有太湖三万顷，苍然石骨见精神。’乾隆庚子冬十一月，北平翁方纲。”参见〔清〕翁方纲撰《翁方纲题跋手札集录》，广西师范大学出版社，2002年版，第449页。

［45］ Kim Karlsson, Alfreda Murck, and Michelle Matteini, Eccentric Visions：The Worlds of Luo Ping（1733—1799）, Zurich: Museum Rietburg, 2009.230.图录中提及《苏斋图》受到文徵明、唐寅画风的影响。

［46］〔美〕巫鸿：《重屏：中国绘画中的媒材与再现》，上海人民出版社，2009年版，第156页。

［47］有关寿苏会的研究参看魏泉：《士林交游与风气变迁：19世纪宣南的文人群体研究》，北京大学出版社，2008年版。张莉：《清代寿苏会研究》（硕士论文），南京大学，2014年版。衣若芬：《时间·物质·记忆——清代寿苏会之文化图景》，《长江学术》2016年第4期。孙敏强、霍东晓：《试论清代诗人寿苏雅集及其文化心理》，《浙江大学学报（人文社会科学版）》2018年第3期。

［48］〔清〕翁方纲：《宝苏室小草》：“宝苏名室以是年冬得宋椠苏诗顾注本也。天际乌云帖来归则已六年矣。先生三像拓本奉焉，后又得朱兰嵎、宋石门所画笠屐图，皆奉于此。”《复初斋诗集》卷十一，见《清代诗文集汇编》381册，第91页。

［49］ Kim Karlsson, Eccentric Visions：The Worlds of Luo Ping, 230.

［50］翁方纲此时收藏和供奉的东坡像有三种：宋李伯时画金山像、明南海朱完画广州小金山像、宋赵子固画研背笠屐小像。详见《宝苏室小草》《苏文忠公三像》。

［51］ 朱万章：《贬谪与超然——明清时期〈东坡笠屐图〉研究》，《大匠之门》2020年第3期，第58—65页。

［52］〔清〕王友亮：《双佩斋诗集》，《清代诗文集汇编》第401册，第712页。

［53］ Kim Karlsson, Eccentric Visions：The Worlds of Luo Ping, 80—86.

［54］“嘉庆三年正月廿有九日，魏成宪由比部郎中蒙恩拜扬州太守”。参见谭国平编著《伊秉绶年谱》，东方出版社中心，2017年版，第150页。

［55］19世纪意大利鉴定家乔瓦尼·莫雷利正是利用“指甲、耳轮廓等无关紧要的细节来鉴定作品，这些细节非关重点，未引起后来模仿者的注意，也就是说一些微小的细节能暴露出一位艺术家的身份，而这些细节他们自己几乎不会注意到。”这种研究人物细节的方法同样对吴门画派的鉴定研究有参考价值。参见〔奥〕奥托·帕希特著，薛墨译：《美术史的实践和方法问题》，商务印书馆出版社，2017年，第67页。

［56］卢辅圣主编：《中国山水画通史》，上海书画出版社，2014年版，第845页。

［57］元末明初文人画家陈汝言对吴门画派尤其是沈周家族有一定的影响，参见王红波：《陈汝言家世、宦迹、交游考》，《中国书画》，2020年第7期，第27—31页。

无锡博物院藏“李鸿章致薛抚屏信札”考释

吴　玲*

【摘要】无锡博物院收藏有一批“致薛抚屏”的信札，其中“李鸿章致薛抚屏”的三通信札补充、丰富了李氏文稿辑录的内容，也是研究薛抚屏生平履历以及李、薛交游情况的重要史料。

【关键词】李鸿章　薛抚屏　信札

薛抚屏，名福辰，字振美，号抚屏，别号时斋，江苏无锡人，清末外交官薛福成的长兄。生于道光十二年（1832），“幼习制举业”，咸丰五年（1855），“中顺天乡试第二名举人，援例以员外郎分发工部行走”，后由曾国藩推荐入李鸿章幕府。同治十年（1871）发山东候补知府，同治十二年（1873）因治河有功补授山东济东泰武临道。光绪三年（1877）丁母忧还乡。光绪六年（1880）服阙赴京，适逢慈禧太后征召医士，经李鸿章、李瀚章、彭祖贤举荐入宫为医，供奉内廷近三年。光绪七年（1881）补授广东雷琼道，未赴任；九年（1883）调补直隶通永道，十二年（1886）擢升顺天府尹，十三年（1887）冬调宗人府府丞，十四年（1888）冬授都察院左副都御史。光绪十五年（1889）病重辞官，七月卒于无锡，享年五十八岁。[1]

无锡博物院收藏有一批“致薛抚屏”的信札，寄信人有李鸿章、丁宝桢、沈能虎、曾纪泽、盛宣怀、张鸿禄、薛福成等晚清士人。这批信札系无锡籍画家、收藏家诸健秋和其子诸汉文于二十世纪五六十年代捐赠给当时的无锡博物馆，此前未完整地对外公开刊布[2]，具有较高的史料价值。限于篇幅，本文选取“李鸿章致薛抚屏”的三通信札，按考释年代，将其整理发布，略作钩稽，以助我们更加具体地了解薛抚屏的生平及其与李鸿章交往的情形。

信札（一）

抚屏仁弟世大人阁下：

顷奉七月廿八日惠书，远承饰序，感佩良深。即维擘画宣猷，荣问嘉畅，至以为颂。此次东人来津立约，经鸿章督同敏斋、子敬，力持大体，往复辩论，甫于前月杪画押定议，凡西约窒碍之处，均预为禁绝。该使现已赴京晋谒总署，闻其国政近有纷更，其意亦亟欲归国也。河北

---

* 吴　玲：无锡博物院馆员

新城，甫经购料集工，以本年雨水过多，该处地势低洼，积水数尺，急切难期消涸，此外又少扼要之地，尚须集议相度，年内恐未能及时兴筑。津门水患尤甚，流民坌集，虽经截漕筹款，劝办捐赈，而畿畺财力奇窘，博济为难，仰屋兴嗟，祇深焦灼。洋务幸尚救平，冬初拟回驻保阳，料量一切。牛生文笔浩瀚，惟揄扬太过，略加评骘，附上转交，原文暂存，以备考证。专泐布复，敬颂台祺，顺贺节禧。不具！

鸿章顿首

本札（图一）共3页，计269字，书于同治十年（1871）八月，李鸿章为直隶总督，薛抚屏为山东候补知府[3]。所书第一件事“东人来津立约”，说的是清政府与日本政府之间订立的第一个正式条约——《中日修好条规》。日本明治政府建立后，积极谋求对华建交，开展遣使、缔结通商条约的外交活动，同治九年（1870）即派外务大丞来中国商讨通商、立约等事宜。清政府在多次斡旋和慎重考虑后，表明两国可以立约的意向。与此同时，清廷调整外交体制，裁撤三口通商大臣，将其原有职权改归直隶总督兼管。同治十年（1871）七月，日本正式派遣大藏钦伊达宗城为钦差全权大臣、外务大臣柳原前光和津田真道为副大臣来华，清政府则任命直隶总督兼北洋大臣李鸿章为“办理日本通商条约事务全权大臣”、江苏按察使应宝时（即札中“敏斋”）和津海关道陈钦（即札中“子敬”）随同帮办。此次合约的争论点，主要是在“一体均沾”和“内地通商”两条，日本要求“援照西例”，仿照英法等国的“片面最惠国待遇”，有此即可享受和英法相同的关税及各种特权。李鸿章等人对此坚决反对，据理力争，对日方提出的多项无理条款都予以拒绝，最终中方的草案得到贯彻。

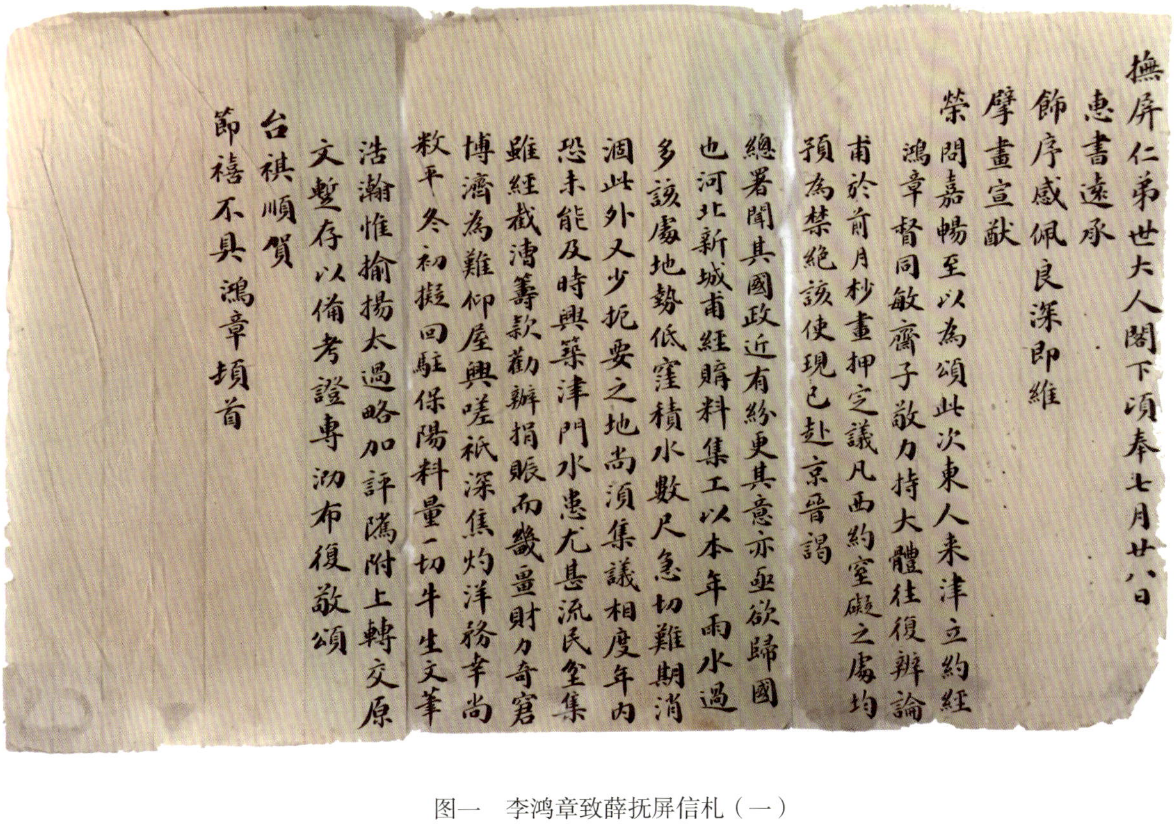
撫屏仁弟世大人閣下頃奉七月廿八日
惠書遠承
飾序感佩良深即維
璧畫宣猷
榮問嘉暢至以為頌此次東人來津立約經
鴻章督同敏齋子敬力持大體往復辯論
甫於前月杪畫押定議凡西約窒礙之處均
預為禁絕該使現已赴京晋謁
總署聞其國政近有紛更其意亦亟欲歸國
也河北新城甫經購料集工以本年雨水過
多該處地勢低窪積水數尺急切難期消
涸此外又少扼要之地尚須集議相度年內
恐未能及時興築津門水患尤甚流民坌集
雖經截漕籌款勸辦捐賑而畿畺財力奇窘
博濟為難仰屋興嗟祇深焦灼洋務幸尚
敉平冬初擬回駐保陽料量一切牛生文筆
浩瀚惟揄揚太過略加評騭附上轉交原
文暫存以備考證專泐布復敬頌
台祺順賀
節禧不具鴻章頓首

图一　李鸿章致薛抚屏信札（一）

同治十年七月二十七日（1871年9月13日），李鸿章和伊达宗城分别代表中日两国，在天津山西会馆签署以“中方修约底稿”为基础的《中日修好条规》（18条）、“通商章程”（33款）以及海关税则等。[4]这次的修约被认为是中国近代以来对外签订的第一个平等条约，主持此次谈判的中方全权大臣李鸿章对此颇为满意，[5]本札中就用到“力持大体，往复辩论”“凡西约窒碍之处，均预为禁绝”等言辞。同时，李氏将此事向薛抚屏毫无隐讳地全盘述说，可见二人交情匪浅。

本札所书“河北新城”，即第二件事，在天津运河以北修筑新城。因“津郡城池狭隘，乃前明卫城旧基，偏在运河南岸，控扼殊不得势”[6]，“津城卑狭，偏在五大河之南……弟与新设关道皆驻城外”[7]，且“天津旧城倾圮，附壕居民栉比，又不能用五大河之险”[8]。李鸿章任直隶总督不久即开始集议于“运河北岸圈筑新城，另建官署，为经久防患之计”[9]。同治十年（1871）正月，“经农部复准”，开春“拟即设局开办”[10]，始勘定“在西沽、丁字沽之间……拟用内砖外土圈筑一城，为屯兵储粮之所。城外添筑土圩，以资保护”[11]。但修筑新城因多方面因素“未能克期集事”，“收买民地、购备砖料、选募工匠”等费繁工巨，“物力”“经费”筹措为难，“拆徙民房亦多梗沮”，当年八月因“水患过巨，河北新城积潦未消，暂缓兴办”[12]。本札亦提及新城因积水难消而不能及时修筑。水患也成为新城未能建成的重要原因之一。

札中所书第三件事“津门水患”，是指同治十年（1871）天津因雨水过多引起各河漫溢而致的水灾。同治十年六月，“天津城东之海河及南、北运河群流涌注，高过堤巅，同时冲溢数口，于是西南滨海数百里间一片汪洋，田庐禾稼多被淹没”。[13]虽经“津司道府县竭力捐廉”“商绅集赀助赈”和截留漕粮，但“被灾较广”，“博济为难”。王之春《椒生随笔》亦载：“辛未夏秋，直隶大水，顺天、保定、天津、河间境内有成为泽国者，自保定至京师须用舟楫，乃数百年来罕见之灾。李伯相截留南漕二万石以赈，然黄河渐归故道，北方水患恐难免欤”。[14]李鸿章同时期给他人的信札中多次谈起此次水灾情形。本札即为一例，可知水灾的严重程度，令李深感“焦灼”。

札中所书第四件事为李鸿章从天津回直隶总督府保定的时间。同治九年（1870）八月，李鸿章接替曾国藩就任直隶总督，[15]不久被授为钦差兼任北洋大臣，负责“三口通商事务”，处理洋务、海防、外交等各项事宜；直隶总督一向驻扎省城保定，而口岸商埠天津事务更多。[16]为此，朝廷特别制定了直隶总督在保定、天津两地办公的制度——“每年于海口春融开冻后移扎天津，至冬令封河再回省城”[17]。故札中提到“冬初拟回保阳，料量一切”。

信札（二）

抚屏世仁弟大人阁下：

前月杪泐复谢缄，计邀青览，旋奉三月廿八日手书，并蒙宠贶联幛，措语浑成，亲切有味，非大手笔不能为，拜登九顿，衔感莫名。鸿章倖邀天鉴，准开各缺，夔石司农复来津宣谕慰勉，天恩高厚，没齿难酬。振帅昨已抵津任事，拟将海防洋务重要事件，遵旨交代妥协，即由海道，星奔回籍，经营丧葬。执事久滞京华，诚难自遣，然禧圣颐养得宜，关系时局甚钜，执事应召两年，调护圣躬，幸无危险，不可谓非药石之功，设身处地，目前似无急于求去之理，尚冀勉竭和缓之术，聊效医国之忠，是为至祷。广孝翁祭幛，谨已拜领，附去谢帖一分，祈为转

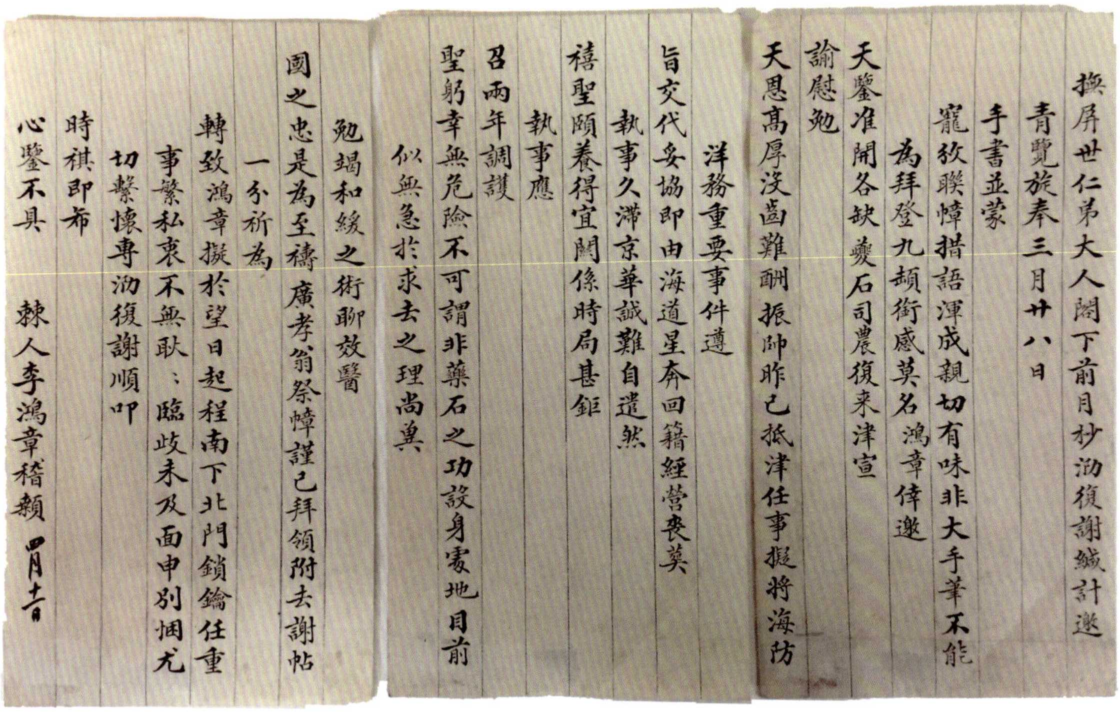
撫屏世仁弟大人閣下前月杪泐復謝緘計邀
青覽旋奉三月廿八日
手書並蒙
寵敘聯幛措語渾成親切有味非大手筆不能
為拜登九頓銜感莫名鴻章倖邀
天鑒准開各缺夔石司農復來津宣
諭慰勉
天恩高厚沒齒難酬振帥昨已抵津任事擬將海防
洋務重要事件遵
旨交代妥協即由海道星奔回籍經營喪葬
執事久滯京華識難自遣然
禧聖頤養得宜關係時局甚鉅
執事應
召兩年調護
聖躬幸無危險不可謂非藥石之功設身處地目前
似無急於求去之理尚冀
勉竭和緩之術聊效醫
國之忠是為至禱廣孝翁祭幛謹已拜領附去謝帖
一分祈為
轉致鴻章擬於望日起程南下北門鎖鑰任重
事繁私衷不無耿耿臨歧未及面申別悃尤
切縈懷專泐復謝順叩
時祺即布
心鑒不具　棘人李鴻章稽顙　四月十一日

图二　李鸿章致薛抚屏信札（二）

致。鸿章拟于望日起程南下，北门锁鑰，任重事繁，私衷不无耿耿，临歧未及面申别悃，尤切系怀。专泐复谢，顺叩时祺，即希心鉴。不具！

棘人李鸿章稽颡

四月十一日

此札（图二）共3页，计281字，写于光绪八年（1882）四月十一日，李鸿章为直隶总督，薛抚屏正在宫中为慈禧太后治病。本札主要内容之一是李鸿章母亲去世。札中先是感谢薛抚屏为李母所作的挽联；再说到王文韶（即札中“夔石司农”）来天津宣旨准予回家治丧，张树声（即札中“振帅”）已到天津接替自己，自己交接了海防洋务等事宜，即由海路回乡奔丧。光绪八年（1882）三月初二日，李鸿章母亲在湖广督署病故，奏请丁忧开缺。[18]朝廷几经考量，兹复“李鸿章著准开大学士署直隶总督之缺，仍俟穿孝百日后驻扎天津……并著派军机大臣署户部尚书王文韶前往天津，剀切宣谕慰勉”[19]；王文韶于三月二十九日抵津宣谕。同年二月，李鸿章已上《请假省母折》，上谕即复“直隶总督著张树声署理，并兼署办理通商事务大臣”[20]；张树声到津后，李鸿章“交卸疆符”，“于四月十四日自津启程奔丧”[21]。

本札另一主要内容是薛抚屏在宫中为慈禧太后诊病一事。光绪六年（1880），慈禧太后“圣躬欠安”，经太医院调理未见好转，传谕各省府尹督抚荐医治疾，征召“讲求岐黄脉理精细者”[22]。直隶总督李鸿章即保送薛抚屏为太后诊疾。[23]各地举荐的地方名医还有马文植、赵天向、薛宝田、仲昂庭、汪守正、濂自华、程春藻。[24]加上太医院的太医，共有十多位医生为西太后治病。大家都要“请脉”开方，难免会有意见纷争。而薛抚屏生性倔强，常为定药方与他人争辩，“每制一方，覃思孤往，凑集渊微，或与同值诸医官争辩，必得当乃已”[25]。按其弟薛福成现存的信札，叙：“来示详述圣恙原委，弟即经函询家兄，……惟症本难治，立方多掣肘”，“乃当道诸公随事排挤，若有夙憾者，不知究信何故”。[26]薛抚屏在给沈能虎的信札中亦说“鄙人此次为之事，系勉竭驽，幸免大戾，然竟将太医及天下诸名医得罪矣”[27]。薛抚屏在宫中的处境十分艰难，多次决计请假引退，但在李鸿章的劝说下销假，“已遵傅相之意，于初三日销假矣”[28]。本札中李鸿章亦在劝慰薛抚屏继续为“禧圣”调护，“效医国之忠”。

信札（三）

抚屏世仁弟大人阁下：

朔日，驰复一缄，顷展是日手书，知通州、宝坻各拨粟米二千石，分别办理，急抚三河、香河，俟禀到再拨直属保定。河间、天津灾区已广，昨又据永平府禀报，该郡滦水为灾，卢龙情形极重。上游迁安，下游滦州、昌黎、乐亭虽未报齐，想亦不轻。前截漕米尚恐不敷，直属冬抚历届秋灾，顺天有特请京仓米石之案，前已商请执事，于奏明被灾大略折内，援案恳发五万石，专济近畿各属，应请即行核定，如径由顺天奏拨，则将来分给顺属委员查放事宜，即由尊处主持，如须直隶协拨银米，随时再互商通融办理。至平家疃工程，顷据张牧等禀报，决口七八十丈，现两头又刷宽，共至百四十丈，夺溜十分之八，虽较同治十三年二百余丈，情形稍轻，但筑坝补堤，费恐不赀，昨已派许道、桂守同往查勘估计。查上届用银五万四千余两，由练饷局拨三万两、筹赈局拨二万两、顺天拨四千余两，此次必须节减，但饷局赈局无银可提，仅指藩库不

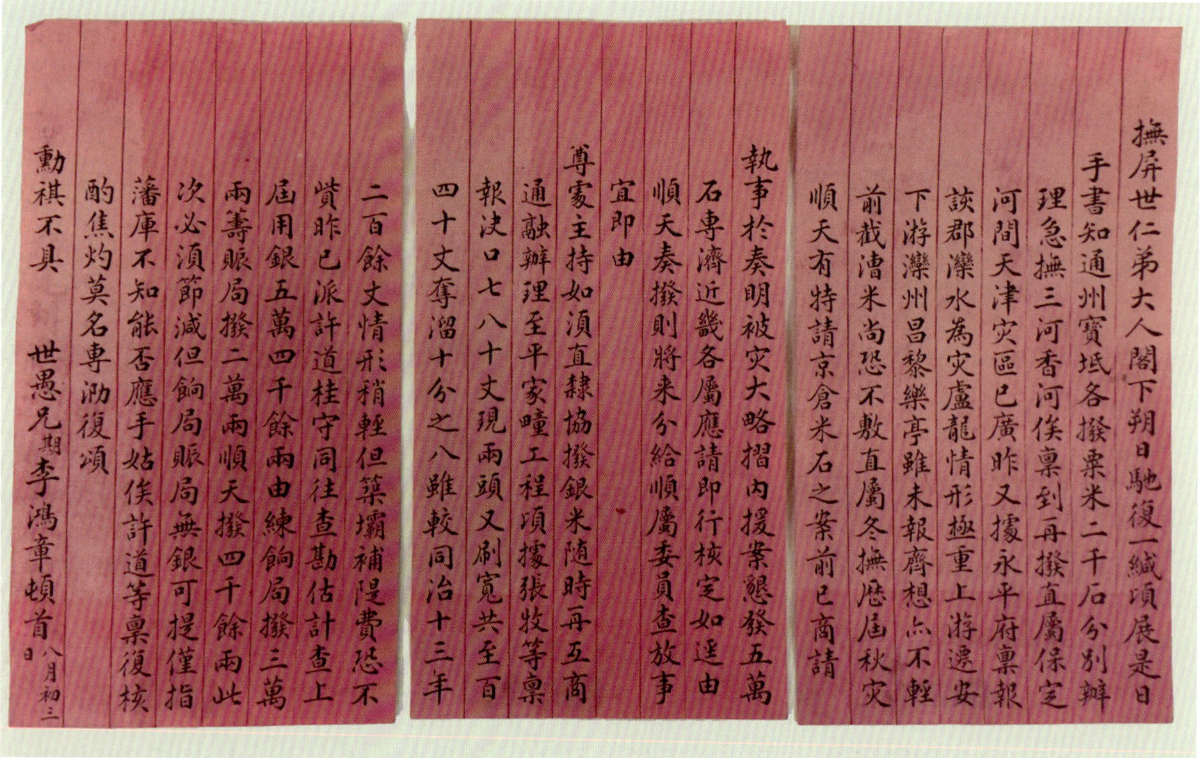
撫屏世仁弟大人閣下朔日馳復一緘頃展是日
手書知通州寶坻各撥粟米二千石分別辦
理急撫三河香河俟稟到再撥直屬保定
河間天津災區已廣昨又據永平府稟報
該郡灤水為災盧龍情形極重上游遷安
下游灤州昌黎樂亭雖未報齊想亦不輕
前截漕米尚恐不敷直屬冬撫歷屆秋災
順天有特請京倉米石之案前已商請
執事於奏明被災大略摺內援案懇發五萬
石專濟近畿各屬應請即行核定如逕由
順天奏撥則將來分給順屬委員查放事
宜即由
尊處主持如須直隸協撥銀米隨時再互商
通融辦理至平家疃工程頃據張牧等稟
報決口七八十丈現兩頭又刷寬共至百
四十丈奪溜十分之八雖較同治十三年
二百餘丈情形稍輕但築壩補隄費恐不
貲昨已派許道桂守同往查勘估計查上
屆用銀五萬四千餘兩由練餉局撥三萬
兩籌賑局撥二萬兩順天撥四千餘兩此
次必須節減但餉局賑局無銀可提僅指
藩庫不知能否應手姑俟許道等稟復核
酌焦灼莫名專泐復頌
勳祺不具　世愚兄期李鴻章頓首　八月初三日

图三　李鸿章致薛抚屏信札（三）

知能否应手，姑俟许道等禀复核酌，焦灼莫名。专泐，复颂勋祺。不具！

世愚兄李鸿章顿首

期　八月初三日

此札（图三）共3页，计371字，写于光绪十三年（1887）八月初三日。时李鸿章为直隶总督，薛抚屏为顺天府尹。所书主要内容为：直隶一带的水灾及救灾情况。晚清直隶地区水灾频仍，几乎每年必灾，甚至发生特大水灾。水灾成为威胁直隶的重要灾害，大致集中爆发在六月至十月间的夏秋季节。[29]本札即书直隶所辖通州、保定、河间、天津、永平府等地水灾严重，亟需赈灾、救治。“截留漕粮”是救灾的重要措施，但“恐不敷”，并由顺天奏请“京仓米石”援助，“将来分给顺属……即由尊处主持”。据此可知，薛抚屏此时正在顺天府尹的任上，所辖地域的灾情及赈灾事务属其职责范围，需与直属上司李鸿章汇报沟通、协商办理。札中正是李鸿章向薛抚屏交代赈灾事宜。

札中“平家疃”，清时直隶通州境内，潮河、白河在此交汇。光绪《通州志》曾记载“白河向有东决之患”。潮白河是北运河最重要的航运用水来源，一旦决口东流，北运河航运用水势必大为减少，会对漕运产生极大的负面影响。为了漕运的需要，清政府一直进行大力治理，建坝砌滩，堵塞决口，极力避免潮白河东流，使全河汇归北运河。但因夏秋雨水过多，所筑堤坝常常溃决。同治十三年（1874），“讵夏雨连绵，上游山水暴发，河流盛涨，六月间又于东岸平家疃原筑大坝迤北漫决二百馀丈”[30]，本札亦提及。直隶总督李鸿章命人“于旧坝后面择地另筑坝基，逐渐进占合龙，更于新坝东西各接筑长堤数百丈”[31]，新筑护堤北至安里村、南至平家疃，长堤北至顺义县安里村、南至通州北寺庄。札中所书此次平家疃堤坝决口、夺溜的情形十分严重，虽较同治十三年较轻，但筑坝补堤工程任务繁巨、费用难筹，李氏“焦灼莫名”。

札中“张牧”应是通州知州张兆丰。[32]“许道”为直隶永通道许钤身，出身官宦之家，以捐班郎中改捐直隶候补知府，补缺后以道员用，协助李鸿章处理一系列对外交涉以及北洋舰队训练等事务，对近代洋务做出重要贡献[33]；光绪十二年，由李鸿章举荐，补缺任直隶通永道[34]。“桂守”为候补知府桂本誠，安徽贵池人，光绪十三年负责“抢办通州潮白河合龙大工”[35]。

结语

信札（一）与《李鸿章全集》（第30册，信函二）中第294页的《复山东抚院营务处薛》（T10-08-004）内容基本一致。经核对，有两处不同：一是首句中的日期，我院藏为“顷奉七月二十八日慧书”，“全集”中是“顷奉七月二十六日慧书”；二是有一处一字之差，我院藏写为“荣问嘉畅”，“全集”中是“荣闻嘉畅”。“全集”中的信札来自复旦大学图书馆藏的李氏文稿。笔者通过邮件与复旦大学图书馆古籍部联系，得知其所藏信札系李鸿章幕僚起草、李氏亲笔改定之稿，应是信札的底稿。两处不同疑为幕僚抄写时的笔误，对信札内容释读基本没有影响。另外两通信札未曾刊发。三通信札共9页，计 921字，工楷写就，清晰工整，应为幕僚代笔誊抄的寄出信件。

同治七年（1868），薛抚屏经曾国藩推荐入李鸿章幕府[36]，此后李薛二人开启长达二十余年的密切交往关系。另外，薛抚屏所著文集、医书多未刊印，其相关研究史料十分有限，目前学界对其研究较少，所见文章多是从其为医者的作用与影响方面进行阐述[37]，仅有个别专门或提及的研究文章[38]。本文三通信札除补充、丰富《李鸿章全集》等李氏文稿辑录的内容外，更是研究薛抚屏生平及窥探李薛交游情况的重要史料。

本文三通信札自同治十年（1871）至光绪十三年（1887）时，历时十七年。这一时期，是薛抚屏一生中的重要时期——从山东候补知府到入宫行医再至顺天府尹；也是李鸿章位极人臣的关键期，初任直隶总督兼北洋大臣，到运筹帷幄、执掌大局，成为朝廷的肱股之臣。信札内容丰富，信息量多，除礼节性问候之外，多为政务上的揆度、考量、安排，折射出“中日修好条规”“天津新城建设”“薛氏入宫为医”“直隶水灾与赈灾”等重大历史事件，对我们了解晚清中国的政治运作、地方历史、士大夫交游等均有一定的参考意义。

注　释

[1]　〔清〕薛福成：《诰授光禄大夫头品顶戴督察院左副都御史薛公家传》，《庸庵文别集》，上海古籍出版社，1985年版，第240—244页。

[2]　蒋凯：《晚清御医薛福辰研究》，《无锡文博》2013年第3期，第43—48页。此文稍提及、引用这批信札。

[3]　〔清〕李鸿章：《薛福辰该留山东候补片》（同治九年十二月初二日），顾廷龙、戴逸主编：《李鸿章全集》第4册，安徽教育出版社，2007年版，第222页。

[4]　刘世华：《李鸿章与〈中日修好条规〉的签订》，《社会科学战线》，1997年第1期，第216—220页；付玉旺：《中日1871年立约述评》，《西南交通大学学报》（社会科学版），2002年第4期，第46—52页；李细珠：《李鸿章对日本的认识及其外交策略——以1870年代为中心》，《社会科学辑刊》2013年第1期，第145—159页；王芸生编著：《六十年来中国与日本》第1卷，生活·读书·新知三联书店，2005年版；冯玮：《日本通史》，上海社会科学院出版社，2008年版；王铁崖：《中外旧约章汇编》第1册，生活·读书·新知三联书店，1959年版，1982年印刷；〔清〕李鸿章：《遵议日本通商事宜片》（同治九年十二月初一日）、《日本议约完竣折》（同治十年七月二十九日），顾廷龙、戴逸主编：《李鸿章全集》第4册，安徽教育出版社，2007年版，第216、370页。

[5]　陈忠海：《晚清中国与日本》，中国发展出版社，2018年版，第56页。

[6]　〔清〕李鸿章：《酌议津海关道章程折》附清单（同治九年十一月初六日），顾廷龙、戴逸主编：《李鸿章全集》第4册，安徽教育出版社，2007年版，第174页。

[7]　〔清〕李鸿章：《致英官保》（同治九年十二月二十二日），顾廷龙、戴逸主编：《李鸿章全集》第30册，安徽教育出版社，2007年版，第156页。

[8]　〔清〕李鸿章：《复王补帆中丞》（同治十年五月初五日），顾廷龙、戴逸主编：《李鸿章全集》第30册，安徽教育出版社，2007年版，第229页。

[9]　〔清〕李鸿章：《筹议天津设备事宜折》（同治九年十二月初一日），顾廷龙、戴逸主编：《李鸿章全集》第4册，安徽教育出版社，2007年版，第206页。

[10]　〔清〕李鸿章：《复记名江苏海关道孙士达》（同治十年正月十一日），顾廷龙、戴逸主编：《李鸿章全集》第30册，安徽教育出版社，2007年版，第169页。

[11]　〔清〕李鸿章：《复护理山西抚台张》（同治十年五月初七日），顾廷龙、戴逸主编：《李鸿章全集》第30册，安徽教育出版社，2007年版，第232页。

[12]　〔清〕李鸿章：《复统领树字新军张》（同治十年八月二十七日），顾廷龙、戴逸主编：《李鸿章全集》第30册，安徽教育出版社，2007年版，第312页。

[13]　〔清〕李鸿章：《天津等处被水筹款抚恤并请截留漕米赈济折》（同治十年六月二十五日），顾廷龙、戴逸主编：《李鸿章全集》第4册，安徽教育出版社，2007年版，第361—

362页。
［14］〔清〕王之春：《椒生随笔》，朝华出版社，2018年版，第289页。
［15］〔清〕李鸿章：《调任直隶谢折》（同治九年八月初六日），顾廷龙、戴逸主编：《李鸿章全集》第4册，安徽教育出版社，2007年版，第73页。
［16］郭卫东：《兼差大过本职：李鸿章与“北洋大臣”的职分转换》，《徐州工程学院学报》（社会科学版），2013年第6期，第31—37页；董丛林：《清末直隶“双省会制”及其对天津、保定的影响》，《河北师范大学学报》（哲学社会科学版）2015年第1期，第72—77页。
［17］〔清〕李鸿章：《裁并通商大臣酌议应办事宜折》（同治九年十月二十六日），顾廷龙、戴逸主编：《李鸿章全集》第 4 册，安徽教育出版社，2007年版，第107页。
［18］〔清〕李鸿章：《驰报丁忧折》（光绪八年三月初七日），顾廷龙、戴逸主编：《李鸿章全集》第10册，安徽教育出版社，2007年版，第65页。
［19］〔清〕王文韶：《王文韶代奏陈情折》（光绪八年四月初八日），顾廷龙、戴逸主编：《李鸿章全集》第10册，安徽教育出版社，2007年版，第68—69页。
［20］〔清〕李鸿章：《请假省母折》（光绪八年二月十三日），顾廷龙、戴逸主编：《李鸿章全集》第10册，安徽教育出版社，2007年版，第44—45页。
［21］〔清〕李鸿章：《遵旨赴津办防折》（光绪八年七月初八日），顾廷龙、戴逸主编：《李鸿章全集》第10册，安徽教育出版社，2007年版，第74页。
［22］《光绪六年六月初七日寄谕》，顾廷龙、戴逸主编：《李鸿章全集》第9册，安徽教育出版社，2007年版，第114页。
［23］〔清〕李鸿章：《访医保送折》（光绪六年六月十一日），顾廷龙、戴逸主编：《李鸿章全集》第9册，安徽教育出版社，2007年版，第113页。
［24］张必忠：《薛福辰因医获宠》，《紫禁城》1988年第4期，第42—44页。
［25］徐一士：《壬午两名医》，中华典藏网，检索日期：2022年6月21日。
［26］近代史资料编辑部编：《近代史资料》总第63号，中国社会科学出版社，1986年版，第16—17页。
［27］近代史资料编辑部编：《近代史资料》总第63号，中国社会科学出版社，1986年版，第35页。
［28］近代史资料编辑部编：《近代史资料》总第63号，中国社会科学出版社，1986年版，第18页。
［29］温玉龙：《晚清直隶地区水灾与救治研究》（硕士论文），郑州大学，2014年。
［30］〔清〕李鸿章：《潮白河漫口要工勘筹兴办折》（同治十三年八月二十日），顾廷龙、戴逸主编：《李鸿章全集》第6册，安徽教育出版社，2007年版，第126页。
［31］〔清〕李鸿章：《潮白河漫口要工克期抢办合龙折》（同治十三年十月十三日），顾廷龙、戴逸主编：《李鸿章全集》第6册，安徽教育出版社，2007年版，第145页。
［32］《叻报》第二千一百四十七号，大清光绪十四年十二月十一日。
［33］贾熟村：《中国首任驻日使节许钤身》，《浙江学刊》1998年第6期，第119—121页；方英：《许钤身未能出使日本考》，《历史档案》2009年第1期，第85—88页。
［34］〔清〕李鸿章：《许钤身委署通永道片》（光绪十二年三月十五日），顾廷龙、戴逸主编：《李鸿章全集》第11册，安徽教育出版社，2007年版，第353页。
［35］〔清〕李鸿章：《再保桂本誠片》（光绪十四年十月十六日），顾廷龙、戴逸主编：《李鸿章全集》第12册，安徽教育出版社，2007年版，第493页。
［36］〔清〕曾国藩：《曾国藩全集》（书信9）第30卷，岳麓书社，2011年版，第441页。
［37］张必忠：《薛福辰因医获宠》，《紫禁城》1988年第4期，第42—44页；蒲昭和：《因医显擢的薛福辰》，《家庭中医药》2013年第12期，第11—13页；李晓艳、苏春梅：《〈重广补注黄帝内经素问〉明顾从德与清薛福辰版本辨析》，《华章》2013年版第33

期，第334页；蒋凯：《晚清御医薛福辰研究》，《无锡文博》，2013年第3期，第43—48页；等等。

［38］贾熟村：《李鸿章与薛福成弟兄》，《清史研究》1996年第1期，第51—57页；张端：《中国国家博物馆藏薛福辰相关笔札考释》，《中国国家博物馆馆刊》2021年第5期，第132—143页。

神物异国：欧洲博物馆中的明清宜兴紫砂壶

傅益东 *

【摘要】宜兴紫砂壶自明末起通过各种渠道进入欧洲，在康乾时期外销紫砂壶规模达到鼎盛。欧洲各国博物馆如今藏有大量明清时期的宜兴紫砂壶，其中大多为王公贵族的旧时收藏，在器型、纹饰上迎合了西方审美，同时也保留了中国传统文化的印记；也有一部分为当时宜兴紫砂名匠所制，为存世明清紫砂壶中的精品。本文将对欧洲博物馆藏宜兴紫砂的分布、器型类别、特点做简要探讨，并列举部分无锡博物院藏明清紫砂壶做简单比较。

【关键词】欧洲博物馆　明清　宜兴　紫砂壶　无锡博物院

宜兴紫砂有悠久灿烂的历史，它始于北宋，兴起于明清，在岁月的长河中逐渐走入千家万户，最终成为人们品茗观赏的用品。从分布范围来看，宜兴紫砂自诞生起便在中国及邻近国家广泛流传，明末清初更是流传至西方，成为当时中西贸易的重要商品。新航路开辟后，欧洲各国同中国的贸易日益繁荣，中国陶瓷制品传播到欧洲各地。16世纪起，最早开辟东西方航路的葡萄牙人便将宜兴紫砂壶销往欧洲，他们最早使用葡萄牙语中的boccaro（意为红陶器）一词给宜兴紫砂壶命名。[1] 17世纪，随着“黄金时代”到来，海上马车夫荷兰取代了葡萄牙人在东西方贸易中的霸主地位，荷兰东印度公司将大量宜兴紫砂壶运往欧洲，引发了宜兴紫砂壶在低地国家的普遍流行，并兴起了一股利用当地红土制作紫砂壶的仿制之风。18世纪，英国海上霸权兴起之后，东西方贸易进一步发展，宜兴紫砂壶在欧洲人的商业贸易和日常生活中占据更加重要的地位。在17、18世纪，欧洲燃起了一阵“中国热”（sinomania），除了思想文化方面的输入，中国的园林、服饰、陶瓷等实物也受到欧洲人的推崇。在此热潮下，宜兴紫砂得以通过欧洲商船漂洋过海，在欧洲各地广泛传播，时人曾有诗云：“宫中艳说大彬壶，海外竞求鸣远碟。”可见宜兴紫砂壶已经蜚声海外，在欧洲受到大众欢迎。直至今日，宜兴紫砂壶在欧洲各大博物馆均有迹可循。关于欧洲各博物馆藏宜兴紫砂壶，国内外学界已有所关注：在国内学界，黄健亮、姜胜楠等学者的研究对宜兴紫

* 傅益东：南通大学文学院讲师，历史学博士

砂壶的外销史、文化传播史等方面内容有所涉及；[2]在国外学界，埃娃·施特勒伯、柯玫瑰、万福莱等学者从西方人的角度对宜兴紫砂壶的外销、海外效应等问题有所论述。[3]本文在此基础上，进一步对欧洲各大博物馆所藏的明清时期宜兴紫砂壶作梳理与分析，并列举部分无锡博物院藏明清紫砂壶做简单对比。

一、欧洲博物馆藏明清宜兴紫砂壶的主要分布

从分布范围来看，博物馆藏宜兴紫砂壶在欧洲各国均有迹可循。学者埃娃·施特勒伯认为："几乎所有欧洲的重要博物馆陶瓷收藏中都有宜兴紫砂。"[4]这给全面统计欧洲博物馆中明清紫砂壶的具体数量带来了难度。以下将以荷兰、德国、英国三国博物馆所藏明清时期宜兴紫砂壶为对象做简要探讨，以期抛砖引玉，望博雅君子补漏指正。

最早成规模地向欧洲输送宜兴紫砂壶的是荷兰人，因此当今荷兰的各大博物馆藏明清紫砂壶较为全面，其中普林希霍夫博物馆（Princessehof Museum）、格罗宁根博物馆（Groninger Museum）、阿姆斯特丹国家博物馆（Rijksmuseum）和阿纳姆博物馆（Museum Arnhem）均有收藏。与荷兰相邻的德意志地区侯国林立，封建势力强劲，不少富甲一方的王公贵族热衷于收藏东方陶瓷。德国统一后，他们的藏品如今大部分保存在德国境内的博物馆，因此德国各大博物馆的明清宜兴紫砂壶也较为丰富，其中德国国家博物馆（Germanisches National Museum, Nuremberg）、安东·乌尔里希公爵博物馆（Herzog Anton Ulrich Museum）和德累斯顿陶瓷博物馆（Porzellansammlung）藏品较多。而与荷兰隔海相望的英国，在18世纪的工业革命后国力鼎盛，积极通过东印度公司开展海上贸易，其中一项重要的货物便是中国陶瓷，因此如今大英博物馆（British Museum）和伦敦维多利亚与艾尔伯特博物馆（Victoria & Albert Museum）所藏的明清宜兴紫砂壶亦不在少数，其中不乏名匠珍品。

（一）荷兰

在葡萄牙人打开通往亚洲航路的整个17世纪，荷兰在中西方的海上贸易中占有绝对优势。17世纪下半叶，随着饮茶风潮的盛行，荷兰商人在开展茶叶贸易的过程中将宜兴紫砂壶一道运往欧洲。为了谋取利益、扩大市场，荷兰人将来自东方的舶来品投入市场，从此宜兴紫砂壶尽管"保持相对较高的价位，但已不再由宫廷狭小圈子里的达官贵人所独享"[5]。随着紫砂壶的持续输入和流行，"人们觉得其特性十分神奇，没有施釉却不会渗水，经得住酒精灯强烈的火焰而不会破裂。宜兴陶瓷纤薄而富有光泽的器壁，其器型和装饰都广受好评"[6]。自此宜兴紫砂壶很快成为流行商品，风靡各地。荷兰所保存的明清时期宜兴紫砂壶主要分布在普林希霍夫博物馆、格罗宁根博物馆、阿姆斯特丹国家博物馆和阿纳姆博物馆，四者的藏品数量分别为41件、33件、23件、12件。

普林希霍夫博物馆位于荷兰菲仕兰省吕伐登（Leeuwarden，Friesland），于1917年开馆，该馆以收藏欧洲和亚洲陶瓷器而闻名。全馆藏陶瓷器35000余件，其中明清宜兴紫砂壶41件，大部分制作于康乾时期，19世纪后所制的不到10件。该馆所藏器型种类较为全面，大部分为当时流行的外销款如六方提梁壶、葡萄藤圆壶，其余有部分取材于植物的壶如石榴、寿桃、竹节壶（2件）等，有部分取材于动物的壶如凤形壶、鱼化龙壶各1件，另有玲珑壶3件。在这些壶中，有一把明朝时大彬所制的紫泥葵壶（NO.02321）[7]（图一），该壶宽9.25

图一　荷兰普林希霍夫馆藏（NO.02321）时大彬制
明末清初

厘米，高10.25厘米，长15厘米；壶颈、壶把均有银框，壶盖有一人像矗立其上，且通过银链与壶身相连，从中可以看出壶主人对此物的珍爱之情。

格罗宁根博物馆位于荷兰东北部，所藏亚洲陶瓷有6100余件，其中包含了33件清朝初期至中期的宜兴紫砂壶，款式较为多样。在这些紫砂壶中，有名匠陈鸣远和惠孟臣的壶各1件，其中陈鸣远所制壶（0000.4718）（图二）底部钤刻“闲中清正山水主人”八字，印鉴款识为“鸣”（圆印）“远”（方印）；惠孟臣所制壶（1957.0095）壶身经过抛光（图三），应为从泰国转口输入。另有件珐琅彩釉壶（1949.0101）（图四）较为罕见，原壶制作于宜兴，而珐琅彩釉为当时欧洲工匠二次加工上釉烧制而成。有趣的是，该馆还藏有1件仿制宜兴紫砂壶经典器型的瓷壶（图五），该壶

图二　荷兰格罗宁根博物馆藏（0000.4718）陈鸣远制　康雍时期

图三　荷兰格罗宁根博物馆藏（1957.0095）惠孟臣制　康雍时期

图四 荷兰格罗宁根博物馆藏（1949.0101）
康雍时期

图五 荷兰格罗宁根博物馆藏（2010.0017）
乾隆时期

图六 荷兰阿姆斯特丹国家博物馆藏（AK-NM-13267）
陈用卿制

图七 荷兰阿纳姆博物馆藏（AB7443） 乾嘉道时期

外壁上釉且有开片纹，形似哥窑，但壶身材质为高岭土，而非紫砂。

在荷兰首都，阿姆斯特丹国家博物馆藏有明清宜兴紫砂壶23件，该馆藏宜兴紫砂壶大部分为外销款，其中有3件壶盖带有狮子形象，2件壶身有龙纹，符合西方人对中国传说的印象。除此之外，有8把紫砂壶纹饰取材于植物如葡萄藤、梅花等。该馆还藏有1件明朝末年陈用卿制的壶（图六），底部刻有“丁丑冬日用卿仿古”八字，因此几乎可以确定该壶制作时间为1637年。

阿纳姆博物馆位于荷兰东部，海尔德兰省（Gelderland）的首府阿纳姆市。该馆藏有12件明清时期宜兴紫砂壶，制造年代以清朝中后期为主。该馆藏品中有4件壶身带有梅花纹饰，占总数的1/3。虽然该馆馆藏数量不多，但形式较为丰富。其中一件清中期的紫砂壶通体镀金（图七），足见其在当时的宝贵程度足以媲美黄金；另一件段泥紫砂壶纹饰为典型的巴洛克风格（图八），其壶把、壶嘴、壶钮、底座镀金，纹饰镀银，金银相间，为不可多见的精品。此外还有一件方钟壶（图九），这把

图八 荷兰阿纳姆博物馆（AB7969） 嘉道时期

图九　荷兰阿纳姆博物馆藏（GMI00003）　光绪时期

方钟壶制造年代在1875至1900年之间。巧合的是，曾有杭州市民于20世纪80年代在地摊购得此壶，虽经多方研究，但其一侧的16字铭文至今尚未被破解。

（二）德国

德国位于欧洲的十字路口，在19世纪后期国家统一之前，德国政治上处于分裂状态，境内邦国林立，各国王公贵族中有不少酷爱东方陶瓷，他们希望通过收藏精美陶瓷彰显自身地位，故其藏品大多价值不菲，宜兴紫砂壶便是其中的一部分。目前德国博物馆所保存的宜兴紫砂壶，具有浓厚的个人收藏风格。

位于纽伦堡的日耳曼国家博物馆有8件明清时期的宜兴紫砂壶，其中方壶居多，六方壶2把、四方壶2把，纹饰为外销壶，制作日期为18世纪初。该馆藏的8把壶中，有6把壶钮为动物造型，有狮子（Ke834、Ke841）、狐狸（Ke837）、水牛（Ke832、Ke833）等。

安东·乌尔里希公爵博物馆位于德国下萨克森州布伦瑞克市（Braunschweig, Niedersachsen），该馆藏有50余件明清时期宜兴紫砂壶，全部为安东·乌尔里希公爵及其夫人伊丽莎白·朱利安的收藏。[8]虽然该馆大部分紫砂壶未展出且馆藏目录无法查询，但从目前公开的信息看，此馆藏有2件明朝制壶艺人陈用卿的壶[9]，较为罕见。其中一件（图一〇）壶身钤刻“二月首山草　三秋江上泉　丁丑年　用卿古式三友居”字样，可以确定该壶制作时间为1637年；另一件（图一一）壶身矜刻“一片白云青山外　用卿”字样。虽然为同一人所作，与无锡博物院藏的陈用卿壶（图

图一〇　德国安东·乌尔里希公爵博物馆藏
陈用卿 1637 年制

图一一　德国安东·乌尔里希公爵博物馆藏
陈用卿制　明末

图一二　无锡博物院藏　陈用卿制紫砂提梁壶

一二）相比，多了些外销壶特征。

在17、18世纪之交，一位特殊身份的德国人收藏了大量的宜兴紫砂壶，此人为萨克森选帝侯奥古斯特二世（Augustus II the Strong，1670—1733）。奥古斯特偏爱东方陶瓷，在他的资助下，德累斯顿附近的迈森皇家工厂于1710年开始生产陶瓷，吸引了艺术家和工匠到来。当时的炼金术士博格特（Johann Friedrich Böttger）受奥古斯特重金雇佣，在迈森工厂所制造出的第一批产品，便是仿制的宜兴紫砂壶。

奥古斯特二世死后，他的藏品被后人称为“德累斯顿藏品”[10]（英语：Dresden Porcelain Collection；德语：Porzellansammlung）。这些藏品包含20000多件来自东方的陶瓷器，其中涉及宜兴紫砂器的有100余件。这些藏品的入库清单文档保存至今，为我们探寻近代早期宜兴销往欧洲的紫砂壶提供了系统化的材料。这份18世纪的清单以terra sigillata（赤色陶土）一词指代宜兴紫砂，详细记载了当时紫砂壶的器型种类，例如取材于动植物的竹节壶、树桩壶、三足蟾蜍壶、凤形壶。这些藏品目前位于德累斯顿陶瓷博物馆，该馆收藏的奥古斯都二世的东方瓷器有8000余件，其中明清时期宜兴紫砂壶有186件，为欧洲各国之最。从制造日期来看，馆藏宜兴紫砂壶几乎全部为18世纪初所制，这与奥古斯都二世统治时期相吻合。从制造器型来看，式样繁多，包括玲珑壶、竹形壶、梅桩壶以及当时盛行的外销壶款式等。

德累斯顿藏品中，有一件荷花螃蟹壶（PO3904）（图一三）尤为引人注目，该壶整体为盛开的荷花造型，壶把为荷叶茎秆，壶脚为莲藕，壶盖为一只螃蟹，而螃蟹盖恰为壶钮，这一系列设计给人以浑然天成之感。在壶嘴、壶盖、壶把处均有铜镀金工艺品进行包裹，壶盖处有一个正在吹号角的小人偶，三者通过一条金链连接在一起。在这把茶壶上，似乎可以看到宜兴制壶艺人和欧洲宫廷工匠的通力合作。另有一件三足蟾蜍壶（PO3900）（图一四）十分罕见。三足金蟾作为艺术符号，在中国传统文化中寄托了人们对于生活富贵、长

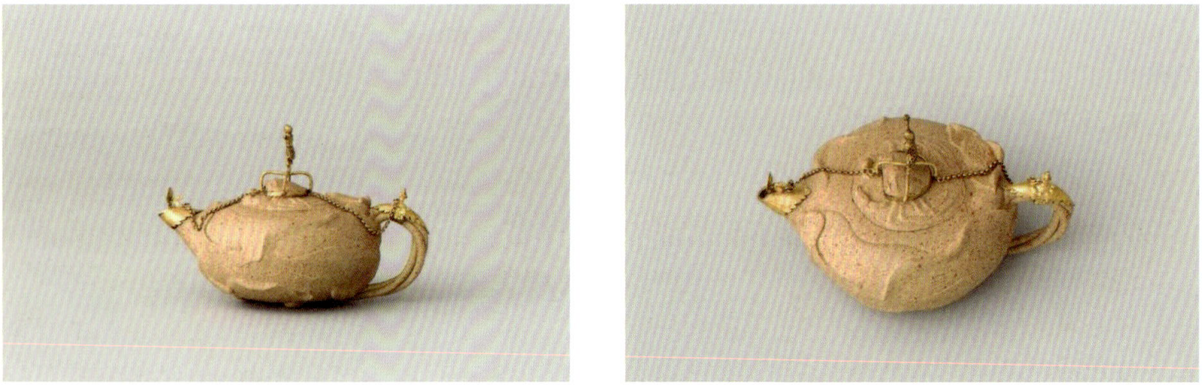

图一三　德国德累斯顿陶瓷博物馆藏（PO3904）　康熙时期

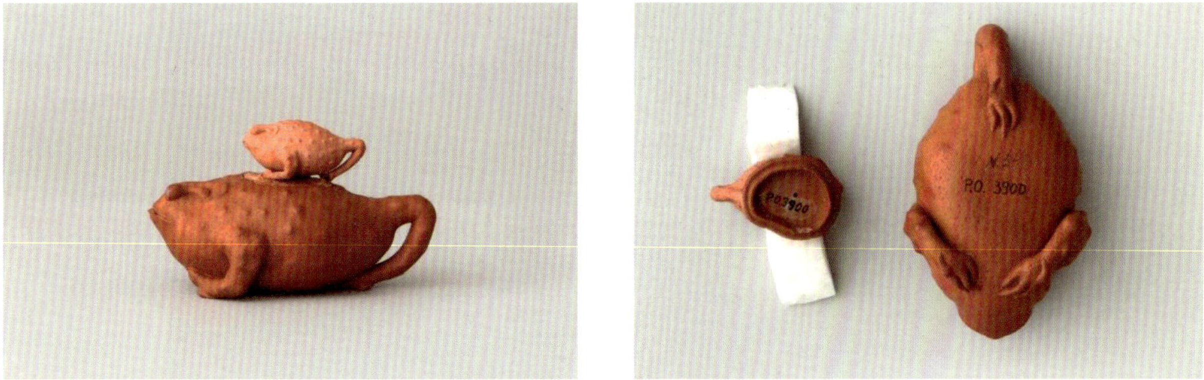

图一四　德国德累斯顿陶瓷博物馆藏（PO3900）　康熙时期

图一五　无锡博物院藏紫砂莲花蛤蟆壶　清代

生不老、逢凶化吉的美好心愿。[11]蟾蜍作为紫砂创作的素材，一般多见于茶宠，但极少用于紫砂壶身。德累斯顿藏品中的蟾蜍壶，直接将三足蟾的脚掌作为底座，将后腿作为壶把，而壶钮处则是一只栩栩如生的小蟾蜍，可谓是奇思妙想、匠心独运。蟾蜍即蛤蟆，无锡博物院藏明清紫砂壶中有一件莲花蛤蟆壶（图一五），壶钮做成了蛤蟆造型，与德累斯顿藏品中的三足蟾蜍壶属于两种风格。

（三）英国

在欧洲各国中，英国对茶有着特殊的偏爱。英谚有云："当下午钟敲四下，世间一切皆为茶而停止。"[12]至今英国仍然是唯一的茶消费量超过咖啡的西方国家。[13]茶叶和茶具贸易在英国近代经济和社会发展中发挥了重要作用。早在1699年，英国东印度公司的记录中便提到了由"拿骚号"运抵伦敦的82件朱泥壶。[14]大约从17世纪末开始，英国饮茶习俗日甚，对茶具需求剧增，而进口的紫砂壶数量较少，无法满足市场需求。于是，来自荷兰的银匠艾勒斯（Elers）兄弟在斯塔福德郡使用当地材料制作红色粗陶器，他们的制壶工艺和风格深受宜兴紫砂壶影响，最初的器皿中也多次出现梅花等中国传统图案。艾勒斯兄弟的制壶技艺自成一派，对后来的英国陶瓷业发展产生了重大影响。[15]随着人们对茶的接受与热爱，饮茶风俗和礼仪也日益成为英国重要的文化符号。伦敦作为西方曾经的金融中心和英帝国的首都，其各博物馆中所藏宜兴紫砂壶的特点是来源较为多元化，"国际化"特征明显，因此器型较为丰富，且不乏名匠所制珍品。

伦敦维多利亚与艾尔伯特博物馆藏有48件明清宜兴紫砂壶[16]，该馆所保存的茶壶器型丰富，来源多元，且保存了较多名人所制壶，如惠孟臣、王志源、杨彭年、邵景南、潘兆林等。明天启年间惠孟臣所制梅花壶（C.16&A-1968）壶底刻有"天启丁卯年友善堂孟臣制"11个字，据此可断定该壶的制作时间为1627年，这是当今存世的为数不多的明代紫砂壶之一（图一六）。清道光年间邵景南（号留佩主人）所制2件朱泥小品壶，壶身均钤刻杜甫诗句铭文，其中一件刻有"迟日江

图一六　英国维多利亚与艾尔伯特博物馆藏（C.16&A-1968）惠孟臣制　1627 年

图一七　英国维多利亚与艾尔伯特博物馆藏（FE.1B&C-1984）邵景南制　道光时期

图一八　英国维多利亚与艾尔伯特博物馆藏（FE.1&A-1984）邵景南制　道光时期

山丽春风花草香　留佩”（FE.1B&C-1984）（图一七），另一件刻有“天上秋期近人间月色清　留佩”（FE.1&A-1984）（图一八）。清潘兆林所制直筒壶（C.33&A-1947）壶身有中国画山水涂绘（图一九），这种以泥绘形式装饰紫砂壶身的工艺并不多见。清嘉道年间著名紫砂艺人杨彭年所制晋砖壶（C.47&A-1968）壶身有“晋泰和五年”字样（图二〇），取材于当时的晋砖实物。

大英博物馆保存着约70件明清时期的宜兴

图一九　英国维多利亚与艾尔伯特博物馆藏（C.33&A-1947）潘兆林制　嘉道时期

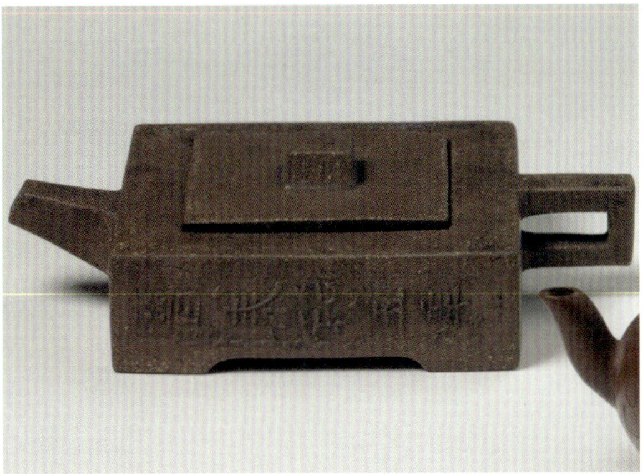

图二〇　英国维多利亚与艾尔伯特博物馆藏（C.47&A-1968）杨彭年制　嘉道时期

紫砂壶。与欧洲其他博物馆不同，大英博物馆藏品中外销壶较少，器型款式与中国本土流行的紫砂壶相近，其中不乏名匠所制珍品。这些藏品大部分是19世纪收藏家奥古斯都·弗兰克斯爵士[17]的收藏，所以大英博物馆所藏紫砂壶与其他馆的有较大不同：藏家以鉴赏收藏为目的，亡故后将其捐给博物馆，因此该馆所藏紫砂壶并非外销壶的集合体，而是具备了一定的“国际化”特征。

在弗兰克斯藏品中，有1件名人壶备受瞩目，该壶为清康熙年间著名紫砂匠人陈鸣远制，壶底有铭文“陈鸣远制”（图二一）。难能可贵的是，弗兰克斯还具备了鉴别赝品壶的能力，如当时一把带有绿松石釉壶钮的提梁壶（图二二），在馆藏目录中被明确标识为“伪造的”（Apocryphal）。

除此之外，大英博物馆还藏有2件瞿应绍（字子冶）刻绘的茶壶。其一为石瓢壶（2004，0625.1）（图二三），一侧刻有“石上青松八

图二一　大英博物馆藏（Franks.2458）陈鸣远制　康雍时期

图二二　大英博物馆藏（Franks.2448）仿惠孟臣制　19 世纪

尺长　子冶”，另一侧刻绘竹枝，壶底则刻有制壶人姓名。其二为水扁壶（OA+.535）（图二四），壶身一侧刻有“喜在枝头已十分　子冶”，另一侧刻绘梅花报喜图案。这两把壶所呈现的竹梅刻绘，至今仍是宜兴紫砂壶壶身刻绘的流行图案。

图二三　大英博物馆藏（2004,0625.1）　嘉道时期

图二四　大英博物馆藏（OA+.535）　嘉道时期

二、欧洲博物馆藏明清宜兴紫砂壶的主要器型类别

根据以上各博物馆藏明清时期宜兴紫砂壶图录整理分类，可以发现当时流行于欧洲的宜兴紫砂壶主要有以下几种类别。

（一）竹形壶

在中国传统文化中，竹子因其高、绿、内空外硬、节节生长的特点而与君子风范联系在一起，深受历代文人偏爱。[18]宜兴南部山区竹林密布，这为紫砂壶与竹子的融合创造了良好的自然条件，在无锡博物院即有竹形壶代表作品（图二五）。在明清时期的外销壶中，竹形壶并不罕见，但是欧洲并无竹子生长，因此竹形壶的外销，可以视作是中国本土文化

图二五　无锡博物院藏　清邵大亨制紫砂八卦一捆竹壶

图二六　荷兰普林希霍夫博物馆藏（NO.01640）
康熙时期

图二七　荷兰普林希霍夫博物馆藏（NO.01641）
康熙时期

图二八　德国德累斯顿陶瓷博物馆藏（PO3895）
康熙时期

图二九　德国德累斯顿陶瓷博物馆藏（PO3909）
康熙时期

的成功输出。荷兰普林希霍夫博物馆共有2件竹形壶，一件为朱泥所制（NO. 01640）（图二六），另一件为段泥所制（NO. 01641）（图二七）。在18世纪的德累斯顿藏品清单中，共有8件竹形壶。当时宫廷书记官对生长于中国的竹子并不了解，故将此竹形壶记录为“看上去类似胡椒的茎秆”[19]。这些竹形壶，有些虽被保存在不同博物馆，但在外形上几乎完全相同，如普林希霍夫博物馆的NO.01640和德累斯顿陶瓷博物馆的PO3895（图二八）同为朱泥竹形壶，NO.01641和PO3909（图二九）同为段泥斑竹壶；而德累斯顿陶瓷博物馆（PO3896）（图三〇）与维多利亚与艾尔伯特博物馆（662 to C-1903）（图三一）的竹笙壶，不仅在外观上完全一致，甚至连壶匠的款识、落款位置都完全相同。

（二）百果壶

紫砂壶造型取材广泛，以水果为原型的茶壶生机盎然，如无锡博物院藏清“玉麟”

图三〇　德国德累斯顿陶瓷博物馆藏（PO3896）　康熙时期

图三一　英国维多利亚与艾尔伯特博物馆藏（662 to C-1903）　康熙时期

图三二　无锡博物院藏“玉麟”款紫砂寿桃壶　清代

款紫砂寿桃壶（图三二），寿桃型的壶钮小巧灵动。但欧洲各博物馆所保存的此类紫砂壶并不多见，目前已发现的主要有寿桃壶、石榴壶、佛手柑壶。大英博物馆另藏有1件寿桃壶（1923,0314.174）（图三三），制于18世纪，为目前所发现最早的欧洲馆藏水果壶，壶身为一个硕大的蜜桃，壶把为桃枝，壶嘴为桃叶，壶盖则酷似宜兴当地特产菌类“雁来蕈”。英国维多利亚与艾尔伯特博物馆（629-1903）（图三四）、大英博物馆

图三三　大英博物馆藏（1923,0314.174）　雍乾时期

图三四　英国维多利亚与艾尔伯特博物馆藏（629-1903）王志源制　雍乾时期

图三五　大英博物馆藏（Franks.926.a）杨宝年制　嘉道时期

（Franks.926.a）（图三五）与荷兰普林希霍夫博物馆（NO.01664）（图三六）与所藏的3件百果壶，在外形上十分相似，壶身为倒置的石榴，同时伴有板栗、银杏果、瓜子、荸荠等装饰，壶底为核桃、莲蓬，壶把同为乌菱。这些都是在宜兴当地常见的水果和坚果。其中维多利亚与艾尔伯特博物馆所藏百果壶为雍乾时期宜兴壶匠王志源制，壶嘴右侧有“王”（圆印）和“志源”（方印）印鉴，壶盖的蘑菇形

图三六　荷兰普林希霍夫博物馆藏（NO.01664）嘉道时期

图三七　大英博物馆藏（Franks.929.a）　雍乾时期

图三八　荷兰普林希霍夫博物馆藏（GMP1970-038）
嘉道时期

图三九　德国德累斯顿陶瓷博物馆藏（PO3836）
康熙时期

似“雁来蕈”。大英博物馆所藏百果壶，在造型取材上更具宜兴地方特色，除了采用“雁来蕈”壶盖，还将百合、杨梅等宜兴地方特产作为壶脚。需要指出的是，该壶还刻小诗一首：“本是榴房□子多，菱腰藕口任摩挲。惟来颗粒皆秋色，百果园中次第歌。”通过诗句赞美石榴，进一步升华了这把以石榴为壶身的百果壶的艺术境界。在壶盖内有“宝年”款识，因此该壶极有可能出自嘉道时期杨彭年胞弟杨宝年之手。

英国人对佛手柑并不陌生，大受欢迎的伯爵茶便是由红茶添加佛手柑香料制成。在英国，佛手柑与茶有着紧密的联系。大英博物馆所藏佛手柑壶（Franks.929.a）（图三七）造型优美，其造型酷似翘起手指的手掌，壶嘴则位于无名指中。值得一提的是，该壶壶盖为木制，有可能是壶主人在使用过程中不慎将壶盖打破，复以木制壶盖。壶盖制作精美，与壶身浑然一体，如若不仔细观察，难以发现壶盖的特殊之处。

（三）葡萄藤纹饰圆壶

葡萄藤纹饰圆壶为最常见的宜兴外销茶壶，自清初便流行于海外，康雍乾时期规模达到鼎盛，故目前欧洲各大博物馆均有收藏。宜兴紫砂壶普遍小巧，为文人雅器，而欧洲茶具则偏大，大腹壶在欧洲古希腊罗马时期便已流行，符合西方的风俗习惯。此类外销壶体型较大，壶身高度普遍在10—15厘米，最宽处直径普遍超过10厘米。在壶身装饰方面，壶嘴和壶把为葡萄藤根茎状（图三八）。由于欧洲葡萄园中时常有松鼠出没，因此部分葡萄藤纹饰中有松鼠形象出现，尤其是壶钮部分，松鼠跃然其上，十分有趣（图三九）。在所有的葡萄

图四〇　荷兰阿姆斯特丹博物馆藏（AK-NM-6580）
康熙时期

图四一　无锡博物院藏　松鼠葡萄纹紫砂壶　清代

藤纹饰壶中，阿姆斯特丹博物馆所藏葫芦壶较为罕见（图四〇），葫芦为中国本土作物，欧洲并无种植，该葫芦形葡萄藤纹饰壶（AK-NM-6580）高20.3厘米，直径最宽处12厘米。无锡博物院有一款清代的松鼠葡萄纹紫砂壶，与这些外销葡萄藤纹圆壶相比显得相对古朴（图四一）。

（四）玲珑壶

镂空的装饰手法本为中国陶瓷制作的传统工艺，但中国本土较少见到镂空装饰的紫砂壶，原因在于“这种极具东方情调的镂空紫砂是宜兴陶匠为欧洲市场特别制作的”。[20]采用镂空装饰的壶，外层镂空透雕，内层素身内胆，这种独特工艺所制的茶壶，也被称为“玲珑壶”[21]。在欧洲各博物馆所藏玲珑紫砂壶中，以装饰松梅竹的四方玲珑壶（图四二—图四四）和装饰竹叶的八面玲珑壶（图四五—图四六）较为常见。

（五）凤形壶

图四二　荷兰普林希霍夫博物馆藏（N0.1178）
康熙时期

图四三　德国德累斯顿陶瓷博物馆藏（PO3855）
康熙时期

图四四　大英博物馆藏（Franks.931）　康熙时期

图四五　荷兰普林希霍夫博物馆藏（NO.01198）
康熙时期

图四六　大英博物馆藏（Franks.2478）　康雍时期

在中国神话中，凤凰为百鸟之首，它是人们心目中的瑞鸟，象征着高贵、美丽和庄严。而在西方神话[22]中，凤凰是不屈不挠、勇敢奋斗的象征。这就不难理解为何欧洲各国各博物馆出现诸多凤凰形象紫砂壶。欧洲各博物馆藏的凤形壶虽在细节上有所差异，但基本上遵循着同样的设计形态：凤凰回首，匍匐于地，凤爪为壶底座，凤尾为壶把，壶嘴从凤凰颈部稍凸出（图四七—图四九）。在这些收藏中，格罗宁根博物馆藏凤形壶（1990.0055）与众不同，它在原来素壶的基础上，施以红、蓝、

图四七　荷兰普林希霍夫博物馆藏（NO.01188）
康熙时期

图四八　德国德累斯顿陶瓷博物馆藏（PO3898）
康熙时期

图四九　德国德累斯顿陶瓷博物馆藏（PO8928）
康熙时期

黄、绿、白五彩釉，凤冠、凤尾、凤爪为绿色，羽毛为红、黄、蓝三色，同时遍布稀疏的白色羽毛，壶盖则饰以蓝色花朵。这些彩釉应为此壶抵达欧洲后，由宫廷匠师上釉后再次烧制而成。除此之外，德累斯顿陶瓷博物馆藏凤形壶亦有独特之处，该壶原本为无色素壶，目前所见黄、黑、红、蓝四色为后来直接涂绘添加，并未经过二次烧制。凤凰羽毛上的黄、黑、红三色恰与当时神圣罗马帝国[23]国旗配色相符合。

三、欧洲宜兴紫砂壶特点

宜兴紫砂壶不同于一般的生活日用器皿，自其诞生以来，便与各地民众的饮茶习俗、文人的审美情趣、匠人的技艺涵养紧密结合在一起。不同时期的紫砂壶造型丰富多样，各具特色。纵观以上各博物馆藏明清时期宜兴紫砂壶，与无锡博物院藏明清宜兴紫砂壶相比较，可以归纳出以下特点。

第一，数量少。受制于原料的稀有以及制作工艺的复杂，宜兴紫砂壶从诞生之日起便不可能大规模量产，故其相对高昂的价格并非普通百姓能够承担得起的，这也决定了明清时期的外销紫砂壶无法成为普罗大众的日常用品。荷兰东印度公司的一份档案记载，1645年从中国出发的某船只以每件3两白银的价格采购了433把茶壶。[24]但据统计，康乾时期中国远销至欧洲的瓷器达2000多万件。[25]相对于如此庞大的数字，宜兴紫砂壶的数量始终相对较少。近年来沉船考古工作的开展进一步证实了这一点。[26]

第二，分布广。17世纪开始，流行于欧洲皇室的中国陶瓷藏品中便包含了少量的宜兴紫砂壶。从分布特点来看，荷兰保存宜兴紫砂壶的博物馆较多，分布最广；德国博物馆保存的宜兴紫砂壶大多为贵族藏品，因此规模较大、价值较高；欧洲大陆博物馆藏大多为宜兴制壶匠人为迎合西方审美所作的外销壶，有浓厚的巴洛克风格[27]，而英国博物馆保存的宜兴紫砂壶不拘于此，其来源最为多元化，器型、纹饰也最为丰富。除了以上所述各大博物馆，欧洲其他博物馆也有宜兴紫砂壶的身影，如哈布斯堡皇帝鲁道夫二世（1552—1612）的藏品，现藏于维也纳艺术史博物馆；普鲁士弗里德里希三世（1609—1670）的收藏品清单中也有部分关于宜兴紫砂壶的收藏记录，这些藏品现藏于丹麦哥本哈根皇室珍宝馆中；此外，瑞典国家博物馆、波兰维拉诺夫宫博物馆、法国吉美博物馆等均有明清时期宜兴紫砂壶藏品。

第三，持续时间长。虽然欧洲各地在18世纪初期出现了对宜兴紫砂器的仿制工场，但是宜兴紫砂壶的外销史并未因此而中断，直至清末。在中国本土的紫砂史中，学者将宜兴紫砂壶制作史分为7个时期：初创期（北宋—明万历）、成熟期（明万历—清初）、繁盛期（清康熙—嘉道年间）、平稳发展期（清末—1937）、衰落期（1937—1949）、恢复期（1949—20世纪70年代）、鼎盛期（1978年至今）。[28]西方学者将宜兴紫砂壶在欧洲的传播与流行划分为5个不同效应期，即初现期（1600—1675）、仿制期（1675—1750）、独创期（1750—1875）、商贸期（1875—1975）、复兴期（1975至今）。[29]对比本土制作和海外流行两种不同分期可以发现，海外贸易所带来的商品经济的繁荣，促进了宜兴本土紫砂壶的快速发展。据《重刊荆溪县志》记载，明万历年间，宜兴窑场已是商贩云集，出现了“千里之外，趋之若鸿”“沿贾扬帆而晓夜行”“商贾贸易缠市，山村宛然都会”的盛况。[30]宜兴本土陶瓷手工业的繁华为出口提供了坚实基础。据史料记载，1679年，从漳州上船的7箱朱泥紫砂；次年，又先后有两个批次分别为320、1635把带有装饰的紫砂壶运往阿姆斯特丹。[31]此后，中国社会进入康乾盛世，自给自足的自然经济和稳定的社会局势为当时宜兴紫砂壶出口贸易的持续提供了稳定的现实土壤。

第四，造型上迎合西方审美。就目前所见欧洲各大博物馆所藏明清紫砂壶而言，除了有名人制作或刻绘的茶壶外，其余大部分是宜兴制壶工匠针对欧洲市场的喜好而加工的产品。本土制造的紫砂壶虽然造型古朴典雅，但其蕴含的东方美并不完全符合西方人的审美情趣，因此宜兴的制壶艺人必须改变设计思路，以适应海外市场。“当时，许多出口紫砂器上出现了多种贴花装饰：包括云龙纹、释道纹章以及牡丹、梅花等花卉图样。且从浅浮雕至高浮雕贴花均有采用。模印纹样则是通过使用尚未干透的泥料注入模具，以表现云雷纹和龙纹等图案。在欧洲市场最为成功的则是玲珑器。西方人士对于中国艺人能进行如此精美复杂的工艺创作，叹服不已。”[32]欧洲博物馆藏的外销瓷在中国并不多见，例如大量出现的镂空雕饰玲珑壶，在中国本土市场并不如在欧洲受欢迎；作为文人雅玩的紫砂壶在中国小巧精致，而外销壶则相对体型较大。

第五，传统文化印记明显。作为外销陶瓷的一种，明清时期宜兴紫砂壶的器型与纹饰在迎合西方人审美情趣的同时，坚持保留了本土特色，这是尤其难能可贵的。作为一种商品，宜兴紫砂壶为获得市场，在器型、色系、纹饰迎合西方人的审美情趣的同时，依旧保留了浓郁的中国风，一些动物形象如狮子、龙，植物形象如竹、梅花，都在中国传统文化中有着良好寓意，这些物种在西方文化中并不多见；而一些百果壶上的板栗、百合、杨梅、荸荠、雁来蕈等植物，为宜兴当地特产。这体现出了明清时期宜兴陶艺匠人对传统文化的坚守，某种程度上，明清时期宜兴紫砂壶在欧洲的销售，是一次成功的文化输出，

四、结语

综观上述博物馆收藏，不难发现明清时期宜兴紫砂壶在欧洲的重大影响力。紫砂壶的特性决定了其无法在异地被复制，即使后来欧洲出现了仿制品，严格意义上只能算是陶器，而非“炻器”（stoneware）。这样就导致了外销紫砂的装饰功能要远大于使用功能。欧洲王公贵族通过建立宫殿来收藏中国陶瓷，以异域器物的展示陈列达到彰显身份地位的目的。所以一些博物馆所收藏的明清紫砂壶，至今尚无使用痕迹。宜兴紫砂壶远渡重洋，在欧洲王公贵族和富商巨贾的私人收藏中度过了漫长的几个世纪，如今在博物馆的橱窗里向世人呈现出昔日中西贸易和交流的繁华盛景。

千百年来，中外贸易、文化的交流内容一直十分广泛。透过如今欧洲博物馆中陈列的宜兴紫砂壶，可以看见历史所迈出的脚步。历代艺人呕心沥血、薪火相传，紫砂壶逐渐演化成兼容造型、书法、绘画、篆刻等艺术于一体的世界名陶，其以功能普适、造型多变、材质独特、工艺精湛的特点受到各地民众喜爱，在海外大放异彩。直至今日，紫砂壶作为宜兴的一张名片，依旧在世界舞台有着重要的影响力。可以说，宜兴紫砂壶作为陶器的典型代表，是中华民族物质文明发展的见证，也是中华文化繁荣进步所结出的丰硕成果。

注　释

[1] Patrice Valfre, Yixing: Teapots for Europe, Poligny: Exotic Line, 2000.该专著中文版：帕特里斯·万福莱著，施云乔译：《销往欧洲的宜兴茶壶》，西泠印社出版社，2015年版，第25页。

[2] 姜胜楠：《明清外销紫砂研究史回顾与反思》，无锡博物院编：《无锡文博论丛》第2辑，科学出版社，2017年版；黄健亮：《宜

兴紫砂器在欧洲的文化历程》，《东南文化》，2016年第3期。

［3］埃娃·施特勒伯：《欧洲的宜兴紫砂器》，龚良主编：《紫玉暗香》，江苏文艺出版社，2008年版；柯玫瑰著，施云乔译：《宜兴紫砂陶的海外效应》，中国文化出版社，2018年版；帕特里斯·万福莱著，施云乔译，：《销往欧洲的宜兴茶壶》，西泠印社出版社，2015年版。

［4］埃娃·施特勒伯：《欧洲的宜兴紫砂器》，龚良主编：《紫玉暗香》，江苏文艺出版社，2008年版，第151页。

［5］帕特里斯·万福莱著，施云乔译：《销往欧洲的宜兴茶壶》，西泠印社出版社，2015年版，第27页。

［6］柯玫瑰、孟露夏著，张淳淳译：《中国外销瓷》，上海书画出版社，2014年，第202页。

［7］括弧内为博物馆对所藏文物的编号，下同。

［8］藏品目录见：Eva Strober, Ostasiatika, Herzog Anton Ulrich Museum Braunschweig, Braunschweig, 2002, 41—69.

［9］详见博物馆官网“A short overview of our collection highlights”部分。

［10］关于德累斯顿藏品，施特勒伯和王亮钧有相关研究，详见：故宫博物院编《2007年国际紫砂研讨会论文集》，紫禁城出版社，2009年版，第45—86页；Liang—Chung Wang, "Yixing Wares Collected by Augustus the Strong," in East Asian royal porcelain collection of Augustus the Strong, Leipzig: Staatliche Kunstsammlungen Dresden. 2002.

［11］吴卫、张小华：《三足金蟾艺术符号阐释》，《装饰》2008年第2期。

［12］英文原文为：“When the clock strikes four, everything stops for tea!”该流行语出自杰克·布坎南（Jack Buchanan）1935年的喜剧电影《走出餐室》（Come Out Of The Pantry）。

［13］据英国茶类协会（UK Tea & Infusions Association）的统计，如今英国人每日所消耗的茶超过1亿杯。

［14］Geoffrey A.Godden, Oriental Export Market Porcelain and its Influence on European Ware, London and New York: Granada, 1979, 62.

［15］Elliott, Gordon, "The Elers in Staffordshire", in Aspects of Ceramic History: A Series of Papers Focusing on the Ceramic Artifact As Evidence of Cultural and Technical Developments, GWE Publications, 2007, 17—19.

［16］关于维多利亚与艾尔伯特博物馆藏宜兴紫砂壶的研究，可参见：Rose Kerr, 'Yixing Wares in the V&A', Orientations, Vol.14, No.10（Oct., 1983）.

［17］弗兰克斯，Augustus Wollaston Franks, 1826—1897, 英国收藏家，他曾任职于大英博物馆长达45年，同时也是皇家科学院院士（Fellow of Royal Society）和伦敦古物协会（Society of Antiquaries of London）主席。弗兰克斯毕生致力于文物收藏，死后将藏品捐给了大英博物馆，馆内编号“Franks.”开头的文物都是他生前的收藏。

［18］张万敏：《浅析紫砂壶的竹文化及君子风范》，《陶瓷》2021年第7期。

［19］埃娃·施特勒伯：《欧洲的宜兴紫砂器》，龚良主编：《紫玉暗香》，江苏文艺出版社，2008年版，第152页。

［20］龚良主编：《紫玉暗香》，江苏文艺出版社，2008年版，第185页。

［21］欧洲人对于玲珑陶瓷器有着特殊偏爱，康乾时期景德镇所制玲珑瓷亦广受欢迎。详见大英百科全书网络版。

［22］例如在希腊神话中，不死鸟菲尼克斯扑向太阳，从燃烧的灰烬中获得新生，是为“凤凰涅槃”。希腊诗人赫西俄德、历史学家希罗多德曾多次在作品中提到凤凰。郭沫若曾借用希腊神话，在《凤凰涅槃》一诗的开头写道：“天方国古有神鸟名‘菲尼克司’（Phoenix），满五百岁后，集香木自焚，复从死灰中更生，鲜美异常，不再死。”

［23］10世纪起存在于欧洲中部的一个国家，政治上长期处于分裂状态，直至19世纪下半叶德国完成统一。

［24］T. Volker, Porcelain and the Dutch East India Company 1602—1682, Leiden: E.J.Brill, 1971, 124.

［25］叶文程：《景德镇陶瓷在中外陶瓷文化交

流中的作用》，郭杰忠主编：《海上丝绸之路：陶瓷之路》，中国社会科学出版社，2017年版，第9页。

[26] 在马来西亚“万历沉船”（约1625年沉没）37000余项出水陶瓷器中，仅出现2件宜兴紫砂圆形壶盖及2件壶身残片；南非“开普敦欧斯特蓝号”（1697年沉没）沉船文物中仅发现茶壶4把；印尼“耿特莫森号”（1752年沉没）15万件陶瓷器中仅出水10把宜兴紫砂壶；印尼“泰兴号”（1822年沉没）沉船35万件陶瓷器中出水数百把宜兴紫砂壶。详见林业强：《紫泥沉浮：沉船所载宜兴砂壶》，故宫博物院编：《2007年国际紫砂研讨会论文集》，紫禁城出版社，2008年版，第185—196页。

[27] 巴洛克是西方艺术史上一个时期的艺术风格，大致为17—18世纪。巴洛克一词源于葡萄牙语“barroco”，本义为“不圆的珍珠”。

[28] 吴淑英、范伟群、周余华：《宜兴紫砂史》，韩国巴纳里出版社，2006年版，第5页。

[29] 帕特里斯·万福莱著，施云乔译：《宜兴紫砂陶对欧洲的影响》，中国文化出版社，2017年版，第17页。

[30] 吴淑英、范伟群、周余华：《宜兴紫砂史》，韩国巴纳里出版社，2006年版，第20页。

[31] T. Volker, Porcelain and the Dutch East India Company 1602—1682, Leiden: E.J.Brill, 1971, 216—217.

[32] 埃娃·施特勒伯：《欧洲的宜兴紫砂器》，龚良主编：《紫玉暗香》，江苏文艺出版社，2008年版，第150页。

Appendix 附录

无锡文博大事记（2021.7—2022.6）

2021年

7月

8日　无锡博物院启动第二届“锡博英才行动”青年人才资助计划，拟对10位青年艺术家和5位青年学者进行专项资助。

16日　“红色百年——全国革命文物图片选萃展”在宜兴市博物馆开幕，展览遴选全国数百件（处）重要革命文物藏品和革命旧址的图片，图文并茂，展期至9月18日。

23日　由无锡市文化广电和旅游局主办、无锡博物院承办的“庆祝中国共产党成立100周年红色书信学术研讨会”在无锡日航饭店举办，应邀出席的专家学者约20人。

24日　无锡博物院邀请鲁东大学马克思主义学院副院长殷昭鲁做客锡博讲坛，做“中国共产党百年奋进历程及其宝贵经验”主题讲座。

28日　江苏省工艺美术大师路朔良紫砂作品捐赠仪式在无锡博物院举行，路朔良将其创作的玉垆壶、汉君壶、汉钟壶3套共计27件紫砂作品赠予无锡博物院。

30日　故宫博物院与宜兴市博物馆签约仪式暨宜兴均陶制作技艺体验活动在故宫博物院举办。

是月　无锡市文物考古研究所对无锡店里桥（鸿坤南地块）墓地发掘开始。该墓地共计有70余座墓葬，以土坑墓为主，另有部分砖室墓。其中2座砖室墓有高大的封土土墩，墓室前端发现供台设施，这是近年来首次在无锡地区明清墓葬中发现墓内祭祀的实例。

8月

2日　由福建博物院、无锡博物院联合举办的“玲珑神致　冰玉匠心——福建博物院藏明清德化瓷器精品展”在无锡博物院开展，展览遴选福建博物院藏明清德化窑瓷器84件（套），展期至10月17日。

28日　无锡博物院邀请泥人世家第七代传承人龚琦做客锡博讲坛，做“惠山泥人的艺术魅力”主题讲座。

是月　无锡博物院与无锡广电新闻中心联合推出专栏节目《重温红色书信　牢记初心使命》。

是月　无锡市文物考古研究所对梁溪区夹城里墓群考古发掘项目开始，至10月结束。共清理墓葬89座，出土随葬品65件（组），包括铜、陶、瓷、石器等；另在地表采集铜钱40枚、铜镜2件、铜发簪1套、陶香炉1件。

是月　无锡市文物考古研究所对经开区华谊路与吴都路交叉口西北侧地块墓葬（大张巷墓地）考古发掘项目结束。此次发掘共清理墓葬65座，出土铜钱，铜镜，银、铜、玉饰品，釉陶器，瓷器等遗物。

9月

6日　锡惠公园管理处上报的《惠山镇祠堂淮湘昭忠祠保护修缮》和《寄畅园保护修缮》两个项目列入江苏省2022年度全国重点文物保护单位保护项目（不含安防消防防雷）

计划同意实施项目名单。

18日　无锡博物院邀请著名音乐人陈志鹏、上海音乐学院研究员应有勤做客锡博讲坛，做“口弦文化与音乐起源”主题讲座。

19日　无锡市第十八届社会科学普及宣传周暨宜兴市首届社会科学普及宣传周启动仪式在宜兴市蛟桥河步行街举办。

24日　“以器正名——醒石·古今紫砂精品展”在宜兴市博物馆开幕，共展出100件紫砂作品，展期至10月20日。

是日　江阴市博物馆国家文物保护专项资金项目——可移动文物数字化工程正式启动。

28日　“百年静守惠山土——纪念王木东诞辰100周年作品展”在无锡博物院开幕，展览甄选王木东近几十年来的精品力作，涵盖油画、素描、雕塑、彩塑、国画等多种艺术形式，展期至11月7日。

是日　江阴文化遗产科召开小石湾古炮台施工方案论证会，并对张之洞炮台北坡岩体加固工程进行竣工验收。

30日　无锡市政府公布无锡市区第三批次历史建筑保护名录，共计133处。

是日　由中国民族博物馆和无锡博物院联合主办的“初音——世界口弦文化艺术展”在无锡博物院开幕，共展出来自全球50余个国家百余个民族的200余件口弦，展期至12月19日。

10月

1日　无锡博物院一号展厅首展“凤飞于锡——玉飞凤的故事”开展，展品为无锡出土文物玉飞凤，展期至2022年1月5日。

1—7日　东林书院举办“东林书院创建910周年系列纪念活动”之“香飘桂殿·诗画丹青”国庆主题系列活动。

15日　东林书院“书院生活体验之旅”项目入选2021全国文化遗产旅游百强案例。

16日　无锡博物院邀请福建博物院院长、书记吴志跃做客锡博讲坛，做“超级链接　创新分享”主题讲座。

21日　“纸诉经年——安徽中国徽州文化博物馆典藏徽州文书暨文房四宝展”在宜兴市博物馆开幕，精选徽博馆藏清代文书101件（套）展出，展期至11月30日。

22—24日　2021中国大运河非遗旅游大会在无锡举行，大会聚焦非遗与旅游融合发展，累计超过20万人次现场体验、70万人次线上观看。

26日　“百年追梦薪火相传——庆祝中国共产党成立100周年‘紫砂百人百器’党史主题创作展”在宜兴市博物馆三楼临展厅展出，展期至11月30日。

28日　江阴市公安局移交江湾城基址盗墓出土的漆器12件给江阴市文物局，由江阴市博物馆收藏，其中二级文物4件、三级文物5件。

29日　“水韵江苏·有你会更美”文旅消费推广第一季成果发布暨第二季启动仪式在镇江举行，东林书院生活体验项目荣获“水韵江苏·苏心产品”2021年度文旅产品创新大赛二等奖。

31日　由江阴市博物馆主办的“徐霞客与茶”茶礼活动在徐霞客故居开展。该活动让青少年通过学习传统茶文化体会霞客精神和徐氏家风家训。

11月

13日　无锡博物院邀请南京博物院二级研究员张敏做客锡博讲坛，做“两周时期吴越文化遗物巡礼”主题讲座。

14日　由江阴市博物馆主办的“探秘要塞司令部思维导图大赛”在江阴要塞司令部旧址文物保护所开展。

25日　“继往开来——宜兴市博物馆开馆五周年捐赠藏品展”在宜兴博物馆一楼临展厅展出，展期至 2022年2月19日。

30日　江南大学国际教育学院和无锡博物院“馆校联盟”签约暨“江南大学来华留学生文化感知教育基地”揭牌仪式在无锡博物院举行。

是月　无锡博物院“得天之清——无锡

艺兰文化展”和“吴地文明”系列云课堂之“春水玉带扣”两个项目荣获“全国文化遗产云传播十佳项目”殊荣；无锡博物院“行走”系列研学旅行获评“2021年度十佳文博社教案例”。

是月 无锡市文物考古研究所对宜兴市周铁镇丁埂村墓群考古发掘项目开始，至2022年4月结束。共清理遗迹140处。随葬器物按照材质可分为陶、瓷、铜类型，可辨别器型有瓷碗、陶钵、陶罐等，根据器型判断为唐宋时期至明清时期。

是月 无锡市文物考古研究所对江阴市港欣三期遗址考古发掘项目开始，至2022年1月结束。发现一处六朝时期遗址，主要为河道、灰坑等。出土有六朝青瓷碗、钵、罐等。

12月

6日 “陶都紫韵·上海工美大师作品展暨沪宜双城文化论坛”在宜兴市博物馆开幕，展出160件（套）各式陶艺作品，展期至2022年1月6日。

10日 “艺境——王洋油画作品展”在无锡博物院开幕，展出画家王洋捐赠油画作品近50幅，展期至2022年2月27日。

18日 “首届‘倪云林’全国美术作品展（中国画·油画）”在无锡博物院开幕，展出中国画和油画作品共201件，展期至2022年1月7日。

22日 无锡博物院举办王木东、蒲廷瑛夫妇彩塑、雕塑作品捐赠仪式，王木东家属代表王建庚先生向无锡博物院捐赠王木东、蒲廷瑛夫妇历年创作的彩塑、雕塑作品26件（套）。

23日 无锡市人民政府令第175号发布《无锡市江南水乡古镇保护办法》，自 2022 年 3 月 1 日起施行。此方法适用于惠山古镇。

25日 无锡博物院邀请无锡市档案史志馆副馆长接玉松做客锡博讲坛，做“百年征程的无锡印记”主题讲座。

是日 “小大由之——寄畅园记”在无锡博物院程及美术馆开幕，展览以寄畅园为题眼，结合空间装置、绘画、摄影等形式演绎园林艺术的多元性，展期至2022年4月3日。

28日 “江苏省群众文化艺术创作和实践基地”落户东林书院。

31日 “清如——杨令茀的书画世界”在无锡博物院开幕，展出无锡博物院藏杨令茀书画精品20余幅及与之相关的院藏作品，展期至2022年6月5日。

是月 无锡市文物考古研究所对惠山区凤华路与天丰路交叉口东南侧地块（寺头遗址）考古发掘项目开始。遗址面积3000余平方米，为新石器晚期良渚文化的台形遗址。

是月 无锡市文物考古研究所对江阴市青阳镇南楼村墓群发掘开始，至2022年3月结束。共清理墓葬126座、灰坑19处，其中23座墓葬为新石器时期崧泽文化墓葬，出土器物共300余件（组）。

2022年

1月

1日 由江阴市博物馆主办的“探秘要塞司令部·江博首届思维导图大赛优秀作品展”在江阴要塞司令部开展，共展出优秀作品49幅。

8日 无锡博物院程及美术馆邀请无锡文化学者金石声讲述寄畅园的前世今生，做“品读寄畅五百春”主题讲座。

18日 “指掌春秋——闽台木偶艺术展”在宜兴市博物馆开幕，共计展出提线木偶、掌中木偶、提线木偶头、掌中木偶头、戏服、盔帽、乐器等204件（套），展期至3月20日。

20日 “冰与火的澎湃——奥林匹克徽章文化展”在宜兴市博物馆开幕，展出奥林匹克徽章共6000件，展期至2月20日。

22日 无锡博物院邀请南京市考古研究院副院长龚巨平做客锡博讲坛，做“从皇家寺院到遗址公园——南京大报恩寺遗址的考古发现与保护”主题讲座。

31日 “指上乾坤——翡翠扳指特展”在

无锡博物院开幕，展品为院藏清代翡翠扳指，展期至4月11日。

2月

1日 “重塑·百年时尚欧洲服饰展”“回归·袍上风华中式服饰展”“融合·过去与未来黑胶唱片”三展在江阴市博物馆开展。

8日 江阴市博物馆在线上开展“虎跃新春百馆贺岁”博物馆过新年活动，直播解读“重塑·回归·融合”新春特展。

21日 无锡七房桥明代钱樟夫妇墓出土服饰移交仪式在无锡博物院举行，无锡市文物保护中心向无锡博物院移交无锡七房桥明代钱樟夫妇墓出土服饰24件（套）。

26日 无锡博物院邀请江南大学马克思主义学院教授刘大禹做客锡博讲坛，做“荣氏兄弟与近代中国实业救国”主题讲座。

28日 江苏省文化和旅游厅公布年度“最美公共文化空间”打造对象名单，东林书院“书院生活”文旅体验中心入选。

是月 无锡市图书馆45部古籍入选第五批江苏省珍贵古籍名录。

3月

9日 全国重点文物保护单位天下第二泉庭院及石刻修缮项目验收，此项目对二泉亭和漪澜堂建筑进行全面翻修。

21日 无锡博物院在市民中心推出“会心——讲述无锡的城市故事”系列展览，首展“清如——杨令茀的书画世界”展出杨令茀及与之相关的书画作品，展期至4月30日。

26日 无锡博物院邀请宁夏博物馆副馆长王固生做客锡博讲坛，做“凿刻在岩石上的历史画卷——宁夏贺兰山岩画研究简述”主题讲座。

是月 无锡博物院举行第二届“锡博英才行动”青年人才资助计划结项评审会。

是月 无锡市文物考古研究所对浜斗上遗址墓葬发掘工作开始。墓葬时代均为清代，遗址为商周时期。

4月

16日 渡江战役纪念馆（地）合作联盟成立仪式线上举办，江阴市博物馆下属场馆江阴要塞司令部作为联盟成员参与。

23日 无锡博物院邀请上海大学文化遗产与信息管理学院副教授黄洋做客锡博讲坛，做“在博物馆这所大学校探索未知”主题讲座。

29日 “雕镌神奇——清杨芝山款西园雅集图核雕特展”在无锡博物院开幕，展品为锡博院藏清杨芝山款西园雅集图核雕，展期至6月29日。

是月 无锡博物院编著的《百年飞鸿见初心：无锡博物院藏红色书信选编》正式出版。该书遴选无锡博物院藏红色书信100通，大部分为首次公开发表，受到社会广泛关注。

是月 无锡市文物考古研究所对惠山区锡钢地块墓葬发掘项目开始，共发掘53座墓葬，其中有六朝时期墓葬、宋代墓葬及明清墓葬，出土有陶瓷器、铜镜、木器等。

5月

6日 无锡博物院举办的“会心——讲述无锡的城市故事”系列展览之“君子之象——中华瓷器中的梅、兰、竹、菊”在市民中心开幕，展览结合瓷器艺术表现梅、兰、竹、菊“四君子”的文化内涵，展期至6月22日。

18日 为庆祝5·18国际博物馆日，无锡博物院开展“云·集——5.18博物院云上奇妙夜”、惠民义务鉴定等主题活动。

是日 “盛世风尚·大唐金银器珍宝展”在宜兴市博物馆开幕，展出唐代金银器59件，展期至6月23日。

19日 “重逢美好·相约无锡”2022中国旅游日无锡分会场暨青年才俊东林雅集在东林书院举行。

21日 无锡博物院邀请上海大学现代城市展陈设计研究院执行院长李黎做客锡博讲坛，做“承载与塑造——博物馆展陈三部曲”主题讲座。

25日 无锡博物院召开党总支部委员会

换届选举大会，大会选举产生肖炜、蔡卫东、杨启明、盛诗澜、陈建强、陶冶、李鹏程7名同志为新一届中共无锡博物院党总支部委员会委员。

是月 无锡市文物考古研究所对新杨路东、蘅芳路北地块明清墓葬发掘开始，至6月结束。发现古墓葬18座。除2座为宋代外，其余均为清代，早期遭扰乱严重，大部分墓葬除少量铜钱外未见其他随葬品。

6月

3—10日 江阴市博物馆推出“追忆风‘华’·缅怀刘天华逝世90周年”刘天华文物遗珍线上系列专栏，纪念刘天华逝世90周年。

7日 在惠山昭忠祠后人防工程指挥部围合区域，本属锡惠公园管理的山林中寻找到清代同治年间邵涵初石刻“闲中今古”，另在其上围墙外发现明代邵宝石刻遗存“万寿无疆”“望阙岩”，再稍上发现邵涵初“新月岩”石刻。此4处石刻，原为二泉书院遗物，尚未列入文物保护单位。

17日 由福建民俗博物馆与无锡博物院联合主办的“石之天成——寿山石雕刻展”在无锡博物院开幕，遴选寿山石精品佳作95件（套）展出，展期至9月4日。

20日 2022年“霞印天下”海峡两岸纪念徐霞客书画联展在江阴市展览馆开幕，共展出海峡两岸书画家创作的150余幅书画作品，其中江阴市博物馆提供徐霞客相关书画34件（套）。

24日 国民党江阴市要塞司令部旧址文物保护规划专家论证会在江阴市博物馆举行，

25日 无锡博物院邀请国家级非物质文化遗产项目（无锡留青竹刻）代表性传承人乔锦洪、乔瑜做客锡博讲坛，做“传统竹刻技法”主题讲座。

（整理人：陈如芳、游洁洁）